Management-Reihe Corporate Social Responsibility

Herausgegeben von
René Schmidpeter
Dr. Jürgen Meyer Stiftungsprofessur für
Internationale Wirtschaftsethik und CSR
Cologne Business School (CBS)
Köln, Deutschland

Das Thema der gesellschaftlichen Verantwortung gewinnt in der Wirtschaft und Wissenschaft gleichermaßen an Bedeutung. Die Management-Reihe Corporate Social Responsibility geht davon aus, dass die Wettbewerbsfähigkeit eines jeden Unternehmens davon abhängen wird, wie es den gegenwärtigen ökonomischen, sozialen und ökologischen Herausforderungen in allen Geschäftsfeldern begegnet. Unternehmer und Manager sind im eigenen Interesse dazu aufgerufen, ihre Produkte und Märkte weiter zu entwickeln, die Wertschöpfung ihres Unternehmens den neuen Herausforderungen anzupassen sowie ihr Unternehmen strategisch in den neuen Themenfeldern CSR und Nachhaltigkeit zu positionieren. Dazu ist es notwendig, generelles Managementwissen zum Thema CSR mit einzelnen betriebswirtschaftlichen Spezialdisziplinen (z.B. Finanz, HR, PR, Marketing etc.) zu verknüpfen. Die CSR-Reihe möchte genau hier ansetzen und Unternehmenslenker, Manager der verschiedenen Bereiche sowie zukünftige Fach- und Führungskräfte dabei unterstützen, ihr Wissen und ihre Kompetenz im immer wichtiger werdenden Themenfeld CSR zu erweitern. Denn nur, wenn Unternehmen in ihrem gesamten Handeln und allen Bereichen gesellschaftlichen Mehrwert generieren, können sie auch in Zukunft erfolgreich Geschäfte machen. Die Verknüpfung dieser aktuellen Managementdiskussion mit dem breiten Managementwissen der Betriebswirtschaftslehre ist Ziel dieser Reihe. Die Reihe hat somit den Anspruch, die bestehenden Managementansätze durch neue Ideen und Konzepte zu ergänzen, um so durch das Paradigma eines nachhaltigen Managements einen neuen Standard in der Managementliteratur zu setzen.

Weitere Bände dieser Reihe finden Sie unter
http://www.springer.com/series/11764

Peter Heinrich
(Hrsg.)

CSR und Kommunikation

Unternehmerische Verantwortung
überzeugend vermitteln

2., aktualisierte und überarbeitete Auflage

Herausgeber
Peter Heinrich
geschäftsführender Gesellschafter
HEINRICH - Agentur für Kommunikation
Ingolstadt, Deutschland

ISSN 2197-4322 ISSN 2197-4330 (electronic)
Management-Reihe Corporate Social Responsibility
ISBN 978-3-662-56480-6 ISBN 978-3-662-56481-3 (eBook)
https://doi.org/10.1007/978-3-662-56481-3

Die Deutsche Nationalbibliothek verzeichnet diese Publikation in der Deutschen Nationalbibliografie; detaillierte bibliografische Daten sind im Internet über http://dnb.d-nb.de abrufbar.

Springer Gabler
© Springer-Verlag GmbH Deutschland, ein Teil von Springer Nature 2013, 2018
Das Werk einschließlich aller seiner Teile ist urheberrechtlich geschützt. Jede Verwertung, die nicht ausdrücklich vom Urheberrechtsgesetz zugelassen ist, bedarf der vorherigen Zustimmung des Verlags. Das gilt insbesondere für Vervielfältigungen, Bearbeitungen, Übersetzungen, Mikroverfilmungen und die Einspeicherung und Verarbeitung in elektronischen Systemen.
Die Wiedergabe von Gebrauchsnamen, Handelsnamen, Warenbezeichnungen usw. in diesem Werk berechtigt auch ohne besondere Kennzeichnung nicht zu der Annahme, dass solche Namen im Sinne der Warenzeichen- und Markenschutz-Gesetzgebung als frei zu betrachten wären und daher von jedermann benutzt werden dürften.
Der Verlag, die Autoren und die Herausgeber gehen davon aus, dass die Angaben und Informationen in diesem Werk zum Zeitpunkt der Veröffentlichung vollständig und korrekt sind. Weder der Verlag noch die Autoren oder die Herausgeber übernehmen, ausdrücklich oder implizit, Gewähr für den Inhalt des Werkes, etwaige Fehler oder Äußerungen. Der Verlag bleibt im Hinblick auf geografische Zuordnungen und Gebietsbezeichnungen in veröffentlichten Karten und Institutionsadressen neutral.

Einbandabbildung: Michael Bursik

Gedruckt auf säurefreiem und chlorfrei gebleichtem Papier

Springer Gabler ist ein Imprint der eingetragenen Gesellschaft Springer-Verlag GmbH, DE und ist ein Teil von Springer Nature.
Die Anschrift der Gesellschaft ist: Heidelberger Platz 3, 14197 Berlin, Germany

Grußwort

Die freiwillige Übernahme von gesellschaftlicher Verantwortung durch Unternehmen rückt immer weiter in das Interesse der Öffentlichkeit. Viele Unternehmen, Verbände und Institutionen engagieren sich bereits verantwortungsvoll. Doch noch immer hinkt die Kommunikation dem tatsächlichen Tun hinterher. Um das Potenzial einer CSR-Kommunikation gewinnbringend zu nutzen, müssen die notwendigen Kommunikationsstrukturen aufgebaut und kontinuierlich genutzt werden. Wichtig ist die Kommunikation der Maßnahmen und deren Wirkung.

Die handelnden Unternehmen sollten deshalb eine professionelle Öffentlichkeitsarbeit nach innen und außen ansetzen, um ihre Engagements an die relevanten Anspruchsgruppen zu kommunizieren.

Dies zu fördern und zu begleiten ist uns als Verband der führenden Kommunikations- und PR-Agenturen Deutschlands ein großes Anliegen. Mit einem Marktanteil von fast 50 % setzen die 34 Mitglieder der GPRA dynamische Standards in der PR-Branche und bieten Orientierung in der immer komplexer werdenden Kommunikationswelt. Im Bereich CSR wenden wir uns an Kommunikationsmanager in Unternehmen, die sich mit der Professionalisierung von CSR-Kommunikation befassen.

Ziel ist es, das Bewusstsein für die Entwicklungen, die Herausforderungen und vor allem für die Chancen einer professionellen CSR-Kommunikation zu schärfen und auch konkrete Handlungsunterstützung zu geben.

Nur ein Mehr an integraler Kommunikation, die fest mit dem CSR-Management verzahnt ist, kann für eine breite Verankerung von verantwortungsvollem Handeln sorgen. Daran müssen alle Kommunikationsverantwortlichen mitwirken und proaktiv vorangehen.

CSR umfasst dabei nicht nur den „klassischen" Nachhaltigkeitsbericht, sondern deckt das ganze Instrumentarium der Public Relations ab. Uns ist es wichtig, die CSR-Beratung und -Kommunikation als ein wichtiges Wirkungsfeld der Public Relations zu etablieren.

Es freut mich deshalb sehr, dass der Herausgeber dieses Buches unser Anliegen aufgreift. In seinem Werk kommt eine Vielzahl kompetenter Autoren aus unterschiedlichsten Branchen zu Wort. Sie geben mit ihrem Fachwissen Impulse und konkrete Handlungsempfehlungen für die richtige CSR-Kommunikation in der täglichen Praxis.

Christiane Schulz
Präsidentin, Gesellschaft Public Relations Agenturen e. V. – GPRA

Vorwort von René Schmidpeter

Schon lange beschäftigen sich Kommunikationsabteilungen und -beratungen mit dem Thema CSR. Zum Teil mit guten, zum anderen Teil mit fragwürdigen Ergebnissen. So wurde die CSR-Kommunikation oft nicht zu Unrecht von NGOs bzw. der kritischen Zivilgesellschaft als Greenwashing entlarvt. Meist dann, wenn Unternehmen sich durch bloße Kampagnen oder ohne Bezug zum Kerngeschäft als Problemlöser präsentieren. In der Zwischenzeit verbreitet sich die Erkenntnis, dass CSR eingebettet im Kerngeschäft die größte Wirkung hat und dabei alle Unternehmensbereiche umfasst. Die Kommunikationsabteilung hat somit nicht nur die Funktion, CSR-Aktivitäten – gleichsam einer Einbahnstraße – an die Öffentlichkeit zu kommunizieren, sondern vielmehr die Aufgabe, die internen sowie externen Interaktionsprozesse zu gestalten. Damit kommt der Kommunikationsabteilung eine bedeutende Rolle im gesamten CSR-Prozess zu. Sowohl bei der Entwicklung einer konsistenten CSR-Unternehmensstrategie (z. B. Koordination der Kommunikation von internen und externen Stakeholdern im Rahmen von Stakeholderdialogen), bei der kontinuierlichen Kommunikation mit allen Beteiligten und Betroffenen und insbesondere auch bei der Verbreitung eines neuen proaktiven CSR-Verständnisses in der Öffentlichkeit.

Um dieser gewachsenen Bedeutung ihrer Rolle gerecht zu werden, ist es für PR-Verantwortliche mehr denn je notwendig, sich mit den zugrunde liegenden Theorien der CSR-Kommunikation zu beschäftigen. In diesem Band werden daher sowohl die einschlägigen Ideen aus verschiedenen theoretischen Zugängen (Marke, Ehrbarer Kaufmann und Soziale Innovation) aufgezeigt. Zudem wird auch das Wissen über die entsprechenden Konzepte und Instrumente (Stakeholderdialog, Nachhaltigkeitsberichterstattung, CSR-PR etc.) von Vertretern der Praxis und Wissenschaft ausführlich beschrieben. Last but not least wird durch konkrete Beispiele aus der Praxis aufgezeigt, wie die theoretischen und konzeptionellen Überlegungen in ausgewählten Branchen bzw. Unternehmen umgesetzt werden. Dieser 3-Schritt „Theorie-Konzeption-Instrumente" soll sowohl die Komplexität des Themas CSR darstellen als auch konkrete Praxishilfen geben, um die eigene Beschäftigung bzw. tägliche Arbeit im Unternehmen zu bereichern. Wie in anderen Themengebieten auch befindet sich die PR gerade am Anfang eines neuen Paradigmas, welches auf Authentizität, Transparenz und progressives strategisches Vorgehen im Themenfeld CSR setzt. Somit ist es nicht verwunderlich, dass die Kommunikation neben den Themen Wertschöpfungsmanagement und Innovationsmanagement eine bedeutende Funktion für die Weiterentwicklung der gesellschaftlichen Verantwortung von Unternehmen einnimmt. Eine Rolle, welche nicht nur mittelständische Unternehmer, sondern auch die PR-Manager größerer Unternehmen sowie PR-Berater sehr fordern wird. Geht es doch im Themenfeld CSR nicht mehr nur darum, im rechten Licht zu erscheinen, sondern darum die unternehmerische Wertschöpfung durch adäquate Kommunikation mit den internen und externen Stakeholdern zu erhöhen. Dabei fördert eine konsistente CSR-Strategie und der passgenaue Einsatz der CSR-Kommunikation sowie von CSR-Instrumenten die Reputation und Innovationsfähigkeit und damit die Wettbewerbsfähigkeit von Unternehmen.

Abschließend möchte ich mich sehr herzlich beim Herausgeber Peter Heinrich für sein großes Engagement, bei Janina Tschech und Eva-Maria Kretschmer vom Springer Gabler Verlag für die gute Zusammenarbeit sowie bei allen Unterstützern der Reihe bedanken und wünsche Ihnen, werter Leser bzw. werte Leserin, nun eine interessante Lektüre.

René Schmidpeter

Vorwort von Peter Heinrich

Vor Ihnen liegt die zweite Auflage von CSR und Kommunikation. Als Herausgeber freue ich mich sehr über das Interesse und die vielen positiven Rückmeldungen und Anregungen zur ersten Auflage. Vieles davon habe ich im vorliegenden Band umsetzen können. Auch haben die Autoren ihre Beiträge den aktuellen Entwicklungen angepasst und erweitert. Darüber hinaus finden Sie jetzt im Praxisteil weitere Best-Practice-Beispiele aus Branchen wie Baustoffe, Kosmetik und Fashion.

Bereits seit den 50er-Jahren ist der Begriff Corporate Social Responsibility (CSR) in der Wirtschaft und auch in der Wirtschaftsliteratur vertreten. In seinen Grundsätzen umschreibt er verantwortungsvolles unternehmerisches Handeln. Seither haben sich sowohl unterschiedliche Wirtschafts- und Sozialdisziplinen als auch Unternehmen, Institutionen und Verbände mit diesem Begriff auseinandergesetzt. So haben sich im Laufe der Jahre sowohl in der Theorie als auch in der Praxis unterschiedliche Begriffsverständnisse, Themen und Konzepte entwickelt. Darüber hinaus erschweren inhaltliche Überschneidungen ein einheitliches Verständnis.

Gleichzeitig hat der Begriff in den letzten Jahren in der Praxis für Unternehmen zunehmend an Bedeutung gewonnen. Viele Unternehmen engagieren sich heute gesellschaftlich und übernehmen Verantwortung.

Ein sinnvoller Schritt, denn so leisten sie einen Beitrag zur gesamtwirtschaftlichen Nachhaltigkeit, prägen ihr Image und generieren dabei gezielt Wettbewerbsvorteile. Dabei stellen sich die Unternehmen den Herausforderungen unserer Zeit: Globalisierung, Klimawandel, Ressourcenverknappung, Veränderungen in der Demographie, industrieller und regionaler Strukturwandel, Fachkräftemangel in Deutschland, zunehmende Einkommensungleichheit, Vertrauensverlust in Institutionen und Akteure, zunehmende Anzahl von NGOs, kritischen Konsumenten und anderen Stakeholdern, die insbesondere über Social Media zu jeder Zeit am Diskurs teilnehmen können und dies oft auch tun. Die Fokussierung allein auf den Kunden ist also nicht mehr ausreichend, um das erfolgreiche Bestehen eines Unternehmens zu gewährleisten. Es wird wichtiger, dass Unternehmen die gesellschaftlichen Interessen anerkennen, den proaktiven Dialog suchen und mit allen Anspruchsgruppen kommunizieren.

Die Kommunikation spielt aber nicht nur eine zentrale Rolle im CSR-Managementprozess einzelner Unternehmen und Institutionen. Sie ist entscheidend für das Schaffen eines breiten öffentlichen Bewusstseins. Nur wenn wir alle nachhaltig wirtschaften, können wir unseren Kindern und Enkeln ein intaktes ökologisches, ökonomisches und soziales Gefüge hinterlassen. Die Kommunikation hat gerade hier eine wichtige Funktion. Mit der Einführung der CSR-Berichtspflicht ab dem Geschäftsjahr 2017 hat sie darüber hinaus zusätzliche Dynamik bekommen.

Dieses Buch will dazu beitragen, Begrifflichkeiten zu klären und die Bedeutung sowie die Instrumente der Kommunikation herauszuarbeiten. Es soll den Menschen, die sich mit CSR beschäftigen – ob auf Unternehmens- oder Beraterseite, ob als Newcomer oder Experte – Orientierung, Impulse und Handlungsempfehlungen für die tägliche Praxis geben. Es erhebt keinen Anspruch auf Vollständigkeit, da die Treiber von CSR sehr komplex sowie interdependent sind und darüber hinaus einem raschen Wandel unterliegen. Das Buch liefert wissenschaftliches Hintergrundwissen, einen fundierten, praxisbezogenen Überblick über mögliche Kommunikationskonzepte und -instrumente sowie konkrete Umsetzungsbeispiele aus der Praxis.

Ich danke allen, die mit ihrem Beitrag und Engagement das Thema CSR im deutschsprachigen Raum weiterbringen.

Ingolstadt, August 2017   Peter Heinrich

Der Herausgeber

Peter Heinrich ist geschäftsführender Gesellschafter von HEINRICH – Agentur für Kommunikation in Ingolstadt. Seit über fünfzehn Jahren berät und begleitet der Kommunikationsfachmann und CSR-Experte mittelständische und große Unternehmen in Fragen der Public Relations und CSR. Zuvor war der studierte Betriebswirt 20 Jahre als Geschäftsführer in einem mittelständischen, marktführenden Unternehmen mit über 500 Mitarbeitern tätig. Vor seiner Selbstständigkeit war der studierte Betriebswirt 20 Jahre als Geschäftsführer in einem mittelständischen, marktführenden Unternehmen mit über 500 Mitarbeitern tätig. Er verfügt damit über langjährige Expertise auf Agentur- und Unternehmensseite.

Inhaltsverzeichnis

Wirkungsvolle CSR-Kommunikation – Grundlagen 1
Peter Heinrich und René Schmidpeter

CSR-Kommunikation und Marke 27
Christian Boris Brunner und Franz-Rudolf Esch

Den Ehrbaren Kaufmann leben 47
Gertrud Oswald

CSR-Kommunikation und Soziale Innovationen 57
Thomas H. Osburg

Der Stakeholderansatz als Fundament der CSR-Kommunikation 71
Thomas Walker

CSR-Kommunikation – Die Instrumente 87
Peter Heinrich

CSR Kommunikation & Social Media 115
Riccardo Wagner und Marcus Eichhorn

CSR-Maßnahmen in Zusammenarbeit mit Bloggern erfolgreich kommunizieren 131
Jessica Kunstmann

CSR-Kommunikation und Nachhaltigkeitsreporting – Alles neu macht die Berichtspflicht? 139
Matthias S. Fifka

CSR-Kommunikation im Handel 155
Wolfgang Lux

Scheinbare Gegensätze verbinden – Nachhaltigkeitskommunikation bei Porsche 169
Josef Arweck, Daniela Rathe und Maximilian Steiner

CSR-Kommunikation in der Sanitärindustrie 189
Mathias Schott

CSR-Kommunikation in der Baubranche 203
Florian Holzapfel und Reinhard Späth

CSR im Bankenbereich 215
Klaus Möller und Tim Zuchiatti

CSR in der DIY-Branche – Nachhaltigkeitskommunikation auf Verbandsebene 233
Jana Stange

CSR-Kommunikation in der Fußball Bundesliga 249
Anne-Kathrin Laufmann

CSR-Kommunikation in der Forstwirtschaft 259
Philipp Bahnmüller, Hermann S. Walter und Joachim Keßler

CSR-Kommunikation in der Modebranche 279
Sven Bergmann

CSR-Kommunikation in der Kosmetikbranche 289
Tina Bachstein und Corinna Paulus

Wer? Was? Wann? Wo? Wie? Warum? Wozu? 301
Wolfgang Keck

Autorenverzeichnis

Dr. Josef Arweck Leiter Öffentlichkeitsarbeit und Presse, Dr. Ing. h.c. F. Porsche AG, Stuttgart, Deutschland

Tina Bachstein CSR Managerin, Schwan-STABILO Cosmetics GmbH & Co. KG, Heroldsberg, Deutschland

Philipp Bahnmüller Leiter Unternehmenskommunikation, Bayerische Staatsforsten AöR, Regensburg, Deutschland

Sven Bergmann Unternehmenskommunikation, Hess Natur-Textilien GmbH, Butzbach, Deutschland

Dr. Christian Boris Brunner Independent Brand and Communication Consultant, Hamburg, Deutschland

Marcus Eichhorn Inhaber, Beratungsagentur BetterRelations, Otzberg, Deutschland

Prof. Dr. Franz-Rudolf Esch Direktor des Instituts für Marken- und Kommunikationsforschung (IMK), EBS Business School, Oestrich-Winkel, Deutschland

Prof. Dr. Matthias S. Fifka Vorstand des Instituts für Wirtschaftswissenschaft/Professor für Allgemeine BWL, insb. Unternehmensethik, Friedrich-Alexander-Universität Erlangen-Nürnberg (FAU), Erlangen, Deutschland

Peter Heinrich geschäftsführender Gesellschafter, HEINRICH - Agentur für Kommunikation, Ingolstadt, Deutschland

Florian Holzapfel Unternehmenskommunikation, KESSEL AG, Lenting, Deutschland

Wolfgang Keck Senior Consultant, keck kommuniziert!, Berlin, Deutschland

Joachim Keßler Leiter des Staatsforstenbetriebs Heigenbrücken, Bayerische Staatsforsten AöR, Heigenbrücken, Deutschland

Jessica Kunstmann Managing Editor & Co-Founder, Alabaster Blogzine, Leipzig, Deutschland

Anne-Kathrin Laufmann Direktorin CSR-Management/Fan- und Mitgliederbetreuung, SV Werder Bremen GmbH & Co KG aA, Bremen, Deutschland

Wolfgang Lux Selbständiger Berater in Handel, IT, Konsumgüter, Lux Unternehmensberatung, Ingolstadt, Deutschland

Dr. Klaus Möller Leiter Abt. Geschäftpolitik/Kommunikation, Bundesverband der Deutschen Volksbanken und Raiffeisenbanken, Berlin, Deutschland

Prof. Dr. Thomas H. Osburg Professor Sustainable Marketing & Leadership, Head of Competence Center for Entrepreneurship, Hochschule Fresenius, München, Deutschland

Gertrud Oswald Leiterin der Abteilung Leitungsstab, BIHK, CSR, IHK für München und Oberbayern, München, Deutschland

Dr. Corinna Paulus CSR Managerin, Schwan-STABILO Cosmetics GmbH & Co. KG, Heroldsberg, Deutschland

Daniela Rathe Leiterin Politik und Außenbeziehungen, Dr. Ing. h.c. F. Porsche AG, Stuttgart, Deutschland

Prof. Dr. René Schmidpeter Dr. Jürgen Meyer Stiftungslehrstuhl, Internationale Wirtschaftsethik und CSR, Cologne Business School, Köln, Deutschland

Mathias Schott Head of Marketing, Duravit AG, Hornberg, Deutschland

Reinhard Späth Leiter Marketing, KESSEL AG, Lenting, Deutschland

Jana Stange Leitung Ressort Product Compliance, Umwelt & CSR, BHB Handelsverband Heimwerken, Bauen und Garten e.V., Köln, Deutschland

Maximilian Steiner Koordinator Politik und Außenbeziehungen, Dr. Ing. h.c. F. Porsche AG, Stuttgart, Deutschland

Riccardo Wagner Inhaber, Beratungsagentur BetterRelations, Brühl, Deutschland

Hon.-Prof. Thomas Walker Inhaber, walk-on / insitute for sustainable solutions, Going, Österreich

Hermann S. Walter Leiter des Staatsforstenbetriebs Ottobeuren, Bayerische Staatsforsten AöR, Regensburg, Deutschland

Tim Zuchiatti Referent Abt. Geschäftspolitik/Kommunikation, Bundesverband der Deutschen Volksbanken und Raiffeisenbanken, Berlin, Deutschland

Wirkungsvolle CSR-Kommunikation – Grundlagen

Peter Heinrich und René Schmidpeter

1 Vom CSR-Konzept zur CSR-Kommunikation

Dieses Kapitel zeigt, warum es für Unternehmen sinnvoll ist, in der CSR-Kommunikation aktiv zu sein, wie diese in den CSR-Management-Prozess eingebunden wird und welche Voraussetzungen das CSR-Konzept erfüllen muss, um von den Anspruchsgruppen[1] als glaubwürdig wahrgenommen zu werden. Darüber hinaus wird erklärt, wie die CSR-Kommunikation als Wirkungsfeld der PR in die Gesamtkommunikation und in den Managementprozess eingebunden wird. Auch wird gezeigt, welche wichtige Rolle dabei die Stakeholder spielen, mit welchen Themen man sie erreicht und wie man in neun Schritten zu einem integrierten Kommunikationskonzept gelangt. Abschließend werden Empfehlungen gegeben, wie CSR langfristig und erfolgreich kommuniziert werden kann.

Es wird heute von den Unternehmen erwartet, dass sie neben profitablen Geschäften einen aktiven, gesellschaftlichen Beitrag in ökonomischer, ökologischer und sozialer Hinsicht leisten. Damit werden sie auch in ihrer Kommunikation gefordert: „Eine immer kritischere Öffentlichkeit erwartet von den Unternehmen eine korrekte, nachvollziehbare und zielgruppenadäquate Kommunikation ihrer CSR-Aktivitäten. Die komplexen

---

[1] Anmerkung der Autoren: Die Begriffe „Stakeholder", „Anspruchsgruppen" und „Dialoggruppen" werden im Folgenden synonym verwendet.

P. Heinrich (✉)
geschäftsführender Gesellschafter, HEINRICH - Agentur für Kommunikation
Ingolstadt, Deutschland
E-Mail: peter.heinrich@heinrich-kommunikation.de

R. Schmidpeter
Dr. Jürgen Meyer Stiftungslehrstuhl, Internationale Wirtschaftsethik und CSR, Cologne Business School
Köln, Deutschland
E-Mail: r.schmidpeter@cbs.de

Stakeholderbeziehungen verlangen individuelle Kommunikationsbotschaften und differenzierte Kommunikationskanäle. Die zunehmende Vielfalt der Themenbereiche innerhalb von CSR impliziert ebenfalls eine Ausrichtung an den Bedürfnissen der einzelnen Anspruchsgruppen" (Osburg 2012, S. 470). Eine Nichtberücksichtigung dieser Herausforderungen und Erwartungen führt, wie die Praxis in letzter Zeit immer wieder gezeigt hat, zu empfindlichen Abstrafungen durch die Anspruchsgruppen und vor allem auch durch die Konsumenten. „Um Verunsicherungen der Verbraucher vorzubeugen und die Verbraucher zu CSR-Belangen effizient zu informieren, ist eine zielgerichtete und transparente CSR-Kommunikation von Unternehmen unabdingbar" (Collaborating Centre on Sustainable Consumption and Production (CSCP) 2012). Vor diesem Hintergrund ist es folgerichtig, dass Unternehmen versuchen, über die Kommunikation mit den verschiedenen Anspruchsgruppen Vertrauen zu gewinnen und ihr unternehmerisches Handeln zu legitimieren. Dieses Vorgehen muss mit der Unternehmensstrategie und -kommunikation abgestimmt und mit den bestehenden Kommunikationsinstrumenten harmonisiert werden. Nur so kann eine hohe Glaubwürdigkeit der Aktivitäten bei den Anspruchsgruppen gewährleistet werden. Die Kommunikation muss also fundiert, professionell gesteuert und langfristig angelegt sein, um die Engagements sowohl intern zu kommunizieren als auch das öffentliche Bewusstsein zu schärfen. Ein gutes CSR-Konzept kann seine Wirkung nur entfalten, wenn eine durchdachte Kommunikation stattfindet. So kann CSR unter anderem zu einem besseren Image des Unternehmens, zur Positionierung im Wettbewerb, zur Erschließung neuer Kundengruppen und zur langfristigen Kundenbindung beitragen. Diese Vorteile kommen jedoch nur dann zum Tragen, wenn das Engagement auch einer breiten Öffentlichkeit kommuniziert wird. Dazu „(...) ist eine zielgerichtete, glaubwürdige und transparente Nachhaltigkeitskommunikation notwendig, welche den Verbraucher tatsächlich erreicht" (Bundesverband 2012).

Es gilt, die wirtschaftlichen Strategien transparent mit ökologischer sowie sozialer Verantwortung zu verbinden und mit seinen Stakeholdern in einen Dialog zu treten. Das Motto ist: „Tue Gutes und sprich auf allen Kommunikationskanälen darüber!" Jedoch gibt es bei vielen Unternehmen Schwachpunkte und Nachholbedarf in der Kommunikation, gerade was ihre Bedeutung für eine erfolgreiche CSR-Strategie anbelangt. So fordert beispielsweise die VERBRAUCHER INITIATIVE e. V. angesichts der geringen Bekanntheit unternehmerischer CSR-Aktivitäten „einen verstärkten Ausbau der firmeneigenen externen und internen Kommunikation und mehr Klarheit in der Kommunikation an Verbraucher" (Bundesverband 2012). Für die Glaubwürdigkeit sei es unerlässlich, die individuellen Nachhaltigkeitsaktivitäten zu einer unternehmensübergreifenden und dauerhaft angelegten Nachhaltigkeitsstrategie zu entwickeln. Hier sollte die CSR-Kommunikation als zentrale Funktion eines CSR-Prozesses verstanden werden (vgl. Faber-Wiener 2012, S. 481–499).

1.1 Der CSR-Managementprozess – Kommunikation als zentraler Schritt

CSR muss systematisch in das Kerngeschäft, in die Unternehmensstrategie und in das Management eingebunden sein. „Daher ist es die Aufgabe des CSR-Managementprozesses (CSR-Masterprozesses) einerseits einen strukturierten Ablauf der CSR-Aktivitäten eines Unternehmens zu gewährleisten, und andererseits die Integration dieser Aktivitäten in den fortwährenden Prozess, also in die Unternehmertätigkeit, zu ermöglichen" (Lorentschitsch und Walker 2012, S. 311). In der Praxis gibt es eine Vielzahl von unterschiedlichen Herangehensweisen und Modellen für diesen Prozess.

Das in diesem Kapitel präsentierte Modell umfasst sieben zentrale Prozessschritte, die in Anlehnung an Lorentschitsch und Walker (vgl. Lorentschitsch und Walker 2012, S. 309) sowie respact austria (vgl. respact austria o. J.) entwickelt wurden. Der besseren Verständlichkeit halber wird dabei der CSR-Planungsprozess mit den einzelnen Schritten einer Reise verglichen. Wenn wir uns zu dieser CSR-Reise aufmachen, müssen wir uns sieben Fragen stellen:

1. **Strategische Ausrichtung – Warum wollen wir die CSR-Reise antreten?** Bei diesem ersten Schritt geht es um die grundsätzliche strategische Ausrichtung des Unternehmens. Dabei gehen wir folgenden Fragen auf den Grund: Welche Grundsätze, Vision und Mission leiten das Unternehmen? Welche Selbstverpflichtung im Sinne des „ehrbaren Kaufmanns" in Bezug auf CSR geben sich die Gesellschafter und das Management? Ist das CSR-Projekt überhaupt machbar und wer gehört in das CSR-Projektteam?
2. **Anspruchsgruppen – Wen brauchen wir auf dieser Reise?** Hier stehen die Anspruchsgruppen im Mittelpunkt. Welche Stakeholder sind von der Unternehmenstätigkeit betroffen, welche konkreten Ansprüche stellen sie an das Unternehmen und welche Relevanz haben sie? Wie gut ist unser Kontakt und mit welchen Strategien bauen wir den Dialog auf oder halten ihn?
3. **Ist-Analyse – Was ist unser Ausgangspunkt?** Nur wenn wir exakt wissen, wo wir stehen, können wir auch die „Reiseroute" richtig planen. Basis dafür ist die Ist-Analyse und die Festlegung von Kennzahlen dazu. Worin besteht das Kerngeschäft unseres Unternehmens und wie stellen wir es uns in Zukunft vor? Für welche Werte und Tugenden stehen wir? Wo liegen unsere Stärken? Welche bisher bereits eingesetzten CSR-Aktivitäten wollen wir bewahren und weiterführen?
4. **Zukunftsthemen – Wohin soll die Reise gehen?** Bei diesem Schritt steht die Antizipation möglicher Risiken und Konflikte im Vordergrund. Wo steht das Unternehmen in den Handlungsfeldern Markt, Gemeinwesen, Umwelt und Arbeitsplatz und welche Verbesserungsmaßnahmen gibt es darin? Wo können Konflikte bestehen und was kann man vorbeugend tun? Wie können wir aus den Risiken Chancen machen? Welche Maßnahmen sind für das Unternehmen und die Stakeholder besonders relevant?

5. **Maßnahmen – Womit wollen wir reisen, wann und wie?** Dieser Schritt umfasst die Umsetzung vom Reden und Planen ins Tun, also die konkreten Maßnahmen. Welche Aktivitäten werden bereits jetzt eingesetzt und wann? Welche Aktivitäten werden darüber hinaus angegangen? Wie binden wir die Stakeholder ein? Wie hoch ist der Aufwand für die Durchführung der Maßnahmen? Wie sieht der konkrete Zeit- und Maßnahmenplan aus? Welche Prioritäten setzen wir? Welche Ziele sollen erreicht werden? Wie messen und steuern wir die Aktivitäten?
6. **Kommunikation – Über die Reise berichten, vorher-während-danach** Der vorletzte wichtige Baustein der CSR-Strategie ist die Kommunikation. Es gilt über Aktivitäten und Entwicklungen im Bereich CSR zu berichten. Im Fokus stehen dabei die Erwartungen der Anspruchsgruppen. Ihnen ist zu vermitteln, was das Unternehmen bereits tut und auch in Zukunft tun möchte, um die Partnerschaft und den Dialog mit ihren Anspruchsgruppen zu verbessern (vgl. respact austria o. J.). Die Kommunikation mit den Anspruchsgruppen sollte den Kriterien der Zielgruppenorientierung, ganzheitlichen Leistungsdarstellung, Aktualität sowie Dialogorientierung folgen (vgl. Lühmann 2003, S. 44). Insbesondere der Dialog spielt eine große Rolle. Aus dem Feedback können wertvolle Schlüsse über die Akzeptanz der CSR-Bemühungen gezogen werden. Es stellen sich folgende Fragen: Wie wird das Engagement bestmöglich kommuniziert? Wie werden die Mitarbeiter „an Bord" geholt? Wie kann Transparenz und Glaubwürdigkeit sichergestellt werden? Welche Stakeholder sollen wie angesprochen werden? Welche Kommunikationskanäle sollen genutzt werden? Soll ein Nachhaltigkeitsbericht erstellt werden? Welche Themen sind relevant? Wie soll die Berichterstattung im Detail erfolgen?
7. **Verstetigung – Das Reisen zur Gewohnheit machen und neue Reiseziele entdecken** Der letzte Schritt ist ein langfristiger und permanenter Prozess, in dem die CSR-Aktivitäten verstetigt und kontinuierlich verbessert werden. Folgende Fragen gilt es dabei zu berücksichtigen: Wie werden die CSR-Prozesse gesteuert? Wie wird das Wissen gesichert? Wie erfolgt der kontinuierliche Verbesserungsprozess? Welche Audits erfolgen durch wen? Welche Standards und Labels sollen eingesetzt werden? Wie erfolgt das Controlling der CSR-Aktivitäten? (Abb. 1).

1.2 Herausforderungen und Zielsetzungen

Die Öffentlichkeitsarbeit für nachhaltige ökologische, ökonomische und gesellschaftliche Aktivitäten ergänzt die klassische Unternehmens- oder Produkt- und Marken-PR. Die besondere Herausforderung liegt darin, die auf das gesellschaftliche Engagement bezogenen realen Anstrengungen einer mehr oder weniger interessierten Öffentlichkeit zu kommunizieren und sie über die Auswirkungen dieses Wirtschaftens zu informieren. Die Verantwortlichen sind an dieser Stelle gefordert, die Kommunikation der CSR-Strategie

	Schritte	Maßnahmen
1	**Strategische Ausrichtung** (Warum wollen wir die CSR-Reise antreten?) Welche Grundsätze, Vision, Mission, Strategien und Werte leiten die Handlungen des Unternehmens?	Generelle Erfolgsziele Selbstverpflichtung des Managements Machbarkeit Leitbild CSR-Projektteam
2	**Anspruchsgruppen** (Wen brauchen wir auf dieser Reise?) Welche Stakeholder sind von der Unternehmenstätigkeit betroffen, wie wichtig sind sie, wie gut ist der Kontakt?	Stakeholderanalyse Dialogstrategien
3	**Ist-Analyse und Kennzahlenbasis** (Was ist unser derzeitiger Ausgangspunkt?) Worin besteht das Kerngeschäft des Unternehmens und wie stellt man es sich in Zukunft vor? Wo steht das Unternehmen und wo sind derzeit die Stärken?	Kernkompetenzen Werte und Tugenden Wertschöpfungskette und Kernprozesse Stärken und Bewahrenswertes
4.	**Zukunftsthemen – Aus Risiken Chancen machen** (Wohin soll die Reise gehen?) Wo können Konflikte bestehen und was kann man vorbeugend tun? Wo steht das Unternehmen und wo gibt es Verbesserungsmöglichkeiten?	Relevante Handlungsfelder und Verbesserungsmöglichkeiten in den Bereichen Führung, Markt, Mitarbeiter, Umwelt, Gesellschaft
5	**Maßnahmen – vom Reden ins Tun** (Womit will ich reisen, wann und wie?) Welche Aktivitäten werden bereits eingesetzt und welche weiteren wären darüber hinaus sinnvoll?	Maßnahmenplan Umsetzung der Maßnahmen Einbinden der relevanten Stakeholder Setzen von Prioritäten Planung der Zielerreichung Messen und Steuern
6	**Kommunikation und Berichterstattung** (Über die Reise berichten, vorher-während-danach) Wie wird das Engagement bestmöglich kommuniziert? Wie werden die Mitarbeiter eingebunden und mit „an Bord" geholt?	Transparenz und Glaubwürdigkeit Kommunikationskanäle Interne und externe Kommunikation Nachhaltigkeitsbericht Identifikation relevanter Themen
7	**Verstetigung und kontinuierliche Verbesserung** (Das Reisen zur Gewohnheit machen und neue Reiseziele entdecken) Wie werden die CSR-Prozesse gesteuert, wie wird das Wissen gesichert, teilbar gemacht und kontinuierlich verbessert?	Reflexion Lernende Organisation Audit KVP (Kontinuierlicher Verbesserungsprozess) Integrierte CSR-Balanced-Scorecard

Abb. 1 Die CSR-Reiseplanung. (Eigene Darstellung nach Lorentschitsch und Walker (2012): Vom integrierten zum integrativen CSR-Managementansatz, S. 311 sowie respact austria: Unternehmen mit Verantwortung, in 7 Schritten zur CSR-Strategie)

und -Maßnahmen mit der Unternehmensstrategie zu verbinden. Alle CSR-Maßnahmen sollten nachvollziehbar zum Kerngeschäft des Unternehmens passen und auf die Marke einzahlen. Die Stakeholder erwarten, dass sie in den CSR-Maßnahmen auch das Unternehmen und ihren Bezug zu dessen Produkten wiederfinden können. Andernfalls ist die Gefahr groß, dass die Aktivitäten nicht akzeptiert oder schlimmstenfalls abgelehnt und negativ kommentiert werden. Die Kommunikation von CSR-Aktivitäten ist also besonders sensibel und trägt immer ein Stück Risiko bei sich. Unternehmen, die ihre CSR-Aktivitäten offen und proaktiv an die Öffentlichkeit tragen, müssen stets damit rechnen, auch die Aufmerksamkeit ihrer Kritiker auf sich zu lenken und damit, dass systematisch Ansatzpunkte für Greenwashing[2] und Fehltritte gesucht werden. Deshalb geht es auch bei der CSR-Kommunikation vor allem um Ernsthaftigkeit und sachliche Information: Wenn ein Unternehmen vermitteln kann, dass es sich ernsthaft und verantwortungsvoll im Sinne der Nachhaltigkeit für die Gesellschaft engagiert, wird es auch als glaubwürdig wahrgenommen. Basis dafür ist eine klare CSR-Strategie. Genau hier liegt aber bei vielen Unternehmen der Schwachpunkt. Nur wenige Unternehmen haben eine CSR-Strategie und die CSR-Kommunikation verläuft oft unkoordiniert (vgl. Grayling PULSE Studie 2013). Auch besteht ein deutlicher Nachholbedarf bei der Integration der Kommunikationsinstrumente. Das haben manche deutsche Unternehmen erkannt und holen sich dazu kompetenten Rat von PR-Experten. „Immer mehr Unternehmen vergeben Aufträge zum Thema Nachhaltigkeit im weitesten Sinn. Dazu gehören CSR-Aufgaben ebenso wie Nachhaltigkeitsberichte" (Strasser 2012, S. 44).

2 Nachhaltigkeitsimage und Glaubwürdigkeit

Konsumenten von heute fordern Transparenz und eine klare Kommunikation. Ereignisse wie das Reaktorunglück in Fukushima oder die Brandkatastrophen in Indien (vgl. Die Welt online 2012b) und Bangladesch (Die Welt online 2012a) tragen dazu bei, dass die Menschen kritischer werden und sich vor allem die Unternehmen genauer ansehen, die durch Umweltsünden, Betrug oder schlechte Arbeitsbedingungen auffallen. „Immer genauer wollen die Kunden wissen, ob Unternehmen die Umwelt stärker belasten als notwendig, ob sie ihre Mitarbeiter ausbeuten, wie sparsam sie mit endlichen Ressourcen umgehen" (Menn 2012, S. 111). Bemerkenswert ist in diesem Zusammenhang auch, dass sich die große Mehrheit der deutschen Bürger nicht informiert fühlt. So können offenbar 82 % der Deutschen kein Unternehmen benennen, das für Umwelt- und Klimaschutz steht und soziale Belange berücksichtigt (vgl. Wilmroth 2012). Dieses Unwissen zeigt, dass hier großer Nachholbedarf in der Kommunikation besteht, wird doch das „gesellschaftliche Engagement von Unternehmen von den Konsumenten als absolut notwendig angesehen" (Brunner und Esch 2010).

---

[2] Definition Greenwashing siehe Abschn. 2.2. Glaubwürdigkeit versus Greenwashing, S. 7.

Wirkungsvolle CSR-Kommunikation – Grundlagen

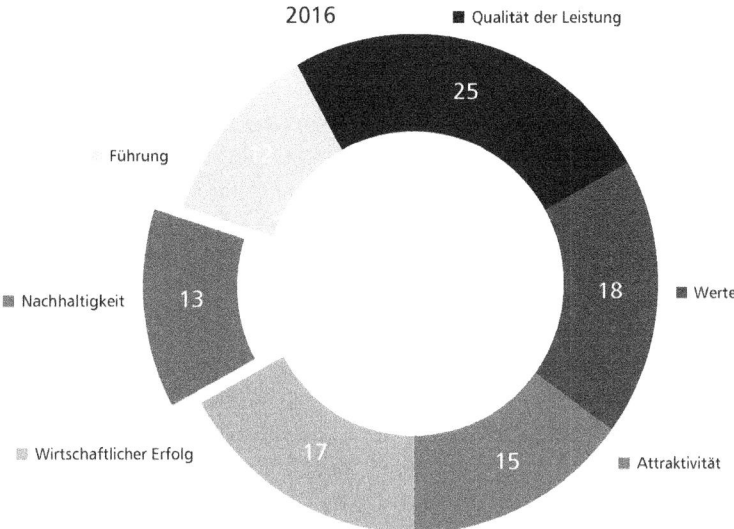

Abb. 2 Die Bedeutung von Nachhaltigkeit für das Image. (facit research: Sustainability Image Score 2016)

2.1 Was bringt ein gutes Nachhaltigkeitsimage?

Ein gutes Nachhaltigkeitsimage lohnt sich: Knapp 13 % des Images einer Marke werden von Themen wie Umweltschutz, fairem Umgang mit Mitarbeitern und Ressourcenschonung beeinflusst (vgl. facit research: Sustainability Image Score 2016; Abb. 2). Darüber hinaus machen Unternehmen mit einem grünen Image auch mehr Umsatz. So trägt eine verantwortungsvolle Unternehmensausrichtung im Durchschnitt über alle Branchen hinweg mit rund fünf Prozent zum Umsatz bei. Die Anteile sind zwar je nach Branche unterschiedlich hoch, ein schlechtes Nachhaltigkeitsimage wirkt sich jedoch immer zum Schaden der Marke aus (vgl. Menn 2012, S. 112).

2.2 Glaubwürdigkeit versus Greenwashing

Handelsketten bringen angeblich kompostierbare Plastiktüten auf den Markt, die kaum verrotten. Spuren von Tropenholz werden in als nachhaltig zertifiziertem Toilettenpapier entdeckt. 2010 geschah im Golf von Mexiko die bis heute schwerste Ölkatastrophe: Rund 72.000 Barrel Öl traten fast zwei Monate lang täglich aus dem Bohrloch eines Ölkonzerns. Etwa zwei Jahre zuvor hatte das Unternehmen damit begonnen, sein Image in breit angelegten Kampagnen grün anzustreichen. Dies sind nur einige Beispiele von Skandalen, die das öffentliche Vertrauen in einzelne Unternehmen und ganze Branchen erschüttern. Die Folgen für die Glaubwürdigkeit sind schwerwiegend und das Vorgehen selbst hat einen Namen: Greenwashing. Es bezeichnet den Versuch von Unternehmen, durch

Marketing- und PR-Maßnahmen ein „grünes Image" zu erlangen, ohne allerdings entsprechende Maßnahmen im Rahmen der Wertschöpfung zu implementieren (vgl. Gabler Verlag 2013f).

Glaubwürdigkeit ist das Fundament für erfolgreiche CSR. Werden die CSR-Aktivitäten von den Anspruchsgruppen als unglaubwürdig wahrgenommen, so wirken die Engagements kontraproduktiv. Glaubwürdigkeit entsteht dadurch, dass die jeweiligen CSR-Aktivitäten zum Unternehmen passen, also zum Unternehmenszweck, zur Unternehmensidentität, zum Unternehmensimage sowie zur Unternehmensphilosophie und -kultur. Jede Maßnahme sollte entsprechend auf den Prüfstand gestellt werden. So lässt sich die Übereinstimmung der CSR-Aktivitäten mit den genannten Bereichen und eine widerspruchsfreie Integration von CSR in die Unternehmenskommunikation sicherstellen (vgl. Schaffner 2013). Wichtig in diesem Zusammenhang ist auch, dass die Kommunikation den tatsächlichen Maßnahmen nicht vorauseilen darf. „Diese Lücke zwischen kommuniziertem Bild und echten Maßnahmen handelt den Unternehmen schnell den Vorwurf des Greenwashings ein" (Menn 2012, S. 111). Im Extremfall führt Greenwashing dazu, dass die Öffentlichkeit generell das Vertrauen in das verantwortliche Handeln von Unternehmen verliert. Mögliche Folgen sind rückläufige Verkaufszahlen tatsächlich nachhaltiger Produkte und verstärkte Regulierung (vgl. Horst 2013).

Daher sollten die Unternehmen folgende typische Greenwashing-Strategien vermeiden:

- „Versteckte Zielkonflikte: Ein Produkt wegen einer einzelnen Eigenschaft als umweltfreundlich bewerben, obwohl andere Produkteigenschaften umweltschädlich sind.
- Fehlende Nachweise: Aussagen treffen, die nicht durch unabhängige Stellen verifiziert oder durch aussagekräftige Studien belegt werden können.
- Vage Aussagen: Unklar definierte Begriffe verwenden, die leicht missverstanden werden können.
- Falsche Labels: Von unseriösen Instituten oder selbst erfundene Labels verwenden, die praktisch keinen Aussagewert haben.
- Irrelevante Aussagen: Aussagen treffen, die zwar stimmen, aber keinen Aussagewert haben. (Beispiel: Ein Produkt wird mit der Aussage FCKW-frei beworben, obwohl dies nur gesetzliche Vorgaben umsetzt).
- Kleineres Übel: Ein Produkt mit einem noch weniger umweltfreundlichen Produkt vergleichen, um es in besserem Licht erscheinen zu lassen.
- Unwahrheiten: Faktisch unzutreffende Werbebotschaften senden (Beispiel: Es wird ein Bio-Siegel verwendet, obwohl das Produkt gar nicht für dieses Siegel zertifiziert wurde)." (pwc Deutschland 2013a)

Um Vertrauen und Glaubwürdigkeit aufzubauen, bedarf es einer nachhaltigen Kommunikation. Dazu müssen Unternehmen eine Haltung zeigen und diese auch durchhalten. Ausweichen, lügen, schweigen, häufiger Wechsel von Themen und Aussagen fallen nicht unter die vertrauensbildenden Maßnahmen. Die Unternehmen sind gut beraten, die Gründe für ihr Tun auch zu kommunizieren und den Kontakt mit der Öffentlichkeit zu gestalten. Sie sollten dabei aber ihren Standpunkt konsequent und selbstbewusst vertreten und sich nicht jeder Kritik beugen (vgl. Knaut 2012).

> Damit CSR seine Wirkung entfaltet, ist die Glaubwürdigkeit der Aktivitäten ein wichtiges Element. Daher sollten Unternehmen nach Möglichkeit in der Lage sein, die Auswirkungen ihrer Tätigkeit auf Umwelt, Gesellschaft und Mitarbeiter im Rahmen ihrer Managementverfahren zu berücksichtigen und über diese in einer sachgerechten und transparenten Form zu kommunizieren. Das hierfür geeignete Instrumentarium ist stark vom Einzelfall abhängig und kann nicht starr vorgegeben werden. (BDI, BDA 2013)

2.3 Leitlinien für eine verbrauchergerechte CSR-Kommunikation

Im Juni 2012 hat der Bundesverband der VERBRAUCHER INITIATIVE e. V. auf der Arbeitskonferenz „Verbrauchergerechte CSR-Kommunikation" in Berlin die folgenden Leitlinien für eine verbrauchergerechte CSR-Kommunikation erarbeitet (vgl. Bundesverband 2012):

1. CSR-Kommunikation ist für Verbraucher einfach zugänglich, leicht verständlich und vermeidet unwahre, irreführende oder mehrdeutige Begrifflichkeiten. Sie reduziert die Komplexität von Nachhaltigkeitsthemen, z. B. durch die Nutzung von glaubwürdigen Labels und Standards sowie konkreten Projekten.
2. Eine glaubwürdige und nachvollziehbare CSR-Kommunikation spiegelt das entsprechende unternehmerische Engagement wahrheitsgemäß, plausibel und nachprüfbar wider. Sie stellt einen Zusatznutzen von Produkten und Dienstleistungen dar.
3. CSR-Kommunikation ist ein mehrstufiger Prozess. Voraussetzung ist die Einbeziehung der Mitarbeiter. Die Partizipation von Mitarbeitern an CSR-Prozessen beeinflusst u. a. die Unternehmenskultur, das Mitarbeiterklima, das Unternehmensengagement sowie das Verhältnis zwischen Unternehmen und seinen Kunden.
4. CSR-Kommunikation wird den zielgruppenspezifischen Lebensstilen, medialen Nutzungsgewohnheiten und Informationsbedürfnissen von Verbrauchern gerecht. Sie greift deren unterschiedliche Bedürfnisse hinsichtlich der Informationstiefe auf.
5. Nichtregierungsorganisationen oder andere glaubwürdige Dritte sind an transparenten CSR-Prozessen und CSR-Kommunikation beteiligt.
6. CSR-Kommunikation berücksichtigt das CSR-Engagement in der Lieferkette und sorgt damit für Transparenz über die Aktivitäten im Unternehmen hinaus.
7. CSR-Kommunikation kann sich einerseits auf bereits erreichte Ziele, andererseits auf zukünftige Ziele beziehen. Der Weg dorthin ist realistisch und umfasst nachvollziehbare und überprüfbare Maßnahmen.
8. Interne und externe CSR-Kommunikation stehen im Einklang, ihre Wirkung bedingt sich gegenseitig. Sie ist so angelegt, dass es Dialogmöglichkeiten im und mit dem Unternehmen gibt.

9. CSR-Kommunikation benennt nicht nur Erfolge, sondern auch Herausforderungen und Hindernisse beim verantwortungsvollen unternehmerischen Handeln. Sie macht deutlich, dass es sich um Veränderungs- und Verbesserungsprozesse handelt.
10. Im Zuge des CSR-Engagements ist es notwendig, mit anderen Unternehmen zu kooperieren und dies auch gemeinsam zu kommunizieren.

3 CSR-Kommunikation – Schnittstellen und Wirkungsfeld der PR

Aus kommunikationswissenschaftlicher Sicht ist die nachhaltige Kommunikation ein Teil der Public Relations. Denn zum effektiven nachhaltigen Handeln eines Unternehmens gehören neben der dementsprechenden Kommunikationsvermittlung der Aufbau und die Pflege von Image und Vertrauen. Darüber hinaus managen Public Relations (PR/Öffentlichkeitsarbeit) Informations- und Kommunikationsprozesse zwischen einem Unternehmen und seinen internen und externen Stakeholdern (Teilöffentlichkeiten). Die PR analysiert das Umfeld des Unternehmens und identifiziert alle relevanten Stakeholder mit ihren Wertevorstellungen, Erwartungen und Konfliktpotenzialen gegenüber dem Unternehmen. Auf dieser Basis werden die Kommunikationsmaßnahmen entwickelt. Von daher ist die PR von zentraler Bedeutung für die CSR-Kommunikation, die auf dem Stakeholderansatz basiert. Und es werden die klassischen PR-Instrumente eingesetzt, um die CSR-Aktivitäten zu kommunizieren. Die CSR-Kommunikation kann daher als ein sehr wichtiges Wirkungsfeld der PR der Zukunft gesehen werden (Abb. 3).

Es gibt fünf typische PR-Instrumente, die für die CSR-Kommunikation genutzt werden können.

Medienarbeit Dazu gehören unter anderem Pressemitteilungen und das Platzieren redaktioneller Fachbeiträge in Medien. Hier können CSR-Themen für die Platzierung des gesellschaftlichen Engagements des Unternehmens und dessen Botschaften vielseitige Kommunikationsanlässe bieten. Die Zielmedien und Zielgruppen lassen sich über fachliche Inhalte aus dem CSR-Bereich themenspezifisch ansprechen. CSR-Themen können Anlass zu Pressekonferenzen geben, beispielsweise über die Ergebnisse einer Zusammenarbeit zwischen Unternehmen und dem NGO-Bereich. Mittels Redaktionsbesuchen und Pressegesprächen/Interviews werden Medien gezielt über die CSR-Themen eines Unternehmens informiert. Auch können Unternehmen und Stakeholder gemeinsam Presseseminare oder Kamingespräche zu CSR-Themen organisieren.

Eigenpublikationen des Unternehmens Hier finden Kundenmagazine, Mitarbeiterzeitungen und Broschüren ihren Einsatz. Ein besonders wichtiges Instrument für die CSR-Berichterstattung des Unternehmens ist aber der eigene CSR- oder Nachhaltigkeitsbericht. Mit ihm kann die CSR-Kommunikation sicherstellen, dass Stakeholder einerseits eingebunden, andererseits zielgruppengerecht und themenspezifisch informiert werden. Auch Fach- und Imageanzeigen eignen sich, um CSR-Themen zu transportieren.

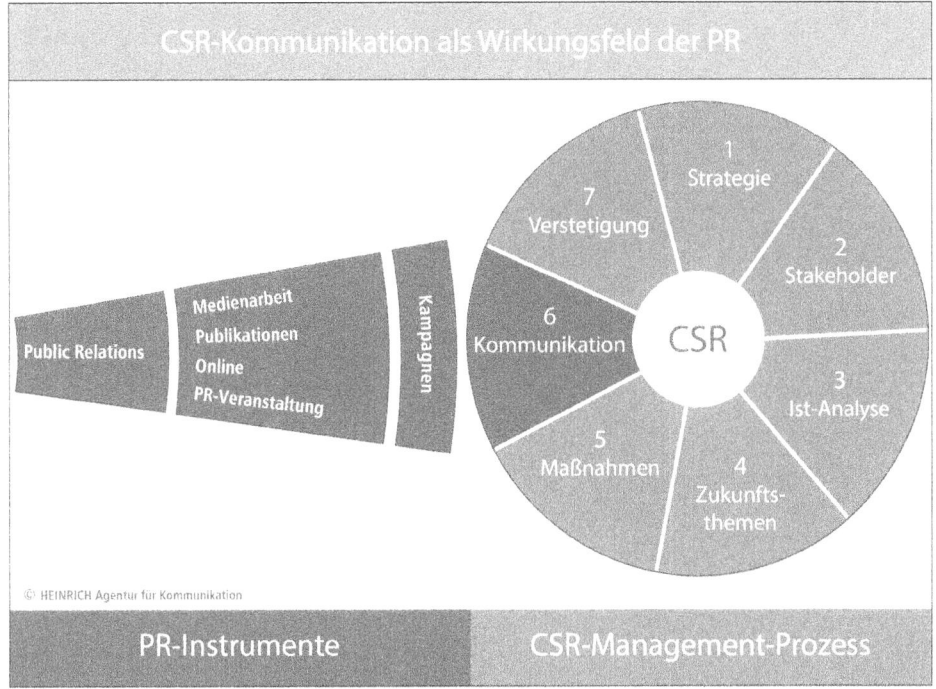

Abb. 3 CSR-Kommunikation als Wirkungsfeld der PR. (Eigene Darstellung)

Online-Kommunikation und Social Media Das Internet bietet gute und vielfältige Möglichkeiten CSR-Themen zu transportieren. Darüber hinaus lassen sich Befragungen und andere interaktive Instrumente für den Stakeholder-Dialog über Online-Kanäle steuern.

Veranstaltungen des Unternehmens CSR-Themen bieten gute Anlässe für Veranstaltungen. So können beispielsweise CSR-Seminare mit Geschäftspartnern, CSR-bezogene Betriebsführungen und auch allgemeine Unternehmensveranstaltungen genutzt werden, um den Dialog mit den Stakeholdern zu führen und CSR-Botschaften zu transportieren.

Kampagnen Die oben genannten Instrumente können zu wirkungsvollen Kampagnen vernetzt werden und so ein bestimmtes CSR-Thema an eine CSR-Stakeholdergruppe innerhalb eines definierten Zeitraums transportieren.

In der Praxis kommt es darauf an, die CSR-Kommunikation im Rahmen der PR-Instrumente in den Marketing-Mix zu integrieren und so ein harmonisches Zusammenspiel zu erreichen (Abb. 4).

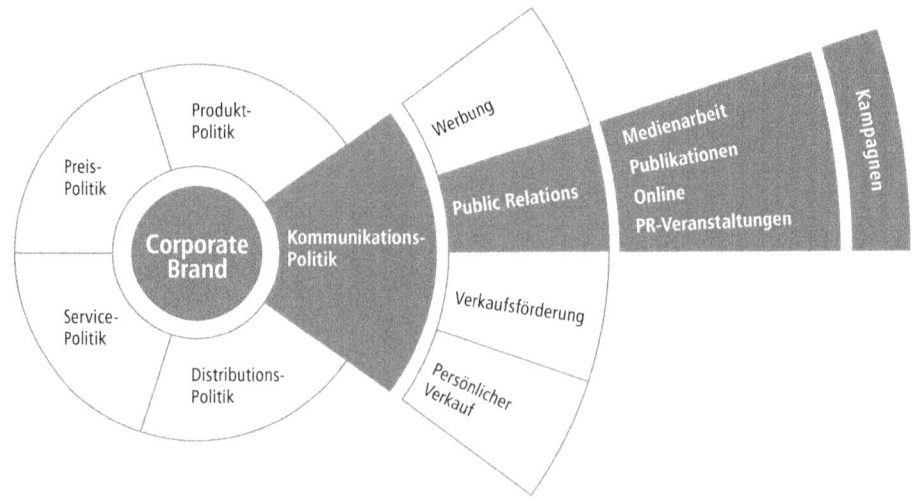

© HEINRICH Agentur für Kommunikation

Abb. 4 Die Lage der PR im Marketing-Mix. (Eigene Darstellung)

4 Stakeholderkommunikation – von der Zielgruppe zur Dialoggruppe

4.1 Der Stakeholderansatz

Der Stakeholderansatz ist in den Definitionen der Europäischen Kommission aus den Jahren 2001, 2002 und 2011 explizit als eines der CSR-Merkmale genannt (vgl. Schneider 2012, S. 34–35). Der Stakeholderorientierung kommt deshalb eine besondere Bedeutung zu und sie ist Grundlage der nachfolgenden Betrachtungen. Der Stakeholderansatz ist ein Konzept, nach dem die Unternehmensführung nicht nur die Interessen der Anteilseigner (Shareholder), sondern aller Anspruchsgruppen, ohne deren Unterstützung das Unternehmen nicht überlebensfähig wäre, zu berücksichtigen hat. Die Gruppe der Stakeholder ist sehr heterogen und umfasst z. B. die Arbeitnehmer, Kunden und Lieferanten, den Staat und die Öffentlichkeit. Der Stakeholderansatz baut auf der Koalitionstheorie der Unternehmung auf. Die Unternehmung wird als Organisation betrachtet, in der verschiedene Interessengruppen (Stakeholder) zusammengeschlossen sind. Aufgabe der Unternehmensleitung ist es, zwischen den unterschiedlichen Gruppen zu vermitteln, um einerseits die Kooperation im Rahmen der unternehmerischen Leistungserstellung zu sichern und andererseits Kompromisse hinsichtlich der Verteilung des erwirtschafteten Unternehmenserfolgs auszuarbeiten (Gabler Verlag 2013c).

Stakeholder, das heißt Anspruchsgruppen, sind alle internen und externen Personengruppen, die von den unternehmerischen Tätigkeiten gegenwärtig oder in Zukunft direkt oder indirekt betroffen sind. Gemäß Stakeholderansatz wird ihnen – zusätzlich zu den Eigentümern (Shareholder) – das Recht zugesprochen, ihre Interessen gegenüber der Unternehmung geltend zu machen. Eine erfolgreiche Unternehmungsführung muss die Interessen aller Anspruchsgruppen bei ihren Entscheidungen berücksichtigen (Social Responsiveness) (vgl. Gabler Verlag 2013d).

> Kritisch anzumerken ist hierbei, dass keine einheitliche Definition von Stakeholdern existiert, so dass im Einzelfall unklar ist, welchen Akteuren gegenüber Unternehmen Verantwortung haben. Auch ist offen, welche Stakeholderinteressen Unternehmen im Rahmen ihrer Wertschöpfung zu berücksichtigen haben und wie mit Interessenkonflikten zwischen Stakeholdern konkret zu verfahren ist. (Gabler Verlag 2013e)

Es kommt deshalb auf eine möglichst präzise und auf das jeweilige Unternehmen angepasste Identifikation der Anspruchsgruppen an. Ein Unternehmen muss bei der Stakeholderanalyse den dynamischen Charakter des Anspruchsgruppengerüstes sowie die Möglichkeit kontinuierlicher Veränderungen desselben berücksichtigen und regelmäßig überprüfen (vgl. Lühmann 2003).

Ein professionelles Stakeholdermanagement setzt deshalb auf eine genaue Kenntnis der wesentlichen Stakeholdergruppen und ihrer Interessen. Das nachfolgende Stakeholder-Modell wurde auf Basis des Modells der DPRG 2011 entwickelt und erleichtert den konzeptionellen Zugang zu einer auf die CSR-Strategie ausgerichteten Kommunikation (Abb. 5).

Das Modell zeigt mögliche Stakeholder und fasst sie in vier Stakeholdergruppen nach den Handlungsfeldern Markt, Umwelt, Gemeinwesen und Mitarbeiter zusammen. Die Stakeholdergruppe Mitarbeiter wird durch die interne Kommunikation bedient. Diese managt die Beziehungen mit ehemaligen, aktuellen und potenziellen Mitarbeitern, Arbeitnehmervertretern, Führungskräften und Universitäten. Die Stakeholder in der Gruppe Gemeinwesen werden von der externen Kommunikation bearbeitet. Hier wird der Dialog zur Bevölkerung, zu Behörden, Unternehmensnetzwerken, Bildungseinrichtungen sowie zu den lokalen und regionalen Medien gepflegt. Die Stakeholdergruppe Markt umfasst Kunden, potenzielle Neukunden, Kooperationspartner, Lieferanten, Wettbewerber, Fach- und Wirtschaftsmedien sowie Banken. In der Stakeholdergruppe Umwelt sind Anwohner, die regionale Bevölkerung, die Politik und der Staat zusammengefasst. Es liegt in der Natur der Sache, dass es Überschneidungen und Doppelungen in den einzelnen Gruppen gibt.

Dieses Modell ist eine Orientierungshilfe, um die zentralen CSR-Stakeholdergruppen eines Unternehmens mit ihren Ansprüchen und möglichen Themen zu identifizieren. Damit wird der Aufbau einer wirksamen CSR-Kommunikation möglich, die mit den Instrumenten der PR ökologische, ökonomische und soziale Themen und Botschaften an die relevanten Anspruchsgruppen transportiert. Es geht darum, an die unterschiedlichsten Anspruchsgruppen ein unverwechselbares, einheitliches Nachhaltigkeitsbild zu transportieren.

Abb. 5 360-Grad-Stakeholder-Perspektive. (Eigene Darstellung)

4.2 Die Stakeholderanalyse

Um die Erwartungen der Stakeholder zu erfüllen, muss ein Unternehmen deren Positionen kennen. Ein Thema hält sich nämlich umso länger auf der Medienagenda, wie es von unterschiedlichen Stakeholder-Gruppen Impulse bekommt. Wenn man also ein Thema in den Fokus vieler Medien bringen will, ist es sinnvoll, dieses auch an mehrere Stakeholdergruppen zu kommunizieren. Denn die Aufmerksamkeit zu einem Thema wird von der Anzahl, der Netzwerk- und Kampagnenfähigkeit sowie der Kompetenz und Fachkenntnis einzelner Stakeholder bestimmt, die sich mit diesem Thema auseinandersetzen. Grundlage dafür sind detaillierte Stakeholderanalysen. Sie untersuchen, welche Stakeholder sich einem Thema widmen, in welchen Medienfeldern sie präsent sind und welche Positionen sie zum jeweiligen Thema beziehen. Wichtig ist es auch zu wissen, welche Stakeholder die Meinungsführerschaft in den Medien übernehmen. Die Stakeholderanalyse gibt also eine klare und tiefgehende Übersicht über alle internen und externen Meinungsmacher, welche die Berichterstattung in den Medien bestimmen. Die unterschiedlichen Aussagen werden je Stakeholdergruppe zu zentralen Positionen zusammengefasst. Darauf aufbauend wird die mediale Durchdringung analysiert.

Eine Stakeholderanalyse kann in zwei Schritten erfolgen:

1. Identifikation der relevanten CSR-Stakeholder
   - Identifikation aller direkten CSR-Stakeholder
   - Systematisierung der CSR-Stakeholder
   - Priorisierung der CSR-Stakeholder entsprechend ihrer Macht und der Dringlichkeit ihrer Ansprüche
   - Ermittlung des partiellen Beeinflussungsnetzwerks
2. Identifikation der CSR-Handlungsfelder und Themen mit Handlungspriorität
   - Ermittlung des Soll- und des Ist-Bildes der CSR-Stakeholder in den CSR-Themenbereichen, einschließlich einer Begründung für die Themenbereiche
   - Ermittlung der Diskrepanzen zwischen Soll- und Ist-Bild in den CSR-Themenbereichen
   - Ermittlung der Relevanz der CSR-Themenbereiche

Um die nötigen Informationen zu beschaffen, empfehlen sich Gruppen- und Expertendiskussionen oder strukturierte Brainstormings. Beste Ergebnisse können erzielt werden, wenn Führungskräfte und Mitarbeiter beim Erstellen der Stakeholderanalyse einbezogen werden. Darüber hinaus können standardisierte Online-Befragungen eingesetzt werden.

Wenn jedoch eine vollständige Deckung des Informationsbedarfs gewährleistet werden soll, kommt man nicht umhin auf qualitative und quantitative Methoden der Marktforschung zurückzugreifen.

Für eine pragmatische Stakeholderanalyse hat sich das nachfolgende Vorgehen in fünf Schritten in der Praxis bewährt. Die Ergebnisse werden tabellarisch erfasst und können so übersichtlich aufbereitet werden.

1. Schritt – Beteiligte und Betroffene: Zunächst werden alle Stakeholder ermittelt, die an der Organisationstätigkeit beteiligt oder von der Organisationstätigkeit betroffen sind.
2. Schritt – Bedeutung: Anschließend wird definiert, welchem Handlungsfeld der entsprechende Stakeholder zuzuordnen ist und welche Relevanz er für die Organisationstätigkeit hat.
3. Schritt – Ziele und Erwartungen: Im dritten Schritt wird analysiert, welche primären Ziele der jeweilige Stakeholder verfolgt und welche Erwartungen sich daraus an die Organisation in Bezug auf die CSR-Kommunikation ergeben.
4. Schritt – Einstellung: Es wird ermittelt, ob der Stakeholder neutral, positiv oder negativ gegenüber der Organisation eingestellt ist.
5. Schritt – Kommunikationsmaßnahmen: Im letzten Schritt wird festgelegt, welche Kommunikationsmaßnahmen ergriffen werden. Hier empfiehlt sich eine Kategorisierung nach Prioritäten (Was muss getan werden, was sollte getan werden, was kann getan werden?).

Weitere Informationen zu diesem Thema sind im Kapitel „Der Stakeholderansatz als Fundament der CSR-Kommunikation" von Thomas Walker in diesem Buch zu finden.

4.3 Themenfindung und Entwicklung relevanter Botschaften

Hat sich ein Unternehmen im Rahmen seiner Kommunikationsstrategie für den Stakeholderansatz entschieden, müssen die Interessen und Erwartungen seiner Stakeholder im Mittelpunkt des Handelns und der Kommunikation stehen. Diese sind die Grundlage für das Finden von Handlungsfeldern für die CSR und die daraus zu entwickelnden Themen. Die Identifikation und Analyse von Themen, die für ein Unternehmen von großer Wichtigkeit sind, erfolgt auf zwei Arten: Zum einen kann dafür das Issues Management eingesetzt werden (vgl. Lühmann 2003), zum anderen erfolgt die Ableitung der Themen aus den tatsächlichen Aktivitäten in den vier CSR-Handlungsfeldern.

Themenfindung im Rahmen des Issues Managements Issues Management bezeichnet das Risiken- und Chancen-Management von Organisationen. Ein Issue (engl. für Thema, Aspekt, Angelegenheit) bezeichnet eine Entwicklung inner- oder außerhalb der Organisation, die dazu erfolgskritischen Einfluss auf die Handlungsfähigkeit und die Zielerreichung einer Organisation hat. Das Ziel des Issues Managements ist, in der medialen Öffentlichkeit oder bei bestimmten Dialoggruppen aufkommende, organisationsrelevante Themen frühzeitig zu erkennen und entsprechend zu reagieren. Issues müssen nicht unbedingt negativ sein oder sich krisenhaft entwickeln, auch wenn das Issues Management in Literatur und Praxis im Zuge der Krisenkommunikation häufig als „Krisenradar" interpretiert wird. Im Kontext von Public Relations (PR), Unternehmenskommunikation oder Reputationsmanagement bezieht sich das Issues Management auf den Stakeholderansatz: Es dient dem Zweck, die Ansprüche der Stakeholder zu identifizieren und ggf. zu antizipieren (Gabler Verlag 2013a).

Die enge Bindung und der kontinuierliche Dialog mit den Stakeholdern, inklusive der Kritiker, ist ein wichtiges Sensorium zum Aufspüren gesellschaftlicher Themen und Probleme. Vorausschauender Umgang mit Wirtschafts-, Gesellschafts- und Umwelt-Risiken kann einem Unternehmen einen strategischen Vorteil gegenüber den Wettbewerbern verschaffen. Hierzu gehört ein 360-Grad-System zur Entdeckung von Chancen und Risiken in gesellschaftlichen Veränderungsprozessen. Dabei nimmt sich CSR auch gesellschaftlicher Themen an, die in einem erweiterten und nicht unmittelbaren Sinne die Unternehmenstätigkeit beeinflussen, wie Menschenrechte, Bildung im und außerhalb des Unternehmens, Anti-Korruptionsmaßnahmen usw. und so auch gesellschaftliche ganzheitliche Wertschöpfung und langfristig Mehrwert für das Unternehmen generieren (vgl. Schneider 2012, S. 34–35). Dementsprechend wird in der Kommunikation ein proaktives[3] Themenmanagement betrieben.

---

[3] Proaktiv ist aktives Handeln. Es wird mehr getan als vom Adressaten erwartet wird.

Abb. 6 Handlungsfelder der CSR. (Eigene Darstellung)

Themenfindung in den zentralen Handlungsfeldern Betrachtet man die gesamtgesellschaftliche Ebene, so ist CSR die soziale, ökologische und ökonomische Verantwortung in allen Bereichen der Unternehmenstätigkeit. Das CSR-Forum der Bundesregierung hat daraus vier zentrale Handlungsfelder abgeleitet: Arbeitsplatz, Gemeinwesen, Markt und Umwelt (Abb. 6).

Unternehmen sind gefordert, diese Handlungsfelder für sich zu entwickeln, individuell umzusetzen und mit Leben zu füllen. Die Unternehmen müssen innerhalb dieser Handlungsfelder ökologische, ökonomische oder gesellschaftliche Maßnahmen und Aktivitäten entwickeln. Sie sind damit die Basis für die Entwicklung der dazu passenden Themen. Aus Sicht der Kommunikation stellen Maßnahmen Themen dar, über die berichtet werden kann und muss. Aus einem Thema (Maßnahme) werden dann Botschaften entwickelt, die auf die jeweiligen Stakeholder bezogen sind. Bei der Entwicklung der zum jeweiligen Thema passenden Botschaften ist Fingerspitzengefühl und Erfahrung gefragt und vor allem das Denken und Fühlen „im Kopf und Herzen" der jeweiligen Stakeholder. Die entscheidende Frage aus Stakeholdersicht lautet: Sprechen mich die Botschaften zum Thema so an, dass sie bei mir ankommen? Welchen Nutzen habe ich davon? Werden meine Erwartungen erfüllt?

Mögliche Maßnahmen zeigt das Nationale CSR-Forum in seiner Empfehlung „Gemeinsames Verständnis von Corporate Social Responsibility (CSR) in Deutschland" auf: Unternehmen nehmen gesellschaftliche Verantwortung wahr, indem sie insbesondere:

- „Mitarbeiterinnen und Mitarbeiter fair behandeln, fördern und beteiligen,
- mit natürlichen Ressourcen schonend und effizient umgehen,
- darauf achten, in der Wertschöpfungskette – in ihrem Einflussbereich – sozial und ökologisch verantwortungsvoll zu produzieren,
- Menschenrechte und die ILO-Kernarbeitsnormen wahren und einen Beitrag leisten, sie international durchzusetzen,
- einen positiven Beitrag für das Gemeinwesen leisten,
- verstärkt in Bildung investieren,
- kulturelle Vielfalt und Toleranz innerhalb des Betriebes fördern,
- für einen fairen Wettbewerb eintreten,
- Maßnahmen zur Korruptionsprävention fördern,
- Transparenz hinsichtlich ihrer Unternehmensführung herstellen,
- Verbraucherrechte und Verbraucherinteressen achten." (Nationales CSR-Forum 2013)

Weitere Themen ergeben sich aus dem Nachhaltigkeitsmanagement:

- „Einführung eines CR-Beauftragten und CR-Steuerungsgremiums
- Erarbeitung von CR-Strategie und CR-Programm
- Entwicklung und Einführung der erforderlichen CR-Ablauforganisation
- Durchführung von Stakeholder-Dialogen/Aufbau eines Stakeholder-Managements
- Einführung eines CR-Controllings
- Auswahl und Implementierung einer CR-Software
- Aufbau einer CR-Kommunikation (Lagebericht, CR-Bericht, Internetauftritt)
- Corporate Citizenship: unternehmenseinheitliche Richtlinien für Spenden, Sponsoring und Corporate Volunteering
- Diversity-Management: Globalisierung, demografische Entwicklung und kulturellen Wandel für den Unternehmenserfolg nutzen." (pwc Deutschland 2013b)

Es gibt also eine Vielzahl von ökologischen, sozialen und ökonomischen Themen, mit denen sich die Unternehmen beschäftigen können. Aber auch die Stakeholder-Forderungen, die spezifische Geschäftstätigkeit und die mediale Präsenz beeinflussen, welche Themen für ein Unternehmen hohe Praxisrelevanz haben. In der SCOPAR-Studie „Nachhaltigkeit" wurde unter mehr als 160 Führungskräften, Mitarbeitern, Wissenschaftlern und Experten aus unterschiedlichen Unternehmen abgefragt, welche Bedeutung die Teilnehmer der Nachhaltigkeit im gesellschaftlichen, ökologischen und ökonomischen Bereich beimessen. Über 80 % der Befragten halten die Säule „Gesellschaft" für die wichtigste, dicht gefolgt von der Säule Ökologie (knapp 80 %). Schlusslicht ist die ökonomische Nachhaltigkeit, die für knapp Dreiviertel der Befragten einen entscheidenden Wettbewerbsfaktor darstellt. Knapp 80 % der Befragten sind zudem der Ansicht, dass Nachhaltigkeit die Wettbewerbsfähigkeit eines Unternehmens künftig sehr beeinflussen wird (vgl. SCOPAR 2015).

Interessant sind auch die Ergebnisse des Sustainability Image Score 2016 (vgl. facit research 2016). Demnach gibt es zehn Top-Einflussfaktoren, die das Nachhaltigkeitsimage beeinflussen: Engagement für Umweltschutzthemen, verantwortungsvoller Umgang mit Ressourcen, klares Profil ökologischer Aktivitäten, karitatives Engagement, gutes Verhältnis zu Umweltschutzorganisationen, Verwendung von umweltfreundlichen Technologien, Beitrag zur Steigerung der Lebensqualität, Erhalt von Auszeichnungen, Engagement in Produktionsländern sowie fairer Player. Es überwiegen dabei eindeutig die ökologischen Einflussfaktoren. Im Vergleich zu den Vorjahren schafft es mit „fairer Player" erstmals ein ökonomischer Aspekt unter die TOP-10. Das wichtigste Ergebnis des Sustainability Image Score 2016 lautet, dass Authentizität Grundvoraussetzung für eine erfolgreiche Nachhaltigkeitskommunikation und damit für eine gute Unternehmensreputation ist. Nur wer tatsächlich nachhaltig handelt, kann dies auch wahrheitsgemäß und wirksam kommunizieren.

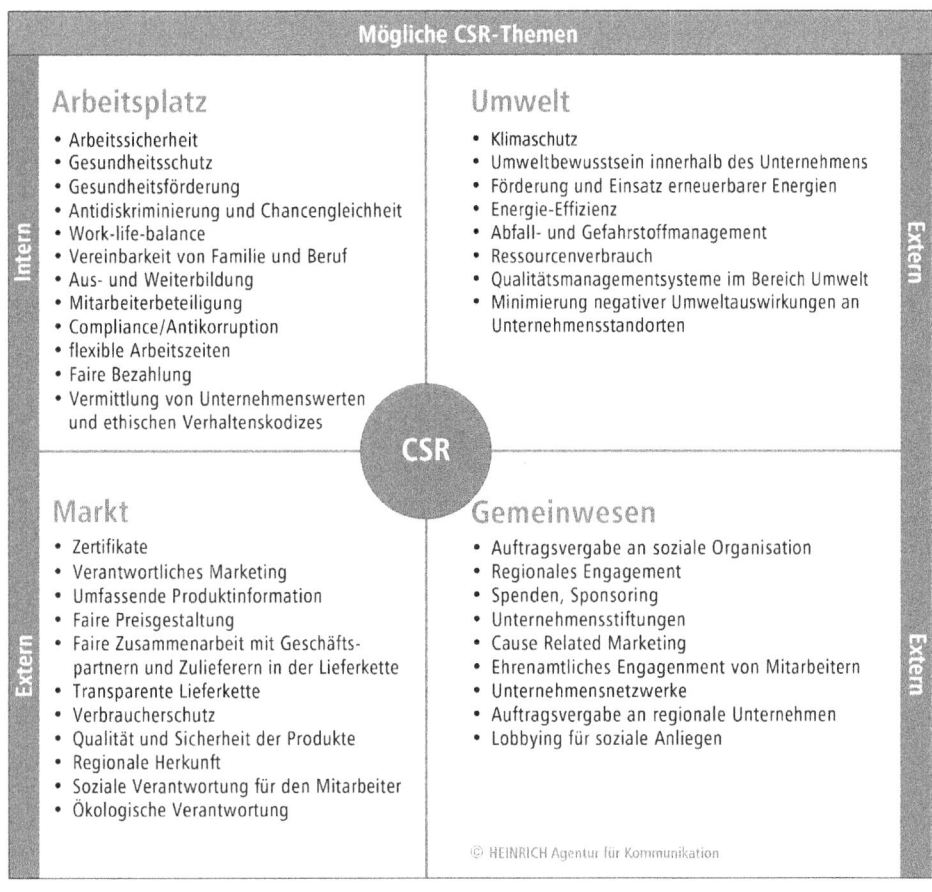

Abb. 7 Mögliche CSR-Themen. (Eigene Darstellung)

Die nachfolgende Zusammenstellung zeigt mögliche Themen in den einzelnen Handlungsfeldern auf, die den Erwartungen der jeweiligen Stakeholdergruppen gerecht werden könnten. Darauf aufbauend können die Botschaften entwickelt werden (Abb. 7).

5 In neun Schritten zum CSR-Kommunikationskonzept

Betrachtet man die CSR genauer, so ist zu erkennen, dass es in einem Unternehmen viele Schnittstellen gibt, unter anderem mit der Unternehmenskommunikation sowie mit dem Marketing und der Marketing-Kommunikation. Daraus folgt, dass sich auch kommunikationsstrategische Modelle auf die Planung von nachhaltigen Kommunikationsprogrammen anwenden lassen. Der Kommunikationsplan für nachhaltige Kommunikation kann also durchaus im Sinne klassischer Unternehmenskommunikationspläne umgesetzt werden. Der Aufbau eines CSR-Kommunikationsplanes könnte – den Schritten eines klassischen PR-Konzeptes folgend – in neun aufeinander folgende Phasen gegliedert sein (vgl. Schmidbauer et al. 2004, S. 34).

1. **Analyse der Kommunikationssituation** (Wo liegen die Ursachen und die Kernprobleme und wie bewerten wir sie?) Am Beginn der Analyse steht eine detaillierte Recherche mit dem Ziel, sich ein eigenständiges Bild der derzeitigen Situation zu machen. Aus der Sammlung aller Fakten und Daten werden die relevanten herausgefiltert und übersichtlich und in logischer Folge zusammengefasst. Ziel ist es, die Ist-Situation klar, kurz und prägnant, aber auch vollständig darzustellen.
2. **Festlegung der nachhaltigen Kommunikationsziele** (Welche Ziele wollen wir erreichen?) Auf Grundlage der Analyse werden dann die Kommunikationsziele erarbeitet und festgelegt. Sie werden zunächst aus den vorgegebenen Unternehmens- und Marketingzielen abgeleitet und anschließend mit den Dialoggruppen verknüpft.
3. **Identifizierung und Festlegung der CSR-Dialoggruppen** (Bei wem wollen wir unsere Ziele erreichen, welche Erwartungen haben diese an das Unternehmen in Bezug auf ökonomisches, ökologisches und soziales Handeln?) Hier steht die möglichst präzise und individuelle Bestimmung der Dialoggruppen im Vordergrund. Für diese Phase der Konzeption sollte man sich ausreichend Zeit nehmen. Denn eine tiefgehende Kenntnis der Dialoggruppen und ihrer Erwartungen an das Unternehmen ist die Grundlage für die Erarbeitung von Botschaften und Maßnahmen, die diese wirklich ansprechen und auch berühren.
4. **Festlegung der nachhaltigen Positionierung** (Wie positionieren wir uns im Kommunikationsfeld?) Die Positionierung stellt Stärken, Ansprüche und das Selbstverständnis eines Unternehmens in Bezug auf sein CSR-Engagement heraus und bringt sie im Vergleich zum Wettbewerb auf den Punkt. Sie legt fest, wie das Unternehmen in Bezug auf CSR von allen relevanten Dialoggruppen wahrgenommen wird und was es für wen leistet. Diese angestrebte Positionierung ist die Basis für die Erarbeitung der dazu passenden Themen und Botschaften. Zusammen mit der Leitidee transportieren sie die Positionierung. Entscheidende Fragen dabei sind unter anderem: Wo liegt unsere Stärke bei der CSR im Vergleich zum Wettbewerb? Hilft die Stärke, die geplante Zielsetzung zu erreichen? Welches CSR-Alleinstellungsmerkmal können wir herausarbeiten? In Bezug auf die CSR können Aspekte zur Positionierung auch aus den relevanten Handlungsfeldern und Themen abgeleitet werden (vgl. Gabler Verlag 2013b).
5. **Entwicklung der Kernbotschaften** (Welche Botschaften wollen wir an die Dialoggruppen bringen?) Aus der Positionierung heraus werden Themen entwickelt, die auf die Erwartungen der relevanten Dialoggruppen zugeschnitten sind. Themen sind immer auch gleichzeitig Botschaften, mit denen man etwas bewirken will. Die Findung von Themen und Botschaften basiert auch auf den Zielsetzungen, die erreicht werden sollen.

6. **Strategie und kreative Leitidee** (Wie gestalten wir die Ideen und die Kommunikationsinhalte?) Mit der kommunikativen Leitidee werden die Kernbotschaften und die kommunikative Positionierung kreativ zusammengeführt und inszeniert. Sie müssen ein „Gesicht" erhalten. Die Leitidee ist das entscheidende strategische Element im Nachhaltigkeits-Kommunikationsplan. Es kommt auf die zündende Idee an, um das Kommunikationskonzept zum Leben zu wecken. Eine gute Idee ist meist naheliegend und gerade deshalb so schwer zu finden.
7. **Maßnahmenplanung** (Mit welchen Mitteln und Maßnahmen wollen wir kommunizieren?) Bei diesem Schritt geht es darum, diejenigen Mittel und Maßnahmen zu konzipieren und festzulegen, mit denen die Positionierung am wirkungsvollsten kommuniziert wird. Darüber hinaus müssen damit auch die geplanten Ziele erreicht werden können.
8. **Zeitplanung und Budget** (Zu welchen Zeiten erfolgen die geplanten Maßnahmen und wie hoch ist das Budget?) Die geplanten Maßnahmen müssen in einen zeitlichen Ablauf gebracht werden. Diese Planung sollte in einem Abstimmungsprozess mit der Unternehmens- und Marketingkommunikation erfolgen, um eine möglichst hohe Integration der CSR-Botschaften und -Themen in die allgemeine Kommunikationsstrategie zu erreichen. In dieser Phase wird auch der finanzielle und personelle Aufwand budgetiert und festgelegt.
9. **Evaluierung der CSR-Kommunikationswirkungen** (Was haben wir erreicht und wie belegen wir den Erfolg unserer Maßnahmen?) Die letzte Phase des Kommunikationsplans legt fest, wie die Wirkung der erarbeiteten Maßnahmen gemessen werden kann. Es geht darum, ob die eingesetzten Mittel auch die gewünschten Resultate gebracht haben und welche Methoden und Instrumente zur Erfolgsmessung eingesetzt werden können. Mögliche Instrumente dazu können unter anderem die Anzahl der Presseberichte, gezielte Marktforschung, Stakeholderdialoge, die Anzahl der Webzugriffe, Online-Befragungen, Veranstaltungen, Ratings, Rankings, Social Media und die Mitarbeiterbefragung sein (vgl. Collaborating Centre on Sustainable Consumption and Production (CSCP) 2012).

6 Sieben Empfehlungen für eine nachhaltige CSR-Kommunikation

Wer seine CSR-Aktivitäten glaubwürdig und transparent kommunizieren will, muss Vieles beachten. Nicht nur die unterschiedlichen und vielfältigen Stakeholder mit unterschiedlichen Ansprüchen und Erwartungen stellen eine große Herausforderung dar, auch die Handlungsfelder und ihre Themen bergen jede Menge „Zündstoff". Die nachfolgenden sieben Empfehlungen für eine nachhaltige CSR-Kommunikation sollen dabei helfen, das gesellschaftliche Engagement langfristig und erfolgreich zu kommunizieren.

1. **Die Kernfrage beantworten**: Warum wollen wir überhaupt kommunizieren? „Wir tun Gutes, aber wir reden nicht darüber." Gerade im Mittelstand ist diese Haltung häufig anzutreffen. Auf der anderen Seite stehen Unternehmen, die ihr CSR-Engagement sehr aktiv kommunizieren. Für beides gibt es sicher gute und unternehmensindividuelle Gründe. Wer also mit der CSR-Kommunikation startet, ist gut beraten sich zuvor zu fragen, warum er es überhaupt tut und mit welchem Ziel.
2. **Zuerst intern – dann extern**: Von allen Stakeholdern, die im CSR-Prozess eine Rolle spielen, steht die Gruppe der Mitarbeiter an erster Stelle. Nur wenn sie eingebunden und informiert werden, kann das CSR-System nachhaltig implementiert werden und gezielt von innen nach außen wachsen. Es versteht sich daher von alleine, dass die Mitarbeiter alle für sie relevanten Informationen erhalten, bevor sie den anderen Stakeholdern zugänglich gemacht werden. Gut informierte Mitarbeiter sind auch die wichtigsten Botschafter für die CSR-Aktivitäten, denn sie prägen das Bild des Unternehmens in der Öffentlichkeit und sind entscheidende Multiplikatoren.
3. **Alle relevanten Unternehmensbereiche einbinden**: Wenn das CSR-Engagement vom gesamten Unternehmen getragen werden soll, muss es auch im Dialog mit allen wichtigen Bereichen des Unternehmens kommuniziert werden. Ein kontinuierlicher und vertrauensvoller Dialog mit allen Abteilungen ist die Voraussetzung, um wichtige Informationen weiterzugeben, aber auch um wichtige Informationen zu erhalten. Dabei sollten sowohl die Führungs- als auch die Umsetzungsebene eingebunden werden.
4. **Die Botschaften emotionalisieren**: Je emotionaler und kreativer die CSR-Botschaften verpackt sind, desto besser fallen sie auch auf und bleiben hängen. Dazu können die Botschaften mit Bildern, Symbolen, Menschen und Geschichten angereichert werden. Es geht darum, das „Unerwartete" zu zeigen, mit kraftvollen Bildern zu arbeiten, Impulse zu geben und Neugier zu wecken.
5. **Stakeholderorientiert kommunizieren**: Jede Stakeholdergruppe hat ihre eigenen Erwartungen, ihre eigene Prägung und vielleicht auch ihre eigene Sprache. Nur wenn es gelingt, die Stakeholder im Kopf und Herzen zu erreichen, können die Botschaften auch nachhaltig transportiert werden. Voraussetzung: Empathie, Fingerspitzengefühl und Erfahrung. Die Botschaften sollten also vom Stakeholder her auf den Stakeholder hin gedacht, entwickelt und umgesetzt werden. Die zentralen Fragen dabei sind: Wie wollen wir bei unseren relevanten Stakeholdern wahrgenommen werden, was sollen sie über unsere CSR-Aktivitäten denken, was sollen sie fühlen, wenn wir mit ihnen in Kontakt treten.
6. **Auf Glaubwürdigkeit, Transparenz und zeitliche Folge achten**: Die Gewährleistung der Glaubwürdigkeit ist das zentrale Kriterium für die CSR-Kommunikation. Die CSR-Aktivitäten müssen kompatibel sein mit dem Unternehmenszweck, seiner Identität, seinem Image sowie seiner Philosophie und Kultur, um widerspruchsfrei kommuniziert zu werden. Keinesfalls darf die Kommunikation den tatsächlichen Maßnahmen vorauseilen.

7. **Den thematischen Bezug zu den Handlungsfeldern der CSR sicherstellen**: Bei allen Kommunikationsmaßnahmen sollte sichergestellt sein, dass sich die Botschaften mit einem der vier Handlungsfelder der CSR, nämlich Arbeitsplatz, Gemeinwesen, Markt und Umwelt, verknüpfen lassen oder sich direkt darauf beziehen. Es geht darum, die Leistungen ganzheitlich im Sinne der CSR und entsprechend den Ansprüchen der Stakeholder darzustellen, das heißt in Hinsicht auf die ökonomischen, ökologischen und sozialen Auswirkungen.

Literatur

BDI, BDA (2013) 10 Kernpunkte zu Corporate Social Responsibility. http://www.csrgermany.de/www/csr_cms_relaunch.nsf/id/C57C018D43078DFBC12577FF00373CEF/$file/10_Kernpunkte_CSR.pdf?open. Zugegriffen: 7. Nov. 2017

Brunner CB, Esch F-R (2010) Unternehmensverantwortung und http://www.esch-brand.com/wp-content/uploads/2014/04/unternehmensverantwortung_und_konsumentenverhalten.pdf. Zugegriffen: 7. Nov. 2017

Bundesverband (2012) „Die Verbraucherinitiative e. V.", Jahresbericht 2012 (S. 4, 5). http://www.verbraucher.org/pdf/346.pdf. Zugegriffen: 7. Nov. 2017

Collaborating Centre on Sustainable Consumption and Production (CSCP) (2012) CSR-Kommunikation im Wandel, S.7. http://www.nachhaltig-einkaufen.de/media/file/63.Unternehmens-_und_Stakeholder-Studie_CSR-Kommunikation_CSCP_VI_2012.pdf. Zugegriffen: 7. Nov. 2017

CSR-Training (2013) Was ist Corporate Social Responsibility? http://www.csr-kompetenz.de/fileadmin/dokumente/CSR_TRAINING_DE.pdf. Zugegriffen: 7. Nov. 2017

Deutsche Public Relations Gesellschaft e. V. (DPRG) (2011) Positionspapier Kommunikationscontrolling, S 8–9

Die Welt online (2012a) Bangladesh, 109 Tote bei Fabrikbrand. http://www.welt.de/print/die_welt/vermischtes/article111490083/Bangladesh-109-Tote-bei-Fabrikbrand.html. Zugegriffen: 7. Nov. 2017

Die Welt online (2012b) Über 54 Tote nach Explosion in Feuerwerksfabrik. http://www.welt.de/vermischtes/weltgeschehen/article109030133/Ueber-54-Tote-nach-Explosion-in-Feuerwerksfabrik.html. Zugegriffen: 7. Nov. 2017

Faber-Wiener G (2012) CSR und Kommunikation: praktische Zugänge. In: Schneider A, Schmidpeter R (Hrsg) Corporate Social Responsibility. Verantwortungsvolle Unternehmensführung in Theorie und Praxis. Springer Gabler, Heidelberg, S 481–499

facit research: Sustainability Image Score (2016) http://www.serviceplan.com/files/serviceplan.com/06_Press/Press-Releases/2016/16-06-13%20-%20SIS%202016/Kurzfassung_Studie.pdf#page=32&zoom=auto,-26,130 Zugegriffen: 7. Nov. 2017

Gabler Verlag (2013a) Gabler Wirtschaftslexikon, Stichwort: Issues Management. http://wirtschaftslexikon.gabler.de/Archiv/569804/issues-management-v2.html. Zugegriffen: 7. Nov. 2017

Gabler Verlag (2013b) Gabler Wirtschaftslexikon, Stichwort: Positionierung. http://wirtschaftslexikon.gabler.de/Archiv/14172/positionierung-v5.html. Zugegriffen: 7. Nov. 2017

Gabler Verlag (2013c) Gabler Wirtschaftslexikon, Stichwort: Stakeholder-Ansatz. http://wirtschaftslexikon.gabler.de/Archiv/54861/stakeholder-ansatz-v6.html. Zugegriffen: 7. Nov. 2017

Gabler Verlag (2013d) Gabler Wirtschaftslexikon, Stichwort: Anspruchsgruppen. http://wirtschaftslexikon.gabler.de/Archiv/1202/anspruchsgruppen-v6.html. Zugegriffen: 7. Nov. 2017

Gabler Verlag (2013e) Gabler Wirtschaftslexikon, Stichwort: Corporate Social Responsibility. http://wirtschaftslexikon.gabler.de/Archiv/5128/corporate-social-responsibility-v11.html. Zugegriffen: 7. Nov. 2017

Gabler Verlag (2013f) Gabler Wirtschaftslexikon, Stichwort: Greenwashing. http://wirtschaftslexikon.gabler.de/Archiv/9119/greenwashing-v7.html. Zugegriffen: 7. Nov. 2017

Grayling PULSE Studie (2013) Soziale Verantwortung kommt von innen (18.03.2013). https://pr-journal.de/nachrichten/csr-unternehmensverantwortung/12921-grayling-pulse-studie-soziale-verantwortung-kommt-von-innen.html.Zugriff. Zugegriffen: 7. Nov. 2017

Horst D (2013) PwC-Experte für Nachhaltigkeit. In Vorsicht, Greenwashing: Konsumenten blicken hinter die grüne Fassade. http://www.pwc.de/de/nachhaltigkeit/vorsicht-greenwashing-konsumenten-blicken-hinter-die-gruene-fassade.jhtml. Zugegriffen: 7. Nov. 2017

Knaut A (2012) Nachhaltigkeit – Warum Kunden Unternehmen nicht verstehen, in Wirtschaftswoche Green, Kolumnen/Unternehmen. http://green.wiwo.de/nachhaltigkeit-warum-firmen-und-kunden-sich-missverstehen/. Zugegriffen: 7. Nov. 2017

Lorentschitsch B, Walker T (2012) Vom integrierten zum integrativen CSR-Managementansatz. In: Schneider A, Schmidpeter R (Hrsg) Corporate social responsibility. Springer Gabler, Heidelberg

Lühmann B (2003) Entwicklung eines Nachhaltigkeitskonzeptes für Unternehmen. http://www2.leuphana.de/umanagement/csm/content/nama/downloads/download_publikationen/35-1downloadversion.pdf. Zugegriffen: 7. Nov. 2017

Menn A (2012) Die Gut-Geschäftler. Wirtschaftswoche 23/2012:111–112

Nachhaltig einkaufen (2013) http://www.nachhaltig-einkaufen.de/media/file/63.Unternehmens-_und_Stakeholder-Studie_CSR-Kommunikation_CSCP_VI_2012.pdf. Zugegriffen: 7. Nov. 2017

Nationales CSR-Forum (2013) Gemeinsames Verständnis von Corporate Social Responsibility (CSR) in Deutschland. http://www.bmas.de/SharedDocs/Downloads/DE/PDF-Publikationen/a397-csr-empfehlungsbericht.pdf?__blob=publicationFile. Zugegriffen: 7. Nov. 2017

Osburg T (2012) Strategische CSR und Kommunikation. In: Schneider A, Schmidpeter R (Hrsg) Corporate Social Responsibility. Verantwortungsvolle Unternehmensführung in Theorie und Praxis. Springer Gabler, Heidelberg, S 469–479

pwc Deutschland (2013a) Greenwashing: Konsumenten blicken hinter die grüne Fassade. http://www.pwc.de/de/nachhaltigkeit/vorsicht-greenwashing-konsumenten-blicken-hinter-die-gruene-fassade.jhtml. Zugegriffen: 7. Nov. 2017

pwc Deutschland (2013b) Nachhaltigkeitsmanagement. http://www.pwc.de/de/strategie-organisation-prozesse-systeme/nachhaltigkeitsmanagement.jhtml. Zugegriffen: 7. Nov. 2017

respact austria (o. J.) Unternehmen mit Verantwortung, in 7 Schritten zu einer CSR-Strategie, S. 8

Schaffner R (2013) Corporate Social Responsibility – ein Kommunikationsinstrument? http://www.business.uzh.ch/professorships/marketing/forschung/execsumdiplarb/corporate_social_responsibility.pdf. Zugegriffen: 7. Nov. 2017

Schmidbauer K, Knödler-Bunter E (2004) Das Kommunikationskonzept. university press UMC, Potsdam, S 34

Schneider A (2012) Reifegradmodell CSR-eine Begriffsklärung und -abgrenzung. In: Schneider A (Hrsg) Corporate social responsibility. Springer, Berlin, S 17–38

SCOPAR (2015) Nachhaltigkeit: Katastrophale Noten für die Politik, Unternehmen müssen besser werden, die Menschen werden selbst aktiv. https://www.scopar.de/fileadmin/media/

download/Presse-News/2015-Presse-Artikel-Bilder/SCOPAR-Studie-Nachhaltigkeit-CSR-Sustainability-2015.pdf. Zugegriffen: 7. Nov. 2017

Strasser D (2012) Tue Gutes, rede davon und mail es weiter. Werb Verkauf 43/2012:44

Wilmroth J (2012) Umfrage: 82 Prozent kennen kein nachhaltiges Unternehmen, S. 1–3. http://green.wiwo.de/umfrage-82-prozent-kennen-kein-nachhaltiges-unternehmen/. Zugegriffen: 7. Nov. 2017

Peter Heinrich ist geschäftsführender Gesellschafter von HEINRICH GmbH Agentur für Kommunikation in Ingolstadt. Seit über fünfzehn Jahren berät und begleitet der Kommunikationsfachmann und zertifizierte CSR-Manager (IHK) mittelständische und große Unternehmen in Fragen der Public Relations und CSR. Im Bereich CSR liegt sein Schwerpunkt auf der Strategieberatung, Stakeholder-Dialogen, Kommunikation und Nachhaltigkeitsberichten. Vor seiner Selbstständigkeit war der studierte Betriebswirt 20 Jahre als Geschäftsführer in einem mittelständischen, marktführenden Unternehmen mit über 500 Mitarbeitern tätig. Er verfügt damit über langjährige Expertise auf Agentur- und Unternehmensseite.

Prof. Dr. René Schmidpeter ist Herausgeber der Managementreihe Corporate Social Responsibility des Springer Gabler Verlages und international anerkannter Experte für nachhaltiges Management. Er ist Director des Center for Advanced Sustainable Management (CASM) an der Cologne Business School und Gründer der M3TRIX GmbH in Köln.

CSR-Kommunikation und Marke

Corporate-Social-Responsibility-Kommunikation als integrierter Bestandteil des Markenmanagements

Christian Boris Brunner und Franz-Rudolf Esch

Das Ganze ist mehr als die Summe seiner Teile (Aristoteles).

1 Aktueller CSR-Trend in der Markenkommunikation

Seit längerer Zeit kreist ein unaufhörlicher Hype um das Thema Corporate Social Responsibility (CSR). Bürger leisten zunehmend Beiträge zu Umwelt und Gesellschaft: Von der penibel durchgeführten Mülltrennung zur Erhaltung unserer Umwelt, dem ehrenamtlichen Engagement für Vereine im sozialen oder ökologischen Bereich, den Spenden für gute Zwecke in der Dritten Welt, der Unterstützung von Demonstrationen gegen die kapitalistische Finanzwelt bis hin zu Shitstorm von tausenden Menschen gegenüber United Airlines oder den Essener Tafeln. Nicht zuletzt deshalb haben Unternehmen das Thema CSR für sich entdeckt und spätestens seit dem Krombacher Regenwald-Projekt ihren Beitrag für die Gesellschaft in die Markenkommunikation integriert: Ob der Brunnenbau in Äthiopien von Volvic, die Tetanus-Impfungen für Neugeborene bei Pampers oder die „Conscious"-Kollektion bei H&M. Darüber hinaus berücksichtigen die Unternehmen vermehrt die Bedürfnisse und Forderungen ihrer verschiedenen Anspruchsgruppen: Ob

C. B. Brunner (✉)
Independent Brand and Communication Consultant
Hamburg, Deutschland
E-Mail: christian.brunner@csr-brand.com

F.-R. Esch
Lehrstuhlinhaber Markenmanagement/Direktor des Instituts Marken-/Kommunikationsforschung, ESCH. The Brand Consultants
Saarlouis, Deutschland
Direktor des Instituts für Marken- und Kommunikationsforschung (IMK), EBS Business School
Oestrich-Winkel, Deutschland
E-Mail: Franz-Rudolf.Esch@ebs.edu

© Springer-Verlag GmbH Deutschland, ein Teil von Springer Nature 2018
P. Heinrich (Hrsg.), *CSR und Kommunikation*,
Management-Reihe Corporate Social Responsibility,
https://doi.org/10.1007/978-3-662-56481-3_2

Kinderbetreuungsplätze für die eigenen Mitarbeiter bei Bosch Siemens Hausgeräte, die Zusammenarbeit von Chiquita mit der Rainforest Alliance für bessere Arbeitsbedingungen und Umweltverträglichkeit innerhalb der eigenen Zuliefererkette oder Apples Weggang vom Zulieferer Foxconn, das seit Jahren in der öffentlichen Kritik wegen schlechter Arbeitsbedingungen und Selbstmorden ihrer Mitarbeiter steht.

Die ursprüngliche Debatte, „ob" sich Unternehmen überhaupt verantwortlich verhalten sollen, hat demzufolge weitestgehend ausgedient (vgl. Smith 2003, S. 54 ff.; Bhattacharya und Sen 2004, S. 10; Du et al. 2007, S. 224). Dies belegen ebenso wissenschaftliche Erkenntnisse, die einen positiven Zusammenhang zwischen guter sozialer Performance von Unternehmen und ihrem finanziellen Return on Investment aufzeigen (Webley und More 2003). Allerdings ist die Richtung dieser Größen nicht eindeutig. So ist unklar, ob sozial oder ökologisch verantwortungsvolles Wirtschaften zu einem besseren Geschäftsergebnis der Unternehmen führt oder erfolgreiche Unternehmen sich vermehrt sozial und/oder ökologisch engagieren können (vgl. ausführlich Fisher et al. 2013). Letzteres würde bedeuten, dass CSR bei Unternehmen nur dann auf der Tagesordnung steht, wenn es ihnen gut geht, in kriselnden Zeiten jedoch der Rotstift angesetzt wird. In der aktuellen Diskussion ist es allerdings unbestritten, dass sich Unternehmen mit dem Thema CSR auseinandersetzten sollten. Somit stellt sich die Frage, „wie" Unternehmen mit diesem Thema umgehen und ob es in kommunikative Maßnahmen an verschiedene Anspruchsgruppen einfließen sollte oder nicht. Mit Blick auf das „wie" ist die zentrale Frage, ob CSR die Haltung des Unternehmens widerspiegelt und somit identitätsprägend ist oder eher im Sinne einer notwendigen Bedingung berücksichtigt wird, wie dies häufig bei der Qualität der Fall ist, die zwar notwendig, allerdings nicht immer hinreichend für den Erfolg eines Unternehmens ist.

2 Markenmanagement entlang aller Kundenkontaktpunkte

Konsistente Vorstellungsbilder zur Marke aufbauen: Marken sind Vorstellungsbilder in den Köpfen ihrer Anspruchsgruppen, die eine Identifikations- und Differenzierungsfunktion besitzen (vgl. Esch 2018). Ähnlich wie wir andere Personen anhand ihres Handelns und ihrer Kommunikation gegenüber uns wahrnehmen, nehmen wir Marken und ihre Verhaltensweisen durch Marketingaktivitäten, Markenerfahrungen und -berichte von Familie, Freunden und Bekannten sowie Informationen aus den Massenmedien oder anderen Quellen wahr (vgl. Aaker 1997; Fournier 1998). Damit Marken in den Köpfen aufgebaut und stetig über den Zeitablauf verstärkt werden können, bedarf es einer Abstimmung aller Kontaktpunkte zwischen der Marke und ihren Anspruchsgruppen. Alle Maßnahmen einer Marke müssen somit konsistent auf das Markenbild einzahlen (vgl. Esch und Brunner 2006, S. 162 f.). Hierbei gilt der Grundsatz Aristoteles: „Das Ganze ist mehr als die Summe seiner Teile." Gelingt es einer Marke, ein klares Bild und somit eine klare Wiedererkennung bei ihren Anspruchsgruppen zu etablieren, kann sie sich besser von Wettbewerbsmarken und deren Produkten und Dienstleistungen differenzieren.

Integrierte Auftritte an den kommunikativen Kontaktpunkten sicherstellen: Eine vorrangige Aufgabe des Markenmanagements ist es, alle Berührungspunkte zwischen Marke und Anspruchsgruppen aufzudecken, zu analysieren und marken- sowie kundenspezifisch zu managen. Dies umfasst alle verbalen sowie nonverbalen Eindrücke zur Marke, die den Anspruchsgruppen vermittelt werden und auf das Markenbild einzahlen (vgl. Esch et al. 2010; Esch 2011). Dabei muss jede Aktivität der Marke die Markenpositionierung verstärken, damit das Markenimage bei den Anspruchsgruppen weiter aufgebaut und verstärkt wird. Zu den Aktivitäten der Marke zählen alle Maßnahmen, die nach innen und außen kommuniziert werden. Dies können direkte Kontakte der einseitigen Kommunikation, wie bspw. Werbung, POS-Aktivitäten, Promotions, Sponsoring-, Celebrity- oder Charitymaßnahmen als auch direkte Kontakte der zweiseitigen Kommunikation sein, wie z. B. Verkäufer-Käufer-Gespräche, Hotlines oder Messen und Events. Eine Studie belegt, dass Manager häufig sowohl die Zahl als auch die Relevanz von Kontaktpunkten einer Marke unterschätzen (vgl. ESCH. The Brand Consultants 2012).

Mitarbeiter mit ins Boot nehmen: Bei der Wahrnehmung nach außen spielt insbesondere das Verhalten von Mitarbeitern eine große Rolle (Esch et al. 2014). Mitarbeiter übernehmen dabei unterschiedliche Rollen: Bei B2B- und Dienstleistungsunternehmen haben Mitarbeiter oft als „handshaker" unmittelbaren Kundenkontakt und können als Repräsentant der Marke deren Markenbild durch ihr Verhalten stärken oder schwächen. Viele Mitarbeiter haben jedoch auch mittelbar Einflussmöglichkeiten auf den Markenauftritt. Bei einer Marke wie Frosch fängt dies schon beim Einkauf und der Berücksichtigung ökologischer Kriterien an. In anderen Unternehmen betrifft dies generell die Gestaltung der Marketingmaßnahmen. Schließlich sind auch Mitarbeiter ohne unmittelbaren oder mittelbaren Einfluss als positive Multiplikatoren in ihrem Freundes- oder Bekanntenkreis wichtig. Denn nur wenn die Mitarbeiter auch die Werte der Marke in sich verinnerlicht haben, können sie diese glaubwürdig nach außen vertreten. Ansonsten nehmen Kunden die externe Kommunikation nach außen durch Markenkommunikation und das Verhalten von Kundenkontaktpersonal widersprüchlich wahr. Die Markenpositionierung kann sich demzufolge nicht stringent nach außen durchschlagen. Vielmehr kommt es zu einer zersplitterten Kommunikation zwischen verschiedenen Kontaktpunkten. Unternehmen müssen deshalb die Markenwerte ebenso nach innen kommunizieren. Mitarbeiter müssen entsprechend geschult werden, die Markenwerte sollten ihnen in Fleisch und Blut übergehen. Dies kann bspw. durch interne Markenschulungen, Gruppenworkshops, Face-to-Face-Kommunikation oder Storytelling erfolgen. Eine besondere Rolle kommt hierbei den Führungskräften zu, die als Vorbilder und Markenbotschafter markenkonformes Verhalten gegenüber Mitarbeitern an den Tag legen und ihren Mitarbeitern die Markenwerte vermitteln müssen (vgl. Esch 2012). Letztlich kann es so gelingen, dass das Markenbild sowohl über die externe Kommunikation nach außen als auch über die Mitarbeiter an Kundenkontaktpunkten gegenüber allen Anspruchsgruppen konsistent aufgebaut und verstärkt wird.

Indirekte, nicht steuerbare Kommunikationskanäle beobachten: Bei der Analyse aller Kontaktpunkte zwischen Marke und Anspruchsgruppen sind neben den Instrumenten, die das Unternehmen selbst steuern und beeinflussen kann, auch die Aktivitäten anderer Kommunikationskanäle zu beachten, auf die das Unternehmen keine oder nur indirekte Kontrolle hat. Insofern müssen ebenso indirekte Kontakte wie bspw. online brand communities, virale Spots von Markenfans bzw. -gegnern oder Berichte von Journalisten über das Unternehmen durch die Medien einbezogen werden. Gerade Markeninformationen von externen Quellen (wie z. B. Journalisten) weisen eine höhere Glaubwürdigkeit auf (vgl. Guido et al. 2011; Hovland und Weiss 1951). Deshalb sollte sich das Markenmanagement auch zu solchen indirekten Maßnahmen einen Überblick verschaffen und diese im Blick haben. Dabei müssen auch Maßnahmen von Zulieferern oder Partnern innerhalb der gesamten Wertschöpfungskette berücksichtigt werden, da Anspruchsgruppen oftmals Fehler von Zulieferern der Marke selbst zuordnen. Jüngere Vorfälle in der Textilindustrie oder im Falle von Apple und seinem Zulieferer Foxconn zeigen dies. Verbraucher interpretieren oftmals das Fehlverhalten von Zulieferern oder Partnern einer Marke als das Verhalten der Marke selbst und bringen es mit ihr in Verbindung. Insofern ist für Unternehmen zu berücksichtigen, was ihre Anspruchsgruppen (insbesondere die Konsumenten) und die Medien als verantwortungsbewusst einschätzen – entlang der gesamten Wertschöpfungskette. Dies geht oftmals weit über die gesetzlichen Bestimmungen hinaus und beinhaltet ebenso rechtlich selbständige Partner und Zulieferer der Marke. Engagiert sich ein Unternehmen sozial oder ökologisch, dann muss eine solche Maßnahme ebenso konsistent mit den übrigen Aktivitäten des Unternehmens sein, um so das Markenbild in den Köpfen der Anspruchsgruppen zu verstärken.

Bei der Marke Volvic findet man unzählige Berührungspunkte: Einerseits schaltet Volvic klassische Werbung in Print und TV-Formaten und hat Kontaktpunkte mit den Verbrauchern am Point of Sale. Darüber hinaus findet man verschiedene interaktive Berührungspunkte auf Volvics Internetseite mit ihrem Blog sowie Gewinnspielen und anderen Aktionen, die ebenso andere Markenfans einbeziehen. Ähnliche Aktionen setzt die Marke auch auf Facebook und anderen Social Media-Kanälen um. Über Zeitungs- und TV-Berichte treten Konsumenten mit der Marke ebenfalls in Kontakt, wenn über das Engagement von Volvic beim Brunnenbau in Äthiopien berichtet wird. Darüber hinaus kommunizieren Unicef sowie prominente Persönlichkeiten, wie z. B. Markus Lanz, die als Projektpaten fungieren, in der Öffentlichkeit über Volvics Projekte. Beim Konsum von Volvics Produkten sind weiterhin die multisensualen Reize als Berührungspunkte zwischen Marke und Verbraucher zu nennen, wie z. B. die visuelle Verpackungsgestaltung oder die Haptik. Darüber hinaus kann der Konsument interaktiv mit der Marke über einen Verbraucherservice zum Thema gesundes Leben per Mail oder über eine Hotline in Kontakt treten. Als weitere Berührungspunkte können Roadshows mit dem Fresh & Juicy Truck oder andere Projekte im Bereich Kunst oder Musik aufgezählt werden. Des Weiteren treten Kontaktpunkte im Dialog zu verschiedenen Verbänden, NGO's und öffentlichen Einrichtungen auf. Dabei sind die CSR-Aktivitäten der Marke Volvic sinnvoll in die verschiedenen Kontaktpunkte eingebunden und passen zu den Produkten und dem Markenbild von Volvic (Abb. 1).

Abb. 1 Kundenkontaktpunkte der Marke Volvic

3 Strategieoptionen für CSR-Kommunikation

Heutzutage beschäftigt sich eine Vielzahl von Unternehmen mit dem Thema CSR – entweder aus eigenem Antrieb heraus oder weil die Konkurrenz ihre CSR-Aktivitäten nach außen kommuniziert. Die CSR-Strategien sind jedoch unterschiedlich (Abb. 2).

CSR ist identitätsprägend: Erstens gibt es Unternehmen, deren Markenidentität sich auf eine CSR-Aktivität bezieht (vgl. Esch und Brunner 2009a). So gründete Anita Roddick einst The Body Shop mit dem Ziel, Kosmetikprodukte anzubieten, die ausschließlich aus natürlichen Bestandteilen und ohne Tierversuche hergestellt werden. Die Markenidentität von Body Shop ist demnach untrennbar mit der CSR-Aktivität verknüpft. Ein anderes Beispiel ist die Marke Frosch von Werner und Merz. Diese Marke steht mittler-

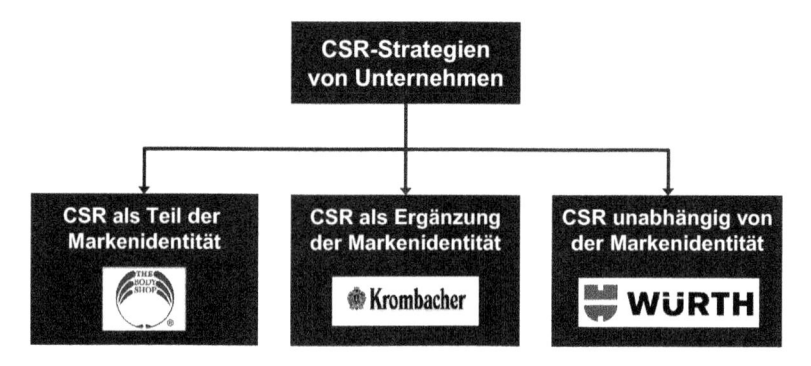

Abb. 2 Strategieoptionen für CSR-Kommunikation. (Quelle: Esch und Brunner 2009b, S. 109)

weile als Synonym für ein umweltfreundliches Reinigungsmittel. Das ganze Unternehmen ist durchtränkt von dieser Idee. So wurde ein komplett nach ökologischen Kriterien entwickeltes neues Verwaltungsgebäude in Mainz gebaut. Im Eingang befindet sich eine grüne Wand, die Materialien genügen strengsten Kriterien und das Unternehmen speist Strom in den Kreislauf ein. Der geschäftsführende Gesellschafter selbst parkt seinen Öko-Smart zum Aufladen vor dem Gebäude.

CSR ist eine Erweiterung der Identität: Zweitens gibt es Unternehmen, die ihre Markenpositionierung im Zuge des „CSR-Trends" um CSR erweitert haben. Hier wurde CSR in die ursprüngliche Markenidentität im Rahmen einer Anbaustrategie integriert. Dies ist heutzutage bei den meisten Unternehmen, die aktiv CSR kommunizieren, der Fall. Typische Vertreter einer solchen Strategie sind Krombacher, H&M oder Marks & Spencer. Damit eine solche CSR-Aktivität als zusätzlicher Kontaktpunkt mit dem Konsumenten auch auf das Markenbild einzahlt, ist es wichtig, dass die Maßnahme zur Markenidentität passt und nicht losgelöst von ihr ist. Solche Unternehmen haben die Hoffnung, durch die aktive CSR-Kommunikation bei den Konsumenten Vorteile gegenüber Konkurrenzmarken zu erlangen und präferiert zu werden. Gerade in Zeiten gesättigter Märkte versuchen viele Unternehmen durch CSR-Kommunikation die eigene Marke gegenüber Wettbewerbsmarken zu differenzieren und positiv abzuheben (vgl. Brunner 2013).

CSR ist nicht identitätsrelevant: Drittens gibt es Unternehmen, die keine CSR-Kommunikation nach außen betreiben. Dies bedeutet jedoch nicht, dass sie nicht sozial und/oder ökologisch engagiert sind. Ein Grund hierfür kann sein, dass man keine positive Hebelwirkung von CSR-Kommunikation erhofft, weil die CSR-Aktivität nicht zum Markenimage passt. Ein anderer Grund kann die Befürchtung einer zu starken Sensibilisierung und Beobachtung der Öffentlichkeit sein. Verbraucher verfolgen CSR-Werbung oftmals skeptisch, weil sie egoistische Motive des Unternehmens für solche Kommunikation vermuten (Webb und Mohr 1998; Bhattacharya und Sen 2004). So wurde einigen Unternehmen, die CSR aktiv kommunizierten, „Greenwashing (vgl. Delmas Burbano

2011; Schlegelmilch und Pollarch 2005)" vorgeworfen, weil sie nicht die Versprechen einhalten konnten, für die sie warben. Beispielsweise zeigte RWE in TV-Spots einen grünen Riesen, der Windkrafträder pflanzt und graue Wolken beiseite pustet – während das Unternehmen selbst für Unmengen von CO_2 verantwortlich ist (vgl. Green Responsibility 2013). Danone warb 2011 für seine umweltfreundlichen Joghurtbecher von Activia, die nicht auf Erdöl basierendem Polystyrol hergestellt werden. Tatsächlich wurde das Unternehmen irreführende Werbung vorgeworfen, weil wissenschaftliche Gutachten ergaben, dass die Verpackung in der Gesamtbetrachtung keineswegs umweltfreundlicher sei als andere Joghurtverpackungen aus Rohöl. So musste letztlich Danone seine Werbung zurückziehen (vgl. Resch 2013). Allerdings ist anzumerken, dass Unternehmen in vielen solcher Fälle noch nicht einmal absichtlich versuchen, den Verbraucher zu täuschen. So ist bspw. im Textilbereich die mangelnde Transparenz der Lieferkette ein großes Problem. Laut Maren Sartory von der Organisation Transfair, welche das Fairtrade-Siegel vergibt, wissen viele Unternehmen selbst nicht, wie und wo genau ihre Produkte hergestellt werden (vgl. Motzkau 2013) (Abb. 2).

4 Einflussfaktoren bei CSR-Kommunikation innerhalb des Markenmanagements

Es ist unbestritten, dass Konsumenten CSR-Aktivitäten von Unternehmen grundsätzlich positiv bewerten. So geben in einer Studie von Brunner und Esch (2010) 91,8 % der Befragten an, dass gesellschaftliches Engagement von Unternehmen wichtig und absolut notwendig sei. Allerdings handelt es sich hier um sozial erwünschtes Antwortverhalten. Wer würde schon zugeben, soziale oder ökologische Verantwortung von Unternehmen schlecht zu finden? Fragt man hingegen, ob Konsumenten auch bereit sind, für Produkte von solchen Unternehmen mehr zu bezahlen, sind die Zahlen schon ehrlicher. So wäre nur jeder Zweite der Befragten bereit, auch einen höheren Preis für Produkte von Unternehmen zu bezahlen, die sich sozial oder ökologisch engagieren (Brunner und Esch 2010). Eine Vielzahl ähnlicher Studien bestätigen die Ergebnisse der Lücke zwischen Erwartungen von Verbrauchern an die Unternehmen und der Bereitschaft, hierzu auch in Bezug auf Kauf- und Preisbereitschaft mitzutragen (z. B. Nan und Heo 2007). In qualitativen Befragungen wird hingegen oftmals lediglich geäußert, dass man bei einer vergleichbaren Qualität und einem ähnlichen Preis solche CSR-Produkte bevorzuge. Unternehmen sollten deshalb auf der Hut sein, schnell auf den CSR-Hype aufzuspringen. Es empfiehlt sich vielmehr, zunächst die eigene Wertschöpfungskette zu untersuchen. Darüber hinaus müssen verschiedene Faktoren analysiert werden, inwieweit CSR-Kommunikation einen Nutzen für das Unternehmen bringt, auch wenn andere Wettbewerber womöglich schon blind in CSR-Aktionismus verfallen sind.

4.1 Fit zwischen CSR-Engagement und Produkt bzw. Produktattribut

Während es in einigen Branchen für viele Verbraucher selbstverständlich ist, auf bestimmte Aspekte wie bspw. „fair trade" beim Kauf von Kaffee zu achten, liegen CSR-Attribute in anderen Branchen für Konsumenten weit entfernt. So ergab eine Studie in über 15 verschiedenen Produktkategorien, dass das Attribut „artgerechte Tierhaltung" beim Kauf von Milch neben der Qualität von Verbrauchern an wichtigster Stelle steht. Ebenso werden Kriterien wie „Produkt aus 100 % regenwaldfreiem Holz", „umweltverträgliche Produktion" sowie „Produktion aus nachhaltiger Forstwirtschaft" als sehr wichtig erachtet, wenn Verbraucher Papier- und Schreibwaren auf der Einkaufsliste haben – wichtiger sind jedoch noch Qualität und der Preis. Fragt man hingegen nach einem Handy-Vertrag, so ist die Einschätzung der Wichtigkeit der Attribute „faire Behandlung von Mitarbeitern und Partnern" sowie „nachhaltiges Wirtschaften" sehr gering (vgl. Brunner 2010a). Demnach kann man folgern, dass Konsumenten einen klaren Bezug zwischen Branche und CSR-Attribut erkennen müssen. Dies bestätigen ebenso Ergebnisse von Sen und Bhattacharya (2001): Hier bewerteten die Befragen ein Unternehmen dann besser, wenn die CSR-Aktivität für die Produkte des Unternehmens relevant erschienen. Ähnlich konnten in Ellen et al. (2000) die moderierende Wirkung der Kongruenz zwischen gespendetem Produkt und Kerngeschäft von CSR-Aktivitäten auf die Einstellung gegenüber einem Unternehmen nachweisen.

Sinnvolle und verständliche Verknüpfung prüfen Für Unternehmen bedeutet dies, dass sie zunächst analysieren sollten, inwieweit ein direkter Bezug zwischen ihrem Produkt und einer CSR-Aktivität für den Verbraucher leicht ersichtlich ist. Wenn ein wirklicher Bezug zum Kerngeschäft erkennbar ist, erscheint die CSR-Initiative des Unternehmens als weniger egoistisch als ohne klaren Bezug (vgl. Ellen et al. 2006, S. 154) – weil sie aus Verbrauchersicht Sinn macht. So ist bspw. die Forschungsinitiative „CO_2-Speicher Eichenwald" von Audi in Kooperation mit der TU München sinnvoll. Ebenso ist die Aktion der Mayerschen Buchhandlung, Unicef-Grußkarten zu Weihnachten zu unterstützen, aus Verbrauchersicht nachvollziehbar. Allerdings ist immer zu beachten, dass ein CSR-Attribut in einer konkreten Kaufentscheidung in den wenigsten Fällen die durchschlagende Wirkung hat, wenn es sich nicht gerade um Bioprodukte handelt. Selbst bei Body Shop werden Verbraucher kaum bereit sein, eine verminderte Qualität der Produkte hinzunehmen.

Negative Ausstrahlungseffekte beachten Beschäftigt man sich mit den konkreten Produktattributen genauer, so kann die Anpreisung eines CSR-Attributs sogar kontraproduktiv sein. So konnten Luchs et al. (2010) zeigen, dass Konsumenten Autoreifen von Unternehmen, die ihre Reifen mit herkömmlichen Produktionsmethoden und Materialien herstellen, bevorzugen, als solche Reifen von Unternehmen, die ökologisch nachhaltige Produktionsmethoden und Materialien verwenden. Dies erklären die Autoren damit, dass aus Sicht der Konsumenten die Reifenqualität schlechter ist, wenn diese aus ökologisch nachhaltigen Produktionsmethoden und Materialien stammen, weil die CSR-Attribute die Produkteigenschaften selbst schwächen. Insofern muss bei der CSR-Kommunikation die korrelierende Wirkung auf die zentrale Produkteigenschaft bzw. Produktqualität berücksichtigt werden. Möchte ein Unternehmen bei bestimmten Produkten auf eine CSR-Eigenschaft in der Kommunikation setzen, so muss ebenso explizit auf die hohe Qualität der Produkte hingewiesen werden. Ansonsten kann die Auslobung auf eine CSR-Eigenschaft zentrale Produkteigenschaften schwächen.

Immer dann, wenn andere Produkteigenschaften zentrale Kauftreiber sind, muss man sich entsprechend überlegen, wie man CSR-Botschaften integriert. Bei Lebensmitteln ist beispielsweise der Geschmack zentral. Würde man hier nur ökologische Aspekte in den Vordergrund stellen, könnte dies einen negativen Einfluss auf die Wahrnehmung des Geschmacks nehmen. Genau dies war bei der ersten Generation der „Öko-Produkte" der Fall. Entsprechend ist das Thema Geschmack eine notwendige Kommunikationsbotschaft, zu der man dann ergänzend als differenzierendes Merkmal die CSR-Botschaft anknüpfen kann.

4.2 Fit zwischen Marke und CSR-Aktivität

Fit als notwendige Bedingung Dient CSR als Ergänzung der Markenidentität, dann ist vor der Kommunikation von CSR zunächst zu untersuchen, wie hoch der Fit zwischen Marke und der ausgewählten CSR-Aktivität ist. Einerseits konnte in verschiedenen Studien gezeigt werden, dass ein hoher Fit zwischen Marke und CSR-Aktivität die Einstellung gegenüber des Unternehmens und die Verhaltensintention der Befragten höher waren als bei geringem Fit (z. B. Pracejus und Olsen 2004). Andererseits muss einschränkend erwähnt werden, dass es auch Studien gibt, die zeigen, dass ein hoher Fit zwischen Marke und CSR-Aktivität nicht durchgehend gegenüber einem geringen Fit bei den Befragten auch positiver wirkte. So stellten Nan und Heo (2007) fest, dass lediglich bei einem hohen Markenbewusstsein der Probanden und hohem Fit zwischen Marke und Social Cause die Einstellung gegenüber einer Produktmarke als auch einer gezeigten Anzeige höher war als bei geringem Fit. War das Markenbewusstsein jedoch gering, lagen keine Unterschiede vor. In Bezug auf die Einstellung zum Unternehmen konnten sie keine Signifikanzen vorweisen. Daraus schließen die Forscher Folgendes: Geht es darum die Produktmarke zu stärken, so ist der Fit unbedingt zu beachten, liegt die Stärkung des Unternehmens im Vordergrund, spielt der Fit eine weniger wichtige Rolle (vgl. Nan und Heo 2007).

Kundenspezifsche Einflussfaktoren berücksichtigen Ob der Fit als Einflussgröße sich letztlich durchschlägt oder nicht, ist demnach ebenso von weiteren Variablen, wie dem Markenbewusstsein der Konsumenten (vgl. Nan und Heo 2007), der Verarbeitungstiefe des Konsumenten (vgl. Menon und Kahn 2003; Simmons und Becker-Olsen 2006) als auch der Einstellung des Konsumenten gegenüber der CSR-Aktivität selbst (vgl. Simmons und Becker-Olsen 2006), abhängig. Beispielsweise werden autobegeisterte Männer sich mit einer CSR-Aktion einer Automarke wesentlich intensiver auseinander setzten, weil sie sich für die Branche oder bestimmte Automarken interessieren. Der kognitive Aufwand, um den Bezug zwischen Marke und CSR-Aktivität herzustellen, wäre entsprechend höher als bei anderen Verbrauchern. Ebenso muss beachtet werden, wie hoch das Involvement der Leser eines Mediums ist. Bezüglich der CSR-Aktivität selbst ist ferner die persönliche Nähe der Zielgruppe zur CSR-Aktivität wichtig. So wird beispielsweise eine junge Mutter die CSR-Aktivität vom Pampers, bei welcher Impfungen gegen Tetanus bei Neugeborenen in Entwicklungsländern durchgeführt werden, wahrscheinlich sehr positiv empfinden.

Framing zur Schaffung von Verständnis Allerdings können Unternehmen, die zunächst keinen hohen wahrgenommenen Fit zwischen Marke und CSR-Aktivität vorweisen können, durch gezieltes Framing in ihren Kommunikationsmaßnahmen den Bezug zwischen Marke und CSR-Aktivität bei den Verbrauchern erhöhen (Simmons und Becker-Olsen 2006). Wichtig ist hierbei, dass der Konsument logisch nachvollziehen kann, warum das Unternehmen sich für eine CSR-Aktivität engagiert. Es geht also für Unternehmen darum, einen leicht erschließbaren Zusammenhang deutlich zu machen. Ansonsten sollte man sich lieber für eine andere Form von CSR-Aktivität entscheiden, die für Anspruchsgruppen logischer erscheint. Darüber hinaus kann durch Werbewiederholung der Fit zwischen Marke und CSR gesteigert werden mit der Folge, dass der Konsument im Laufe der Zeit die CSR-Aktivität in das Markenbild mehr und mehr einbaut. So führt bspw. in der Markenerweiterungsforschung die mehrmalige Darbietung von Neuprodukt und Marke zu Assimilationseffekten zwischen diesen (vgl. Lane 2000). Hieraus lässt sich schließen, dass durch Werbewiederholung und die Vermittlung von CSR-Aktivitäten über andere Quellen der Fit zwischen Marke und CSR Engagement gesteigert werden kann. Allerdings sollte zumindest ein mittlerer Fit zwischen Marke und CSR-Aktivität vorhanden sein.

4.3 Quelle der CSR-Kommunikation

Zu aggressive CSR-Aktivitäten wirken kontraproduktiv Auch wenn CSR-Aktivitäten grundsätzlich positiv wahrgenommen werden, wird die aktive CSR-Kommunikation in der Markenkommunikation von vielen Anspruchsgruppen und der Öffentlichkeit sehr kritisch verfolgt. Grund hierfür ist, dass Konsumenten oft einem Unternehmen, das aktiv CSR kommuniziert, egoistische Motive zuweisen und als reine Verkaufsförderung ansehen. Insbesondere Cause-Related Marketing, bei welchem das Unternehmen einen bestimmten Betrag pro verkauftes Produkt spendet, wird zweischneidig gesehen. Einige Konsumenten argumentieren, dass sie durch ihren Kauf eines Produktes aktiv eine CSR-Maßnahme unterstützen können. Andere Konsumenten äußern hingegen kritisch, dass das Unternehmen ja nur Gutes tue, wenn die Verkaufszahlen stimmen, nicht jedoch, wenn der Konsument das Produkt nicht aktiv kauft (vgl. Esch und Brunner 2009a, 2009b). Darüber hinaus ist wissenschaftlich belegt, dass zu aggressive Kommunikationsaktivitäten ebenso kontraproduktiv sind, weil den Unternehmen eigennützige Motive unterstellt werden (Dawkins und Lewis 2003; Tixier 2003; Du et al. 2010). Hierbei führt die Skepsis von Verbrauchern gegenüber CSR-Kommunikation dazu, dass die CSR-Aktivitäten des Unternehmens und dessen gesamte Wertschöpfungskette von außen noch kritischer überprüft werden (Webb und Mohr 1998; Du et al. 2010). Falls Missstände in der Wertschöpfungskette vorliegen, dann werden Journalisten die Konsumenten in der heutigen „digitalen Revolution" sehr schnell über diese informieren – und die CSR-Kommunikation damit konterkarieren. So wurde bspw. 2010 bekannt, dass die von H&M, C&A und Tchibo ausgewiesene Biobaumwolle aus Indien gentechnisch verändert war. Dies widersprach den Ökostandards, mit denen solche Unternehmen warben (Grassegge und Brambusch 2010). Die kommunikativen Maßnahmen verpuffen hierbei nicht nur, sondern lassen ein Unternehmen im Falle aufgedeckter Missstände zumeist sogar schlechter aussehen als ohne CSR-Kommunikation (vgl. Brunner et al. 2012, 2014).

Neutrale Quellen als Schlüssel Die Glaubwürdigkeit bei CSR-Kommunikation spielt eine zentrale Rolle. Im Rahmen des Kommunikationsprozesses nimmt hierbei die Quelle der Information, die über die CSR-Aktivität berichtet, eine entscheidende Rolle ein. Es ist allgemein bekannt, dass eine neutrale, unabhängige Quelle wesentlich glaubwürdiger ist als ein Unternehmen oder eine Marke als Sender (Hovland und Weiss 1951; Hovland et al. 1953). Insofern wird Werbung von Unternehmen, die die eigenen CSR-Aktivitäten anpreisen, weniger glaubwürdig wahrgenommen als ein Bericht eines Journalisten in der Zeitung. Grund hierfür ist die Unabhängigkeit des Journalisten, während Unternehmen ein ökonomisches Interesse daran haben, dass über sie positiv gesprochen wird. Im oben genannten Fall der Biobaumwolle werden folglich Berichte von Journalisten die angepriesene Biobaumwolle konterkarieren – weil man erstens sehr skeptisch gegenüber CSR-Werbung im allgemeinen ist und zweitens der Information einer neutralen Quelle mehr vertraut als der Information durch das Unternehmen selbst.

Langfristige Planung vor schneller Kommunikation In Bezug auf die aktive Kommunikation von CSR ist es deshalb für Unternehmen sinnvoll, zunächst die gesamte Wertschöpfungskette inklusive ihrer Zulieferer und Kooperationspartner im Rahmen eines langfristig angelegten übergreifenden Nachhaltigkeitsmanagements zu überprüfen (Brunner 2010b). So arbeitete bspw. die Deutsche Telekom an ihren ökologischen und sozialen Auswirkungen im gesamten Konzern und verbesserte diese. Erst zehn Jahre später launchte das Unternehmen im Jahre 2009 den TV-Spot „Veränderungen fangen klein an" über seine CSR-Aktivitäten. Während der Überprüfung und Implementation eines Nachhaltigkeitsmanagements im Unternehmen und bei den Mitarbeitern sowie über die gesamte Wertschöpfungskette hinweg kann es jedoch sinnvoll sein, unabhängige Organisationen und Journalisten hierüber zu informieren. Ein erster Schritt kann ein jährlicher Nachhaltigkeitsbericht sein, mit dem man ebenso die Verfolgung und Erreichung interner Nachhaltigkeitsziele dokumentieren kann. Berichten Journalisten dann über das Engagement solcher Maßnahmen des Unternehmens, werden dies die Konsumenten wohl wesentlich glaubwürdiger wahrnehmen als eine groß angelegte Werbekampagne. Ist dann das Nachhaltigkeitsziel im Unternehmen erreicht, kann ebenso aktiv das Unternehmen selbst über sein CSR-Engagement berichten – vorausgesetzt die CSR-Aktivität zahlt auf das Markenbild bei den Anspruchsgruppen ein. Die Planung eines CSR-Management und der Kommunikation von CSR bedarf also einer langfristigen Planung.

Kohärenz von Unternehmenskommunikation und externen Quellen verstärkt die Wirkung Erfahren letztlich die verschiedenen Anspruchsgruppen von der CSR-Aktivität eines Unternehmens über mehrere Quellen durch Journalisten, Internetblogs und die Markenkommunikation und sind diese Informationen inhaltlich gleich, dann hat dies auch positive Auswirkungen auf die Konsumentenwahrnehmung. Aktuelle Erkenntnisse belegen, dass die Konsumentenwahrnehmung einer Marke wesentlich besser ist, wenn über eine CSR-Aktivität sowohl in der Werbung als auch durch Journalisten in der Zeitung berichtet wird (vgl. Brunner et al. 2014). Für das Management bedeutet dies, dass CSR-Kommunikation keine kurzfristige Angelegenheit ist, vielmehr sollte langfristig die Kommunikation von CSR in das Nachhaltigkeitsmanagement im gesamten Unternehmen integriert werden. So können Unternehmen, die ein Nachhaltigkeitsmanagement im Unternehmen frühzeitig etabliert haben, oftmals in der Öffentlichkeit als Vorzeigeunternehmen für Nachhaltigkeit – wie z. B. im „Good Company Ranking" oder beim Deutschen Nachhaltigkeitspreis – davon profitieren.

4.4 Einstellung des Konsumenten zur CSR-Aktivität selbst

Nach Aaker (1997) bevorzugen Konsumenten bestimmte Marken deshalb, weil ihre Markenpersönlichkeit mit dem Selbstbild zur eigenen Person ähnlich ist oder weil solche Marken bestimmte Eigenschaften aufweisen, die die Konsumenten gerne hätten. Es ist also wichtig, dass Verbraucher sich mit den Verhaltensweisen einer Marke identifizieren und die Marken die soziale Identität der Konsumenten widerspiegeln bzw. erweitern können (Tajfel und Turner 1986). Diese entscheiden letztlich darüber, inwieweit sich ein Konsument mit der Marke verbunden fühlt (Bhattachaya et al. 1995).

Bei CSR-Aktivitäten von Unternehmen ist es wichtig, dass die Konsumenten einen Sinn in dem CSR-Engagement selbst sehen und sich damit identifizieren (z. B. Sen und Bhattachaya 2001). Wissenschaftliche Erkenntnisse belegen, dass eine höhere Identifikation von Konsumenten mit einer solchen CSR-Maßnahme, z. B. aufgrund der lokalen Nähe der Maßnahme oder eines besonderen Interesses, zu einer höheren Einstellung gegenüber der CSR-Aktivität führt. Eine positive Einstellung zur CSR-Aktivität hat als Folge eine bessere Hebelwirkung auf die Einstellung gegenüber dem Unternehmen, das die CSR-Aktivität ausübt (vgl. Brunner und Lu 2012). So nimmt die oben genannte junge Mutter wahrscheinlich Impfungen gegen Tetanus bei Neugeborenen in Entwicklungsländern durch Unicef und Pampers sehr positiv wahr, mit der Folge eines positiven Effekts auf die Marke Pampers.

Demzufolge ist es für Unternehmen bei der Auswahl von geeigneten CSR-Aktivitäten nicht nur wichtig, den Fit zur Marke zu beachten, sondern auch die Interessen und Persönlichkeitseigenschaften der Zielgruppe zu berücksichtigen. Hat der Konsument persönlich keinen Bezug zur CSR-Aktivität und eine mangelnde Identifikation mit dieser, so wird sein Anreiz, diese Aktion zu unterstützen, nicht besonders stark sein. So konnten Sen und Bhattacharya (2001) zeigen, dass ein Unternehmen dann besser beurteilt wird, wenn die Befragten eine CSR-Aktivität positiv unterstützen, als wenn dies nicht der Fall ist.

4.5 Austauschbarkeit der CSR-Aktivität auf Umsetzungsebene

Im Zuge des CSR-Hypes sind viele Unternehmen mit auf den Zug aufgesprungen und haben oftmals CSR-Aktivitäten anderer Marken kopiert. Selbst wenn solche Maßnahmen zur Marke passen, besteht hier die große Gefahr der Austauschbarkeit mit der Folge, dass die „guten" Maßnahmen nicht auf das Markenkonto einzahlen und/oder gar anderen Marken zugeordnet werden. Hierbei gilt es zwei unterschiedliche Ebenen zu beachten: die Konzept- sowie die Umsetzungsebene (Esch 2011).

Auf der Konzeptebene ist zu überprüfen, ob eine CSR-Aktivität auf das Markenbild einzahlt und ob die Maßnahme sich inhaltlich von denen anderer Marken differenziert. Je besser die CSR-Aktivität in die Markenidentität integriert oder gar mit ihr verknüpft ist wie im Falle von Body Shop, desto weniger besteht die Gefahr der Austauschbarkeit oder der Nachahmung durch Wettbewerbsmarken.

Die Umsetzung macht den Unterschied: Hat man eine geeignete CSR-Aktivität identifiziert, die mit der Markenidentität übereinstimmt, muss auf Umsetzungsebene Rechnung getragen werden, dass die Maßnahme jedoch auch hier eigenständig in der Kommunikation umgesetzt wird und sich von anderen CSR-Aktivitäten abhebt. So kann es bspw. sein, dass die Idee der CSR-Aktivität zwar einzigartig im Markt ist und die Positionierung der Marke unterstützt, jedoch die kommunikative und mediale Gestaltung der Maßnahme anderen CSR-Engagements zu sehr ähnelt, weil sie stereotyp umgesetzt wurde (Kroeber-Riel und Esch 2011). Folglich können Konsumenten die CSR-Maßnahme nicht der richtigen Marke zuordnen und die CSR-Aktivität unterstützt nicht das bei den Anspruchsgruppen bisher aufgebaute Markenbild.

Die Austauschbarkeit von CSR-Aktivitäten ist deutlich zu erkennen, wenn man sich die Aktivitäten verschiedener Banken anschaut. Auf ihren Internetseiten berichten Banken, wie bspw. die Commerzbank oder die Deutsche Bank, über ihre unzähligen CSR-Aktivitäten in den verschiedensten Bereichen: ob Corporate Volunteering, die Förderung von Kunst und Musik, Engagement bei Bildungsprojekten, Mikrofinanzierung und Social Venture Funds oder Greentowers. Würde man die Leute auf der Straße fragen, dann könnten sie wohl kaum sagen, welche Bank die jeweilige Aktivität unterstützt. Ein Bezug zur jeweiligen Bank ist in den meisten Fällen nicht zu erkennen – zumal sich die Konsumenten sowieso fragen, ob sie überhaupt noch den Banken vertrauen sollen. Eine

Stärkung des Markenbildes aus Konsumentensicht sieht wohl auf Konzeptebene gänzlich anders aus. Ebenso sind auf Umsetzungsebene die Vielzahl der CSR-Maßnahmen austauschbar: Es könnte quasi jedes Unternehmen aus jeder Branche sein, das die jeweilige CSR-Aktivität ausübt. Konsumenten können in der heutigen Informationsflut wohl kaum diese Maßnahmen den jeweiligen Banken zuordnen und die Wirkung solcher Maßnahmen verpuffen aus Kommunikationsgesichtspunkten sinnlos. Auch wenn die Sparkassen ebenso in vielfältigen Feldern ihr gesellschaftliches Engagement kommunizieren, konnten sie jedoch eine höhere Eigenständigkeit nach der Bankenkrise mit ihrer Aktion „Antworten zur Finanzkrise" erreichen und ihre Positionierung der „Nähe zum Kunden" stärken. Diese Aktion ermöglichte Kunden und Nichtkunden im Dialog mit den Sparkassen zu treten und Fragen zur Finanzkrise zu stellen. Eine eigenständige Aktion, die zeigt, wie gesellschaftliches Engagement in Zeiten der Wirtschaftskrise aussehen kann und auf die Positionierung der Marke einzahlt.

5 Prüfschritte für erfolgreiche CSR-Kommunikation

Es ist unbestritten, dass jedes Unternehmen das Thema Nachhaltigkeit auf der Tagesordnung haben sollte. So sind für viele Unternehmen Nachhaltigkeitsberichte selbstverständlich. Das Thema CSR sollte dabei jedoch nicht unbedingt gleich nach außen kommuniziert werden, nur weil es gerade en vogue ist. Vielmehr geht es darum, das gesamte Unternehmen, die Mitarbeiter und Partner entlang der gesamten Wertschöpfungskette für das Thema zu sensibilisieren und ein langfristiges Nachhaltigkeitsmanagement im Unternehmen zu verankern. Ob es dann in der Zukunft im Rahmen des Nachhaltigkeitsmanagement zur aktiven Kommunikation einzelner Aktivitäten in der Markenkommunikation kommt, ist jedoch von verschiedenen Faktoren abhängig zu machen, um negative Folge vorzubeugen. Ansonsten kann es schnell zu „Greenwashing" kommen, weil widersprüchliche Informationen von skeptischen Journalisten oder Organisationen aufgedeckt werden. Erfolgt die CSR-Kommunikation ohne Berücksichtigung der zentralen Produkteigenschaften, dann kann es gar zu einer Schwächung der Marke im Markt kommen.

Hat ein Unternehmen ein Nachhaltigkeitsmanagement erfolgreich implementiert, dann sollte zunächst überprüft werden, ob CSR in der eigenen Branche ein wichtiges Merkmal darstellt und wie hoch der Fit verschiedener vorgenommener CSR-Aktivitäten und den Produkten des Unternehmens ist. Hierbei gilt zu berücksichtigen, dass Konsumenten in den überwiegenden Fällen wenig involviert gegenüber der Markenkommunikation sind. So muss bspw. ein Konsument in weniger als zwei Sekunden erkennen können, für welche CSR-Aktivität ein Unternehmen konkret wirbt und inwieweit ein logischer Bezug zum Produkt besteht.

Zum zweiten sollten die zentralen Eigenschaften der Produkte oder Dienstleistungen des Unternehmens berücksichtigt werden, die in der bisherigen Kommunikation vermittelt wurden und den zentralen Benefit gegenüber Wettbewerbsangeboten ausmachen. Diese sollten nicht durch eine konkrete CSR-Aktivität geschmälert werden, da so das Unternehmen die eigene Stellung im Markt gefährdet. So zeigt das oben aufgeführte Beispiel, dass Hersteller von Autoreifen, die in ihrer Produktion ökologisch nachhaltige Methoden und Materialien verwenden, die Qualitätswahrnehmung ihrer Produkte bei den Verbrauchern schwächen, wenn sie explizit hiermit in der Kommunikation werben (Luchs et al. 2010). Wirbt ein Unternehmen dennoch mit solchen Attributen in der Werbung, dann sollte es explizit auf die hohe Qualität der Produkte hinweisen.

Drittens sollte überprüft werden, inwieweit eine CSR-Maßnahme in die Markenidentität eingebunden werden kann und ob sie zur Marke passt. Erkennt der Konsument nicht in einer gering involvierten Situation den logischen Zusammenhang zwischen Marke und CSR-Aktivität, dann kann letztere nicht auf das Markenbild einzahlen, das im Laufe vieler Kontaktpunkte zwischen Verbraucher und Marke aufgebaut wurde. CSR zerstört demzufolge das Markenbild in den Köpfen der Anspruchsgruppen mehr als es einzahlt.

Um die Glaubwürdigkeit der CSR-Kommunikation bestmöglich zu erhöhen ist viertens auf den Sender der CSR-Aktivität hinzuweisen. Da das Unternehmen als Sender sehr kritisch durch den Rezipienten hinterfragt wird, sollte eine CSR-Aktivität auf jeden Fall durch weitere PR-Maßnahmen und dem regen Kontakt zu Journalisten und unabhängigen Organisationen verstärkt werden. Ebenso können Kooperationen mit Organisationen, wie z. B. „Unicef" im Falle von Pampers, Hinweise auf offiziell anerkannte und glaubwürdige „fair trade"- oder Bio-Gütesiegel oder die Darbietung von Testimonials in der Werbung, wie Günter Jauch beim Regenwald-Projekt von Krombacher, verstärken (Brunner 2010b).

Fünftens sollte man bei der Auswahl der CSR-Aktivität die Zielgruppe der Marke selbst nicht außer Acht lassen. Nur wenn diese sich mit der CSR-Aktivität selbst identifiziert und diese positiv evaluiert, kann es auch zu einer positiven Hebelwirkung auf die Marke und das Konsumentenverhalten kommen. Ansonsten kann es dazu kommen, dass die eigene Zielgruppe kaum aufmerksam auf das CSR-Engagement wird und andere Konsumenten, die Wettbewerbsmarken bevorzugen, sich zwar angesprochen fühlen, allerdings keineswegs ihr Einkaufsverhalten ändern werden.

Bei der Auswahl von CSR-Aktivitäten im Nachhaltigkeitsmanagement ist sechstens zu berücksichtigen, dass man keine austauschbare CSR-Aktivität verwendet, die die Konkurrenz schnell kopieren kann. So besteht für ein Unternehmen, welches die CSR-Aktivitäten der Konkurrenz nachahmt, die Gefahr, dass Verbraucher die CSR-Aktivitäten schlichtweg verwechseln und möglicherweise die Werbung für die Konkurrenzmarke mitfinanziert wird. Insofern muss die inhaltliche Maßnahme in der CSR-Kommunikation auf Konzeptebene sorgfältig ausgewählt werden. Ebenso gilt es, auf Umsetzungsebene eine Eigenständigkeit der CSR-Aktivität auf Wahrnehmungsebene der Anspruchsgruppen zu gewährleisten. Stereotyp umgesetzte CSR-Maßnahmen sollten unbedingt vermieden werden. Umso mehr die Markenidentität jedoch in die Auswahl einer geeigneten CSR-Aktivität einbezogen wird und in das Markenbild auch auf Umsetzungsebene integriert ist, desto geringer ist die Gefahr der Austauschbarkeit mit CSR-Aktivitäten anderer Marken.

Letztlich muss siebtens eine CSR-Aktivität ebenso wie alle anderen Instrumente der Markenkommunikation die Markenpositionierung verstärken. CSR ist dabei sinnvoll in die bisherige Markenkommunikation einzubinden, damit alle Aktivitäten der Marke nach innen und außen ein einheitliches Markenbild bei den Anspruchsgruppen erzeugen. Dabei muss insbesondere die sensible Wahrnehmung der Anspruchsgruppen beim Thema CSR berücksichtigt werden, denn nicht immer ist es sinnvoll CSR-Kommunikation aktiv zu gestalten.

Literatur

Aaker JL (1997) Dimensions of brand personality. J Mark Res 34:347–356
Bhattacharya CB, Sen S (2004) Doing better at doing good: When, why, and how consumers respond to corporate social initiatives. Calif Manage Rev 47:9–24
Bhattacharya CB, Rao H, Glynn MA (1995) Understanding the bond of identification: an investigation of its correlates art museum members. J Mark 59:46–57
Brunner CB (2010a) Studie zur Wichtigkeit von Corporate Social Responsibility-Kriterien im Rahmen der Kaufentscheidung des Konsumenten in 15 verschiedenen Produktkategorien. Universität Gießen, Gießen
Brunner CB (2010b) Corporate social responsibility: drivers of success and constraints in communicating CSR to the consumer. In. 4th International conference on corporate social responsibility, Berlin, 22–24. September 2010
Brunner CB (2013) Portfolio-Werbung als Technik des Impression Management: Eine Untersuchung zur gegenseitigen Stärkung von Dachmarke und Produktmarken in komplexen Markenarchitekturen, 2. Aufl. Gabler, Wiesbaden
Brunner CB, Esch FR (2010) Unternehmensverantwortung und Konsumentenverhalten. Cr Rep 1:22–23
Brunner CB, Lu X (2012) The influence of corporate social responsibility on Consumer product responses. 11th International conference on research in advertising (ICORIA), Stockholm, 28–30. Juni 2012, Sweden
Brunner CB, Esch F-R, Kinscher N (2012) Communicating corporate social responsibility: Empty promises or smart strategy? In: Eisend M, Langner T, Okazaki S (Hrsg) Current insights and future Trends. EAA advances in advertising research, Bd. III. Springer, Wiesbaden, S 105–117
Brunner CB, McLeay F, Esch F-R, Schoefer K (2014) Communicating corporate social responsibility: Buffer for a crisis or negative backfire-effect?
Dawkins J, Lewis S (2003) CSR in stakeholder expectations: And their implication for company strategy. J Bus Ethics 44:185–193
Delmas MA, Burbano VC (2011) The drivers of Greenwashing. Calif Manage Rev 54(1):64–87
Du S, Bhattacharya CB, Sen S (2007) Reaping relational rewards from corporate social responsibility: the role of competitive positioning. Int J Res Mark 24:224–241
Du S, Bhattacharya CB, Sen S (2010) Maximizing business returns to corporate social responsibility (CSR): the role of CSR communication. Int J Manag Rev 12:8–19
Ellen PS, Mohr LA, Webb DJ (2000) Charitable programs and the retailer: do they mix? J Retail 76:393–406
Ellen PS, Webb DJ, Mohr LA (2006) Building corporate associations: consumer attributions for corporate socially responsible programs. J Acad Mark Sci 34:147–157
Esch F-R (2011) Wirkung integrierter Kommunikation, 5. Aufl. Gabler, Wiesbaden
Esch F-R (2012) Am Kontaktpunkt kommt es zum Schwur. Frankfurter Allgemeine Zeitung, 18. Feb. 2013, S. 18
Esch F-R (2016) IDENTITÄT. Das Rückgrat starker Marken. Campus, Frankfurt/Main
Esch F-R (2018) Strategie und Technik der Markenführung, 9. Aufl. Vahlen, München

Esch F-R, Brunner CB (2006) Markenhistorie und Markenidentität: Markenentwicklung im Zeitablauf. In: Herbrand NO, Röhrig S (Hrsg) Die Bedeutung der Tradition für die Markenkommunikation – Konzepte und Instrumente zur ganzheitlichen Ausschöpfung des Erfolgspotenzials Markenhistorie. Edition Neues Fachwissen, Wiesbaden, S 151–180

Esch F-R, Brunner CB (2009a) Sein und Schein. Wirtschaftswoche 50:40–42

Esch F-R, Brunner CB (2009b) Mehr als nur leere Worte? Markenartikel 12:100–102

Esch F-R, Brunner CB, Gawlowski D, Knörle C, Krieger KH (2010) Customer touch points marken- und kundenspezifisch managen. Mark Rev St Gallen 2:8–13

Esch F-R, Knörle C, Strödter K (2014) Internal Branding. Vahlen, München

ESCH. The Brand Consultants (2012) Customer Touchpoint Management. In: Berührung mit den Kunden. Studienergebnisse. Saarlouis

Fournier S (1998) Consumers and their brands: developing relationship theory in consumer research. J Consumer Res 23:343–373

Fisher C, Lovell A, Valero-Silva N (2013) Business ethics and values, 4. Aufl. Pearson, Harlow

Grassegger H, Brambusch J (2010) Trendgeschäft Biotextilien: Betrug mit angeblicher Biobaumwolle. http://www.ftd.de. Zugegriffen: 22.10.2017

Green Responsibility (2013) Greenwashing oder echtes nachhaltiges Engagement? http://www.green-responsibility.de. Zugegriffen: 22.10.2017

Guido G, Peluso AM, Moffa V (2011) Beardedness in advertising: effects on endorsers' credibility and purchase intention. J Mark Commun 17:37–49

Hovland CI, Weiss W (1951) The influence of source credibility on communication effectiveness. Public Opin Q 15:635–650

Hovland CI, Janis IL, Kelley HH (1953) Communication and persuasion: psychological studies of opinion change. Yale University Press, New Haven, London

Kroeber-Riel W, Esch F-R (2015) Strategie und Technik der Werbung, 8. Aufl. Kohlhammer, Stuttgart

Lane VR (2000) The impact of Ad repetition and Ad content on consumer perceptions of incongruent extensions. J Mark 64:80–91

Luchs MG, Naylor RW, Irwin JR, Raghunathan R (2010) The sustainability liability: potential negative effects of ethicality on product preference. J Mark 74:18–31

Menon S, Kahn BE (2003) Corporate sponsorships of philanthropic activities: when do they impact perception of sponsor brand? J Consumer Psychol 13:316–327

Motzkau M (2013) Nachhaltigkeit in der Textilbranche: Sauber kaufen. *Spiegel online*. http://www.spiegel.de/wirtschaft/soziales/nachhaltig-kleidung-einkaufen-ist-schwer-a-900618.html. Zugegriffen: 22.10.2017

Nan X, Heo K (2007) Consumer responses to corporate social responsibility (CSR) initiatives. J Advert 36:63–74

Pracejus JW, Olsen GD (2004) The role of brand/cause fit in the effectiveness of cause-related marketing campaigns. J Bus Res 57:635–640

Resch J (2013) Deutsche Umwelthilfe stoppt irreführende Werbekampagne von Danone. http://www.duh.de. Zugegriffen: 22.10.2017

Schlegelmilch B, Pollarch I (2005) The perils and opportunities of communicating corporate ethics. J Mark Manag 21:267–290

Sen S, Bhattacharya CB (2001) Does doing good always lead to doing better? Consumer reactions to corporate social responsibility. J Mark Res 38:225–243

Simmons CJ, Becker-Olsen KL (2006) Achieving marketing objectives through social sponsorships. J Mark 70:154–169

Smith NC (2003) Corporate social responsibility: whether or how? Calif Manage Rev 45:52–76

Tajfel H, Turner JC (1986) The social identity theory of intergroup behavior. In: Worchel S, Austin WG (Hrsg) Psychology of intergroup relations. Nelson-Hall, Chicago, S 7–24

Tixier M (2003) Soft vs. hard approach in communicating on corporate social responsibility. thunderbirdinternational Bus Rev 45(1):71–91

Webb DJ, Mohr LA (1998) A typology of consumer responses to cause-related marketing: From skeptics to socially concerned. J Public Policy Mark 17(2):226–238

Webley S, More E (2003) Does business ethics pay? Institute of Business Ethics (IBE), London

Dr. Christian Boris Brunner ist selbständiger Brand and Communications Consultant, Dozent und Autor, Hamburg, und Visiting Research Fellow an der University of Reading, UK. Er promovierte an der Justus Justus-Liebig-Universität Gießen und war anschließend Lecturer bzw. Senior Lecturer an verschiedenen Forschungseinrichtungen, u.a. an der German University in Cairo (GUC), Ägypten, Newcastle Business School, UK sowie an der University of Leicester, UK. Seine Forschungsergebnisse wurden auf internationalen Tagungen und Kongressen, in wissenschaftlichen Journals wie *Internet Research* und dem *Journal of Product and Brand Management* sowie in Zeitschriften und Tageszeitungen wie *Markenartikel, Wirtschaftswoche* und *FAZ* veröffentlicht.

Darüber hinaus hielt Herr Dr. Brunner verschiedene Positionen in der Industrie inne, u.a. als Manager für Market Research und Marketing Communications bei einem globalen führenden Verpackungshersteller. Hier verantwortete er u.a. für die interne und externe Marketingkommunikations verschiedener Produktinnovationen und das Public Roll Out. Seitdem liegt seine Leidenschaft in der Kommunikation und dem Branding neuer Innovationen.

Die Forschungsschwerpunkte von Herrn Dr. Brunner sind Mehrmarkenführung, Corporate Social Responsibility, Digital Marketing sowie Innovation Management. In seinen jüngsten Forschungsprojekten beschäftigt er sich u.a. mit den Möglichkeiten und Grenzen von Virtual und Augumented Reality innerhalb des Konsumentenverhaltens.

Prof. Dr. Franz-Rudolf Esch ist Direktor des Instituts für Marken- und Kommunikationsforschung an der EBS Business School in Oestrich-Winkel. Zuvor war er an den Universitäten Saarbrücken, Trier, St. Gallen, Innsbruck und zuletzt 14 Jahre an der Justus-Liebig-Universität Gießen als Universitätsprofessor tätig.

Als Gründer von ESCH. The Brand Consultants berät Professor Esch renommierte Unternehmen aus unterschiedlichen Branchen in Fragen der Markenführung und Kommunikation.

Professor Esch beschäftigt sich seit mehr als 25 Jahren mit Forschung zum Markenmanagement, zur Kommunikation und zum Kundenverhalten. Er ist laut Absatzwirtschaft der bekannteste lehrende Marketingprofessor.

Neben verschiedenen Beiratstätigkeiten in Unternehmen ist Professor Esch ständiges Mitglied der Jury zum Markenaward und Mitglied diverser Herausgeberbeiräte von Marketingzeitschriften und Buchreihen. Prof. Esch hat mehr als 900 Publikationen von internationalen Top-Journals bis zum Harvard Business Manager und zur FAZ veröffentlicht und zahlreiche Preise national und international für seine Forschungsarbeit erhalten.

Darüber hinaus ist er ein populärer und regelmäßig gebuchter Redner für Kongresse und Unternehmen. Für seine Rednertätigkeit wurde Professor Esch 2017 mit dem „UNTERNEHMER EXCELLENCE MEMBER" Siegel ausgezeichnet.

Den Ehrbaren Kaufmann leben

Eine Strategie für die Zukunft der Wirtschaft

Gertrud Oswald

Der „Ehrbare Kaufmann" – dieser Begriff wirkt im 21. Jahrhundert auf den ersten Blick verstaubt und scheint auch kaum noch gebräuchlich zu sein. Tatsächlich meldet die Suchmaschine Google nur knapp 500.000 Einträge, in denen das Wort „ehrbar" vorkommt. Für „erfolgreich" – ein Adjektiv, das sich ebenfalls gut mit einem „Kaufmann" kombinieren lässt – sind hingegen mehr als 74 Mio. Treffer verzeichnet. Woran liegt das? Ist der Begriff „ehrbar" einfach nicht mehr gebräuchlich oder hat es damit zu tun, dass die Wirtschaft derzeit mehr mit unehrenhaften Skandalen als mit ehrbaren Kaufleuten in den Medien erscheint? Hinzu kommt, dass es sich beim „Ehrbaren Kauf-Mann" um eine feststehende Begrifflichkeit handelt, der den Anschein erwecken mag, dass die „Ehrbare Kauf-Frau" ausgeklammert ist – und das in Zeiten zunehmender Diversität und Frauenförderung. Ein verstaubter und noch dazu schwieriger Begriff also? Mitnichten. Denn hinter dem Begriff des „Ehrbaren Kaufmanns" liegt ein genderneutrales Leitbild, das die gute und bereits sehr alte Tradition verantwortungsvollen, fairen Wirtschaftens fortsetzt und somit das Wie verantwortungsbewusster Unternehmensführung beschreibt. Seit Februar 2017 steht das Leitbild des Ehrbaren Kaufmanns sogar in der Präambel des „Deutschen Corporate Governance Kodex". Unternehmerinnen und Unternehmer, die sich diesem Leitbild verpflichtet fühlen und es leben, beweisen Anstand, übernehmen Verantwortung für die Auswirkungen ihres unternehmerischen Handelns, profitieren dadurch auch ökonomisch und sind für die Herausforderungen der Gegenwart und Zukunft gut gewappnet. Es empfiehlt sich, die ehrbare Haltung auch in der Kommunikation nach innen wie außen zum Ausdruck zu bringen.

G. Oswald (✉)
Leiterin der Abteilung Leitungsstab, BIHK, CSR, IHK für München und Oberbayern
München, Deutschland
E-Mail: oswald@muenchen.ihk.de

1 Der Begriff des Ehrbaren Kaufmanns

Die Tradition des Ehrbaren Kaufmanns stammt aus dem Mittelalter. Das Vertrauen in die Integrität des Handelspartners und in die Qualität des angebotenen Produkts waren damals – wie auch heute – die Grundvoraussetzung für gutes und profitables Wirtschaften. Kaufleute waren in jener Zeit aber zumeist noch Reisende, an jedem Ort zunächst fremd und daher ohne große Reputation. So begegneten ihnen potenzielle Kunden immer wieder mit Skepsis, unterstellten ihnen nicht selten sogar Betrugsabsichten. Um das Vertrauen in ihre Handelstätigkeit zu stärken, eine Verbindlichkeit der Geschäftsbeziehungen aufzubauen und so erfolgreicher wirtschaften zu können, begannen die Kaufleute an ihrem Ruf zu arbeiten. Ob im italienischen Süden oder im deutschen Norden – nach und nach setzte sich das Leitbild des Ehrbaren Kaufmanns durch: Die Ehre galt fortan als das soziale Kapital eines Kaufmanns. Unehrenhaftigkeit brachte ihm Schande und den Ausschluss aus der Gesellschaft. In Vereinigungen wie der Hanse wurde dieser Ansatz seit dem 12. Jahrhundert schließlich institutionalisiert. Solche Vereinigungen fungierten damit als Gütesiegel für ehrbaren Handel; sie standen für eine Selbstverpflichtung der Kaufleute auf spezifische Verhaltensnormen nach dem Grundsatz von Treu und Glauben. Die Selbstverpflichtung umfasste den Kaufmann als Person, als Unternehmer und als Teil der Gesellschaft. Ein Ehrbarer Kaufmann war demnach gebildet, gerecht und weltoffen. Er verfügte über kaufmännisches Urteilsvermögen und über rationale wie emotionale Intelligenz. Sein Wort galt als verbindlich, sein Handschlag zählte. Mit seinem umsichtigen Tun mehrte er nicht nur den eigenen Wohlstand, sondern stets auch den der Gemeinschaft und übernahm Verantwortung für die Gesellschaft. Zudem hatte er die Langfristigkeit und die Folgen seines unternehmerischen Wirkens im Blick, er agierte weitsichtig. So war er immer auch Vorbild (IHK 2012).

Für die IHK-Organisation hat das Leitbild des Ehrbaren Kaufmanns eine besondere Bedeutung. Der Gesetzgeber beauftragte die IHKs 1956 im IHK-Gesetz für „Wahrung von Anstand und Sitte des ehrbaren Kaufmanns zu wirken". Diesen Auftrag nehmen die IHKs sehr ernst und kommen ihm mit einer Vielzahl von Leistungen nach.

2 Der Ehrbare Kaufmann – der verantwortungsvolle Unternehmer von heute

Die zunehmende Globalisierung und Digitalisierung, mehr Diversität und Wertepluralismus, alternde Gesellschaften in den Industrieländern, wachsende junge Gesellschaften in den Schwellen- und Entwicklungsländern, der Klimawandel, Ressourcenknappheit, weltweite Fluchtbewegungen, die rasante Beschleunigung – all diese Megatrends bergen große Veränderungen mit vielfältigen Potenzialen und Risiken. Sie stellen die modernen Gesellschaften und ihre Wirtschaft vor große Herausforderungen. In Zeiten wie diesen erlebt der Ehrbare Kaufmann eine nachvollziehbare Renaissance. Denn die Haltung eines mit Bedacht agierenden Ehrbaren Kaufmanns hilft, diese Herausforderungen besser zu meistern, aus den Veränderungen Vorteile zu generieren und negative Auswirkungen zu vermeiden. Damit erweist sich das Leitbild auch als nicht zeitgebunden, sondern als universell. Über den Tellerrand des eigenen Geschäfts zu blicken, Verantwortung für Umwelt und Gesellschaft zu übernehmen, langfristig zu denken und nachhaltig zu agieren, sind dabei die Tugenden eines Ehrbaren Kaufmanns, die in Zeiten starker Herausforderungen besonders zählen – gerade auch heute. Ein Beispiel: Ein Ehrbarer Kaufmann macht sich die Möglichkeiten der Globalisierung zunutze, indem er weltweit beschafft und produziert. Er beutet seine Lieferanten und Produzenten in weniger entwickelten Ländern im Sinne einer kurzfristigen Gewinnmaximierung aber nicht aus, sondern zahlt angemessene Löhne, achtet die Bedürfnisse und Kulturen der regionalen Bevölkerung und vermeidet negative Umweltauswirkungen. Er sorgt für faire Lieferketten und Produktionsbedingungen, engagiert sich für Menschen und Umwelt vor Ort. So macht er sein Geschäft, trägt aber auch gleichzeitig zur nachhaltigen Entwicklung in den Lieferländern bei. Dieses Verhalten sichert die Handelsbeziehung, die Produktionsgrundlagen und stabilisiert wiederum langfristig sein eigenes Geschäft.

Der Ehrbare Kaufmann entspricht dem Typus eines „verantwortungsvollen Unternehmers" in der heutigen Zeit, der wertebasiert Verantwortung für das eigene Handeln trägt und die (langfristigen) Auswirkungen seiner Entscheidungen und seines wirtschaftlichen Handelns abschätzt – für sein Unternehmen und darüber hinaus. Diese individuelle, moralisch-ethische Haltung bleibt allerdings wirkungslos, wenn sie nicht in verantwortungsbewusstes unternehmerisches Handeln transformiert und als (Management-)Verständnis in das Kerngeschäft des Unternehmens mittels Corporate Social Responsibility (CSR) integriert wird. Das Leitbild des Ehrbaren Kaufmanns, die Haltung des verantwortlichen Unternehmers, ist dabei das Fundament, um CSR als Managementverständnis im Unternehmen glaubwürdig zu implementieren.

CSR steht für eine ökologisch, sozial und ökonomisch verantwortliche, nachhaltige und faire Unternehmensführung. CSR ist damit die moderne Übersetzung des Ehrbaren Kaufmanns und zugleich seine strategische Erweiterung und Übertragung in ein Managementsystem. Mittels strategischer CSR lässt sich das Unternehmen ökonomisch, ökologisch und sozial nachhaltig und fair ausrichten. Damit wird das Leitbild des Ehrbaren Kaufmanns konkret und systematisch mit Leben gefüllt. Dabei macht das Unternehmen seine ökonomische, aber auch ökologische und soziale Verantwortung zum Maßstab seiner Strategien und Entscheidungen. Es geht um die ebenso einfache wie entscheidende Aufgabe, das Wie des Wirtschaftens stärker in den Blick zu nehmen. CSR bildet die Basis dafür.

3 Der Ehrbare Kaufmann ist im Vorteil

Mit dem Leitbild des Ehrbaren Kaufmanns verfolgten Unternehmer von Anfang an auch das ökonomische Ziel, erfolgreicher zu wirtschaften. Mit einem Ehrbaren Kaufmann machte man lieber Geschäfte, ein Ehrbarer Kaufmann erzielte ergo höhere Umsätze und

Gewinne. So zahlte die Ehrbarkeit immer auch im finanziellen Sinne auf das Unternehmenskonto ein.

Daran hat sich bis heute nichts geändert, wie im Jahr 2015 die Studie „Verantwortung lohnt sich" der IHK für München und Oberbayern herausgefunden hat. Die IHK befragte ihre Mitglieder, ob das Leitbild des Ehrbaren Kaufmanns noch modern ist, und was sie davon haben, wenn sie sich ihm verpflichten. Mehr als 90 % der befragten Unternehmen messen dem Ehrbaren Kaufmann eine hohe beziehungsweise sehr hohe Bedeutung bei. Dieser hohe Wert wurde in einer Umfrage der IHK für München und Oberbayern im August 2017 zu den Sustainable Development Goals der Agenda 2030 für nachhaltige Entwicklung bestätigt.[1]

Als die fünf wichtigsten Eigenschaften eines Ehrbaren Kaufmanns bestimmten die Befragten mit einer Zustimmung zwischen 99 und 83 % Verantwortungsbewusstsein, Ehrlichkeit, das Vorleben von Werten, Umsichtigkeit sowie langfristige Perspektiven. An den Eigenschaften, die einen Ehrbaren Kaufmann auszeichnen, hat sich also seit dem Mittelalter kaum etwas geändert. Sicher waren sich die Unternehmen mehrheitlich auch darin, dass die Umsetzung des Leitbilds sich auf viele Handlungsfelder beziehen muss: Mitarbeiter, Umweltschutz, Produktverantwortung, Verbraucherinteresse, Beschaffung, Produktion sowie Gesellschaft.

Auch fand die Studie heraus, dass Unternehmer eher interne als externe Anspruchsgruppen als wichtigste Zielgruppe für ihre Maßnahmen wahrnehmen. Zielgruppen unternehmerischer Verantwortung waren für 96 % der Befragten der Vorstand/die Geschäftsführung, für 71 % die Mitarbeiter, für 68 % Investoren/Eigentümer und für 50 % die Kunden. Politik, Medien oder Nicht-Regierungsorganisationen erhielten eine Zustimmung zwischen 42 und 28 %. Das zeigt: CSR wird zunächst als ein interner Prozess verstanden, hinter dem Geschäftsführung und Belegschaft stehen und den sie gemeinsam umsetzen müssen. Erst dann folgt der Blick auf die externen Anspruchsgruppen.

Von besonderer Relevanz waren die Antworten auf die Frage, was die Unternehmen von ihrer Ehrbarkeit haben. So verbessert die Umsetzung des Leitbilds die Kundenzufriedenheit (94 %), das Unternehmensimage (81 %), die Mitarbeiterzufriedenheit und die Arbeitgeberattraktivität (79 %), sie hilft bei der Differenzierung vom Wettbewerb (77 %) und steigert die Umsätze (67 %).

Die positiven Effekte der Ehrbarkeit bestätigen sich auch in vielen weiteren Untersuchungen. So haben Arbeitgeber, die ihren Mitarbeitern einen Grund geben, stolz auf ihr Unternehmen zu sein oder die ihren Beschäftigten explizit Gutes tun – ihnen eine bessere Vereinbarkeit von Familie und Beruf oder betriebliches Gesundheitsmanagement ermöglichen – zufriedenere und motiviertere Mitarbeiter[2]. Zugleich stärkt das Unternehmen seine Arbeitgeberattraktivität, was in Zeiten des demografischen Wandels und des Fach-

---

[1] Beide Studien der IHK für München und Oberbayern sind abrufbar unter https://www.ihk-muenchen.de/csr/.
[2] Vgl. https://www.werpflegtwie.de/blog/2017/2/21/wirtschaftlich-dank-familienfreundlichkeit, Zugriff am 23.08.2017.

kräftemangels von besonderer Relevanz ist. Das Bundesfamilienministerium ermittelte in einer älteren Modellrechnung einen Return of Investment von +25 %, wenn Unternehmen familienfreundliche Maßnahmen einführen[3].

Und auch Kunden, Geschäftspartner, Investoren und Mitarbeiter legen mehr und mehr Wert darauf, dass Unternehmen sich ehrbar aufstellen. Sie wollen keine Produkte kaufen, die durch ausbeuterische Kinderarbeit entstanden sind oder mit unkontrollierter Umweltverschmutzung einhergehen. Konsumenten machen in diesem Sinne öffentlichen Druck über meinungsbildende Plattformen oder verweigern den Kauf. Auch Investoren ziehen sich aus Unternehmen zurück, die CSR ihrer Meinung nach unzureichend umsetzen. Denn für die Investoren ist eine umfassende CSR-Strategie auch in erheblichem Maße Risikomanagement. Zum einen weil die gesetzlichen Anforderungen für eine verantwortungsvolle Unternehmensführung zunehmen. Zum anderen weil auch die in Kap. 2 genannten Megatrends ein vorausschauendes Management verlangen. Mit CSR beugen Unternehmen zukünftigen Anforderungen vor, entsprechen den Bedürfnissen ihrer Kunden und Investoren besser und richten ihr Unternehmen zukunftssicher aus.

Klar ist: Verantwortungsvolles Unternehmertum ist damit stets auch ein (ökonomischer) strategischer Erfolgsfaktor.

4 Lebe den Ehrbaren Kaufmann und kommuniziere es auch

Das Leitbild des Ehrbaren Kaufmanns und das damit einhergehende CSR-Managementsystem sollten stets individuell, am eigenen Kerngeschäft ausgerichtet, umgesetzt werden und in die Unternehmensstrategie einfließen. Orientierung können die zehn Leitsätze geben, die aus der oben zitierten Studie „Verantwortung lohnt sich" der IHK für München und Oberbayern abgeleitet wurden:

- Leitsatz I: Verantwortung lohnt sich – für jeden anders
- Leitsatz II: Werteorientierung ist kein Rosinenpicken
- Leitsatz III: Werte und Unternehmensstrategie brauchen einander
- Leitsatz IV: Reden ist Silber, Schreiben ist Gold
- Leitsatz V: Der Anspruch endet nicht an der Unternehmenstür
- Leitsatz VI: Mit Überblick und System zum Mehrwert
- Leitsatz VII: Erfolgreich mit der 360-Grad Perspektive
- Leitsatz VIII: Mitarbeiter sind das A und O unternehmerischer Verantwortung
- Leitsatz IX: Werte an die Praxis koppeln
- Leitsatz X: Evaluieren, messen, dokumentieren.

Sämtliche Leitsätze sind in der Studie mit Praxistipps erläutert. Leitsatz IV „Reden ist Silber, Schreiben ist Gold" sei an dieser Stelle kurz herausgegriffen. Zwei Drittel der

---

[3] Vgl. https://www.bmfsfj.de/blob/100858/70eec2b8b77d84e57f66c3f8230a3688/prm-24823-kurzfassung-data.pdf, Zugriff am 23.08.2017.

befragten Unternehmen der Studie gaben hierzu an, über schriftliche Verhaltens-/Wertekodizes zu verfügen. Auffallend war dabei allerdings, dass fast alle der großen Unternehmen mit einem Jahresumsatz von über 250 Mio. € einen schriftlichen Wertekodex hatten – bei den befragten kleinen und mittleren Unternehmen waren es nur die Hälfte.

„Schreiben ist Gold", das bedeutet nichts anderes, als dass die Verschriftlichung der unternehmerischen Werte die Basis für deren Umsetzung sind: Sie dokumentiert für alle sichtbar die Haltung des Unternehmers, gibt Orientierung und bildet letztlich die Basis für ein konsistentes glaubwürdiges Handeln.

Tue Gutes und rede darüber – oder anders ausgedrückt: Lebe den Ehrbaren Kaufmann und kommuniziere es. Das ist gut fürs Unternehmensimage und steigert die positiven Effekte, die mit der Umsetzung des Leitbilds des Ehrbaren Kaufmanns einhergehen. Die CSR-Kommunikation sollte jedoch gut durchdacht und vorbereitet sein. Ansonsten besteht die Gefahr, dass CSR-Maßnahmen von Rezipienten als Greenwashing entlarvt bzw. diffamiert werden und das Unternehmen ins Schussfeld der internen wie öffentlichen Kritik gerät. Dies auszugleichen, kostet Zeit und Ressourcen. Die Kommunikation muss daher über alle Kommunikationskanäle hinweg authentisch, belegbar, widerspruchslos sein und auf einer wertebasierten Unternehmensstrategie beruhen. Angesichts der Umfrageergebnisse der IHK-Studie zu den Anspruchsgruppen gilt es zudem, die öffentliche Kommunikation mehr als bisher in den Blick zu nehmen.

Gesetzliche Vorgaben zur CSR-Kommunikation
Die CSR-Kommunikation ist mittlerweile auch gesetzlich verankert. So haben Unternehmen, die kapitalmarktorientiert sind sowie Banken, Versicherungen und Fondsgesellschaften – unabhängig davon, ob sie börsennotiert sind – und deren Umsatzerlöse bei über 40 Mio. € oder deren Bilanzsumme bei über 20 Mio. € liegen und zugleich mehr als 500 Arbeitnehmer beschäftigen, gemäß dem rückwirkend ab dem 1. Januar 2017 geltenden „Gesetz zur Stärkung der nichtfinanziellen Berichterstattung der Unternehmen in ihren Lage- und Konzernlageberichten" die sogenannte CSR-Berichtspflicht zu erfüllen. Das heißt, sie müssen innerhalb von vier Monaten nach dem Bilanz-Abschlussstichtag einen CSR-Bericht vorlegen und darin die nichtfinanziellen Aspekte ihrer Geschäftstätigkeit öffentlich bekannt machen. Dazu gehören Angaben zu Umwelt-, Arbeitnehmer- und Sozialbelangen, zur Achtung der Menschenrechte und zur Korruptionsbekämpfung. Bei Nicht-Vorlegen des Berichts drohen empfindliche umsatzabhängige Strafen. Die Veröffentlichung des CSR-Berichts sollte in jedem Fall auch zur Kommunikation nach innen wie außen genutzt werden. Betrifft die Berichtspflicht zunächst vor allem die genannten großen Unternehmen, werden kleinere oder mittlere Unternehmen, die mit diesen kooperieren oder ihnen zuliefern, mittelbar mit in die Pflicht genommen werden. Denn es ist davon auszugehen, dass die Berichtspflicht weitergereicht wird und Großbetriebe CSR-Informationen von ihren Zulieferbetrieben einfordern werden. KMUs sollten dies als Chance begreifen, CSR ebenfalls im Kerngeschäft zu implementieren und darüber zu kommunizieren.

Einfluss auf die CSR-Kommunikation hat auch der im Dezember 2016 verabschiedete Nationale Aktionsplan Wirtschaft und Menschenrechte, der die Erwartungen der Bundesregierung an staatliche Institutionen und an Unternehmen in Bezug auf den Schutz und die Achtung der Menschenrechte im Wirtschaftskontext konkretisiert. Unternehmen sollen Prozesse menschenrechtlicher Sorgfalt einführen. Dazu gehören eine öffentliche Grundsatzerklärung zur Achtung der Menschenrechte sowie die Einführung von Verfahren, mit denen sich die nachteiligen Auswirkungen auf die Menschenrechte ermitteln lassen. Darauf aufbauend sollen Maßnahmen entwickelt werden, die hinsichtlich ihrer Wirksamkeit zu evaluieren sind. Darüber hinaus sollen Beschwerdemechanismen etabliert werden. Alle relevanten Informationen, die darlegen, dass die tatsächlichen und potentiellen Auswirkungen des unternehmerischen Handelns auf die Menschenrechte bekannt und diese in geeigneter Weise begegnet werden, sollen von Unternehmen bereitgehalten und ggf. extern kommuniziert werden. Grundsätzlich sind alle Unternehmen aufgefordert, diese Vorgaben in für ihre Größe und Branche angemessener Weise anzugehen. Bei den größeren Betrieben mit mehr als 500 Beschäftigten will die Bundesregierung aber ganz genau hinsehen: Bis 2020 sollen mindestens 50 % von ihnen die genannten Elemente menschenrechtlicher Sorgfalt und damit auch die Berichte in ihre Unternehmensprozesse integriert haben. Wird dieses Ziel nicht erreicht, sind weitergehende Schritte bis hin zu gesetzlichen Maßnahmen nicht ausgeschlossen. Auch hier gilt: Der regulatorische Wind sollte als Rücken-, nicht als Gegenwind angenommen werden. Unter welchen Bedingungen produziert wird, interessiert verstärkt Investoren, Geschäftspartner und Kunden. Sofern konkrete Maßnahmen zur Implementierung menschenrechtlicher Sorgfalt ergriffen werden, z. B. die eigene Lieferkette nachhaltig ausgerichtet wird, sollte auch darüber kommuniziert werden. Denn dies stärkt die eigene Wettbewerbsposition.

Stakeholder-Kommunikation
Die gesetzlich verordnete ist jedoch nur eine Seite der Kommunikation. Nicht weniger wichtig ist die selbstgesteuerte Kommunikation. Ein wesentliches Element verantwortlichen Wirtschaftens im Sinne des Ehrbaren Kaufmanns ist dabei die Kenntnis der eigenen Anspruchsgruppen und ein Dialog mit diesen. Dialoge und Partnerschaften mit Stakeholdern signalisieren gelebte unternehmerische Verantwortung, können Einfluss auf die Richtung gesellschaftlicher Diskussionen nehmen und nicht selten entstehen in den Gesprächen neue Ideen, die sich im Unternehmen als nachhaltige Innovationen durchsetzen. Die IHKs in Bayern haben daher gemeinsam mit dem Bayerischen Landesamt für Umwelt im Rahmen eines Umweltpakt-Projekts einen praxiserprobten Leitfaden zur Anspruchsgruppenanalyse und -dialog im September 2016 veröffentlicht[4].

Den Ehrbaren Kaufmann nach innen kommunizieren
Am Anfang sollte das Commitment der Geschäftsführung stehen. Sie muss sich zum Ehrbaren Kaufmann bekennen, hinter dem CSR-Ansatz stehen und ihn authentisch und konsequent vorleben, indem sie entsprechende Grundsätze vorgibt sowie Maßnahmen er-

---

[4] Der Leitfaden „Wer will eigentlich was von Ihrem Unternehmen" des BIHK und des Bayerischen LfU vom September 2016 ist abrufbar unter https://www.ihk-muenchen.de/csr/.

möglich und weiterentwickelt. Dann zieht auch die Belegschaft mit und wird sich für das Leitbild einsetzen, es mittragen und durch eigene Vorschläge zur praktischen Optimierung beitragen. Es empfiehlt sich, das Leitbild des Ehrbaren Kaufmann explizit in die Unternehmenswerte oder den Code of Conduct aufzunehmen (vgl. Leitsatz IV der IHK-Studie „Reden ist Silber, Schweigen ist Gold"). Zudem sollten die Mitarbeiter explizit ermuntert werden, ihren eigenen Beitrag zu leisten. Es gilt, in allen internen Medien (Mitarbeiterzeitung, Intranet, schwarzes Brett, Veranstaltungen, Feiern etc.) immer wieder das Leitbild zu thematisieren, über einzelne Maßnahmen und ihre Effekte zu berichten, die CSR- und Menschenrechtsberichte transparent zu machen und dabei stets auch den spezifischen Beitrag der Mitarbeiter herauszustellen. Unternehmen, die dies umsetzen, machen übrigens die positive Erfahrung, dass die Mitarbeiter, weil sie stolz auf die Haltung ihres Unternehmens und ihren eigenen Einsatz sind, auch nach außen davon erzählen.

CSR-Kommunikation nach außen
Zur externen Kommunikation gehört etwa die Kommunikation mit bestehenden und potenziellen Kunden und Investoren. Hier können das Bekenntnis zum Leitbild des Ehrbaren Kaufmanns, die CSR- und Menschenrechtsberichte und einzelne Maßnahmen im Internetauftritt, in Broschüren und Kundenzeitschriften, über Mailings oder mittels Social Media-Kommunikation thematisiert werden. In der externen Kommunikation geht es darum, Medien wie Lokalzeitung, überregionale Presse, Rundfunk, Fernsehen, Online-Formate etc. zu bedienen. Dadurch kann das Image des Unternehmens verbessert werden. Das Unternehmen wird als CSR-Vorbild sichtbar, gibt ein Beispiel und verbreitet somit auch den CSR-Ansatz. Auch die Teilnahme an Wettbewerben kann zur externen Sichtbarwerdung beitragen. So verleiht die Bundesregierung z. B. regelmäßig den CSR-Preis. Sich auf solche Preise zu bewerben, ist ein guter Grund für eine Pressemitteilung und zudem der beste Beleg für die Seriosität des eigenen CSR-Ansatzes. Externe Kommunikation heißt schließlich auch, in regionalen, nationalen und internationalen Netzwerken sowie Initiativen mitzuarbeiten – oder diese neu zu gründen –, sich dort auszutauschen und durch den Austausch die eigenen Ansätze weiterzuentwickeln bzw. weiterzutragen. Die vom Bundesministerium für wirtschaftliche Zusammenarbeit und Entwicklung angestoßene Multistakeholder-Initiative „Bündnis für nachhaltige Textilien" z. B. ist eine solche Plattform, auf der sich Unternehmen, Politik und Zivilgesellschaft zusammengetan haben, um gemeinsam für mehr Fairness bei der weltweiten Textilproduktion zu sorgen.

5 Die IHK-Organisation: Gemeinsam unternehmen wir Verantwortung und machen diese sichtbar

Nicht zuletzt sind auch die IHKs eine gute Plattform für Kommunikation, für Information und Austausch. Durch das IHK-Gesetz ist die IHK-Organisation in besonderer Weise dem Ehrbaren Kaufmann verpflichtet. Die Vollversammlung der IHK für München und Oberbayern hat im Juli 2011 „den Ehrbaren Kaufmann leben" als eine von vier Kernaufgaben definiert. Als erste deutsche IHK hat sie das Leitbild des Ehrbaren Kaufmanns in ihrer Organisationsstruktur verankert. Ziel der daraus erwachsenen Aktivitäten ist es, für das Leitbild des Ehrbaren Kaufmanns zu werben und Rahmenbedingungen zu fördern, die es den Unternehmen erleichtern, den Ehrbaren Kaufmann im Geschäftsalltag umzusetzen. Die IHK stärkt und berät Unternehmen bei der Überführung des Leitbilds in ihre Unternehmensstruktur und in ihren Geschäftsbetrieb. Sie informiert in Veranstaltungen und in ihren Medien, was CSR bedeutet und wohin sich der Ansatz weiterentwickelt, welche gesetzlichen Anforderungen bestehen, wie sich CSR im Unternehmen verankern und leben lässt. Mit Studien, Handlungsleitfäden und einem Zertifikatslehrgang zum CSR-Manager ermutigt sie, den CSR-Ansatz umzusetzen. Auf dem Podium des jährlich stattfindenden Bayerischen CSR-Tages macht sie gute Ansätze zudem sichtbar und wirbt so für das Leitbild des Ehrbaren Kaufmanns.

Ein Wirken für den Ehrbaren Kaufmann ist darüber hinaus vielen Angeboten der IHKs immanent. Die bayerischen IHKs beteiligen sich im öffentlichen und politischen Diskurs zur gesellschaftlichen Verantwortung von Unternehmen, etwa in den Themenfeldern Wirtschaft und Menschenrechte oder Bildung für nachhaltige Entwicklung. Sie engagieren sich gemeinsam mit den Unternehmen für die Integration von geflüchteten Menschen in die Gesellschaft mittels einer dualen Ausbildung. Sie tragen Verantwortung, die mehr im Blick hat als die Interessen einzelner Mitgliedsunternehmen. Gemeinsam mit ihnen wollen sie in der Tradition des Ehrbaren Kaufmanns Verantwortung leben und zugleich sichtbar machen. Die Aufnahme des Leitbilds im „Deutschen Corporate Governance Kodex" kann als Bestätigung ihrer Bemühungen gewertet werden, den Ehrbaren Kaufmann zeitgemäß im Wirtschaftsleben zu verankern.

Entscheidend bei allen CSR-Ansätzen ist, dass sie in einem freiwilligen Umfeld gelebt werden können. Denn Freiwilligkeit ist kein Widerspruch zu Verantwortungsübernahme. Ganz im Gegenteil, Regulierungen engen die Vielfalt des Unternehmensengagements ein. Im Sinne einer Verantwortungspartnerschaft sind die Unternehmen nicht alleine gefordert: Auch die Kunden, der Staat und die Öffentlichkeit müssen ihrer gesellschaftlichen Verantwortung gerecht werden. Auf diese Weise bietet die freiwillige, aber konsequente und authentische Unternehmensverantwortung vielfältige Chancen für die Unternehmerschaft und damit auch für die Gesellschaft – jetzt und umso mehr in Zukunft. Den Ehrbaren Kaufmann leben ist eine Strategie für die Zukunft – und eben immer auch ein guter Kommunikationsanlass.

Literatur

IHK für München und Oberbayern (2012) Den Ehrbaren Kaufmann leben. Mit Tradition zur Innovation, S 6–9

Nach dem Studium der Rechtswissenschaften in Regensburg und dem Rechtsreferendariat in Nürnberg und Berlin begann Frau **Oswald** ihre berufliche Karriere bei der KPMG in München. Nach ihrem Wechsel zur IHK für München und Oberbayern war sie zunächst als Wirtschaftsjuristin und dann als Büroleiterin des Hauptgeschäftsführers tätig. Die CSR-Managerin (IHK) ist seit 2012 Verantwortliche für das Themenfeld Ehrbarer Kaufmann/CSR und steuert den Auf- und Ausbau dieses Bereichs bei der IHK München und auf bayerischer Ebene. Seit Januar 2017 ist sie Leiterin der Abteilung Leitungsstab, CSR, BIHK. Darüber hinaus ist sie Geschäftsführerin des Bayerischen Industrie- und Handelskammertages (BIHK) e.V. sowie Geschäftsführerin der BIHK Service GmbH.

CSR-Kommunikation und Soziale Innovationen

Thomas H. Osburg

1 Einleitung

Während CSR in den letzten zehn bis fünfzehn Jahren einen enormen Bedeutungszuwachs auf Seiten der Unternehmen und in der Forschung erfahren hat, ist die gesellschaftliche Verantwortungsübernahme von Unternehmen in der breiten Öffentlichkeit immer noch ein Nischenthema. Die öffentliche Kommunikation über unternehmerische CSR-Aktivitäten ist kaum wahrnehmbar, oft nicht glaubwürdig und wird daher in der Öffentlichkeit auch selten positiv aufgenommen. Die Kommunikation ihrer CSR-Aktivitäten war und ist eine der größten Herausforderungen für Unternehmen.

Ein Ausweg aus dieser Situation könnte sich durch die immer stärkere Verbreitung von Sozialen Innovationen ergeben. Im Gegensatz zu klassischen CSR-Konzepten, die sich zwischen Philanthropie und übergreifender Verantwortung für die Gemeinschaft bewegen, versteht man unter *Social Innovations* neue Formen der Zusammenarbeit zwischen privaten und öffentlichen Akteuren, durch die neue Lösungen entstehen, die sowohl eine Wertschöpfung für das Unternehmen als auch die Gesellschaft darstellen. Soziale Innovationen bieten aufgrund ihrer wesentlich tiefergehenden Lösungsansätze neue und weiterführende Konzepte der Kommunikation unternehmerischer Verantwortung.

2 Herausforderungen der CSR-Kommunikation

Unternehmer und Manager sind sich des teilweise schlechten Ansehens der Wirtschaft allgemein bewusst und versuchen schon seit vielen Jahren, durch soziale Verantwortungs-

T. H. Osburg (✉)
Professor Sustainable Marketing & Leadership, Head of Competence Center for Entrepreneurship,
Hochschule Fresenius
München, Deutschland
E-Mail: tho@thomasosburg.de

© Springer-Verlag GmbH Deutschland, ein Teil von Springer Nature 2018
P. Heinrich (Hrsg.), *CSR und Kommunikation*,
Management-Reihe Corporate Social Responsibility,
https://doi.org/10.1007/978-3-662-56481-3_4

übernahme und deren Kommunikation gegenzusteuern. Vor allem in Deutschland stößt dies aber oft auf Skepsis und wird vorschnell als reine Imagepflege kategorisiert (vgl. Walter 2010). Zahlreiche Skandale und öffentliches Fehlverhalten einiger Unternehmen in den letzten Jahren haben diese Wahrnehmung eher noch verstärkt. Dazu kommt, dass bei großen Teilen der Bevölkerung oft das ökonomische Wissen und Verständnis für komplexe Zusammenhänge fehlt (vgl. Walter 2010), sodass der richtigen und zielführenden Kommunikation von CSR eine immer stärkere Bedeutung zukommt.

Die unternehmerische CSR-Kommunikation sieht sich dabei besonderen Herausforderungen gegenübergestellt: Eine immer kritischere Öffentlichkeit erwartet von den Unternehmen eine korrekte, nachvollziehbare und zielgruppenadäquate Kommunikation ihrer CSR-Aktivitäten, die komplexen Stakeholderbeziehungen verlangen individuelle Kommunikationsbotschaften und differenzierte Kommunikationskanäle und die zunehmende Vielfalt der Themenbereiche innerhalb von CSR impliziert ebenfalls eine Ausrichtung an den Bedürfnissen der einzelnen Anspruchsgruppen.

2.1 Kritische Öffentlichkeit

Entsprechend des Postulats der Informationsoffenheit einer unternehmerischen CSR-Ausrichtung erwartet die Öffentlichkeit von den Unternehmen eine aktive und glaubwürdige Kommunikation ihres Engagements. Trotz zunehmender Anstrengungen der Unternehmen wurden diese Erwartungen in der Vergangenheit nur unzureichend erfüllt.

Während sich im Jahr 1993 noch 46 % der Bundesbürger über die sozialen und ökologischen Aktivitäten der Unternehmen gut informiert fühlten (vgl. Hansen und Schoenheit 1993), waren es im Jahr 2003 nur noch 26 % (vgl. Universität St. Gallen 2003) und im Jahr 2012 36 % (vgl. EU-Commission 2012b; Abb. 1).[1]

Dabei können die Auswirkungen der fehlenden oder unzureichenden Kommunikation gravierend sein. Inzwischen nimmt fast die Hälfte der Befragten einer repräsentativen EU-Untersuchung auf europäischer Ebene den Einfluss der Unternehmen auf die Gesellschaft *insgesamt* als negativ wahr (siehe Abb. 2).

Auch im Zeitablauf zeigt sich, dass das zunehmende Engagement der Unternehmen im Bereich CSR nicht von den Stakeholdern erkannt wird: Zwar denken 40 % der Befragten, dass die wahrgenommene gesellschaftliche Verantwortung von Unternehmen in den letzten zehn Jahren gestiegen ist; allerdings glauben auch 39 %, dass sie in diesem Zeitraum eher gesunken ist (siehe Abb. 3).

Trotz der wahrgenommenen Informationsdefizite werden die bereits vorhandenen Informationsquellen oft nur unzureichend genutzt. So haben 54 % der Bürger noch nie in

---

[1] Da es sich hier um drei unterschiedliche Studien mit divergierenden methodologischen Ansätzen handelt, ist keine direkte Vergleichbarkeit gegeben. Es kann allerdings als gesichert gelten, dass die Zahl der Personen, die sich gut informiert fühlen, deutlich unter 50 % liegt und nicht unbedingt ansteigt.

CSR-Kommunikation und Soziale Innovationen

Abb. 1 Wahrnehmung der Informationen von Unternehmen über CSR-Aktivitäten der Unternehmen. (Quelle: Hansen und Schoenheit 1993; Universität St. Gallen 2003; EU-Commission 2012b)

Wahrnehmung der Informationen unternehmerischer CSR-Aktivitäten

Jahr 1993 (D)   Jahr 2003 (EU)   Jahr 2012 (EU)

■ gut informiert   ■ schlecht informiert

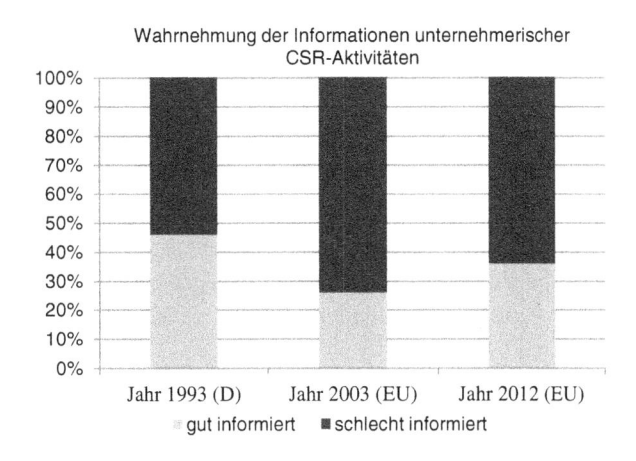

Abb. 2 Wahrgenommener Einfluss der Unternehmen auf die Gesellschaft. (Quelle: EU-Commission 2012b)

Der Einfluss der Unternehmen auf die Gesellschaft ist ...

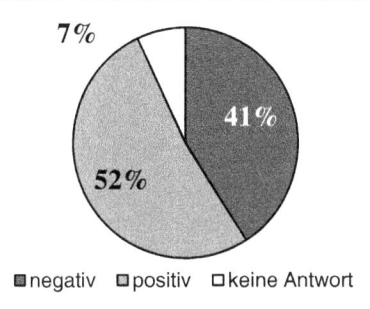

7%
41%
52%

■ negativ   ■ positiv   □ keine Antwort

Abb. 3 Wahrnehmung der gesellschaftlichen Verantwortung von Unternehmen im Zeitablauf. (Quelle: EU-Commission 2012b)

Die wahrgenommenen gesellschaftliche Verantwortung der Unternehmen ist in den letzten 10 Jahren eher ....

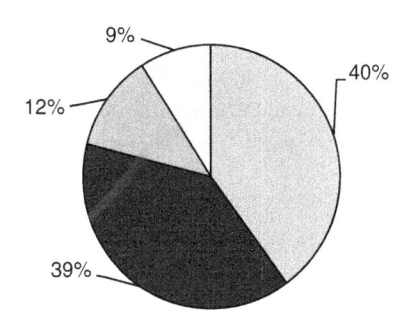

9%
12%
40%
39%

□ gestiegen   ■ gesunken   □ gleichgeblieben   □ weiss nicht

die von den Unternehmen bereitgestellten Berichte zu Themen der Nachhaltigkeit, der sozialen oder ökologischen Verantwortung oder dem gesellschaftlichen Engagement von Unternehmen geschaut (vgl. Universität St. Gallen 2003). Hier ist die Wahl der Kommunikationskanäle durchaus zu hinterfragen, denn ein CSR-Bericht kann möglicherweise die notwendige Basisdokumentation darstellen – als zentraler Teil der Kommunikation erscheint er dagegen nicht ausreichend.

Die Informationslücke für unternehmerische CSR bedeutet jedoch nicht zwingend, dass die Unternehmen quantitativ weniger kommunizieren. Es ist durchaus möglich, dass die Erwartungen der Kunden schneller als die Kommunikation der Unternehmen gestiegen sind (vgl. Osburg 2010).

Auf jeden Fall sind Unternehmen zunehmend gefordert, signifikante Änderungen in der Kommunikation ihrer CSR-Aktivitäten vorzunehmen, um die eigene Reputation sowie das Vertrauen in Unternehmen allgemein zu stärken (vgl. Osburg 2012).

Dabei ist allerdings zu beachten, dass im Falle einer zu offensiven Kommunikation der Wahrnehmung gesellschaftlicher Verantwortung durch die Unternehmen negative Effekte für den Kommunikationsnutzen möglich und denkbar sind (vgl. Morsing und Schultz 2006). Besonders in Deutschland wird die offensive Kommunikation eines sozialen unternehmerischen Engagements von der Öffentlichkeit bisher eher kritisch gesehen.

2.2 Komplexität der Stakeholderbeziehungen

Vielen Unternehmen ist es bisher also nur teilweise gelungen, ihre Kommunikationsanstrengungen erfolgreich umzusetzen. Ein Grund hierfür ist auch in der Komplexität der Stakeholderbeziehungen im Rahmen von CSR zu sehen, d. h. in der Schwierigkeit, explizit die Interessenlagen der verschiedensten Anspruchsgruppen adäquat zu berücksichtigen (vgl. Kiefer und Biedermann 2008), worunter vor allem Kunden, Mitarbeiter und Shareholder zu verstehen sind. Die unternehmerische Zielsetzung einer stakeholderorientierten CSR-Kommunikation liegt hier vor allem in der Verbesserung der Reputation, in der Differenzierung von Konkurrenten sowie in der Risikovermeidung (vgl. Schrader et al. 2005).

Bei anderen Stakeholdern (z. B. Medien oder lokalen Verwaltungen) stehen möglicherweise andere Ziele im Vordergrund, sodass aufgrund der unterschiedlichen Bedürfnisse der Anspruchsgruppen identische Kommunikationsbotschaften und -kanäle für alle Stakeholder gleichermaßen nicht sinnvoll erscheinen (vgl. Osburg 2010).

2.3 Zunehmende Transparenz der Unternehmensaktivitäten und Komplexität der Kommunikationsthemen

Aufgrund einer zunehmend kritischeren Gesellschaft werden immer mehr Felder unternehmerischer Aktivitäten einer kritischen Beleuchtung durch die Öffentlichkeit unterzogen, wie z. B. die Arbeitsbedingungen in Produktionsländern, die Verwendung von gesundheitsgefährdenden Roh- oder Produktionsstoffen oder die Behandlung von Lebensmitteln. Zusätzlich werden diese Aktivitäten und Verhaltensweisen in verschiedensten Rankings evaluiert und mit anderen Unternehmen verglichen (vgl. Morsing und Schultz 2006).

Die Kommunikation gesellschaftlicher Verantwortung bezieht sich damit auf so konträre Themenblöcke wie Umwelt- und Sozialberichte, Volunteering und Sicherheit, Produktionsmethoden und Handelsbeziehungen usw. Unternehmen stehen daher vor der Herausforderung, komplexe Themenblöcke sinnvoll und holistisch als übergreifende CSR-Ausrichtung zu kommunizieren.

2.4 Implikationen für die Gestaltung der Kommunikation

Die oben genannten spezifischen Herausforderungen an eine CSR-Kommunikation definieren den Rahmen für weitergehende Überlegungen zur Gestaltung der kommunikativen Maßnahmen.

Von einem Großteil der Bevölkerung wird ein Mangel an Informationen beklagt; bestehende Informationsmöglichkeiten werden aber nur von ca. der Hälfte der Bürger wahrgenommen. Der dargestellte wahrgenommene Informationsmangel könnte auf eine gewisse Problematik bei der Wahl der *Kommunikationskanäle* durch die Unternehmen hindeuten.

Die *Intensität* der unternehmerischen CSR-Kommunikation erfordert eine exakte Analyse der jeweiligen Erwartungen einzelner Anspruchsgruppen, da besonders bei der Kommunikation gesellschaftlicher Verantwortung die gewünschten positiven Effekte leicht ins Gegenteil umschlagen und zu Reaktanz bei den Stakeholdern führen können.

Die Kommunikationsstrategie eines Unternehmens sollte der Themenvielfalt und Relevanz für einzelne Stakeholder Rechnung tragen, d. h. die Zielgruppenaffinität der *Kommunikationsbotschaften* sollte verstärkt berücksichtigt werden. Berichte zur Arbeitssicherheit sind vor allem für Mitarbeiter und Investoren interessant, Berichte über Umweltthemen für die Öffentlichkeit, die lokale Verwaltung und Investoren.

Des Weiteren spielen die *Kommunikationsinhalte* eine entscheidende Rolle. Die letzten Jahre haben gezeigt, dass eine direkte Kommunikation der CSR-Aktivitäten nur teilweise zielführend ist. Eine verstärkte Berichterstattung von unternehmerischen Kernaktivitäten, die implizit positive gesellschaftliche Auswirkungen haben, erscheint als ein vielversprechender Weg, die wahrgenommene Verantwortung der Unternehmen für Gesellschaft und Umwelt zu kommunizieren.

Hierbei können *Soziale Innovationen* eine wichtige Rolle spielen (vgl. Osburg 2013), deren Beitrag zur Kommunikation im Folgenden konkret dargestellt werden soll.

3 Soziale Innovationen

Das Konzept der Sozialen Innovationen hat in den letzten Jahren einen enormen Bedeutungszuwachs erfahren (vgl. Osburg 2013) und wird als unternehmerischer und gesellschaftlicher Lösungsansatz für Unternehmen, Regierungen und Nichtregierungsorganisationen (NGOs) immer wichtiger. Die Kernidee basiert auf dem normativen Gedanken, dass aufgrund der übergreifenden sektoralen Kooperation etwas Positives für die Gesellschaft entstehen kann, was keiner der Akteure alleine bewerkstelligen könnte.

Damit können Soziale Innovationen zwar ein Teil der Verantwortung von Unternehmen sein, gehen aber über das bisherige Verständnis von CSR hinaus, da sie direkt die Innovationsprozesse der Unternehmen tangieren. Innovationen waren immer schon ein wichtiger Fokus von Unternehmen, sie waren aber nur selten ein Bestandteil klassischer CSR (vgl. Googins 2013; Abb. 4).

Für die EU-Kommission sind Soziale Innovationen neue Ideen für Produkte oder Services, die besser als bisherige Lösungen soziale Bedürfnisse befriedigen und gleichzeitig neue Formen der Kooperation hervorbringen (vgl. EU-Commission 2012a). Aufgrund des übergreifenden Verständnisses von Sozialen Innovationen erfordert es auch die stärkere Kooperation von verschiedenen Unternehmensbereichen zur Schaffung dieser Innovationen und offeriert neue Möglichkeiten der Unternehmenskommunikation. Vor allem die Marketingabteilung sowie Forschung & Entwicklung stehen hier im Vordergrund:

Marketing steht im Zentrum der Aktivitäten zur Schaffung und Kommunikation Sozialer Innovationen: Die Identifikation von Kundenbedürfnissen, die Ideengenerierung, die Kommunikation an Stakeholder und damit auch der Einfluss auf das Produktportfolio der Firma sind traditionelle Marketingaufgaben, die auch bei Sozialen Innovationen zum Tragen kommen.

Soziale Innovationen sind eng mit der *Forschung & Entwicklungsabteilung* verbunden, da hier oft die klassischen Innovationsprozesse des Unternehmens verankert sind. Je stärker hier der soziale Gedanke integriert ist, desto größeres Potenzial entsteht zur Kommunikation von gesellschaftlich relevanten Innovationen.

Abb. 4 Sektorale übergreifende Zusammenarbeit zur Schaffung Sozialer Innovationen

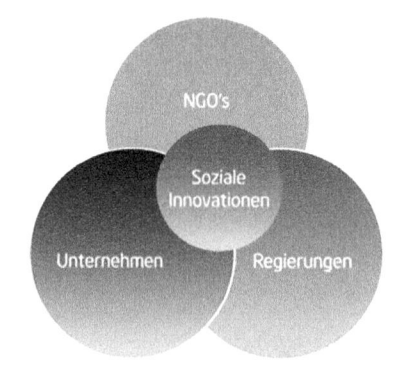

4 Kommunikation Sozialer Innovationen im Rahmen des CSR-Engagements

4.1 Fokussierung auf Produkte und Services mit Shared Value

Bei Sozialen Innovationen steht der Gedanke des „Shared Value" oder „Win-Win-Ansatzes" im Mittelpunkt; also Lösungen, die gleichermaßen einen Wert für das Unternehmen und die Gesellschaft schaffen.

> Das Konzept des Shared Value beinhaltet Richtlinien und Praktiken, die die Konkurrenzfähigkeit eines Unternehmens erhöhen und zugleich die wirtschaftlichen und sozialen Bedingungen der Gemeinschaft verbessern, in der es tätig ist. Dabei konzentriert man sich darauf, die Verbindungen zwischen gesellschaftlichem und wirtschaftlichem Fortschritt zu identifizieren und zu stärken (Porter und Kramer 2011).

Dafür müssen aber zuerst die Voraussetzungen geschaffen werden (vgl. Walter 2010) bzw. eine Investition in die Bedingungen der Zusammenarbeit zum gegenseitigen Vorteil, die alle beteiligten Stakeholder einschließt (vgl. Suchanek 2008). Verantwortung und nachhaltige Lösungen werden immer mehr zu zentralen gesellschaftlichen Zukunftsprinzipien, die neben normativen Anforderungen an Anstand und Moral auch rein ökonomische Dimensionen beinhalten, z. B. Kostenreduktion, Aufbau neuer Märkte, Marktanteilsgewinne usw. „*In diesem Sinne ist es letztlich der wirtschaftliche Sachverstand und das damit verbundene Gewinnstreben, die ethische Werte voranbringen*" (Walter 2010).

Was wir im Moment sehen, ist eine Moralisierung der Märkte. Man erwartet von einer Marke nicht nur eine konstant hohe Produktqualität sondern zunehmend auch eine positive gesellschaftliche Rolle (vgl. Campillo-Lundbeck 2013). Als Beispiel kann hier das *Intel World Ahead Program* angeführt werden (s. Abb. 5).

Anhand dieses Beispiels, das eine sehr starke mediale Aufmerksamkeit erfahren hat, lassen sich konkrete Erfolgsfaktoren für eine verbesserte CSR-Kommunikation durch Soziale Innovationen ableiten:

Langfristigkeit Durch die lange, mehrjährige Laufzeit einer Initiative bieten sich wesentlich bessere Möglichkeiten der Kommunikation, sowohl aus qualitativer als auch aus quantitativer Sicht. Jede Veränderung am Programm (Expansion, neue Partner, Erfolge usw.) bietet die Möglichkeit zur Kommunikation und erhöht so den Wiedererkennungseffekt. Die lange Laufzeit signalisiert weiterhin Stabilität und Commitment durch das Unternehmen.

Multiplikation durch Partner Aufgrund der Integration von Partnerorganisationen (Unternehmen, NGOs, Regierungen) vervielfachen sich die Möglichkeiten zur Kommunikation. Jeder Partner hat sicherlich eigene kommunikative Ziele, das Programm als solches jedoch erfährt eine wesentlich stärkere Beachtung, als wenn nur ein Unternehmen seine CSR-Aktivitäten kommuniziert.

Beispiel für Soziale Innovationen: Intel World Ahead Programm

PROBLEMSTELLUNG

In den heutigen wissensbasierten Gesellschaften sind digitale Technologien der Schlüssel zu wirtschaftlichem Wachstum und gesellschaftlicher Entwicklung. Trotzdem haben immer noch Milliarden Menschen vor allem in Entwicklungsländern keinen Zugang zu modernen Informations- und Kommunikationstechnologien. Dieses unter „Digital Divide" bekannte Problem lässt die Kluft zwischen Entwicklungs- und Industrieländern im Hinblick auf ihren wirtschaftlichen und sozialen Fortschritt immer größer werden.

LÖSUNGSANSATZ

Das 2006 von Intel gestartete „World Ahead Program" verfolgt das langfristige Ziel, den Menschen in Entwicklungsländern uneingeschränkten Zugang zu modernen Technologien zu ermöglichen und so ihre Lebensumstände und Entwicklungschancen erheblich zu verbessern. Dies geschieht in verschiedenen Bereichen: Zum einen werden in vielen Dorfgemeinschaften günstige PC's bereitgestellt und lokale Internetcenter eingerichtet, um allen Menschen einen einfachen Zugang zum Internet und somit zu Wissen und Informationen zu ermöglichen. Parallel dazu arbeitet Intel mit Telekommunikationsunternehmen an speziellen Programmen, um drahtlose Hochgeschwindigkeitsnetzwerke mit einem hohen Verbreitungsgrad anbieten zu können und somit die Internetnutzung großflächiger und effizienter möglich zu machen. Im Rahmen des „World Ahead Program" wird außerdem der Bildungssektor gefördert. Die Bereitstellung von günstigen Laptops und speziellen E-Learning-Programmen für Schulklassen sowie Weiterbildungsangeboten für Lehrer in der Anwendung der neuen Technologien ermöglicht einen modernen, zeitgemäßen Unterricht.

IMPACT

Bisher werden im Rahmen des „World Ahead Program" durch über 200 lokale Programmprojekte jährlich mehr als zehn Millionen Menschen in über 70 Ländern mit PC's und Internetzugang versorgt. 100.000 PC's wurden an Schulen in Entwicklungsländern gespendet, 11 Millionen Lehrer in über 70 Ländern wurden im Umgang mit modernen Informationstechnologien ausgebildet... Außerdem werden kostenlose computerbasierte Lernmaterialien in verschiedenen Sprachen angeboten. Zudem konnte Intel durch sein Engagement in Entwicklungsländern einige Innovationen hervorbringen, die auch in den Industrieländern Absatz finden. Die Produkte werden lokal in den Entwicklungsländern hergestellt, so dass dadurch auch die lokalen Industrien gestärkt werden. So entstehen Arbeitskräfte, Kaufkraft und IT-Know-how, wovon Intel wiederum profitiert. Zudem hat Intel festgestellt, dass es durch die Fertigung vor Ort einen besseren Einfluss auf staatliche Regulierungsmaßnahmen im IT-Bereich nehmen kann, die in vielen Entwicklungsländern sonst sehr restriktiv sind und die Entwicklung dieses wichtigen Sektors hemmen.

SOCIAL BUSINESS MODELL

...Das „World Ahead Program" ist Teil einer größeren und längerfristig ausgerichteten Wachstumsstrategie von Intel mit dem Ziel, jetzt in Entwicklungsländer zu investieren, da von diesen zukünftig das größte Wachstums- und Innovationspotential erwartet wird. Somit verbindet das Programm die CSR Strategie von Intel mit einer langfristigen Unternehmensstrategie und ist daher Motor für Wachstum und Nachhaltigkeit sowohl für Intel selbst als auch für die Menschen in den Entwicklungsländern.

Quelle: Genesis Studie Social Impact Business 2009, aktualisierte Zahlen vom Autor

Abb. 5 Intel World Ahead Program

CSR-Kommunikation und Soziale Innovationen

Glaubwürdigkeit Durch die offene Kommunikation der Ziele sämtlicher Partner, die auch kommerzielle Aspekte nicht ausschließen, erhöht sich die Glaubwürdigkeit der Initiative und der beteiligten Unternehmen. Es muss glaubhaft gemacht werden, dass auch gesellschaftliche Ziele erreicht werden, die von öffentlicher Seite gewollt sind und unterstützt werden. Die Initiative muss jedoch zur Kernkompetenz des Unternehmens passen.

Nachhaltigkeit Die meisten CSR-Initiativen der Unternehmen haben eine begrenzte Laufzeit und sind nicht direkt an unternehmerische Erfolge gekoppelt. Von daher können sie auch meist ohne größere negative Auswirkungen auf die Firma eingestellt werden, manchmal sogar sehr kurzfristig. Soziale Innovationen, die in das Kerngeschäft integriert sind und oft Gewinn abwerfen, garantieren dagegen oft ein Festhalten des Unternehmens an einem profitablen Geschäftsmodell. Gerade diese Gewinnorientierung im Sinne eines Shared Value stellt also eine höhere Verlässlichkeit für die Unternehmenspartner dar, als philanthropisch konzipierte CSR-Aktivitäten.

Unternehmensintegration Aufgrund des bereichsübergreifenden Charakters von Sozialen Innovationen im Unternehmen bieten sich hier sowohl Ansatzpunkte zur gezielteren Stakeholderkommunikation (Abschn. 2.3) als auch quantitativ mehr Kommunikationsmöglichkeiten durch die unterschiedlichen Abteilungen.

Impact Soziale Innovationen basieren auf dem Konzept der Wertschöpfung für die Gesellschaft und Unternehmen. Die Frage nach dem Impact oder Return-on-Investment (RoI)

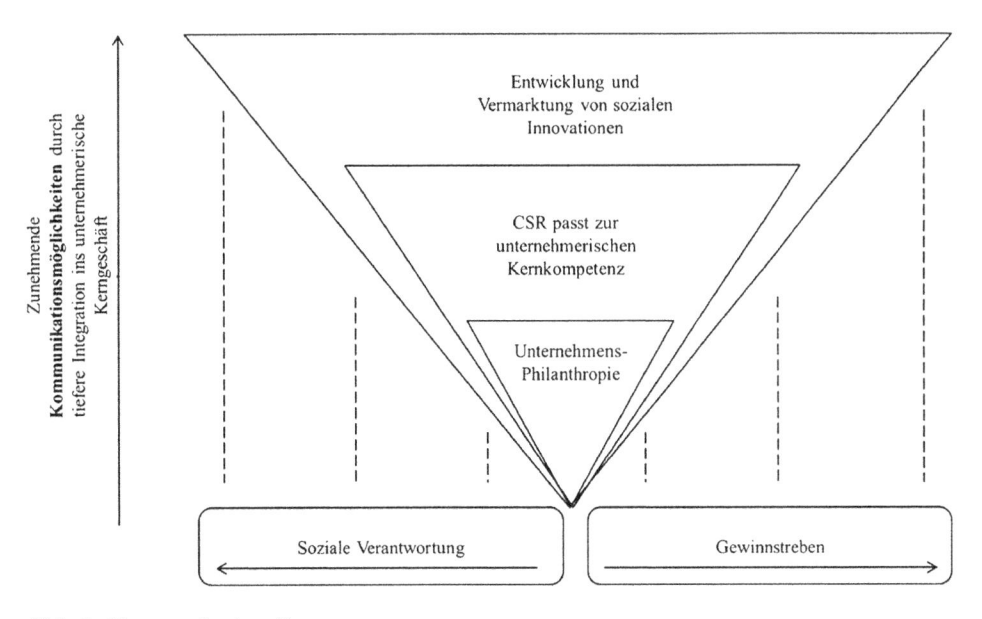

Abb. 6 Kommunikationsdiamant

stellt sich daher schon vor der Einführung im Markt. Dadurch wird sichergestellt, dass auch eine Wirkung für alle Partner erzielt wird. Dies ist bei traditionellen CSR-Projekten nicht immer der Fall, hier wird oft nach *weicheren* Kriterien entschieden und der RoI oft vernachlässigt. Gerade dieser Impact in der Gesellschaft erlaubt aber wiederum eine Kommunikation, die die Reputation bei den Stakeholdern positiv beeinflusst.

Soziale Innovationen stellen somit eine Basis für die Weiterentwicklung der Kommunikationsmöglichkeiten durch eine zunehmende Integration in das unternehmerische Kerngeschäft dar. Anstatt lediglich über CSR-Aktivitäten isoliert zu berichten, können nun übergreifende Unternehmensaktivitäten und -lösungen kommuniziert werden. Wichtig dabei ist, dass sowohl das Engagement als auch die damit verbundene Kommunikation zur Kernkompetenz der Marke passt. In diesem Fall ist es auch möglich, ohne große Werbe- oder Kommunikationsetats das gesellschaftlich relevante Verhalten eines Unternehmens sinnvoll, nachhaltig und einprägsam zu vermitteln (vgl. Campillo-Lundbeck 2013; Abb. 6).

4.2 Formen der Kommunikation für Soziale Innovationen

Aufbauend auf der klassischen Charakterisierung von Modellen der Public Relations von Grunig und Hunt (vgl. Grunig und Hunt 1984) entwerfen Morsing und Schultz einen CSR-Kommunikationsansatz, der im Folgenden Verwendung finden soll (vgl. Morsing und Schultz 2006). Dabei kommt der Thematik der normativen Kommunikationsoffenheit im Rahmen der CSR-Kommunikation eine tragende Rolle zu.

Informationsübermittlung Bei dem Kommunikationsmodell der Informationsübermittlung geht es um die Verbreitung von Unternehmensinformationen an relevante Stakeholder und Zielgruppen (vgl. Morsing und Schultz 2006). Die Kommunikation hat eine Dokumentarfunktion für eine vollständige und zusammenhängende Darstellung der Unternehmensaktivitäten (vgl. Wermter 2008; Gazdar 2008). Stakeholder haben lediglich eine passive Rolle als Empfänger der einseitigen Kommunikation, deren Inhalte sie akzeptieren oder ablehnen können.

Da es sich um Unternehmensinformationen über CSR- und CC-Aktivitäten handelt, ist eine Integration und Unterstützung von Dritten (z. B. NGOs) in die Kommunikation nicht unbedingt notwendig. Die Gefahr besteht jedoch, dass die einseitige Kommunikation dann als ausreichend angesehen wird, wenn das Unternehmen überzeugt ist, mit seinen CSR-Maßnahmen das Richtige zu tun und sich daher mit der Darstellung dieser Aktivitäten in geeigneten Kommunikationskanälen zufrieden gibt (vgl. Morsing und Schultz 2006). Die Kommunikationsaufgabe wird hier lediglich in der Erstellung einer überzeugenden Botschaft gesehen und würde damit dem Potenzial, das durch Soziale Innovationen geschaffen wird, nicht gerecht werden.

Dialogorientierte Kommunikation Dialogorientierte Kommunikation kann abhängig vom Grad der Involviertheit der Kommunikationsempfänger als asymmetrisch oder symmetrisch aufgefasst werden (vgl. Morsing und Schultz 2006).

Bei der asymmetrischen Kommunikationsstrategie (oder auch Stakeholder Response Strategy) handelt es sich um eine zweiseitige Kommunikation mit den verschiedenen Stakeholdern. Diese Kommunikation ist vom Unternehmen initiiert und hat zum Ziel – ähnlich wie bei der Kommunikationsstrategie der Informationsübermittlung – die Anspruchsgruppen über die unternehmerischen CSR-Aktivitäten zu informieren. Zusätzlich werden bei der asymmetrischen Strategie die Meinungen und Einstellungen der Stakeholder berücksichtigt. Die aktive Rolle der Anspruchsgruppen beschränkt sich damit auf Reaktionen bzw. Antworten auf unternehmensseitig initiierte Kommunikation.

Zur Kommunikation von Sozialen Innovationen im Rahmen des CSR-Engagements eignen sich vor allem symmetrische Kommunikationsstrategien. Erst damit ist ein echter Dialog, der als „verständigungsorientierte Commitment-Strategie von Unternehmen gegenüber der Gesellschaft" (Hansen 1996) verstanden werden kann, möglich. Dabei handelt es sich um einen ergebnisoffenen, iterativen Prozess, bei dem die Inhalte der Kommunikation sowohl vom Unternehmen als auch von den Stakeholdern beeinflusst und festgelegt werden (vgl. Morsing und Schultz 2006). Unternehmen akzeptieren mit dieser Strategie den Einfluss der Stakeholder auf die eigenen CSR-Aktivitäten und lassen sich auf die gesellschaftliche Zuweisung von Verantwortung durch die Anspruchsgruppen ein (vgl. Hansen 1996).

Die Hauptaufgabe der symmetrischen Kommunikation besteht hier im Aufbau und der Pflege von Beziehungen zu den komplexen Stakeholdergruppen, die nicht nur in die CSR-Kommunikation, sondern auch in die Schaffung von Sozialen Innovationen aktiv eingebunden werden. Damit ergeben sich für Unternehmen vor allem positive Wirkungen in den Bereichen des Informationszuwachses, der verbesserten Risikowahrnehmung sowie einer langfristigen Erhöhung der Kundenzufriedenheit und damit Kundenloyalität (vgl. Wiedmann et al. 2007).

Dem können aber auch negative Auswirkungen gegenüberstehen, wie z. B. ein ungewisser Ausgang des Dialogs, die öffentliche Beachtung der durch das Unternehmen verursachten Probleme oder teilweise das Risiko einer verstärkten Verunsicherung der Mitarbeiter (vgl. Hansen 1996), sodass besonders in der dialogisch orientierten, symmetrischen Kommunikation ein professionelles Management der Beziehungen gefragt ist. Bei einer symmetrischen Kommunikation ist die Einbindung von Partnern im Sinne eines *multi-step-flow of communication*[2] sehr wichtig (vgl. Schrader 2003). So kann ein möglicher Imagegewinn durch die Kommunikation von CSR-Aktivitäten durch die strategische Einbindung von selektierten NGOs positiv beeinflusst werden, wenn diese bei der Bevölkerung mehr Glaubwürdigkeit genießen als Unternehmen oder politische Parteien (vgl. Logan 1998; Universität St. Gallen 2003).

Vor allem die Einbindung von Universitäten in die CSR-Kommunikation würde bei 91 % der Bevölkerung zu einem größeren Vertrauen gegenüber dem kommunizierenden

---

[2] Der Informationsfluss von Medien zu Meinungsführern und letztendlich zu den Followern wird als Two-Step-Flow of Communication bezeichnet. Wenn jedoch viele verschiedene Partner gleichzeitig in die Kommunikationspolitik eingebaut werden, so spricht man vom Multi-Step-Flow of Communication (Katz und Lazarsfeld 1955).

Unternehmen führen (vgl. Universität St. Gallen 2003). Bei der Kommunikation von CSR-Aktivitäten sind bei der Zielgruppe der Konsumenten auch unabhängige Verbraucherinstitute für die Unternehmen relevant, da die Informationsangebote dieser Institutionen von den Kunden allgemein wesentlich positiver und glaubwürdiger beurteilt werden als direkte Unternehmensnachrichten (vgl. Hansen und Schoenheit 1993; Osterhus 1997).

5 Fazit

Die vorangehenden Ausführungen haben gezeigt, dass Soziale Innovationen wesentlich weitergehende Möglichkeiten zur Kommunikation gesellschaftlicher Verantwortung bieten, also traditionelle CSR. Dabei steht die Kommunikationsbotschaft im Mittelpunkt und weniger die Kommunikationskanäle. Es stellt sich zunehmend die Frage, ob CSR – verstanden als bürgerschaftliche Verantwortung von Unternehmen – jemals die mediale Aufmerksamkeit erhalten kann, die sich Unternehmen wünschen. Innovationen dagegen sind wesentlich einfacher zu kommunizieren und wenn diese noch einen gesellschaftlichen Wert beinhalten, erscheint eine wesentlich stärkere Präsenz in den Medien möglich, die letztendlich den Stakeholdern auch leichter die positive Rolle von Unternehmen in der Gesellschaft vermitteln kann.

Literatur

Capillo-Lundbeck S (2013) Marken in der Moralfalle. Horizont 19/2013:17
EU-Commission (2012a) Social innovation. http://ec.europa.eu/enterprise/policies/Innovation/policy/social-Innovation/index_en.htm. Zugegriffen: 9. Dez. 2012
EU-Commission (2012b) How companies influence our society: citizen's view. http://ec.europa.eu/public_opinion/flash/fl_363_en.pdf. Zugegriffen: 23. Apr. 2013
Gazdar K (2008) Reporting. In: Habisch A, Schmidpeter R, Neureiter M (Hrsg) Handbuch corporate citizenship. Corporate Social Responsibility für Manager, Berlin
Genesis Institute (2009) Social Impact Business. 25 Beispiele für die Verbindung von ökonomischen und sozialen Zielen. Berlin
Googins B (2013) Transforming corporate social responsibility: leading with innovation. In: Osburg T, Schmidpeter R (Hrsg) Social innovation – solutions for a sustainable future. Heidelberg
Grunig JE, Hunt T (1984) Managing public relations. Fort Worth
Hansen U (1996) Marketing im gesellschaftlichen Dialog. In: Hansen U (Hrsg) Marketing im gesellschaftlichen Dialog. Frankfurt/Main, New York
Hansen U, Schoenheit I (1993) Was belohnen Konsumenten? Unternehmen und gesellschaftliche Verantwortung. absatzwirtschaft 12/93:70–74
Katz E, Lazarsfeld PF (1955) Personal influence: The part played by people in the flow of mass communications. The Free Press, New York
Kiefer R, Biedermann C (2008) Public relations (PR). In: Habisch A, Schmidpeter R, Neureiter M (Hrsg) Handbuch corporate citizenship. Corporate Social Responsibility für Manager, Berlin
Logan D (1998) Corporate citizenship in a global age. Rsa J CXLVI(5486):3/4
Morsing M, Schultz M (2006) Corporate social responsibility communication: stakeholder information, response and involvement strategies. Bus Ethics: A Eur Rev 15(4):323–338
Osburg T (2010) Hochschulsponsoring als Corporate Citizenship. Berlin

Osburg T (2012) Strategische CSR und Kommunikation. In: Schneider A, Schmidpeter R (Hrsg) Corporate social responsibility. Verantwortungsvolle Unternehmensführung in Theorie und Praxis. Berlin, Heidelberg

Osburg T (2013) Social innovation to drive corporate sustainability. In: Osburg T, Schmidpeter R (Hrsg) Social innovation – solutions for a sustainable future. Heidelberg

Osterhus TL (1997) Pro-social consumer influence strategies: When and how do they work? J Mark 61(4):16–29

Porter ME, Kramer MR (2011) Was ist shared value? Harvard Business Manager. http://www.harvardbusinessmanager.de/heft/artikel/a-741553.html. Zugegriffen: 24. Apr. 2013

Schrader U (2003) Corporate citizenship: Die Unternehmung als guter Bürger? Berlin

Schrader U, Halbes S, Hansen U (2005) Konsumentenorientierte Kommunikation über Corporate Social Responsibility (CSR). Erkenntnisse aus Experteninterviews in Deutschland. Lehr- und Forschungsbericht Nr. 54 des Lehrstuhls Marketing und Konsum der Universität Hannover. Universität Hannover, Hannover

Suchanek A (2008) Business ethics and the golden rule. http://www.wcge.org/downloads/DP_2008-3_Andreas_Suchanek_Business_Ethics_and_the_Golden_Rule.pdf. Zugegriffen: 13. März 2013

Universität St. Gallen (Hrsg) (2003) Soziale Unternehmensverantwortung aus Bürgersicht. Eine Anregung zur Diskussion im Auftrag der Philip Morris GmbH, Institut für Wirtschaftsethik der Universität St. Gallen. https://www.alexandria.unisg.ch/Publikationen/17758. Zugegriffen: 2. Apr. 2013

Walter BL (2010) Verantwortliche Unternehmensführung überzeugend kommunizieren. Strategien für mehr Transparenz und Glaubwürdigkeit. Springer, Wiesbaden

Wermter V (2008) Marketing. In: Habisch A, Schmidpeter R, Neureiter M (Hrsg) Handbuch corporate citizenship. Corporate Social Responsibility für Manager, Berlin

Wiedmann K-P, Langner Siecinski SJ (2007) Kundenzufriedenheit in Online-Beziehungen – Ergebnisse einer empirischen Studie. Schriftenreihe Marketing & Management der Universität Hannover. Universität Hannover, Hannover

Prof. Dr. Thomas Osburg ist Assoc. Professor für Sustainable Marketing & Leadership an der Fresenius Business School in München und Leiter des CircularKnowledge Instituts, ein ThinkTank für Nachhaltigkeits- und Innovationsforschung. Davor war er über 25 Jahre für globale IT Firmen (Texas Instruments, Autodesk, Intel) in Frankreich, Deutschland und den USA tätig. Während dieser Zeit hatte er verschiedene internationale Managementpositionen inne, mit einem Schwerpunkt auf Strategischer Innovation, Nachhaltigem Marketing, Sozialen Innovationen und CSR in Europa, Asien und den USA.

Prof. Dr. Osburg ist Mitglied im Board of Directors von ABIS (Academy of Business in Society, Brüssel) und in verschiedenen wissenschaftlichen Beiräten führender europäischer Business Schools, an denen er auch MBA-Kurse zu diesen Themen unterrichtet. In den letzten Jahren sind über 30 wissenschaftliche Publikationen, eine Monographie sowie ein Herausgeberband im Springer-Verlag zu Sozialen Innovationen von ihm erschienen. Seine Promotion zum Dr. rer.pol. entstand an der Universität Hannover zum Thema „Hochschulsponsoring und Corporate Citizenship".

Der Stakeholderansatz als Fundament der CSR-Kommunikation

Thomas Walker

1 Das CSR-Fundament und deren Eckpfeiler

Ob ein CSR-/Nachhaltigkeitsprojekt einen unternehmerischen und gesellschaftlichen Mehrwert bringt, hängt – wie bei einem Haus – von einem stabilen und zukunftstauglichen Fundament ab. Diese Erkenntnis, welche uns eigentlich der „gesunde Menschenverstand" bzw. der „Hausverstand" sagen würde, wurde in vielen betriebswirtschaftlichen Entwicklungen der letzten Zeit ignoriert. Durch den aktuellen Paradigmenwechsel erkennen immer mehr Menschen, dass Stabilität in stürmischen Zeiten von vehementer Wichtigkeit ist. Denn erst in stabilen Strukturen, welche eine dynamische und agile Entwicklung zulassen, können innovative Lösungen gefunden werden, die der leitenden Idee Nachhaltigkeit[1] dienlich sind.

Was sind nun die Eckpfeiler eines stabilen und zukunftstauglichen CSR-Fundaments? Um diese Frage beantworten zu können, bedienen wir uns aktuellen internationalen Erkenntnissen.

Die Vereinten Nationen haben im Jahr 2015 in den SDGs[2] (Sustainable Development Goals) fünf Handlungsbereiche mit 17 Zielen und 169 Handlungsempfehlungen definiert. Dabei wird immer wieder von einem „integrativen" Ansatz gesprochen, der für die Menschen, für die Umwelt, für den Wohlstand/das Wohlergehen, den Frieden – in einem

---

[1] Brundtland Bericht der Vereinten Nationen (1987): „Our Common Future" – Definition Nachhaltige Entwicklung: „Dauerhafte Entwicklung ist Entwicklung, die die Bedürfnisse der Gegenwart befriedigt, ohne zu riskieren, daß künftige Generationen ihre eigenen Bedürfnisse nicht befriedigen können." und SDGs – Sustainable Development Goals der Vereinten Nationen 2015.

[2] SDGs (2015) – Sustainable Development Goals der Vereinten Nationen – oftmals auch als AGENDA 2030 bezeichnet. http://www.un.org/sustainabledevelopment/sustainable-development-goals/.

T. Walker (✉)
Inhaber, walk-on / insitute for sustainable solutions
Going, Österreich
E-Mail: thomas.walker@walk-on.co.at

© Springer-Verlag GmbH Deutschland, ein Teil von Springer Nature 2018
P. Heinrich (Hrsg.), *CSR und Kommunikation*,
Management-Reihe Corporate Social Responsibility,
https://doi.org/10.1007/978-3-662-56481-3_5

Miteinander/Partnerschaft wirken soll. In dieselbe Richtung zielt auch die Umwelt- und Sozialenzyklika „Laudato Si'" von Papst Franziskus, welche ebenfalls im Jahr 2015 veröffentlich wurde.

Die Europäische Kommission definiert im Jahr 2011 CSR als „die Verantwortung von Unternehmen für ihre Auswirkungen auf die Gesellschaft."[3] Des Weiteren weist die neue CSR-Strategie darauf hin, dass Unternehmen auf ein „Verfahren" zurückgreifen sollten, „mit dem soziale, ökologische, ethische, Menschenrechts- und Verbraucherbelange in enger Zusammenarbeit mit den Stakeholdern in die Betriebsführung und in ihre Kernstrategie integriert werden [...]."[4]

Hier geht die Europäische Kommission Hand in Hand mit der ISO 26000 – dem Internationalen Leitfaden für gesellschaftliche Verantwortung und den OECD Guidelines für Multinationale Unternehmen. Die ISO 26000 widmet sich in Kap. 4 detailliert dem Stakeholderansatz. Dort werden die Stakeholder als die Interessens- und Anspruchsgruppen definiert, wobei hier der Begriff um die Gesellschaft und Umwelt erweitert wird. Aus allen Bereichen (betriebliche Anspruchsgruppen, Gesellschaft und Umwelt) gibt es Erwartungen (engl. Expectations) an die Organisation und im gleichen Zug Auswirkungen (engl. Impacts) auf die Stakeholder durch die Organisation.

Der erste Eckpfeiler im CSR-Fundament ist somit der „Stakeholderapproach" bzw. der „Stakeholderansatz".

Der zweite Eckpfeiler ist der systematische Managementansatz.

Idealerweise wird ein CSR-Management in bestehende Managementansätze integriert, wobei dies nicht so einfach ist, wie es auf den ersten Blick scheint. Dies beruht auf dem Umstand, dass CSR kein rein technischer Managementansatz ist, sondern auch eine menschliche (humane) Komponente beinhaltet. Damit erweitert sich ein professionelles CSR-Management in die dritte Dimension (vgl. Idowu et al. 2013) – die ethische bzw. die sinnstiftende Ebene. Natürliche Systeme verhalten sich im Gegensatz zu technischen Systemen nicht linear (trivial). Somit braucht es für ein nutzbringendes CSR-Management mehr, nämlich ...

Den Dritten Eckpfeiler: Die (Unternehmens-)Werte und ethische Aspekte. Jedes menschliche Verhalten orientiert sich an Werten. Im Zusammenhang von gesellschaftlicher Verantwortung braucht es die Förderung eines zukunftssichernden Verhaltens jedes Akteurs im organisatorischen Kontext. Mitarbeiter, die Selbstverantwortung proaktiv leben; Manger, die sich der Auswirkungen ihrer Entscheidungen bewusst sind; Organisationen, die aus Fehlern lernen; Lieferanten und Partner, welche sozial und ökologisch agieren; mündige Konsumenten, die kritisch und bewusst einkaufen; Schulen, die junge Menschen zum Denken und ethischen Reflektieren erziehen; Entwicklungs- und Forschungseinrichtungen, die über den Tellerrand hinausblicken; Unternehmer, die mutig und visionär agieren; und, und, und ...

---

[3] Europäische Kommission (2011): Mitteilung KOMM (2011) 681 – Eine neue EU-Strategie (2011–14) für die soziale Verantwortung der Unternehmen (CSR): 7.
[4] Ebd.

In Zuge dieser Entwicklung kommt es sehr oft zu einer Renaissance der Werte bzw. Haltungen im Unternehmen. Diese Werte – im Sinne einer sozialen Innovation – sind der Zeit und den geänderten Anforderungen des Umfeldes anzupassen und weiterzuentwickeln. Nur so können sie die Kraft entwickeln, die notwendig ist, um ein tragfähiger Bestandteil des CSR-Fundaments zu werden.

Der vierte Eckpfeiler des CSR-Fundaments ist das gesellschaftliche Miteinander (Partnership als eines der fünf Oberziele und Ziel Nr. 17 in den SDGs der Vereinten Nationen).

Wie bereits Aristoteles, der Vater von Oikos und Polis, bemerkte, ist das Ganze mehr als die Summe seiner Teile. Doch wer ist nun Teil des Ganzen? Und warum ist das Ganze mehr als die Summe seiner Teile? Im Bereich von CSR greifen Unternehmen auch gesellschaftliche Probleme auf, welche die Zukunftsfähigkeit der Region gefährden könnten. Durch ein koordiniertes und gebündeltes Vorgehen kommen sie in die Lage, diese Probleme zu erkennen und zu lösen, die als Unternehmen alleine nicht mehr lösbar wären. Dieses unternehmerische/gesellschaftliche Miteinander wird auch als CSR der dritten Generation bezeichnet. Der Stakeholderansatz bildet die Grundlage, um erkennen zu können, mit wem eine Bündelung von Kräften Sinn macht und was die gesellschaftsrelevanten Fragestellungen sein könnten.

Ein stabiles CSR-Fundament hat somit mindestens vier Ecksteine/Eckpfeiler:

- Den Stakeholderansatz und eine Wirkungs-Orientierung (Impact – Orientation)
- Den Managementrahmen/integrativen Managementansatz mit Relevanzen
- Die Werte und ethische Aspekte
- Das Miteinander und gesellschaftliche/umweltrelevante Aspekte

Auf diesem Fundament wird in der weiteren Folge das statische Grundgerüst für den CSR-Entwicklungsprozess aufgesetzt. Dieses Grundgerüst (die Policy) bildet die Grundlage für die strategische Unternehmensentwicklung, die Wesentlichkeitsanalyse bzw. Materialitätsanalyse und die integrierten CSR-Maßnahmen wie etwa die strategische und operative Planung, Controlling, Kommunikation, kontinuierliche Verbesserungen, Kompetenzentwicklung, Bewusstseinsbildung und Prozessintegration.

Die CSR-Kommunikation ist somit integrativer Bestandteil eines modernen CSR-Managements. Wenn die CSR-Kommunikation ohne ein entsprechendes Fundament und einen strategischen Rahmen betrieben wird, bleiben Unternehmen in CSR der ersten Generation stecken, womit wir zum Generationen- bzw. Reifemodell von CSR kommen.

2 Das Generationenmodell von CSR

Einleitend gilt es festzuhalten, dass CSR der ersten Generation lobenswert ist. Ein Turnover von CSR der ersten Generation zu CSR der folgenden Generation ist eine Herausforderung und sollte gut überlegt sein. Denn einmal auf dem Weg gibt es kein Zurück mehr, außer die Organisation ist bereit, einen enormen Imageschaden hinzunehmen.

Was sind nun die Entwicklungsschritte des CSR-Reifeprozesses? (Abb. 1)

Das Reifegradmodell von Corporate Resilience (auf Basis von CSR)

CSR der 1. Generation

Unkoordiniertes CSR und CSR als Philanthropie

- unkoordinierte Einzelmaßnahmen
- Sponsoring Projekte
- Spenden
- **Philanthropie** (Gut Mensch Tum)

CSR der 2. Generation / Integriert

Strategisches CSR im Kerngeschäft mit humanen Fokus

Integration von CSR in das **Kerngeschäft** (Produkte & Dienstleistungen, **Management, Innovation, Risiko** und transparente Kommunikation); Dialog mit den relevanten **Anspruchsgruppen** und Berücksichtigung des **Einflussbereichs**. Integrativer humaner Ansatz zum gegenseitigen Vorteil für **Ökonomie, Ökologie und Gesellschaft**

CSR der 3. Generation / Social Innovation

Transformatives / Kooperatives und systemübergreifendes CSR

Unternehmer und kooperierende Wirtschaftssysteme als **Mitgestalter** von politischen und gesellschaftlichen Rahmenbedingungen (auf regionaler, europäischer und internationaler Ebene) im Sinne **Gesellschaftlicher Innovationen.**
z.B. schaffen internationale Konzerne über „Soft Law" (Übererfüllung von nationalen Gesetzen) weltweit neue Rahmenbedingungen; Unternehmensverbände agieren auf europäischer und nationaler Ebene; KMU's vernetzen sich und fördern regionale Entwicklungen (z.B. Verantwortungspartner-Methode)

Integratives CSR / Corporate Resilience

die Evolution von CSR in eine stabile / resiliente DNA der Organisation

CSR und Nachhaltigkeit sind **integrativer Bestandteil in der DNA** der Organisation. Nichtlineare System- und Umweltveränderungen werden dynamisch / agil erkannt und proaktiv Risiken in Chancen verwandelt. Entscheidung folgen **humanen und ethischen Werten** und werden in einem menschlichen Maß getroffen. **Ein gegenseitiger Mehrwert** für die **Organisation** und die **Gesellschaft / Umwelt** sind Realität.

© Thomas Walker, Bettina Lorentschitsch, Florian Beranek / 2010-2014

Abb. 1 Generationen-/Reifegradmodell von Walker, Lorentschitsch, Beranek

2.1 CSR der ersten Generation

Hier handelt es sich um unkoordinierte CSR-Maßnahmen. In vielen Unternehmen haben sich soziale Traditionen – zum Teil über Unternehmensgenerationen hinweg – entwickelt und sind Teil der Unternehmenskultur. Speziell in unserem zentraleuropäischen Wirtschaftsraum – in welchem der Mittelstand das Rückgrat der Sozialen Marktwirtschaft bildet – gibt es viele lobenswerte und erhaltenswerte Maßnahmen und Initiativen.

In Deutschland ist der Begriff des „ehrbaren Kaufmanns" in die Reifeklasse von CSR der ersten Generation einzuordnen, sofern dieser nicht als Grundsatz des Managements für die integrative und strategische Unternehmensentwicklung genutzt wird.

Wenn nun aber ein Unternehmen beginnt, CSR-Maßnahmen der ersten Generation nach außen zu kommunizieren, begibt es sich in große Gefahr. Relativ rasch werden die Berichte mit den internationalen Anforderungen (GRI, DNK, ISO 26000; OECD Guidelines) verglichen werden und die Anspruchsgruppen werden „Lücken" erkennen, auf die das Unternehmen keine glaubwürdige/nachvollziehbare Antwort hat. Ein Unternehmen weckt mit einer CSR-Kommunikation Erwartungen (engl. Expectations). Kritische Stakeholder stellen sofort die Frage nach den Auswirkungen (engl. Impacts) und den strategischen Ansätzen, wie diese Auswirkungen verbessert bzw. vermindert werden können.

In der Praxis hat sich gezeigt, dass Unternehmen erst dann eine CSR-Kommunikation starten sollten, wenn sie ihre „Hausaufgaben" gemacht haben. In der Regel bietet der Turnover zu CSR der zweiten Generation die Lösung dieses Dilemmas.

2.2 CSR der zweiten Generation

Bei CSR der zweiten Generation handelt es sich um einen strategischen und integrierten Ansatz. Eine Weiterentwicklung von CSR der ersten zu CSR der zweiten Generation ist mit einem relativ hohen Aufwand – im Speziellen: zeitlichen Aufwand – verbunden, da hier gleichzeitig das Fundament für die weiteren CSR-Entwicklungsstufen geschaffen wird.

Im Zuge dieses Turnovers gilt es, zuerst das Geschäft und den Zweck (Purpose) der Organisation zu hinterfragen (engl. Do the right things?): Ist das, was wir jetzt tun noch zukunftstauglich? Was kommt auf uns zu? Auf was müssen wir uns vorbereiten? Was sind die größten Bedrohungen/Engpässe der Zukunft? Welche Erwartungen haben unsere Stakeholder? Wer ist in unserem direkten Einflussbereich? Was sind unsere Werte? Was sind unsere Kompetenzen? Dient unser Unternehmenszweck der Lösung aktueller und zukünftiger gesellschaftlicher Probleme? Haben wir noch eine Lizenz am Markt (Licence to operate), um tätig zu sein? Bewegen wir uns wirklich gesetzeskonform? Und, und, und ... (siehe auch „Vom integrierten zum integrativen CSR-Managementsystem" (Schneider und Schmidpeter 2012))

Das Ergebnis dieses Entwicklungsprozesses ist eine – von allen relevanten Stakeholdern mitgetragene – CSR-Politik/Policy und darauf aufbauend eine Unternehmensstrategie mit Wesentlichkeitsanalyse bzw. Materialitätsanalyse. Entlang dieser normativen und strategischen Entscheidungen wird im gleichen Schritt ein Change-Prozess eingeleitet und entsprechende Strukturen werden geschaffen, welche eine weitere Unternehmensentwicklung hin zu CSR der vierten Generation möglich machen. Gleichzeitig wird ein kontinuierlicher Verbesserungsprozess installiert, der einerseits eine schrittweise Verbesserung der unternehmensrelevanten Themen der Unternehmenspolitik ermöglicht und anderseits den Prinzipien von CSR (seven Principles of CSR – Accountability, Transparency, ethical Behaviour, Respect of Stakeholder Interests, Respect for the Rule of Law, Respect for international Norms of Behaviour, Respect for Human Rights) folgt.

Für den Bereich der CSR-Kommunikation ist vor allem das Prinzip „Transparenz" entscheidend. In der Praxis ist erkennbar, dass dieses Prinzip zu einer eher vorsichtigen und bescheidenen Kommunikation geführt hat, da es einer entsprechenden Absicherung im Hintergrund bedarf, um die Kommunikationsrisiken zu minimieren.

2.3 CSR der dritten Generation

Unternehmen in CSR der dritten Generation können mehrere Wurzeln haben. Einerseits zeigt die Praxis, dass sich Unternehmen von CSR der zweiten Generation relativ rasch hin zu CSR der dritten Generation entwickeln. Sozusagen „schwappen" CSR-Aktivitäten über die Unternehmensgrenzen hinaus und öffnen Türen und Horizonte, die weitere gesellschaftsrelevante Themen sichtbar machen. In der Regel sind andere Unternehmen sehr offen für diese Themen (Chancen), womit eine Bündelung der Kräfte möglich wird.

Ein anderer Ansatzpunkt sind Projekte mit gezielt aufgesetzten Unternehmenskooperationen (z. B. in Deutschland Verantwortungspartner der Bertelsmann Stiftung), welche gesellschaftliche Probleme sichtbar machen und Lösungskompetenzen der beteiligten Unternehmen bündeln. Durch eine entsprechende Stakeholder-Integration kann es gelingen, diese Maßnahmen zu verstetigen und soziale Innovationen zu generieren.

Eine dritte Art hat sich bei den jungen Unternehmen (Start-Ups) herauskristallisiert, wobei hier vor allem die unternehmerischen Zentren und Inkubatoren eine innovative Geschäftsmodellentwicklung ermöglichen. Durch dieses „anders Denken" – gepaart mit Methoden wie „Design Thinking"/Agile Entwicklungsmethoden – bekommen Stakeholder (User und andere) einen hohen Stellenwert und somit erfolgt integriert eine stakeholderbasierte Unternehmensentwicklung mit einer Nachhaltigkeitsorientierung.

2.4 CSR der vierten Generation

Es gibt immer wieder Unternehmen (in der Regel familiengeführte Unternehmen), die sich in diesem Reifestadium befinden. Spannend dabei ist die Beobachtung, dass die Unternehmensperformance all dieser Organisationen entscheidend besser und widerstandsfähiger (resilienter) ist, als jene Ihrer Mitbewerber. Unternehmen, die sich zu diesem Entwicklungsstadium entwickeln wollen, müssen mindestens vier bis sieben Jahre investieren. Dies bedarf unternehmerischen Mutes und Weitsicht. Im Nachhinein gibt es von all diesen Unternehmen die Wahrnehmung, dass der Nutzen/Mehrwert bei weitem die getätigten Investitionen überschreitet.

Was ist bei diesen Unternehmen gereift? Das Wichtigste zuerst: Es wird nicht mehr von CSR/Nachhaltigkeit gesprochen. Die Idee einer zukunftstauglichen Unternehmensentwicklung ist integrativer Bestandteil im Verhalten der MitarbeiterInnen und im Management dieser Organisationen (sozusagen in der DNA der Organisation). Die Einbindung der Anspruchsgruppen ist ein selbstverständlicher Teil der Entscheidungen und operationalen Tätigkeiten. Bei vielen Entscheidungen kommt der „gesunde Menschenverstand" oder auch der „Hausverstand" zum Zug. Damit ist gemeint, dass die Zusammenarbeit mit den Anspruchsgruppen und deren Erwartungen wichtiger ist, als die starre Einhaltung eines Plans. Durch diese Herangehensweise hat sich auch die Fehler- und die Innovationskultur zum Positiven entwickelt. Menschen handeln mutig und ethisch, reflektieren und lernen und glauben an das, was sie tun. Die Menschen agieren dynamisch miteinander, kommunizieren auf unterschiedlichsten Ebenen (Sprache, Bilder, Metaphern, haptisch/gestaltend) miteinander, folgen der Idee und der Wertehaltung der „Agilität". Sie sind fähig die Chancen und Herausforderungen, die eine „Agile Society" bieten, zu sehen und daraus Handlungen zu generieren. Die Verantwortung wird nicht mehr statisch, sondern sehr agil und ganzheitlich wahrgenommen („Agile Responsibility") und in die dynamischen Unternehmensprozess verwoben. In diesen Organisationen wird zwar der Sinn des Tuns hinterfragt, aber nicht in Frage gestellt.

Spannend ist die Beobachtung, dass einige dieser Unternehmen inzwischen gezielt auf einen Nachhaltigkeitsbericht verzichten. Sie sind einhellig der Meinung, dass ein eigener Nachhaltigkeitsbericht eher kontraproduktiv wäre, da ja CSR in der DNA der Organisation angekommen ist. Die Kommunikation ist in allen Unternehmensbereichen integriert und CSR-Dialoge sind Teil einer gelebten Unternehmenskultur.

2.5 Die Identifikation der Stakeholder in der Praxis

Vielleicht fragen Sie sich nun, wie die Unternehmen, die bereits in CSR der vierten Generation angekommen sind, begonnen haben? Diese Frage ist beantwortbar: „pragmatisch" und „unternehmerisch mutig und vorsichtig".

Einer der ersten Schritte auf diesem Pfad ist – nach einer klärenden Vorphase – die Identifikation der relevanten Anspruchsgruppen (Stakeholder). Da CSR neben technischen Elementen vor allem humane Elemente beinhaltet, ist der erste wichtige Schritt die Zusammenstellung eines Teams (CSR-Team). Eine CSR-Entwicklung kann und darf nie im „stillen Kämmerlein" passieren! Dieses CSR-Team sollte in der Lage sein, das kollektive und ganzheitliche Wissen der Organisation einzubringen. Daher ist es nicht genug, dass sich jene Leute treffen, die sich auch sonst immer treffen, um die Geschicke des Unternehmens zu steuern. Diese Menschen brauchen wir auch, aber wir brauchen noch andere Sichtweisen: Zum Beispiel eine Vertretung der nächsten Generation (z. B. einen Lehrling/AZUBI); Personen, die direkten Kundenkontakt haben; Menschen aus der Produktion; VertreterInnen, die das Vertrauen der MitarbeiterInnen besitzen (z. B. der Betriebsrat); Personen, denen spezielle Agenden übertragen wurden (z. B. Managementbeauftragte, Sicherheitsfachkräfte, Abfallbeauftragte, …); Stimmen aus benachteiligten Gruppen (z. B. Menschen mit Behinderung, Migranten, …); VertreterInnen aus Filialen etc. Die Beteiligten im CSR-Team generieren nicht nur ein kollektives Wissen, sie sind auch Botschafter der Idee und tragen den Wandel mit.

Wenn sich nun dieses Team im Stress des Alltages gefunden hat, gilt es, in einer kompakten Weise damit zu arbeiten. CSR-Projekte scheitern in der Regel nicht an den finanziellen Ressourcen. Sie scheitern an den zeitlichen Ressourcen und an der Überbelastung der Menschen in der Organisation. Speziell in der Startphase ist CSR eine Zusatzbelastung für das Unternehmen. Jeder unternehmerisch denkende Mensch weiß, dass wir zuerst investieren müssen, bevor wir einen Ertrag ernten können. Daher braucht jedes CSR-Projekt die volle Deckung und ein uneingeschränktes Commitment von der obersten Leitung. Erst wenn dies gegeben ist, kann das CSR-Team effizient arbeiten und Erkenntnisse generieren, welche eine nachhaltige Unternehmensentwicklung ermöglichen.

Womit wir wiederum bei „pragmatisch" angekommen sind. Die Intervention der Identifikation der Stakeholder muss kurz und effizient sein. Sie muss einerseits Ergebnisse ermöglichen, auf welchen die weiteren Schritte im CSR-Prozess aufbauen können und anderseits den Horizont der beteiligten Menschen erweitern. Sozusagen wird hier der Keim einer Veränderung des „Mind Sets" gepflanzt, welcher sich entwickelt und nach entsprechender Reife Früchte tragen wird. Damit dies erfolgen kann, braucht es neben methodischen vor allem auch psychologische Fähigkeiten der Personen, die diesen Prozess steuern.

2.6 Methodik der Stakeholder-Identifikation

Es gibt viele verschiedene Methoden, um die relevanten Anspruchsgruppen zu identifizieren. In der Praxis haben sich nur einige wenige als effizient und wirksam herauskristallisiert.

Eine davon ist das „Stakeholdermapping" – die Stakeholder-Landkarte (Abb. 3). Diese Methode ist einerseits rasch anwendbar und anderseits sehr fordernd, wodurch aussagekräftige Ergebnisse ermöglicht werden. Somit ist diese Methode ideal für den Einstieg und kann aber auch beliebig oft in den unterschiedlichen Kontexten und CSR-Phasen wiederholt werden. In der Praxis ist erkennbar, dass die Ergebnisqualität durch Wiederholung nicht sinkt, wenn diese Methode richtig angeleitet und begleitet wird.

Durch eine intelligente Mischung der Interventionen spricht diese Methode sowohl auditiv als auch visuell veranlagte Menschen an. Dies ist wichtig, da in einem gut zusammengestellten CSR-Team viele unterschiedlich denkende und handelnde Personen versammelt sind und genau diese Unterschiedlichkeiten die Qualität und Innovationskraft im CSR-Prozess sichern.

Ein weiterer Vorteil dieser Methode ist, dass diese mit einigen wenigen Materialien auskommt, welche überall auf der Welt verfügbar sind. Wir brauchen ein großes Stück Papier (Pinnwand-Papier oder mehrere zusammengeklebte Flipchart-Seiten), Post-its (Haftnotizen – idealerweise 76–127 mm), Flipchart-Marker (Marker mit Rund- oder Keilspitze) und rote und grüne Bewertungspunkte.

Zur Vorgehensweise:

1. **Vorbereitung** Kleben Sie das Pinnwand-Papier an eine freie Wand und zeichnen Sie eine horizontale und eine vertikale Achse. Die Achsen sind von 0–10 nummeriert. Die horizontale Achse stellt das Interesse der Anspruchsgruppen an der Organisation dar, die vertikale Achse den Einfluss der Anspruchsgruppen auf die Organisation. Teilen Sie die Achsen in der Mitte (beim Wert 5) und zeichnen Sie Hilfslinien ein, so dass vier Quadranten entstehen. (Abb. 2)
2. **Übersicht** Als nächstes bilden Sie im CSR-Team Kleingruppen. Idealerweiser versammeln sich in diesen Kleingruppen Menschen, die auch bisher bereits öfters miteinander zu tun hatten bzw. ähnliche Interessensbereiche haben (engl. Natural Affinity Groups). Statten Sie jede Kleingruppe mit Post-its und Flipchart-Markern aus. Hinweis: *Wenn Sie jeder Kleingruppe eine eigene Farbe geben, können Sie später noch nachvollziehen, was von wem gekommen ist.*

Stellen Sie den Kleingruppen folgende Aufgaben:
1. Überlegen Sie gemeinsam, wer an unserer Organisation/an unserer Tätigkeit Interesse hat bzw. wer auf unser Tun Einfluss hat. Hinweis: *Die Frage auf wen wir Einfluss haben, kommt zu einem späteren Zeitpunkt. In dieser Phase sammeln wir nur Gruppen und Personen, die „Interesse an uns" und „Einfluss auf uns" haben!*
2. Schreiben Sie für jede Gruppe/Person ein eigenes Post-it (Haftnotiz).
3. Wenn Sie die Gruppen/Personen gesammelt haben, begeben Sie sich gemeinsam zur Stakeholder-Landkarte/Stakeholdermap.
4. Überlegen Sie gemeinsam, wie hoch das Interesse (auf einer Skala von 0–10) und wie hoch der Einfluss (auf einer Skala von 0–10) ist. Wenn Sie einen gemeinsamen Nenner gefunden haben, platzieren Sie das Post-it auf der Stakeholder-Landkarte. Sollte kein gemeinsamer Nenner gefunden werden, so schreiben Sie ein zweites Post-it mit dem gleichen Namen und platzieren Sie zusätzlich das zweite Post-it auf der Stakeholder-Landkarte.
5. Wenn Sie alle Post-its platziert haben, betrachten Sie bitte gemeinsam das Ergebnis und überlegen Sie, wer noch fehlt. Sollte noch jemand fehlen, schreiben Sie zusätzliche Post-its und platzieren diese gemeinsam.

Das Ergebnis dieses Schrittes ist eine erste Übersicht der relevanten Anspruchsgruppen. Da es sich bei CSR um einen stetigen und dynamischen Prozess handelt, ist dieses Ergebnis eine erste Momentaufnahme für die weitere Arbeit. Die Erkenntnisse werden im Zuge der weiteren Schritte stetig verfeinert und detaillierter werden.

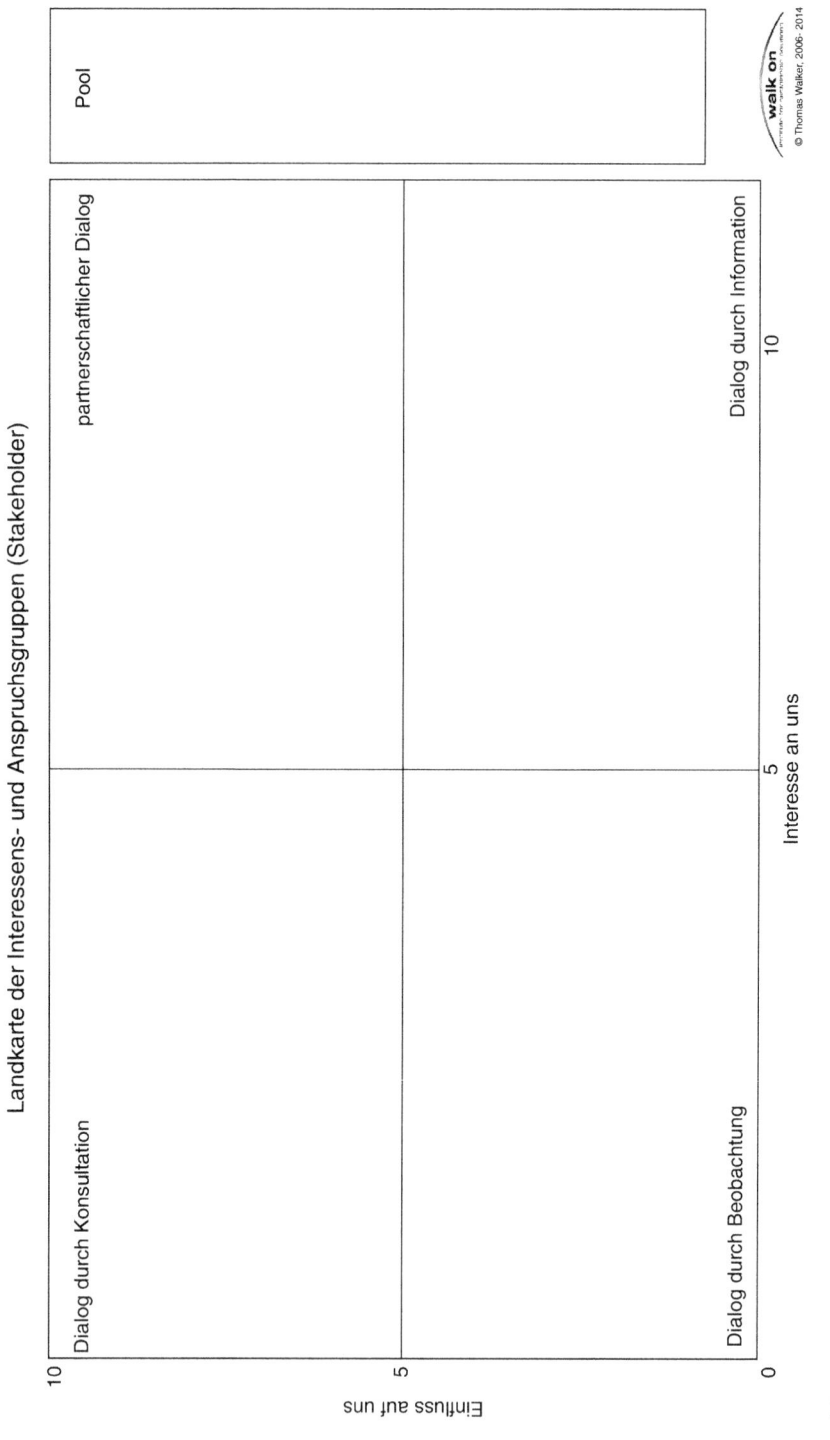

Abb. 2 Beispiel einer Stakeholder-Landkarte/Stakeholdermap

Der Stakeholderansatz als Fundament der CSR-Kommunikation 81

Abb. 3 Beispiel einer befüllten Stakeholder-Landkarte/Stakeholdermap

3. **Ermittlung von Relevanzen in der Übersicht** Wenn nun mehrere Kleingruppen ihre Anspruchsgruppen identifiziert haben, ist ein erster grober Überblick des relevanten Umfeldes der Organisation vorhanden, der jedoch nur geringe spezifische Aussagen zulässt. Aus diesem Grund macht es Sinn, die Relevanzen der Stakeholder sichtbar zu machen. Da es sich bei CSR immer auch um ein Risiko- und Innovationsmanagement handelt, bieten diese Themen die Basis der Relevanzermittlung.
Stellen Sie den TeilnehmerInnen folgende Aufgaben:
1. Es handelt sich um eine Einzelübung, bei welcher nicht gesprochen/diskutiert werden sollte.
2. Jede Person bekommt rote und grüne Markierungspunkte (so viel er/sie benötigen).
3. Markieren Sie jene Stakeholder mit der Farbe Rot, die für die zukünftigen Entwicklungen der Organisation ein Risiko/eine Gefahr darstellen könnten.
4. Markieren Sie jene Stakeholder mit der Farbe Grün, die für die zukünftigen Entwicklungen der Organisation eine Chance darstellen könnten.

5. Alle anderen Stakeholder sind neutral (keine besonderen Risiken und keine besonderen Chancen derzeit erkennbar).
6. Sie können auch Post-its (Stakeholder) markieren, die nicht von Ihrer Gruppe gekommen sind.
7. Sie können auch mehrere Punkte bzw. auch unterschiedliche Farben an einen Stakeholder vergeben. Hinweis: „*Eine gleichzeitige Markierung von Rot/Grün haben wir sehr oft, da Stakeholder, die Gefahren bergen, gleichzeitig auch große Chancen bieten*".

4. **Die „stories behind"** Nun kommen wir zum wichtigsten Punkt der Stakeholder-Identifikation: Das gemeinsame Erarbeiten der Geschichten im Hintergrund (engl. Stories behind oder Mining for Gold/Gold Nuggets). In dieser Phase sind das Geschick und die psychologische Fähigkeit des Moderators (engl. Facilitator) gefragt. Hier können folgende Fragen (in nichtlinearer Art, der jeweiligen Situation angepasst) gestellt werden:
   - Was passiert bereits mit diesen (markierten) Anspruchsgruppen?
   - Was davon läuft eher gut?
   - Was davon läuft eher weniger gut?
   - Welche Risiken verbergen sich hier im Detail?
   - Welche noch?
   - Welche Chancen sind hier verborgen?
   - Welche noch?
   - Sind Teile dieser Chancen bereits umsetzbar?
   - Wem würde es eher auffallen, wenn diese Chancen umgesetzt sind?
   - Welche Interessen haben diese Stakeholder an uns?
   - Welche noch?
   - Wo und wie haben sie in welcher Form Einfluss auf uns?
   - Wie noch?
   - Gibt es Stakeholder, die noch nicht benennbar sind?
   - …

   Als Experte werde ich immer wieder gefragt, wie lange man dem CSR-Team Zeit geben sollte, die „Stories behind" zu erarbeiten. Meine Antwort aus der Praxis ist: *Diese Phase dauert so lange wie sie dauert, jedoch* **mindestens** *45 min.*

5. **Die Ableitung von ersten Dialogstrategien** Bei jedem Schritt im CSR-Prozess gilt es, die Handlungskompetenz der beteiligten Personen zu fördern. Erst wenn die Menschen wissen, was sie *konkret* als nächstes tun können, war die Intervention erfolgreich! Aus diesem Grund wollen wir die Stakeholder nicht nur identifizieren, sondern die nächsten sinnvollen Schritte aus den Erkenntnissen ableiten. Hilfreich dazu sind die Dialogstrategien.

   Aus den vier Quadranten der Stakeholdermap lassen sich folgende „grobe" Dialogstrategien ableiten:

a) wenig Interesse/wenig Einfluss
Dialog durch Beobachtung
Diese Anspruchsgruppen haben in der Regel wenig Relevanz für die weitere strategische Unternehmensentwicklung. Die primäre Strategie ist diese Gruppen unter Beobachtung zu halten, ob und wie sich ihr Interesse und Einfluss mit der Zeit verändern.
Sollten in diesem Quadranten Stakeholder vorhanden sein, von denen Risiken oder Chancen zur erwarten sind, dann muss überlegt werden, wie das Interesse dieser Gruppen entwickelt werden kann.

b) viel Interesse/wenig Einfluss
Dialog durch Information
Diese Gruppen und Personen haben legitime Erwartungen an die Organisation und diese sollten erfüllt werden, damit deren Interesse nicht sinkt. Die primäre Strategie lautet somit die Interessensthemen der einzelnen Gruppen zu ermitteln, um in der weiteren Folge die Bedürfnisse und Erwartungen dieser Stakeholder durch eine strategische CSR-Kommunikation erfüllen zu können.

c) wenig Interesse/viel Einfluss
Dialog durch Konsultation
Diese Anspruchsgruppen stellen in der Regel eine große Herausforderung dar, da sie einerseits nur wenig Interesse und andererseits einen großen Einfluss auf die Entwicklung der Organisation haben. Bei wichtigen Entscheidungen sollte die Strategie verfolgt werden, diese Personen im Vorfeld einzubinden, um in weiterer Folge „böse" Überraschungen zu minimieren. Im Speziellen ist darauf zu achten, die Erwartungen dieser Anspruchsgruppen detailliert zu ermitteln. Dies ist nicht so einfach, da diese Personengruppen nur sehr schwer zu Dialogen zu bewegen sind (durch ihr mangelndes Interesse). Wenn es aber gelingt, können hier große Potentiale an Risiko- und Kostenminimierung generiert werden.

d) viel Interesse/viel Einfluss
partnerschaftlicher Dialog
Ein partnerschaftlicher Dialog zeichnet sich durch Respekt und Wertschätzung aus. Sozusagen begegnen sich die Organisation und die Anspruchsgruppen auf gleicher Augenhöhe. Dem Prinzip der Transparenz folgend, gilt es das bestehende Vertrauen und die Glaubwürdigkeit zu stärken, um langfristige und faire Partnerschaften zu ermöglichen.
Sehr häufig lernen Unternehmen im Zuge von CSR-Projekten diesen Partnern wiederum zuzuhören. Zuhören bedarf der Investition von Zeit und dem Erkennen von relevanten Fragen, auf welche es gemeinsame, sinnstiftende Antworten zu finden gilt.
Ein solcher Dialogprozess funktioniert nicht von heute auf morgen und es müssen oftmals „ausgetretene Pfade" verlassen werden, um gemeinsame Fragen erkennen zu können. Der Lohn dieser Arbeit rechnet aber bei weitem den investierten Aufwand, da hier das Potential für Innovationen schlummert.

Die nächsten Aufgaben nach der Stakeholder-Identifikation orientieren sich am Reifestadium der Organisation:

Falls die Stakeholder-Identifikation Teil der Entwicklung der CSR-Policy war, so fließen die Erkenntnisse in die nächsten Schritte (Zukunftsthemen, Risiken, Kernkompetenzen, Werte, das Bewahrenswerte, den Einflussbereich, Kompetenzentwicklung, Bewusstseinsbildung etc.) ein, bis eine tragfähige und authentische CSR-Policy und Wesentlichkeitsanalyse bzw. Materialitätsanalyse für das Unternehmen entwickelt ist.

2.7 Die Auswirkungen der Ergebnisse auf die CSR-Kommunikation

Falls die Stakeholder-Identifikation Teil der Planung der CSR-Kommunikation war, dann sollte in dieser Phase der Schwerpunkt auf das Dialogfeld „Dialog durch Information" gelenkt werden. Dabei sind folgende Überlegungen/Fragestellung besonders hilfreich:

a) In welche Themenbereiche lassen sich die Interessen der Anspruchsgruppen zusammenfassen (clustern)?
b) Wer hat an welchen Themenbereichen eher Interesse?
c) Wie häufig dürfen Information zu den jeweiligen Themenbereichen transportiert werden, ohne die Stakeholder zu verschrecken?
d) In welcher Form können Information zu den unterschiedlichen Themenbereichen am effizientesten kommuniziert werden (Print, Digital, Face-to-Face, Diskussionen, Dialogveranstaltungen, Fragebögen, Events, Stimmen anderer Stakeholder etc.)
e) Auf welche Form der Sprache müssen wir im Speziellen achten?
f) Welche Emotionen und Erwartungen wollen wir mit der Kommunikation erzeugen?
g) Welche Überraschungen kann es geben?
h) Was darf in der Kommunikation keinesfalls passieren?
i) Was muss auf jeden Fall passieren?
j) Wie gehen wir mit Anfragen/Dialogaufforderungen der einzelnen Stakeholder am besten um?
k) Wie gehen wir mit Dialogverweigerungen einzelner Anspruchsgruppen am besten um?
l) Welche Erwartungen wollen wir keinesfalls wecken/erzeugen?
m) Wie viele Ressourcen haben wir zur Verfügung?
n) Was passiert, wenn nichts passiert?

Neben dem Dialogfeld „Dialog durch Information" sollten auch Strategien für die Dialogfelder „Dialog durch Konsultation" und den „partnerschaftlichen Dialog" entwickelt werden. Hierzu bedarf es jedoch einer stabilen CSR-Policy und -Strategie, um die richtigen Entscheidungen fällen zu können. Womit wir wiederum am Anfang sind.

2.8 Fazit

Eine CSR-Kommunikation ohne entsprechendes Fundament und einen stabilen Rahmen (CSR-Politik/Policy) ist so, als würde man mit einem Auto ohne Licht durch eine dunkle Nacht rasen. Investieren Sie Ihre Ressourcen zuerst in die Entwicklung Ihrer Organisation zu einem CSR der zweiten Generation bevor Sie mit der CSR-Kommunikation beginnen. Nicht nur, dass sich die Themen und Schwerpunkte der Kommunikation radikal verändern werden, es senkt auch den Aufwand. Bereits in der CSR der zweiten Generation werden sehr viele Aktivitäten integrativ erfolgen. Die Investitionen der Kommunikation werden durch die relevanten Anspruchsgruppen mitgetragen und potenziert werden. Selbstverständlich werden Fehler passieren, aber durch die Installation der Instrumente einer lernenden Organisation kommen Sie in die Lage, daraus zu lernen und sich stetig zu verbessern. Dies stärkt das Vertrauen und die Glaubwürdigkeit, eröffnet neue Themenbereiche und Horizonte, mindert Risiken und ermöglicht Innovationen.

Egal in welcher Reifephase sich Ihr Unternehmen derzeit befindet: Haben Sie den Mut und machen Sie gemeinsam mit Ihrem CSR-Team den nächsten kleinen Schritt. Wenn dieser Schritt in Richtung Turnover zu CSR der vierten Generation geht, dann ist der Aufwand gut investiert und ein gegenseitiger Mehrwert für Ihr Unternehmen und die Gesellschaft/Umwelt möglich.

Literatur

Idowu SO, Capaldi N, Zu L, Gupta DA (2013) Encyclopedia of corporate social responsibility. In: Walker T (Hrsg) The integrative management approach of CSR. Springer, Heidelberg

Schneider A, Schmidpeter R (2012) Corporate Social Responsibility: Verantwortungsvolle Unternehmensführung in Theorie und Praxis. In: Lorentschitsch B, Walker T (Hrsg) Vom integrierten zum integrativen CSR -Managementansatz. Springer Gabler, Heidelberg, S 299–317

Hon.Prof. Thomas Walker ist Gründer des Institutes für nachhaltige Lösungen (walk-on / insitute for sustainable solutions) in Going. Er ist seit mehr als 17 Jahren national und international im Bereich CSR, Resilienz, Agilität und Nachhaltigkeit lehrend, forschend, beratend und publizierend tätig. Er ist Honorar Professor für CSR an der London Metropolitan Universität in London, Teilnehmer an den diversen Europäischen Multistakeholderdialogen, Lektor an verschiedenen Universitäten und an verschiedenen IHK CSR-Manager Lehrgängen.

CSR-Kommunikation – Die Instrumente

Peter Heinrich

1 Einleitung

Wenn es darum geht, die CSR eines Unternehmens glaubwürdig und transparent darzustellen, kann aus einer Vielzahl an Kommunikationsinstrumenten ausgewählt werden. Der Praxisteil dieses Buches gibt einen Überblick über die breite Palette, die dafür zur Verfügung steht. Denn: „Angesichts der Dynamik, die nachhaltiges Wirtschaften besitzt, und angesichts der sich stetig wandelnden Anforderungen an Unternehmen, entwickeln sich Art und Umfang der Nachhaltigkeitskommunikation kontinuierlich weiter. Denkbar sind unter anderem Umwelt- und Sozialberichte, Dialog-Veranstaltungen mit den Stakeholdern, Pressemitteilungen oder Zeitschriftenbeiträge, Interviews, Anzeigen, Tage der offenen Tür, Broschüren und Publikationen, Internetauftritt, Workshops, Vorstandsreden, Audits und Informationsprojekte."[1] Auch Informationen über die Produkte auf Beipackzetteln, Verpackungsbeschriftungen oder Gebrauchsanweisungen gehören dazu. In den letzten Jahren haben sich spezifische CSR-Berichte etabliert, die ähnlich wie die Geschäftsberichte in einem regelmäßigen Turnus veröffentlicht werden und im Idealfall einen umfassenden Report über die CSR-Performance der Unternehmen enthalten. Sie werden vor allem bei großen börsennotierten Konzernen eingesetzt, denn hier legen die Stakeholder besonderen Wert auf eine klare Berichterstattung, und zwar anhand messba-

---

[1] http://www.csrgermany.de/www/csr_cms_relaunch.nsf/id/aus-der-vielzahl-an-instrumenten-auswaehlen-de, Zugriff am: 03.11.2017.

P. Heinrich (✉)
geschäftsführender Gesellschafter, HEINRICH - Agentur für Kommunikation
Ingolstadt, Deutschland
E-Mail: peter.heinrich@heinrich-kommunikation.de

rer und ggf. von Dritten geprüfter Kennzahlen.[2] Ab dem Geschäftsjahr 2017 gilt zudem die CSR-Berichtspflicht für bestimmte Unternehmen mit mehr als 500 Mitarbeitern.

2 CSR-Kommunikationsinstrumente – Aus der Vielzahl die Richtigen auswählen

Wenn es darum geht, die CSR eines Unternehmens glaubwürdig und transparent darzustellen, kann aus einer Vielzahl an Kommunikationsinstrumenten ausgewählt werden. Bei der Planung und Auswahl der Kommunikationsinstrumente kommt es darauf an festzulegen, wie die zentralen CSR-Kommunikationsziele erreicht werden können und welche Maßnahmen sich für die entsprechenden Dialoggruppen am besten eignen. Die richtige Kombination spielt dabei eine wichtige Rolle. Sie sorgt für Synergieeffekte und ist ein entscheidender kommunikativer Erfolgsfaktor.

Um einen wesentlichen Beitrag zur Erreichung der CSR-Ziele zu leisten, sollten die eingesetzten Kommunikationsinstrumente folgenden Kriterien entsprechen (vgl. Lühmann 2003, S. 43, 44):

- Dialogorientierung
- Ganzheitliche Leistungsdarstellung
- Aktualität
- Zielgruppenorientierung.

Glaubhafte CSR-Kommunikation ermöglicht den Dialog mit den verschiedenen Anspruchsgruppen. Deshalb müssen dialogorientierte, rekursive Maßnahmen eingesetzt werden, um Rückmeldungen auf die ausgesendeten Informationen und Botschaften zu erhalten. Diese Maßnahmen sollten so angelegt sein, dass die Leistungen ganzheitlich im Sinne der CSR und entsprechend den Ansprüchen der Stakeholder dargestellt werden, das heißt in Hinsicht auf die ökonomischen, ökologischen und sozialen Auswirkungen. Darüber hinaus dienen sie dazu, neue Informationen aktuell und ggf. in Echtzeit an die Dialoggruppen zu bringen. Außerdem muss sichergestellt werden, dass alle relevanten Anspruchsgruppen zielgruppenorientiert erreichbar sind (vgl. Lühmann 2003, S. 45). Aus dieser Sicht eignen sich dazu die typischen PR-Instrumente sehr gut. Bei der Auswahl und Gestaltung der passenden Instrumente ist eine hohe Kreativität gefragt, denn nicht immer wird sich eine gewisse Nähe zur klassischen Werbung vermeiden lassen.

Im Rahmen des Forschungsprojektes „MitCSR" des IMB Institute of Management Berlin, einer qualitativen Studie mit fragebogengestützten Interviews zum Thema Mitarbeiterrekrutierung und -bindung durch CSR, wurden die teilnehmenden Unternehmen in Interviews gefragt, welche die jeweils wichtigsten CSR-Kommunikationskanäle für sie

---

[2] http://www.nautilus-politikberatung.de/main/e107_files/downloads/Falk%20Schillinger%20CSR%20in%20%20der%20Unternehmenskommunikation.pdf, S. 27, Zugriff am: 03.11.2017.

CSR-Kommunikation – Die Instrumente

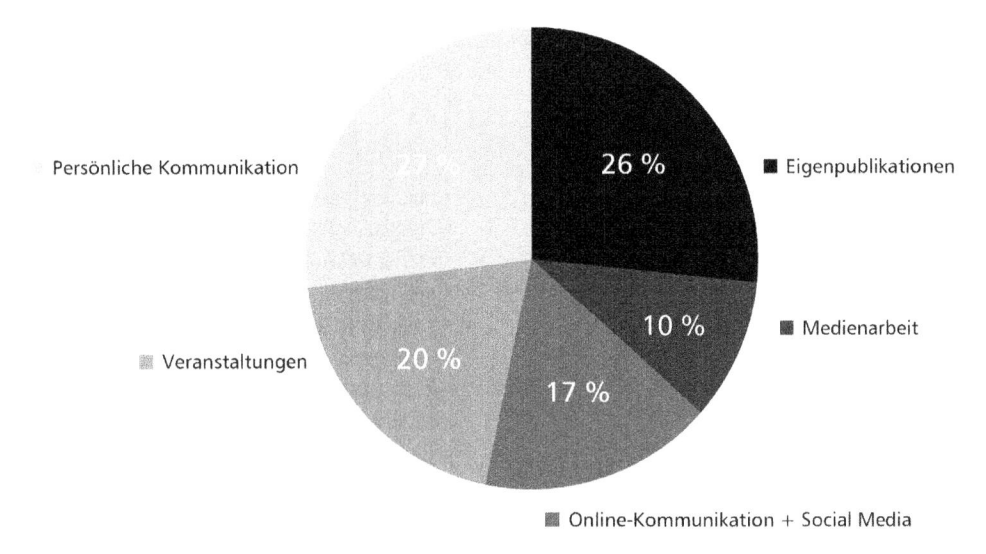

Abb. 1 Die wichtigsten Kanäle für die Kommunikation von CSR-Aktivitäten. (IMB Institute of Management Berlin 2015, S. 20)

darstellen (vgl. IMB Institute of Management Berlin 2015). Danach setzen 27 % der Befragten in der CSR-Kommunikation auf persönliche Kommunikation, dicht gefolgt von Eigenpublikationen wie Nachhaltigkeitsberichte, Newsletter und Broschüren. Lediglich 12 % der Unternehmen erachten Online-Kommunikation und Social Media für die Kommunikation ihrer CSR-Aktivitäten als bedeutend (s. Abb. 1).

3 Die Instrumente – Ein Überblick

Im Folgenden sind die Instrumente der CSR-Kommunikation aufgeführt und beschrieben. Ziel ist es, an dieser Stelle einen umfassenden Überblick über mögliche taktische Maßnahmen zu bieten.

Es müssen nicht immer alle Maßnahmen gleichzeitig eingesetzt werden, denn je nach CSR-Programm und Kommunikationszielen kommt es darauf an, die richtige Kombination zu wählen. In diesem Zusammenhang werden wir auch viele Instrumente der klassischen Public Relations wiederfinden, da sie auch für die CSR-Kommunikation eines Unternehmens zum Tragen kommen. Die Gliederung erfolgte in diesem Beitrag nach Sachlichkeit und Mediengattungen (s. Abb. 2). Es ist auch möglich, die Instrumente beispielsweise nach internen und externen Kriterien zu gliedern. Je nach Relevanz bietet sich eine dieser Varianten der Kategorisierung an.

	Kommunikationswege	
	Intern	**Extern**
Medienarbeit	• Clippingbuch • Presseinformationen	• Presseverteiler – Journalistendatenbanken • Presseinformationen • Fachartikel/Autorenbeiträge • Pressefotos • Pressekonferenzen • Pressegespräch/Interview • Redaktionsbesuche • Basispressemappe • Themenentwicklung und Agenda-Setting • Medienmonitoring und Evaluation
Publikationen	• Newsletter • Mitarbeiterzeitung • Broschüre (Imagebroschüre, Mitarbeiterbroschüre etc.) • Stellenausschreibungen	• Nachhaltigkeitsberichte/Geschäftsberichte • Newsletter • CSR-Themen im Kundenmagazin • Imagebroschüren und Infobroschüren • Fach-, Image- und PR-Anzeigen • Stellenausschreibungen
Online	• Intranet • Wiki • Website	• Unternehmens- und Aktions-Website/Landing-Page • Internet-Redaktion • Online-Presseportal • Social Media • Podcast/Video
Veranstaltungen/persönliche Kommunikation	• Schwarzes Brett • Inhouse-Schulungen/Mitarbeiterworkshops • Aktionsprogramme • Meetings/Teamrunden • Mitarbeitergespräche • E-Mails/Rundmail • Diverse Thementage und Veranstaltungen (Dialogtag, Managementtag, Mitarbeitertag, Umwelttag…) • Geschäftsführer-Rundschreiben • Workshops	• Stakeholder-Dialog: Bilateraler Stakeholder-Dialog, Dialogforum • Roadshows • Events: Expertengespräche, Messen, Podiumsdiskussionen, Konferenzen • Tag der offenen Tür • Event-Kalender • Jobbörsen • Bewerbungsgespräche • Mundpropaganda

© HEINRICH Agentur fürKommunikation

Abb. 2 Instrumente der CSR-Kommunikation. (Eigene Darstellung)

3.1 Professionelle Medienarbeit

CSR geht davon aus, dass die Stakeholder ein Recht darauf haben, über die Aktivitäten des Unternehmens informiert zu werden. Das muss nicht immer sofort mit einem großen CSR-Bericht sein. In der Praxis beginnen viele Unternehmen damit, ihre CSR-Aktivitäten zunächst strategisch in ihre Medienarbeit einzubauen. Sorgfältig geplant und durchgeführt, kann sie ein nützlicher erster Schritt in der CSR-Kommunikation sein. Denn der gute Ruf eines Unternehmens wird auch heute noch größtenteils durch die Massenmedien, also Presse, Radio und Fernsehen, gebildet, wobei das Internet inklusive Social Media schnell aufholen. Daher ist die Medienarbeit – ein klassisches PR-Instrument – auch ein sehr wirksames Aktionsfeld der CSR-Kommunikation. Sie wirkt sowohl nach außen, aber auch nach innen, da auch die Mitarbeiter des Unternehmens zu den Rezipienten der Massenmedien gehören. Deshalb haben wir die Medienarbeit auch an den Anfang der Kommunikationsinstrumente gestellt.

In der Medien- oder auch Pressearbeit geht es vorrangig darum, seriöse, vertrauensvolle und partnerschaftliche Beziehungen zu Redakteuren, Journalisten und beispielsweise Bloggern aufzubauen. Die regelmäßige Vermittlung sachlicher und wahrheitsgemäßer, journalistisch aufbereiteter Informationen steht dabei im Mittelpunkt. Wenn sich CSR-Kommunikation nämlich auf reine Effekthascherei beschränkt, läuft das kommunizierende Unternehmen Gefahr, als unglaubwürdig und/oder unseriös wahrgenommen zu werden. Der offene Dialog und das persönliche, intensive Gespräch können hier helfen, Vertrauen aufzubauen.

Zur Medienarbeit gehört auch das sogenannte Themenmanagement. Das bedeutet einerseits zu versuchen, selbst Themen auf die öffentliche Agenda zu setzen, und zum anderen, auf aktuelle Themenentwicklungen zu reagieren. Letzteres ist insbesondere für die Krisenkommunikation relevant. Denn, betrachtet man CSR-relevante und -kritische Ereignisse näher, so ist häufig das Überraschende, dass sie bei näherem Hinsehen gar nicht so überraschend hätten sein müssen. Es kommt also darauf an, Stimmungen und auch schwache Signale, die von einem kontroversen aber auch vielleicht aussichtsreichen Unternehmensthema ausgehen, möglichst früh und vor allem rechtzeitig wahrzunehmen. Entscheidend für das frühzeitige Erkennen potenzieller Themen ist dabei die systematische Beobachtung und Analyse einer möglichst breiten und vielfältigen Medienbasis.

Darüber hinaus sollten sich die Kommunikationsverantwortlichen stets bewusst sein, dass bei der CSR-Kommunikation thematisch das gesellschaftliche Engagement eines Unternehmens klar im Vordergrund steht und zwar in ökonomischer, ökologischer und sozialer Hinsicht. Hier kommt es auf eine interessante und vollständige Beschreibung der Maßnahmen und ihres Erfolges aus der Stakeholderperspektive an. Je besser sich die Stakeholder hier wiederfinden, desto besser kommen die in diesem Kontext vermittelten Botschaften auch an.

Medienarbeit kann sowohl Inhouse als auch durch eine externe PR-Agentur erfolgen. Im Folgenden finden sich nun wichtige Maßnahmen, die zu einer professionellen Medienarbeit gehören.

Presseverteiler – Journalistendatenbank Alles beginnt mit den richtigen Kontakten. Ein treffsicherer, auf die relevanten Stakeholder zugeschnittener Presseverteiler ist das Herzstück der CSR-Medienarbeit. Er enthält jeweils die Ansprechpartner in den Redaktionen, die Auflagen, alle relevanten Kontaktdaten sowie weitere mögliche Details. In manchen Fällen reicht es, den vorhandenen Journalistenverteiler zu überarbeiten und regelmäßig zu pflegen. Es empfiehlt sich, diesen nach verschiedenen Zielgruppen und Mediengattungen zu ordnen. Je nach Datenmenge kann es hilfreich sein, eine Datenbank einzurichten, in der auch Kontakthistorien und andere Informationen festgehalten werden können.

Presseinformationen Presseinformationen dienen der Information aller relevanten Bezugsgruppen. Sie werden regelmäßig oder aus aktuellem Anlass an die verschiedenen Redaktionen (Print, Funk und Online) mit dem Ziel gesendet, Berichterstattung zu generieren. Wichtig ist dabei die Relevanz der Themen und Kontinuität, damit die Redakteure immer wieder auf neue Textideen gebracht und an das Unternehmen erinnert werden. Die richtige Aufbereitung der Texte spielt ebenfalls eine große Rolle. Denn es ist ein Unterschied, ob man für Printmedien, Rundfunk oder Online-Medien schreibt. Generell gilt die Faustregel: Pressetexte bringen das Wichtigste sachlich gleich zu Beginn auf den Punkt. Der Text sollte so aufgebaut sein, dass er vom Ende her jederzeit vom Redakteur gekürzt werden kann, ohne wichtige Informationen zu verlieren. Der Stil einer Presseinformation sollte dem Medium und den Rezipienten, also Lesern, Hörern, Zuschauern, angepasst werden.

Fachartikel/Autorenbeiträge Fachartikel sind Autorenbeiträge, die unter dem Namen eines Unternehmenssprechers veröffentlicht werden. In der Regel geschieht dies in Print- und Online-Medien oder Fachblogs. Für die CSR-Kommunikation sind diese Beiträge von großer Bedeutung. Zum einen werden die Autoren als Experten anerkannt, denn ihre Kompetenz lässt sich auch auf das Unternehmen zurückführen. Zum anderen lassen sich für das Unternehmen wichtige CSR-Themen auf diese Weise verbreiten. Da es sich bei dieser Art von Artikel um eine anspruchsvolle Leserschaft handelt, ist es wichtig, dass die Beiträge exakt, neutral und journalistisch aufbereitet sind. Für einen besonders gut aufbereiteten Fachartikel – beispielsweise über nachhaltiges Engagement im Unternehmen – interessiert sich auch meist die Fachpresse. Dies sichert die Glaubwürdigkeit des Unternehmens und lässt nur wenig Spielraum für Zweifel (vgl. Reiter 2006, S. 44).

Pressefotos Foto ist nicht gleich Foto. Jedes Bild vermittelt eine Botschaft, die wirksamer sein kann als jeder Text. Daher sind aussagekräftige Bilder gerade für CSR-Themen ein wirksames Mittel der Kommunikation. Auch die Pressefotos eines Unternehmens sollten den Kriterien der PR folgen: Pressefotos sind keine Hochglanz- oder Werbefotos, sondern sollten die Realität zeigen. Dennoch empfiehlt sich, für die Erstellung der Fotos professionelle Fotografen hinzuzuziehen und vorab genau mit ihnen zu erarbeiten, welche Botschaft im Bild bzw. in der Bilderwelt einer Kampagne vermittelt werden soll.

Pressekonferenzen Pressekonferenzen sind ein bewährtes Mittel, um eine große Zahl von Journalisten zeitgleich und persönlich zu erreichen sowie in regelmäßigen Abständen aus erster Hand zu informieren. Sinn einer Pressekonferenz ist es, möglichst viele Informationen in möglichst kurzer Zeit bereitzustellen. Denn Journalisten haben einen straffen Zeitplan. Daher gilt: Nur wichtige Themen brauchen eine Pressekonferenz. Schon alleine aus dem Grund, da sie sehr aufwendig zu organisieren ist (vgl. Cornelsen 2002, S. 145 f.).

Interview CSR-Themen können über Interviews transportiert werden. Die Unternehmen gehen entweder aktiv auf die Medien zu oder sie werden von den Medien angefragt. Man unterscheidet drei Arten von Interviews: Rechercheinterview, Berichtsform und Live-Interview. Beim Rechercheinterview stellen die Journalisten Fragen, um Informationen für ihren Beitrag zu erhalten. Bei der Berichtsform ist die Recherche bereits abgeschlossen und aus diesen Informationen heraus werden die Fragen gestellt. Das Gespräch wird als Beitrag abgedruckt. Live-Interviews werden für Radio, TV oder das Internet geführt. Sie werden entweder live ausgestrahlt oder aufgezeichnet, geschnitten und dann gesendet (vgl. Cornelsen 2002, S. 159 f.). Der Kontakt zu wichtigen Medien wird durch das Anbieten exklusiver Interviews vertieft (Laumer 2003, S. 68).

Redaktionsbesuche/Pressegespräche Bei einer Redaktionsreise besuchen meist das Management oder der Pressesprecher eines Unternehmens die wichtigsten Journalisten in den Redaktionen oder die Journalisten kommen in das Unternehmen. Redaktionsreisen oder -besuche sind geeignete Instrumente, um ausgesuchte Medien und Journalisten vor Ort in einem persönlichen Rahmen über CSR-Entwicklungen im Unternehmen sowie aktuelle CSR-Themen zu informieren und den Kontakt zu halten. Für beide Seiten soll der Besuch von Nutzen sein, daher ist im Vorfeld zu klären, welche Informationen man dem Journalisten anbietet und welche Themen in welcher Form weitergegeben werden können.

Basispressemappe Die Basispressemappe enthält alle grundlegenden Informationen, die der Journalist über das Unternehmen und die Ansprechpartner wissen muss. Analog dazu finden sich in einer thematisch fokussierten CSR-Pressemappe alle wichtigen Eckdaten zu diesem Thema. Sie wird zu einem aktuellen Anlass ausgegeben oder versendet. In der Regel wird die Basispressemappe zum Download im Online-Presseportal zur Verfügung gestellt. Hier spielt auch die Verpackung der Botschaften eine wichtige Rolle. Die Journalisten sollen das Unternehmen klar (wieder)erkennen können. Eine individuelle Pressemappe und entsprechend gestaltete Pressepapiere im Corporate Design gehören deshalb zur Grundausstattung. Zudem ist es wichtig, dass die Journalisten das Verantwortungsbewusstsein des Unternehmens aus dieser Pressemappe entnehmen können.

Themenentwicklung und Agenda-Setting Bei diesem Punkt geht es darum, Themen gezielt in der Öffentlichkeit zu positionieren. Dabei spielt auch der richtige Zeitpunkt eine Rolle. Wenn Unternehmen, Verbände und Institutionen gezielt und mediengerecht kommunizieren, können sie sich damit bei den Dialoggruppen als glaubwürdige und relevante Ansprechpartner positionieren und Vertrauen aufbauen. Aus den Ansatzpunkten zu den verschiedenen CSR-Handlungsfeldern ergeben sich mögliche Themen, die dann über verschiedene Medien kommuniziert werden können. Denn jeder Ansatzpunkt ist prinzipiell auch ein Berichtsanlass, beispielsweise in Form einer Pressemitteilung. Beim Themenmanagement im Bereich der CSR-Kommunikation gibt es drei große Themenfelder: Ökologie, Ökonomie und Soziales. Ein weiteres wichtiges Themenfeld ist das Mitarbeiterengagement: Auch dies gilt es effektiv zu kommunizieren – um künftige Mitarbeiter zu werben und bestehende High Potentials zu halten. Um die eigenen CSR-Aktivitäten auf diese Themenschwerpunkte abzustimmen, empfiehlt es sich, zu Beginn eines Jahres einen Themenkalender aufzustellen. Er dient dazu, zum passenden Zeitpunkt mit Fachartikeln oder Presseinformationen in den relevanten Medien präsent zu sein.

Medienmonitoring und Evaluation Um festzustellen, ob die Kommunikationsmaßnahmen auch den gewünschten Erfolg bringen, sind eine laufende Medienbeobachtung (Monitoring) und die kontinuierliche Evaluation der Berichterstattung notwendig. Monitoring und Evaluation helfen auch dabei, Krisen und kritische Themenentwicklungen frühzeitig zu erkennen und darauf zu reagieren.

Für die Medienbeobachtung gibt es Dienstleistungsunternehmen, die individuelle Monitoring- und Analysetechnologien anbieten. Sie scannen Medienquellen – Print, Online, Weblogs, TV und Radio – und stellen Pressespiegel sowie Medienresonanzanalysen zur Verfügung. So kann das Unternehmen ständig mit hochaktuellen Informationen zu den relevanten CSR-Themen versorgt werden.

Die Evaluation wird in der Regel mit einer Medienresonanzanalyse durchgeführt. Dabei werden im Vorfeld die Kriterien festgelegt, wonach die Berichterstattung untersucht werden soll. Die Analyse muss für jedes Unternehmen individuell aufgebaut werden, denn sie hängt von den jeweiligen Zielen und der Art des CSR-Programms ab.

3.2 Berichtswesen/Publikationen

Für Unternehmen spielt die Information von Öffentlichkeit, Politik, Kunden, Lieferanten, Behörden, Medien, Verbrauchern u. v. m. eine wichtige Rolle. Bereits in den Geschäftsberichten bzw. in Jahresabschlüssen und Lageberichten werden die wichtigsten Informationen über das jeweilige Unternehmen strukturiert und systematisch aufbereitet in Berichtsform dargestellt. Im Bereich der CSR- oder Nachhaltigkeitsberichterstattung geht es nun auch darum, gezielt zu kommunizieren, welchen Wert ein Unternehmen innerhalb der Gesellschaft stiftet, sowohl durch unternehmerisches Handeln und verantwortungsvollen Umgang mit Ressourcen als auch durch soziales, kulturelles und karitatives Engagement.

Insbesondere im Gleichschritt mit der internationalen Nachhaltigkeitspolitik, die 1992 durch den Rio-Weltgipfel und die Agenda 21 angestoßen wurde, dokumentieren Unternehmen den von ihnen wahrgenommenen Teil der Verantwortung für nachhaltige Entwicklung. In den letzten Jahren haben sich sogenannte CSR- oder Nachhaltigkeitsberichte etabliert. Daneben nutzen Unternehmen derzeit eine breite Palette an eigenen Publikationen, um die Stakeholder entsprechend zu informieren – so fließen CSR-Inhalte in Geschäftsberichte, Kundenmagazine, Broschüren und weitere Unternehmensmedien ein.

CSR-Reports allgemein CSR-Reports, CSR-Berichte, Nachhaltigkeitsberichte – die Begrifflichkeiten werden zum Teil synonym verwendet. Laut „IÖW/future-Ranking der Nachhaltigkeitsberichte 2015" des Instituts für ökologische Wirtschaftsforschung und future e. V. (iöw) legen immer mehr Unternehmen Informationen über ihre Nachhaltigkeitsleistung offen. So steigt die Zahl der Nachhaltigkeitsberichte kontinuierlich: Von den 150 größten deutschen Unternehmen veröffentlichten 2015 72 einen eigenen Nachhaltigkeitsbericht oder einen integrierten Geschäftsbericht. Auch bei den KMU hat die Zahl der erfassten Nachhaltigkeitsberichte von 127 auf 165 deutlich zugenommen.[3]

Mit der verbindlichen Einführung der CSR-Berichtspflicht ab dem Geschäftsjahr 2017 durch das EU-Parlament müssen kapitalmarktorientierte Unternehmen, Versicherungen sowie Kreditinstitute mit mehr als 500 Mitarbeitern und Umsatzerlösen von mehr als 40 Mio. € oder einer Bilanzsumme von mehr als 20 Mio. € Angaben zu ihrem Nachhaltigkeitsengagement machen – über Umwelt-, Sozial- und Arbeitnehmerbelange sowie über Menschenrechte, Korruption und Diversität. International für die Berichterstattung anerkannt sind die Standards der Global Reporting Initiative (GRI). Neben den Richtlinien des GRI gibt es mittlerweile zahlreiche andere Standards, wie beispielsweise den Deutschen Nachhaltigkeitskodex (DNK). Der DNK ist vor allem im nationalen Bereich interessant. Im Entwurf für das CSR-Richtlinie-Umsetzungsgesetz heißt es: „Nationale, internationale und europäische Rahmenwerke (beispielsweise die Leitsätze der OECD für multinationale Unternehmen, GRI G4, der Deutsche Nachhaltigkeitskodex, das Umweltmanagement- und -betriebsprüfungssystem EMAS, der UN Global Compact, die VN Leitprinzipien für Wirtschaft und Menschenrechte, die ISO 26000 der Internationalen Organisation für Normung, die Dreigliedrige Grundsatzerklärung über multinationale Unternehmen und Sozialpolitik der Internationalen Arbeitsorganisation) können Rahmen darstellen, an denen sich die Kapitalgesellschaft bei der Berichterstattung orientieren kann."[4] Im Folgenden werden die aus unserer Sicht fünf wichtigsten Berichtsstandards vorgestellt.

Global Reporting Initiative (GRI) Die GRI-Leitlinien sind international als Standard der nachhaltigen Berichterstattung für Organisationen verschiedener Größen und Branchen anerkannt und damit auch für die Umsetzung der Berichtspflicht geeignet. Die Richtlinien werden kontinuierlich im internationalen Dialog mit Vertretern der Wirtschaft, Gewerkschaft, Gesellschaft und Wissenschaft weiterentwickelt. Die sogenannten „GRI Sus-

---

[3] http://www.ranking-nachhaltigkeitsberichte.de/data/ranking/user_upload/2015/Ranking_Nachhaltigkeitsberichte_2015_Ergebnisbericht.pdf, Zugriff am: 03.11.2017.
[4] http://dip21.bundestag.de/dip21/btd/18/099/1809982.pdf, Zugriff am: 03.11.2017.

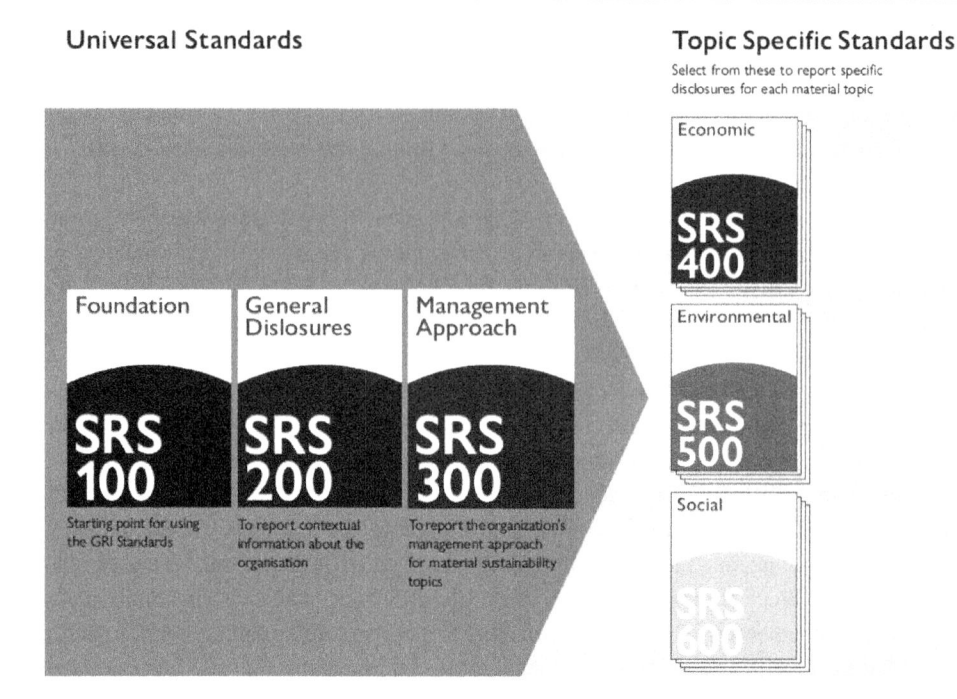

Abb. 3 Modularer Aufbau der GRI Sustainability Reporting Standards (SRS). (http://dqs-cfs.com/de/2016/09/neu-die-gri-sustainability-reporting-standards-ueberblick-ueber-die-wesentlichen-aenderungen/, Zugriff am 03.11.2017)

tainability Reporting Standards" (SRS) setzen sich aus drei universellen und 33 themenspezifischen Standards zusammen. Letztere sind wiederum nach den drei Dimensionen der Nachhaltigkeit – Ökonomie, Ökologie und Soziales – strukturiert (siehe Abb. 3).

Deutscher Nachhaltigkeitskodex (DNK) Der DNK baut auf bestehenden Berichtsstandards, wie denen der Global Reporting Initiative (GRI) oder des Global Compact der Vereinten Nationen (UN Global Compact) auf. Er reduziert die teils komplexen Anforderungen auf das Wesentliche und ist damit vor allem für kleine und mittlere Unternehmen (KMUs) geeignet. Innerhalb der Standards des DNK geben festgelegte Leistungsindikatoren einen Leitfaden für die Berichterstattung und garantieren, dass alle wesentlichen Informationen zu den Nachhaltigkeitsleistungen eines Unternehmens im Bericht enthalten sind – dadurch wird er vergleichbar. Darüber hinaus ist der DNK der einzige nationale Standard, den die EU-Kommission für die ab 2017 geltende Berichtspflicht empfohlen hat.

UN Global Compact (UNGC) Mit über 9000 Unternehmen und insgesamt 12.500 Teilnehmern (Stand 2017) ist der UN Global Compact (UNGC) das weltweite größte und wichtigste Netzwerk für unternehmerische Verantwortung. Mit dem Beitritt zum Global

Compact erklärt ein teilnehmendes Unternehmen ausdrücklich, die zehn Global Compact-Prinzipien umzusetzen. Dazu gehören der Schutz von Menschenrechten und Vereinigungsfreiheit ebenso wie die Bekämpfung von Korruption, die Förderung des allgemeinen Umweltbewusstseins sowie umweltfreundlicher Technologien. Die GRI hat für die zehn Prinzipien des UN Global Compact ein Set von Berichterstattungsleitlinien und -indikatoren entwickelt. Diese sollen den UNGC-Mitgliedern helfen, ihre eingegangene Verpflichtung zu erfüllen sowie transparent über Fortschritte zu berichten.

ISO 26000 Die ISO 26000 ist eine Standardnorm zur sozialen und gesellschaftlichen Verantwortung von Unternehmen und Organisationen. Der Leitfaden enthält „erstrebenswerte beispielhafte Anwendungen" – Best Practices – wie Unternehmen Werte wie Achtung und Respekt, Verantwortungsbewusstsein und Nachhaltigkeit in die Unternehmenskultur integrieren können. Die ISO 26000 wurde mit Fachleuten aus mehr als 90 Ländern und 40 internationalen und regionalen Organisationen erarbeitet. Entsprechend ausführlich ist die Publikation im Vergleich zu anderen Berichtsstandards. Inhaltlich und strukturell lehnt sich die ISO 26000 an etablierte Standards wie die GRI und den UN Global Compact an. Mit ihrer Definition von universellen Prinzipien und Empfehlungen bietet sie einen Leitfaden für die CSR-Berichterstattung und kann darüber hinaus als ausführliches Nachschlagewerk verstanden werden.

Eco-Management and Audit Scheme (EMAS) EMAS steht für „Gemeinschaftssystem für Umweltmanagement und Umweltbetriebsprüfung" und ist ein von der Europäischen Union (EU) entwickeltes, freiwilliges Instrument für Unternehmen und Organisationen, die ihre Umweltleistung kontinuierlich verbessern wollen. In Form einer jährlich erscheinenden EMAS-Umwelterklärung berichten die Unternehmen über ihre selbst gesteckten Nachhaltigkeitsziele und deren Umsetzung – z. B. zu den Themen Energieverbrauch, Emissionen, Abfall, Abwasser sowie Biodiversität. Ein Umweltgutachter überprüft und validiert die Erklärung. Bei erfolgreicher Prüfung werden Organisationen in ein öffentlich zugängliches Register aufgenommen und dürfen das EMAS-Logo nutzen. Das öffentlich-rechtliche EMAS-System deckt alle Umweltaspekte von CSR zuverlässig ab.

Integrierter Bericht nach IIRC Es gibt darüber hinaus die Möglichkeit einer integrierten Berichterstattung. Die reine Finanzberichterstattung wird um Nachhaltigkeitsthemen erweitert, um Investoren und anderen Stakeholdern ein umfassenderes Bild zur Situation eines Unternehmens zu bieten. Sowohl die finanzielle Performance als auch die langfristige Strategie eines Unternehmens, Geschäftsmodell, Zukunftsorientierung, Unternehmensführung und Organisation, Chancen und Risiken usw. werden darin unter dem Gesichtspunkt beleuchtet, wie sie zur Wertschöpfung beitragen, und zwar kurz-, mittel- und langfristig. 2013 veröffentlichte das International Integrated Reporting Council (IIRC) erstmals Leitlinien für die integrierte Berichterstattung, das sogenannte International Integrated Reporting Framework (IR). Das IR Framework ist prinzipienbasiert und enthält dementsprechend keine konkreten Indikatoren oder Kennzahlen für die Berichterstattung.

Durch die CSR-Berichtspflicht wird die Bedeutung von integrierter Berichterstattung in Zukunft weiter zunehmen.

Doch gerade für Unternehmen, die sich zum ersten Mal mit dem Thema CSR beschäftigen, kann es zu aufwändig sein, einen Bericht nach GRI- oder IIRC-Standard zu erstellen. Auf dem Weg dahin hat es sich in der Praxis bewährt, erst einmal in kleinerem Rahmen zu beginnen und CSR-Themen beispielsweise in bereits vorhandene unternehmenseigene Publikationen zu integrieren. Im Folgenden finden sich einige Beispiele.

Newsletter Man muss nicht gleich mit einem großen Bericht starten. Auch Unternehmens-Newsletter in gedruckter oder elektronischer Form können für den Anfang ein wirksames Mittel zur Kommunikation von CSR-Themen sein. Hierbei eignen sich sowohl interne Newsletter für die Mitarbeiter als auch externe, die sich an Kunden, Partner oder andere Stakeholder richten. Sie geben aktuelle, kurze und prägnante Informationen über Entwicklungen und Aktivitäten des Unternehmens. Durch die regelmäßige Information kann die Vertrauensbildung weiter verstärkt werden, da verschiedene Stakeholdergruppen regelmäßig mit dem Unternehmen in Kontakt kommen. Zu beachten ist, dass die Inhalte je nach Zielgruppe adäquat aufbereitet werden müssen. Auch die Form der Präsentation, also ob print oder online, wirkt sich auf die Inhaltszusammenstellung aus.

CSR-Themen in Kundenmagazinen Je nachdem welche Zielgruppen angesprochen werden, kann es nützlich sein, CSR-Themen in unternehmenseigenen Kundenzeitschriften zu platzieren. In den vergangenen Jahren hat sich Corporate Publishing äußerst dynamisch entwickelt: Derzeit existiert eine Vielzahl von Kundenzeitschriften in Deutschland, darunter sowohl kleine, unscheinbare Hefte oder aufwändig gestaltete, anspruchsvolle Zeitschriften. Allerdings ist das Leseverhalten und Anspruchsniveau der Kunden oft von Kaufzeitschriften am Kiosk bestimmt. Deshalb muss sich jedes Unternehmen, das Erfolg haben will, diesem Vergleich stellen. Das bedeutet, dass die CSR-Inhalte zwar emotional, aber dennoch sachlich und journalistisch aufbereitet sein sollten, um das nötige Vertrauen und Glaubwürdigkeit bei den Lesern zu erzeugen. Werbung hat an dieser Stelle keinen Platz (vgl. Szameitat 2003, S. 177 f.).

Zusammenfassend lässt sich sagen, dass sich Beiträge in Kundenzeitschriften besonders eignen, um eine bestimmte Zielgruppe zu erreichen. Eine Kundenzeitschrift erscheint in regelmäßigen Abständen und nimmt konkreten Bezug auf die Bedürfnisse und Wünsche der Stakeholder. In den Beiträgen wird Bezug auf Unternehmensthemen genommen und der Leser wird über Firmenspezifisches und Aktuelles informiert. Die Inhalte sollen sich an den Bedürfnissen und Wünschen der Leser orientieren. Je anspruchsvoller und ausführlicher die Zeitschrift ist, umso glaubwürdiger kommen die Themen beim Leser an und umso mehr Vertrauen schenken die Leser dem Unternehmen und interessieren sich auch dafür, was „hinter den Kulissen" geschieht.

Mitarbeiterzeitung Mitarbeiter und ihre Familien gehören zu den wichtigsten Stakeholdern eines Unternehmens mit einem ganz konkreten Informationsanspruch. Die umfassende Information und Einbindung der Mitarbeiter ins Unternehmensgeschehen gehört zu den zentralen Aufgaben der nachhaltigen Kommunikation. Die Mitarbeiterzeitung ist besonders geeignet, um Mitarbeiter und deren direkte Kontaktpersonen, wie Familienangehörige, zu erreichen. Zudem ist es eines der ältesten und wichtigsten Instrumente der internen Kommunikation eines Arbeitgebers. Sie hilft die Mitarbeiter eines Unternehmens miteinander bekannt zu machen, baut Vorurteile gegenüber dem Unternehmen ab, bietet Anregung und Unterstützung zur persönlichen Weiterbildung und täglichen Arbeit. Außerdem vermittelt sie einen Blick über den Tellerrand und verhindert somit Falschinformationen und ermöglicht es Mitarbeitern, leichter Entscheidungen zu treffen. Als Mittel der CSR-Kommunikation erfüllt sie zwei Funktionen: Zum einen erfüllt sie das Gebot der transparenten Information und Einbindung der Mitarbeiter, zum anderen ist sie ein ideales Mittel, um auch innerhalb der Belegschaft für das Thema CSR um Verständnis zu werben. Ist die Mitarbeiterzeitung gut aufbereitet, kann sie auch an ehemalige Mitarbeiter, Geschäftspartner oder an Journalisten für die weitere Informationsverwertung verschickt werden (vgl. Herbst 2003, S. 216 ff.).

CSR-Themen im Geschäftsbericht Alle größeren Kapitalgesellschaften sind verpflichtet, neben dem Jahresabschluss auch einen Geschäftsbericht zu verfassen. Er dient der zusätzlichen Berichterstattung zum Jahresabschluss eines Unternehmens und gibt sowohl Auskunft über den Geschäftsverlauf des vergangenen Jahres als auch über Vorgänge, die von besonderer Bedeutung waren. Zusätzlich gibt er Erläuterungen zu einzelnen Jahresabschlusspositionen und zu Bewertungs- und Abschreibungsverfahren. Um unnötige Informationswiederholungen zu vermeiden, wird der Geschäftsbericht meist nur eingeschränkt publiziert. Ziel eines Geschäftsberichtes ist es, besondere Stärken und aktive Handlungsfelder des Unternehmens zu verdeutlichen sowie die Ertragskraft und das zukünftige Wachstum zu protokollieren.

Wie bereits dargelegt, gibt es die Möglichkeit einer integrierten Berichterstattung nach den IIRC-Leitlinien. Es bietet sich also an, bereits heute relevante CSR-Themen in Geschäftsberichte einzubauen. Denn der Geschäftsbericht wird auch in Zukunft ein zentrales und unverzichtbares Mittel der Unternehmenskommunikation bleiben.

Imagebroschüren und Infobroschüren Im etwas kleineren Rahmen können auch Image- oder Informationsbroschüren genutzt werden, um CSR-Inhalte zu verbreiten, insbesondere wenn die Inhalte im journalistischen Stil verfasst sind. Diese beiden Arten von Broschüren sind nämlich keine reinen Werbemedien. Ihr Ziel ist es, mit sachlichen Informationen Vertrauen und Sympathie bei den Lesern zu wecken und einen guten Eindruck bei den Stakeholdern zu hinterlassen. Deshalb bietet es sich an, ein besonderes Engagement des Unternehmens zu betonen und in die Image- oder Informationsbroschüre mitaufzunehmen.

Die Imagebroschüre vermittelt einen schnellen Überblick zur Struktur und Entwicklung eines Unternehmens sowie zu seinen Werten und zur Philosophie. Darüber hinaus werden in der Regel die Geschäfts- bzw. Produktbereiche dargestellt. In ihr findet sich

Platz, um kurz und prägnant über das CSR-Engagement des Unternehmens zu informieren. Damit bietet sie eine gute Gelegenheit, um in die CSR-Kommunikation einzusteigen. Da sich das Umfeld, der Markt und das Unternehmen in stetigem Wandel befinden, ist es wichtig zu berücksichtigen, dass Imagebroschüren nicht von ewiger Gültigkeit sind. Somit ist es ratsam, alle zwei Jahre die Imagebroschüre zu aktualisieren.

Informationsbroschüren werden vor allem bei konkreten aktuellen Anlässen oder zu spezifischen Kampagnen und Aktionen eingesetzt. Wenn sie prägnant, sachlich und transparent informieren, können Informationsbroschüren mögliche Ängste beseitigen oder Widerstände auflösen. Sie sind wie Visitenkarten ein Aushängeschild für das Unternehmen. Zudem ist der Leser nicht an Computer oder Internetzugang gebunden und kann die Informationsbroschüre jederzeit an Dritte weitergeben.[5]

Bei der Erstellung einer Broschüre sollten folgende Aspekte berücksichtigt werden[6]:

- Für welche Zielgruppe wird die Broschüre eingesetzt?
- Welche Ziele verfolgt die Broschüre?
- In welcher Form wird die Broschüre eingesetzt?
- Was ist die Kernbotschaft der Broschüre?
- Wo und bei welcher Gelegenheit wird sie verteilt?
- Wie lange soll die Broschüre ihre Gültigkeit behalten?
- In welchen Sprachen wird sie ggf. benötigt?
- Wie ist die Broschüre gestaltet?

Schwarzes Brett Kleine Dinge können große Wirkung erreichen. So eignet sich beispielsweise ein Schwarzes Brett besonders für Mitarbeiter, die keinen direkten oder geeigneten Zugang zum Internet haben oder die über Printmedien nicht erreicht werden können. Hinzu kommt, dass sich Mitarbeiter beispielsweise über die dort veröffentlichten Informationen oftmals zusammen mit Kollegen austauschen können. So entstehen Gespräche, Austausch und neue Ideen. Voraussetzung: Pflege und Aktualisierung des Schwarzen Bretts.

Fach-, Image- und PR-Anzeigen CSR-Themen können auch gut mit Fach-, Image- und PR-Anzeigen transportiert werden. Insbesondere die klassische Medienarbeit wird damit unterstützt. Bei der Gestaltung und Formulierung kommt es wegen der Nähe zur klassischen Werbung besonders auf Transparenz und Glaubwürdigkeit an. Denn keinesfalls darf beim Leser der Eindruck von Inszenierung oder gar Manipulation entstehen. Redaktionelle bzw. PR-Anzeigen sind meist im redaktionellen Teil von Zeitungen, Zeitschriften oder Publikationen untergebracht: Sie sind als „Anzeige" zu kennzeichnen und unterscheiden

---

[5] http://www.unternehmer.de/marketing-vertrieb/122221-die-10-wichtigsten-vorteile-von-broschuren, Zugriff am: 03.11.2017.
[6] https://www.marketing-boerse.de/Fachartikel/details/1708-10-Tipps-fuer-starke-Broschueren/137356, Zugriff am: 03.11.2017.

sich in ihren Gestaltungsmerkmalen wie Aufmachung und Schrift kaum vom redaktionellen Umfeld. Sie eignen sich gut für die Darstellung von CSR-Themen wenn sie sachlich und objektiv getextet und gestaltet sind.

3.3 Online-Kommunikation

Das Internet ist ein unverzichtbares Instrument zur Übermittlung nachhaltiger Kommunikation. Nirgendwo sonst ist es möglich innerhalb kürzester Zeit in einen Dialog mit einer großen Anzahl an Personen zu treten und Informationen auszutauschen und das weltweit.

Gerade für die CSR-Kommunikation bietet das Internet Herausforderungen und Möglichkeiten in einem: Zum einen können die Stakeholder jederzeit öffentlich ihre Ansprüche an das Unternehmen diskutieren und so auch Druck aufbauen, zum anderen können die Unternehmen das Internet als Kommunikationskanal verwenden. Diese Nutzung kann passiv oder aktiv erfolgen. Bei passiver Nutzung werden die Möglichkeiten des Internets gebraucht, um Anforderungen und Erwartungen der Stakeholder in Bezug auf das gesellschaftliche Engagement des Unternehmens zu beobachten, zu erkennen und auszuwerten. Aktiv kann das Internet genutzt werden, um zum einen die relevanten Stakeholder zu informieren und zum anderen mit ihnen in einen Dialog zu treten und so die Beziehungen zu gestalten. Darüber hinaus können CSR-Themen transportiert und beeinflusst werden.

Social Media bieten hier eine besondere Plattform, denn hier dreht sich alles um den Dialog und direkten Austausch: Der User ist nun sowohl Konsument und Rezipient als auch Teilnehmer und Hersteller interaktiver Handlungen (vgl. Walter 2010, S. 100 ff.). Stakeholder haben dadurch einen direkteren Einfluss auf die Reputation des Unternehmens.

Benchmark-Studie: Wie nutzen Unternehmen CSR
NetFed untersucht regelmäßig die CSR-Webseiten von ausgewählten, großen deutschen Unternehmen mit Konzernstruktur: Die Studie betrachtet den allgemeinen Stellenwert von CSR-Aktivitäten auf der jeweiligen Unternehmens-Website und veranschaulicht, wie die Unternehmen mit den zentralen CSR-Themen umgehen. Der NetFed CSR Benchmark 2016 kommt zu dem Schluss, dass deutsche Unternehmen in der Breite zurückhaltend sind und kaum unterscheidbare spezifische Aussagen zu ihren CSR-Zielen und Strategien machen. Hier empfiehlt der Herausgeber der Studie, dass Unternehmen ihr Engagement noch viel stärker in Form von Einzelprojekten vorstellen müssen, um einen nachhaltigen und überzeugenden Eindruck von ihren CSR-Aktivitäten zu schaffen. Nur die Hälfte der untersuchten Unternehmen machten genauere Angaben zu ihren CSR-Zielen. Auch werden die technischen Möglichkeiten vielfach nicht genutzt, z. B. indem Links zu Social-Media-Kanälen im CSR-Bereich eingebunden werden. Ein weiteres Ergebnis der Studie bezieht sich auf den Bereich Storytelling: Stories in Form von Projektvorstellungen oder Interviews bleiben besser in Erinnerung und sind glaubwürdiger. Lediglich rund ein Vier-

tel der Unternehmen vermittelt seine CSR-Aktivitäten in Form von Interviews und lässt Stakeholder zu Wort kommen.[7]

Unternehmens- und Aktions-Website/Landing-Page Für die Online-Kommunikation ist ein zentraler Ausgangspunkt im Internet wichtig: sei es als eigener CSR-Bereich auf der Unternehmens-Website oder auf einer eigenen Aktions-Website für spezifische CSR-Kampagnen.

Auf der Unternehmens-Website sollte das gesamte CSR-Engagement des Unternehmens prägnant dargestellt sein und auch erklärt werden, warum sich das Unternehmen in diesem Bereich engagiert. Die User sollten die Möglichkeit haben, auf die relevanten Materialien und Informationen schnell und einfach zugreifen zu können. Von der Firmenwebsite bzw. Aktions-Website aus sollten dann alle weiteren Kanäle erreichbar sein, beispielsweise:

- Abonnementmöglichkeit zum CSR-Newsletter (wenn vorhanden)
- Verbindung zum Unternehmens-/CSR-Blog
- Verbindung zu Facebook, XING, Twitter oder YouTube-Kanal
- Verbindung zu einer spezifischen Aktions-Website/Kampagnen-Seite, wo der User eine gewünschte Aktion ausführen kann (z. B. abstimmen, spenden, diskutieren, Inhalte teilen etc.).

Seitens der CSR-Kommunikation ist die Aktions-Website eine einfache Methode des Informationstransfers sowohl für Webseitenbesucher als auch für das Unternehmen. Der Besucher kann so bequem und ohne Verzögerung auf die von ihm gewollten Informationen zugreifen. Gleichzeitig dient es dem Unternehmen, seine Zielgruppe zu informieren und Streuverluste zu vermeiden.

Internet-Redaktion Grundsätzlich kommt es beim Texten darauf an kurz, einfach sowie bildhaft zu schreiben und auf präzise und objektive Fakten zu achten. Bei der Redaktion für das Internet spielen darüber hinaus das Nutzerverhalten und die technischen Möglichkeiten eine besondere Rolle. So schätzen Experten, dass am Monitor ein Drittel langsamer gelesen wird als in Printmedien; vielmehr surft der Webleser. Das bedeutet, er entscheidet in Sekundenschnelle nach Nutzwert, springt zwischen Texten hin und her, nimmt wichtige Infos auf, ist zwischendurch selbst aktiv, schreibt Kommentare, markiert Lesezeichen, erledigt Downloads und klickt nach wenigen Sekunden wieder weiter. Darüber hinaus hat er die Wahl zwischen Buttons, Links, Fotos, Videos oder Animationen. Auf diese Herausforderungen müssen Unternehmen achten, wenn sie ihre CSR-Botschaften im Web publizieren. Die Texte sollten den Nutzer in den Bann ziehen sowie anschaulich, aktiv und einfach sein. Die zentrale Botschaft steht am Beginn, Absätze und Zwischentitel sollten

---

[7] http://www.csr-benchmark.de/corporate-social-responsibility-benchmark-2016/ergebnisse, Zugriff am: 03.11.2017.

den Leser führen. Die Inhalte müssen präzise, objektiv, fair und auf die CSR-Themen zugeschnitten sein. Sinnvoll ist es, Bilder, Videos und Links in die Texte zu integrieren. Um im Internet auch gefunden zu werden, müssen die Texte suchmaschinenoptimiert werden. Darunter versteht man die Integration von sogenannten Keywords, mit denen die Suchmaschinen die Website bzw. den Beitrag finden. Generell sollten alle Inhalte vom CSR-Kommunikationsteam betreut werden, um transparente, korrekte und qualitativ hochwertige Informationen sicherzustellen.

Online-Presseportal Das Online-Presseportal ist ein wichtiger Bestandteil der gesamten Unternehmenskommunikation. Somit sollten auch CSR-Inhalte darüber verfügbar gemacht werden. Das Ziel eines Presseportals ist, allen internen und externen Bezugsgruppen einen einheitlichen Informationsstand über die erfolgten Veröffentlichungen zu gewährleisten. Auch das gehört zum Gebot der Transparenz innerhalb der CSR-Kommunikation. Es empfiehlt sich daher, speziell die Informationen, die an die Medien gehen, tagesaktuell in einem unternehmenseigenen Webportal einzupflegen. Dazu gehören insbesondere Presseinformationen und Foto-Angebote ebenso wie alle veröffentlichten Berichte. Das hat den Vorteil, dass sich Journalisten, Investoren und andere Stakeholder zeitnah über den aktuellen Stand informieren können. Darüber hinaus entfällt das aufwändige Zusammenstellen und Verschicken von CDs oder Pressemappen. Auch für die Mitarbeiter ist das Presseportal sehr hilfreich: Es hilft sicherzustellen, dass nur freigegebene und aktuelle Textversionen verwendet werden. Ergänzend dazu kann im Rahmen eines Presseinfodienstes die Medienberichterstattung über ein Unternehmen periodisch zusammengestellt, kommentiert und per E-Mail an einen festgelegten Verteiler ausgesendet werden. So bleiben Mitarbeiter, Kunden und andere Stakeholder direkt und unmittelbar über relevante Veröffentlichungen in den Medien informiert.

Social Media Als Social Media werden alle Medien zusammengefasst, in denen Internet-User Meinungen, Eindrücke, Erfahrungen, Informationen austauschen oder Wissen sammeln. Internetplattformen wie Facebook, Twitter, Wikipedia und Co. sind dabei prominente Beispiele.[8] Social Media ist ein Instrument, mit dem Unternehmen Zielgruppen ansprechen können, die sie mit den traditionellen Informationskanälen nur schwer bzw. gar nicht erreichen.

CSR-Themen eignen sich äußerst gut für die Verbreitung via Social Media oder Blogs. Es können Projekte vorgestellt werden, Erfolge gemeldet und Bilder gezeigt werden. Außerdem kann die interessierte Öffentlichkeit an der Nachhaltigkeitsarbeit direkt teilnehmen.

Darüber hinaus finden sich die typischen Charakteristika von Social Media wie Transparenz, offener Dialog, Gleichheit und direkter Anspruch von Stakeholdergruppen in der CSR wieder. Dadurch entstehen wiederum neue Chancen und Herausforderungen für eine verantwortungsvolle Unternehmensführung. Heutzutage ermöglicht das Internet

---

[8] http://whatis.techtarget.com/definition/social-media, Zugriff am: 03.11.2017.

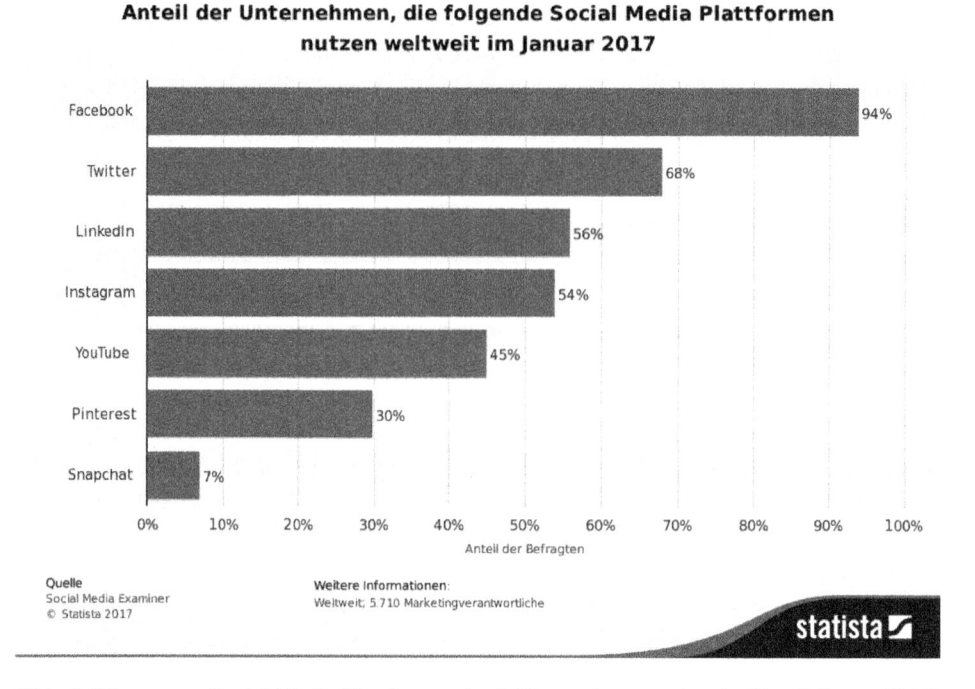

Anteil der Unternehmen, die folgende Social Media Plattformen nutzen weltweit im Januar 2017

- Facebook: 94%
- Twitter: 68%
- LinkedIn: 56%
- Instagram: 54%
- YouTube: 45%
- Pinterest: 30%
- Snapchat: 7%

Anteil der Befragten

Quelle: Social Media Examiner © Statista 2017
Weitere Informationen: Weltweit; 5.710 Marketingverantwortliche

statista

Abb. 4 Einsatz von Social-Media-Plattformen durch Unternehmen weltweit. (Stand: Januar 2017)

unterschiedlichen Interessensgruppen, Beziehungen zum Unternehmen aufzubauen und bestimmte Themen auf die Unternehmensagenda zu setzen. Die Entwicklung ist von den Unternehmen unbedingt als Chance zur Interaktion zu sehen und als direktes Feedback der Stakeholder zu nutzen.[9] Kaum ein Unternehmen kommt am Einsatz von Social Media noch vorbei. 94 % der Unternehmen weltweit sind mittlerweile auf Facebook aktiv. Auch auf Twitter, LinkedIn und Instagram sind bereits mehr als die Hälfte der Unternehmen vertreten (vgl. statista 2017; Abb. 4). Aufgrund der Vielzahl der Kanäle sollte die Social-Media-Kommunikation sorgfältig in die gesamte Kommunikationsstrategie eingebettet werden.

Intranet Das Intranet dient als internes Kommunikationsinstrument der Zusammenfassung von betriebsinternen Inhalten. Es ist also eine Informations- und Kommunikationsplattform für Mitarbeiter. Zu diesen Plattformen gehören Foren und Chats sowie Dateiserver und Websites. Alle Mitarbeiter haben somit den Zugriff auf relevante Informationen, was sowohl den Informationsfluss als auch den Arbeitsalltag im Unternehmen vereinfacht.[10]

---

[9] https://www.csr-news.net/news/2017/04/11/social-media-und-csr-kommunikation/, Zugriff am: 03.11.2017.
[10] https://www.marketing-boerse.de/Fachartikel/details/1303-Vom-Intranet-zum-Mitarbeiterportal/40256, Zugriff am: 03.11.2017.

Podcast/Video Podcasts und Videos haben großes Potenzial, Unternehmensbotschaften schnell, persönlich und mit geringem Streuverlust an Stakeholder zu übermitteln. Podcasts sind Audiobeiträge im Internet, die sich herunterladen lassen. Ähnlich wie Radioshows können Podcasts von beliebigen Personen zu beliebigen Themen produziert werden. Dabei dienen sie entweder dem Zweck der Unterhaltung oder der Information.[11] Analog arbeiten Videocasts zusätzlich mit Bildern.

3.4 Persönliche Kommunikation/Veranstaltungen

Bei allen technischen Möglichkeiten bleibt die persönliche Kommunikation der Schlüssel für ein funktionierendes Unternehmen. Denn sie macht es für Kommunikationspartner möglich, im direkten Gespräch auf Fragen, Kritik oder Anreize einzugehen und einen gemeinsamen Ansatz zur Problemlösung zu finden. Neben Sachinhalten vermittelt die persönliche Kommunikation auch Emotionalität und Glaubwürdigkeit, die das Wesen des Unternehmens erlebbar machen (vgl. Gruppe 2011, S. 247).

Deshalb gilt es, regelmäßige Anlässe zu schaffen bzw. Anlässe zu nutzen, um mit verschiedenen Stakeholdern persönlich in Kontakt zu kommen. Tage der offenen Tür, Gespräche und Informationsveranstaltungen mit Anwohnern oder Umweltverbänden, Dialoge mit Mitarbeitern – den Möglichkeiten des Meinungs- und Informationsaustausches von Unternehmen sind keine Grenzen gesetzt. Der Dialog zwischen Unternehmen und einem oder mehreren interessierten Stakeholdern dient der Vermittlung von Informationen, der Transparenz, der Erhöhung der Glaubwürdigkeit und Akzeptanz des Unternehmens.

Wenn es darum geht, externe Stakeholdergruppen persönlich zu erreichen und Inhalte zu emotionalisieren, gehören Veranstaltungen zu den effektivsten Kommunikationsinstrumenten. Fast alle CSR-Themen lassen sich auf Veranstaltungen oder Messen kommunizieren und wirken so gleichzeitig als Instrument der Beziehungspflege. Ein Vorteil von Events bzw. Veranstaltungen gegenüber klassischer Medienarbeit ist es, Inhalte erlebbar zu machen und somit eine emotionale Beziehung zu den Inhalten der Veranstaltung herzustellen.

Aus kommerzieller Sicht kann dabei im Rahmen des Veranstaltungsmarketings das Ereignis selbst zum Gegenstand der Vermarktung werden (wie Open-Air-Konzerte oder Sportveranstaltungen) oder das Ereignis wird im Rahmen der Unternehmenskommunikation genutzt bzw. inszeniert. Eventmarketing im engeren Sinne bezieht sich in diesem Kontext nur auf unmittelbar für die Marke inszenierte Events, da im Vergleich zum Sponsoring nur diese wirkliches Gestaltungspotential für die Kommunikationspolitik bieten.

Die deutsche Wirtschaft führt seit vielen Jahren einen aktiven Dialog über ökologische, wirtschaftliche oder soziale Themen und Aktivitäten, sodass sich für viele Unternehmen eine Dialog-Kultur gebildet hat, die fortlaufend verbessert und den Ansprüchen und Zielen von Unternehmen und Stakeholdern angepasst wird.

---

[11] http://www.itwissen.info/Podcast-podcast.html, Zugriff am: 03.11.2017.

Stakeholder-Dialog Die Erwartungen und Ansprüche der Stakeholder sind im CSR-Prozess die härteste Währung. Um diese in Erfahrung zu bringen und so die wichtigen Themen herauszuarbeiten, muss ein langfristig angelegter und permanenter, vertrauensvoller Dialog zu allen relevanten Stakeholdergruppen aufgebaut werden.

So können Ideen ausgetauscht, kritische Themen identifiziert und auch solche Themen diskutiert werden, die möglicherweise in Zukunft für die Unternehmensstrategie entscheidend sind.

Bilateraler Stakeholder-Dialog Der persönliche Austausch unter vier Augen oder auch in kleineren Gruppen darf nicht unterschätzt werden. Gerade in vertraulicher Atmosphäre besteht die Möglichkeit auch sehr offen zu sein und Ideen auszutauschen. In der internen Kommunikation sollten CSR-Themen auch in Team-Besprechungen, Mitarbeitergespräche aber auch in Bewerbungsgespräche einfließen.

Dialogforum Ein Stakeholder-Dialogforum ist eine Unternehmensveranstaltung, die alle Anspruchsgruppen sozusagen an einen Tisch bringt, um über CSR-Themen des Unternehmens zu diskutieren. Dabei bringen die Stakeholder sowohl ihren „Blick von außen" auf das System des Unternehmens als auch ihre eigenen Interessen und Ansprüche der eigenen Netzwerke mit ein. Der Zugewinn aus diesem Dialog kann für die Unternehmen das frühzeitige Erkennen des Handlungsbedarfs sowie der Chancen und Risiken sein. Darüber hinaus sollen die Stakeholder als Multiplikatoren für die eigene Kommunikation der CSR-Aktivitäten gewonnen werden, sozusagen als CSR-Botschafter. Bei der Auswahl der relevanten Stakeholder sollte das gesamte Unternehmensumfeld im Sinne einer 360-Grad-Perspektive in Betracht gezogen werden (Abb. 5).

Roadshows Wenn der Kunde nicht zum Unternehmen kommt, muss das Unternehmen auf den Kunden zugehen. Aus diesem Anlass machen es sich Unternehmen zu Nutze, mit Roadshows von Ort zu Ort oder Land zu Land zu reisen, um das Unternehmen, Dienstleistungen, Produkte oder Projekte zu präsentieren. Im Grunde genommen sind Roadshows mobile Messen, die für jedermann zugänglich und erreichbar sind.

Sie sind besonders effektiv, denn die verschiedenen Stakeholder können direkt angesteuert werden. Durch den persönlichen und engen Kontakt bietet sich für Unternehmen die Möglichkeit eines Informationsaustausches und die Stakeholder bekommen die gewünschten Informationen aus erster Hand.

Events: Expertengespräche, Messen, Podiumsdiskussionen, Konferenzen Auch Events und Veranstaltungen, die nicht vom Unternehmen selbst initiiert und organisiert werden, eignen sich als Kommunikationsplattformen. Durch die Teilnahme an Messen, Podiumsdiskussionen, Konferenzen oder Expertengesprächen zu verschiedenen Themen, die für die CSR relevant sind, können Unternehmen den Dialog fördern und Vertrauen bilden. Imageverbesserung, Kontaktpflege sowie, insbesondere bei Messen, die Präsentation neuer Produkte und Dienstleistungen sind weitere positive Effekte. Allerdings kommt

360°-CSR-Stakeholder-Perspektive

Intern

Arbeitsplatz
- Eigentümer/Gesellschafter
- Management/Führungskräfte
- Mitarbeiter/Angehörige
- Ehemalige Mitarbeiter
- Gewerkschaften
- Universitäten
- Absolventen
- etc.

Extern

Umwelt
- Umweltverbände
- Verbraucher, Bürger
- Politik/Staat
- Lokale Behörden
- Geschäftspartner
- etc.

CSR

Extern

Markt
- Kunden
- Potenzielle Kunden
- Lieferanten
- Banken, Investoren
- Wettbewerber
- Berufsverbände
- Fach- und Wirtschaftsmedien
- etc.

Gemeinwesen
- Allgemeine Öffentlichkeit
- Lokale und nationale Behörden
- Verbände und Lobbys
- Lokale/regionale Medien
- Unternehmensnetzwerke
- NGOs
- etc.

© HEINRICH Agentur für Kommunikation

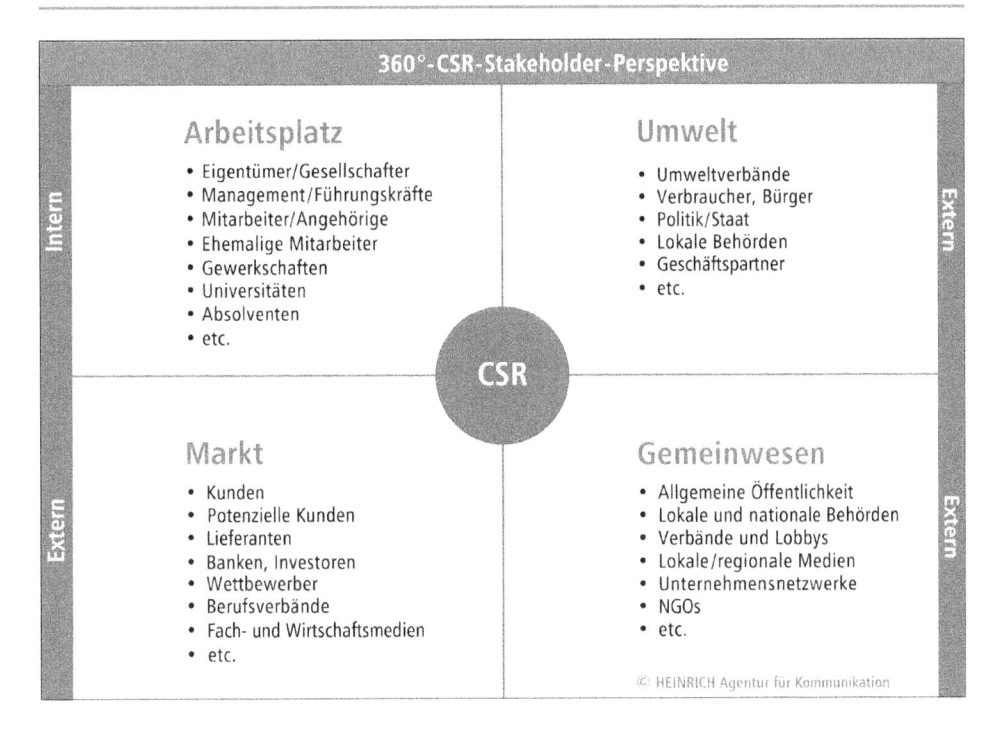

Abb. 5 360-Grad-Stakeholder-Perspektive. (Eigene Darstellung)

es auf die richtige Auswahl der Veranstaltungen an. Dabei sollte jeweils die Zielgruppe genau erfasst werden.

Inhouse-Schulungen/Mitarbeiterworkshops Mithilfe von Inhouse-Schulungen und Mitarbeiterworkshops können Mitarbeiter und Führungskräfte aller Abteilungen eines Unternehmens „interne Arbeitskreise zu unterschiedlichen Themen bilden, bei denen die Kommunikation über bereichs- oder unternehmensspezifische Themen im Vordergrund steht. Durch Bildung von (informellen) Gruppen können z. B. Vorschläge zu ökologischen, ökonomischen oder sozialen Verbesserungen im Betriebsablauf häufig mit höherer Realisierungswahrscheinlichkeit erzielt werden als bei Einzelarbeit. Zu den klassischen Formen einer solchen Kleingruppenarbeit gehören z. B. ‚Projektteams' oder ‚Task Forces'. Modernere Ansätze sind sogenannte Lernwerkstätten oder Qualitätszirkel, bei denen die Mitarbeiter die zu bearbeitenden Themen selber wählen." (Lühmann 2003).

Tag der offenen Tür – Blick hinter die Kulissen Ein Tag der offenen Tür ist sinnvoll, um in ungezwungener Atmosphäre Kontakte zu verschiedenen Stakeholdergruppen herzustellen, Beziehungen zu stärken und CSR-Themen zu vermitteln. So können z. B. Anwohner oder Familien der Mitarbeiter das Unternehmen aus erster Hand kennenlernen und einen Blick hinter die Kulissen werfen. Durch den persönlichen Kontakt bieten diese

Veranstaltungen Chancen für das Unternehmen, Missverständnisse, Unsicherheiten und Ängste der Besucher zu erfahren und abzubauen sowie Vertrauen durch Seriosität aufzubauen. Wenn dies gelingt, leistet der Tag der offenen Tür einen positiven Beitrag zur Imageverbesserung (vgl. Herbst 2007, S. 141–142).

Event-Kalender Um CSR-Themen zielgerichtet kommunizieren zu können, empfiehlt es sich einen Event-Kalender zu erstellen, der die wichtigsten Veranstaltungen des Jahres beinhaltet, auch die internen Veranstaltungen bzw. Dialogforen. Die Erstellung des Kalenders muss ebenso sorgfältig erfolgen wie die eines Themenkalenders oder Presseverteilers. Folgende Kategorien sollten darin aufgeführt sein:

- Titel der Veranstaltung
- Art der Veranstaltung (Messe, Podiumsdiskussion, Konferenz etc.)
- Unternehmenseigene Veranstaltung/Fremdorganisiert
- Veranstaltungsort und Datum
- Kontaktperson inkl. Kontaktdaten
- Zielgruppe und Publikum
- Weitere eingeladene Redner/Referenten
- Themenspektrum der Veranstaltung
- Thema des Unternehmens (womit möchte man sich positionieren)
- Art der Präsentation (Referat, Workshop, Seminar, Keynote, Diskussionsteilnehmer)
- Abgabetermine.

3.5 Weitere Möglichkeiten der CSR-Kommunikation

Neben den oben beschriebenen Standardinstrumenten gibt es noch eine Vielzahl von weiteren Möglichkeiten der CSR-Kommunikation, die je nach Kreativität und Branche umgesetzt werden können. Insbesondere in der Entwicklung dieser Instrumente und Maßnahmen liegt die hohe Kunst der Kommunikation. Es kommt auf die zündende Idee an, um die Dialoggruppen nachhaltig zu erreichen. Eine Möglichkeit ist die Bewerbung um Preise.

Es gibt im Segment CSR eine Vielzahl von Wettbewerben, die das nachhaltige Engagement von Unternehmen auszeichnen. Eine Beteiligung des eigenen Unternehmens kann aus zwei Gründen empfehlenswert sein: Zum einen erfährt das Unternehmen, wo es derzeit im Bereich CSR steht, denn in der Regel werden im Rahmen der Preisvergabe Befragungen und/oder Prüfungen durchgeführt. So können Netzwerke erweitert werden und Raum für neue Ideen entstehen. Zum anderen bietet eine Teilnahme die Chance als vorbildhaftes Unternehmen ausgezeichnet zu werden. Die öffentliche Anerkennung wirkt wiederum vertrauensbildend nach innen und außen und bietet einen sehr guten Anlass seine Nachhaltigkeitsthemen an die relevanten Stakeholder zu kommunizieren. Darüber hinaus helfen sie Verbrauchern Unternehmen zu erkennen, die freiwillig gesellschaftliche Verantwortung übernehmen.[12]

Zu den wichtigsten CSR-Preisen gehören derzeit
In den letzten Jahren hat die Anzahl von Wettbewerben, die das besondere Nachhaltigkeitsengagement von Unternehmen auszeichnen, stark zugenommen. Inzwischen gibt es laut der Universität Hohenheim mehr als 100 solcher Wettbewerbe mit fast 500 Preiskategorien (Stand Frühjahr 2017).[13]

CSR-Preis der Bundesregierung „Ausgezeichnet werden Unternehmen, die vorbildlich faire Geschäftspraktiken und eine mitarbeiterorientierte Personalpolitik umsetzen, natürliche Ressourcen sparsam nutzen, Klima und Umwelt schützen, sich vor Ort engagieren und Verantwortung auch in der Lieferkette übernehmen."[14] Die deutsche Bundesregierung fördert diese Ansätze und zeichnet Unternehmen, die ein sehr bewusstes und verantwortungsvolles Verhalten in den Sparten Ökonomie, Ökologie und Gesellschaft vorweisen, mit dem CSR-Preis aus. Hier wird Wert darauf gelegt, dass CSR keine zusätzliche Maßnahme, sondern fest in die Unternehmensgrundlage verankert ist. Die Auszeichnung soll anderen Unternehmen einen Anreiz zur Nachahmung geben.[15]

Deutscher CSR-Preis Der Deutsche CSR-Preis wird jedes Jahr im Rahmen des „Deutschen CSR-Forums – Internationales Forum für Nachhaltigkeit und Zukunftsfähigkeit" verliehen. Der Preis würdigt herausragende Leistungen im Bereich der gesellschaftlichen Verantwortung von Unternehmen oder Personen im deutschsprachigen Raum. Kategorien sind unter anderem: CSR-Engagement, Klimaschutz, Biodiversitätsmanagement oder kulturelles Engagement.[16]

Deutscher Nachhaltigkeitspreis Der Deutsche Nachhaltigkeitspreis prämiert sowohl Unternehmen als auch Städte und Gemeinden oder Forschungseinrichtungen für ihr nachhaltiges Engagement. Der Preis wurde erstmals 2008 verliehen. Die teilnehmenden Unternehmen wurden auf ihr Nachhaltigkeitsmanagement entlang der Wertschöpfungskette und ihre Nachhaltigkeitskommunikation hin untersucht und bewertet. Über die Vergabe entscheidet eine interdisziplinär besetzte Jury, die Sachkompetenz und kritische Sichten

---

[12] Vgl. Bundesministerium für Ernährung, Landwirtschaft und Verbraucherschutz (BMELV), Gesellschaftliche Verantwortung von Unternehmen, Stand Januar 2009, http://www.bmel.de/cae/servlet/contentblob/430706/publicationFile/, Zugriff am: 03.11.2017.
[13] Vgl. http://www.forum-csr.net/News/11058/NachhaltigkeitspreiseaufdemVormarsch.html?_newsletter=142&_abo=7627, Zugriff am: 03.11.2017.
[14] http://www.csr-in-deutschland.de/DE/CSR-Preis/Ueber-den-Wettbewerb/ueber-den-wettbewerb.html, Zugriff am: 03.11.2017.
[15] Vgl. http://www.csr-in-deutschland.de/DE/CSR-Preis/csr-preis.html, Zugriff am: 03.11.2017.
[16] Vgl. http://www.csrforum.eu/F7/s4d-csrpreis.html, Zugriff am: 03.11.2017.

aus Umweltschutz, Politik, Berufsverbänden, Industrie, Wissenschaft und Consulting einbringt.[17]

Sustainable Entrepreneurship Award (SEA) Mit dem SEA werden Personen und Unternehmen ausgezeichnet, die ein vorbildliches und nachhaltiges Unternehmensmodell verfolgen und dieses auch gezielt umsetzen. Der Preis wird unabhängig von Branche und Unternehmensgröße verliehen.[18]

In unseren Nachbarländern Österreich und der Schweiz gibt es folgende, wichtige Nachhaltigkeitspreise:

KMU-Preis der Zürcher Kantonalbank Mit dem ZKB KMU-Preis werden kleine und mittlere Schweizer Unternehmen ausgezeichnet, die herausragende nachhaltige Leistungen erbringen.[19]

TRIGOS Der TRIGOS ist einer der wichtigsten Nachhaltigkeitspreise Österreichs und wird in den Kategorien „Ganzheitliches CSR-Engagement", „Beste Partnerschaft" und „Social Entrepreneurship" vergeben.[20]

Daneben gibt es spezielle Rankings. Zu den wichtigsten im Bereich Nachhaltigkeit gehören derzeit:

IÖW-future-Ranking Das Institut für ökologische Wirtschaftsforschung (IÖW) und future e. V. führen seit 1994 ein Ranking der Nachhaltigkeitsberichte durch. Bewertet werden Berichte großer sowie kleiner und mittelständischer Unternehmen aus ganz Deutschland.[21]

Good Company Ranking Seit 2006 wird der CSR-Wettbewerb der DAX 30 Unternehmen vom Hamburger Beratungsunternehmen Kirchhoff Consult und der HHL Leipzig Graduate School of Management durchgeführt.[22]

Darüber hinaus gibt es die Möglichkeit, an Awards im Bereich Kommunikation teilzunehmen, die eine Unterkategorie CSR anbieten. Hier einige Beispiele:

Econ Award Der Award wird in der Kategorie Nachhaltigkeits-/CSR-Berichte (Print und Digital) vom Econ Verlag und der Handelsblatt-Gruppe verliehen.[23]

---

[17] Vgl. www.deutscher-nachhaltigkeitspreis.de, Zugriff am: 03.11.2017.
[18] Vgl. http://www.se-award.org/de, Zugriff am: 03.11.2017.
[19] Vgl. https://www.zkb.ch/de/gs/kmu-preis.html, Zugriff am: 03.11.2017.
[20] Vgl. http://www.trigos.at/trigos/home, Zugriff am: 03.11.2017.
[21] Vgl. http://www.ranking-nachhaltigkeitsberichte.de/, Zugriff am: 03.11.2017.
[22] Vgl. https://www.kirchhoff.de/fileadmin/user_upload/161011_GCR_final.pdf, Zugriff am: 03.11.2017.
[23] Vgl. http://www.econforum.de/econ-awards/kategorien, Zugriff am: 03.11.2017.

Internationaler Deutscher PR-Preis der DPRG Der Preis wird in der Kategorie Kommunikationsmanagement im Bereich „Verantwortungs- und Nachhaltigkeitskommunikation" vom Berufsverband Deutsche Public Relations Gesellschaft e. V. (DPRG) vergeben.[24]

PR Report Awards In der Kategorie Corporate wird ein Preis im Bereich „Corporate Social Responsibility" vom Fachmagazin PR Report verliehen.[25]

4 Fazit

Es gibt, das zeigt dieser Beitrag, eine Fülle von Maßnahmen und Instrumenten, die für eine wirkungsvolle Kommunikation der CSR-Aktivitäten eingesetzt werden können. Es liegt also am „Tun" und nicht an den Möglichkeiten, wenn Unternehmen ihr Engagement nicht entsprechend nach innen und außen tragen. Zu diesem Ergebnis kam auch die repräsentative Studie „Corporate Social Responsibility MONITOR 2016"[26] des Marktforschungsinstituts Dr. Grieger & Cie. Marktforschung (heute SPLENDID RESEARCH GmbH). Der Umfrage zufolge werden Unternehmen von den Konsumenten bevorzugt, wenn sie als nachhaltig handelnd wahrgenommen werden. Über 76 % der Befragten sind sogar bereit, mehr für Produkte sozial engagierter Unternehmen zu zahlen. Dazu müssen sich die Unternehmen um eine transparente und umfassende Kommunikation ihres nachhaltigen Engagements kümmern und die richtigen CSR-Tools wählen. In dieser Hinsicht machen viele deutsche Firmen noch zu wenig aus ihrer Nachhaltigkeit und verschenken vorhandene Potenziale. Hier herrscht also großer Nachholbedarf in Sachen Kommunikation.

Die Verantwortlichen brauchen also keine Scheu zu haben, das gesamte Instrumentarium der Kommunikation auch zu spielen und über Aktivitäten und Entwicklungen im Bereich CSR zu berichten – im Gegenteil: „Tu Gutes und sprich auf allen Kanälen darüber" ist die Devise. Im Fokus stehen dabei die Erwartungen der Anspruchsgruppen. Sie wollen wissen, was das Unternehmen bereits tut und auch in Zukunft tun möchte, sie suchen die Partnerschaft und den Dialog. Insbesondere der Dialog spielt eine große Rolle. Aus dem Feedback können wertvolle Schlüsse über die Akzeptanz der CSR-Bemühungen gezogen werden. Darüber hinaus kommt es auf Glaubwürdigkeit, Transparenz sowie den thematischen Bezug zu den Handlungsfeldern der CSR an.

Die Kommunikation spielt aber nicht nur eine zentrale Rolle für Unternehmen und Institutionen. Sie ist auch entscheidend für das Schaffen eines breiten öffentlichen Bewusstseins. Nur wenn viele nachhaltig wirtschaften und das auch kommunizieren, können wir als Vorbilder wirken und unseren Kindern und Enkeln ein intaktes ökologisches, ökonomisches sowie soziales Gefüge hinterlassen.

---

[24] Vgl. http://pr-preis.de/kategorien/kategorien-uebersicht, Zugriff am: 03.11.2017.
[25] Vgl. http://prreportawards.de/kategorien/kategorien-uebersicht/, Zugriff am: 03.11.2017.
[26] Vgl. https://www.splendid-research.com/Marktforschung/Studienflyer-CSR-Monitor-2016.pdf, Zugriff am: 03.11.2017.

Literatur

Bundesministerium für Ernährung, Landwirtschaft und Verbraucherschutz (BMELV) (2009) Gesellschaftliche Verantwortung von Unternehmen, Stand Januar. http://www.bmel.de/cae/servlet/contentblob/430706/publicationFile/. Zugegriffen: 3. Nov. 2017

Bundesministerium für Umwelt, Naturschutz, Bau und Reaktorsicherheit (2014) Gesellschaftliche Verantwortung von Unternehmen. http://www.bmub.bund.de/fileadmin/Daten_BMU/Pools/Broschueren/csr_iso26000_broschuere_bf.pdf. Zugegriffen: 3. Nov. 2017

Cornelsen C (2002) Das 1x1 der PR, so haben Sie mit Public Relations die Nase vorn, 4. Aufl. Haufe, München

CSR-Berichtspflicht. http://dip21.bundestag.de/dip21/btd/18/099/1809982.pdf. Zugegriffen: 3. Nov. 2017

CSR-Germany. http://www.csrgermany.de/www/csr_cms_relaunch.nsf/id/aus-der-vielzahl-an-instrumenten-auswaehlen-de. Zugegriffen: 3. Nov. 2017

CSR-News. https://www.csr-news.net/news/2017/04/11/social-media-und-csr-kommunikation/. Zugegriffen: 3. Nov. 2017

CSR-Preis. http://www.csr-in-deutschland.de/DE/CSR-Preis/csr-preis.html. Zugegriffen: 3. Nov. 2017

Deutsches CSR-Forum. http://www.csrforum.eu/F7/s4d-csrpreis.html. Zugegriffen: 3. Nov. 2017

Deutscher Nachhaltigkeitspreis. www.deutscher-nachhaltigkeitspreis.de. Zugegriffen: 3. Nov. 2017

DNK. http://www.deutscher-nachhaltigkeitskodex.de/de/startseite.html

Econ Award. http://www.econforum.de/econ-awards/kategorien. Zugegriffen: 3. Nov. 2017

EMAS. http://www.emas.de/ueber-emas/was-ist-emas/

Freidank C-C, Müller S, Velte P (2015) Handbuch integrated reporting. Erich Schmidt, Berlin

Good Company Ranking. https://www.kirchhoff.de/fileadmin/user_upload/161011_GCR_final.pdf. Zugegriffen: 3. Nov. 2017

Grayling-Studie. https://pr-journal.de/nachrichten/csr-unternehmensverantwortung/12921-grayling-pulse-studie-soziale-verantwortung-kommt-von-innen.html. Zugegriffen: 3. Nov. 2017

GRI. https://www.globalreporting.org/standards

http://dqs-cfs.com/de/2016/09/neu-die-gri-sustainability-reporting-standards-ueberblick-ueber-die-wesentlichen-aenderungen/. Zugegriffen: 3. Nov. 2017

Gründerszene Lexikon. https://www.gruenderszene.de/lexikon/begriffe/roadshow. Zugegriffen: 3. Nov. 2017

Gruppe (2011) Public Relations – ein Wegweiser für die PR-Praxis. Springer, Berlin, Heidelberg

Handbuch Usability. http://www.handbuch-usability.de/definition-landingpage.html. Zugegriffen: 3. Nov. 2017

Heinrich – Agentur für Kommunikation: Imalog Imagebroschüre, Wir sorgen für Ihren guten Ruf

Herbst (2003) Unternehmenskommunikation – Professionelles Management – Kommunikation mit wichtigen Bezugsgruppen – Instrumente und spezielle Anwendungsfelder, 1. Aufl. Cornelsen, Berlin

Herbst (2007) Public Relations – Konzeption und Organisation – Instrumente – Kommunikation mit wichtigen Bezugsgruppen, 3. Aufl. Cornelsen, Berlin

IIRC. http://integratedreporting.org/. Zugegriffen: 3. Nov. 2017

IMB Institute of Management Berlin (2015) Mitarbeiterrekrutierung und -bindung durch CSR. Erkenntnisse aus sechs Fallstudien. Autoren: A. Pelzeter, S. Bustamante, A. Deckmann [u.a]. https://www.mba-berlin.de/fileadmin/user_upload/MAIN-dateien/1_IMB/Working_Papers/2016/WP_87_WorkingPaperPelzeter.pdf. Zugegriffen: 3. Nov. 2017

Interbrand. ISO 26000. https://www.iso.org/iso-26000-social-responsibility.html. Zugegriffen: 3. Nov. 2017

Itwissen (2007) Podcast. http://www.itwissen.info/Podcast-podcast.html. Zugegriffen: 3. Nov. 2017

Laumer (2003) Verlags-PR – Ein Praxisleitfaden, 1. Aufl. transcript, Bielefeld

Lietsch F (2017) And the winner is ... you! Deutsche Nachhaltigkeitspreise im portrait. In: forum Nachhaltig Wirtschaften. http://www.forum-csr.net/News/11058/NachhaltigkeitspreiseaufdemVormarsch.html?_newsletter=142&_abo=7627. Zugegriffen: 3. Nov. 2017

Lühmann B (2003) Entwicklung eines Nachhaltigkeitskommunikationskonzeptes im Unternehmen, Lüneburg. http://www2.leuphana.de/umanagement/csm/content/nama/downloads/download_publikationen/35-1downloadversion.pdf. Zugegriffen: 6. Mai 2013

Marketing-Börse. https://www.marketing-boerse.de/Fachartikel/details/1708-10-Tipps-fuer-starke-Broschueren/137356. Zugegriffen: 3. Nov. 2017

https://www.marketing-boerse.de/Fachartikel/details/1303-Vom-Intranet-zum-Mitarbeiterportal/40256. Zugegriffen: 3. Nov. 2017

Nautiluspolitikberatung. http://www.nautilus-politikberatung.de/main/e107_files/downloads/Falk%20Schillinger%20CSR%20in%20%20der%20Unternehmenskommunikation.pdf, S. 27. Zugegriffen: 3. Nov. 2017

Net Fed – Corporate online solutions. http://www.csr-benchmark.de/corporate-social-responsibility-benchmark-2016/ergebnisse. Zugegriffen: 3. Nov. 2017

Online Marketing Praxis. http://www.onlinemarketing-praxis.de/glossar/landing-page-landeseite. Zugegriffen: 3. Nov. 2017

Pflaum D, Pieper W (1989) Lexikon der Public Relations, 1. Aufl. Moderne Industrie, Landsberg/Lech

PR-Preis (DPRG). http://pr-preis.de/kategorien/kategorien-uebersicht. Zugegriffen: 3. Nov. 2017

Reiter (2006) Öffentlichkeitsarbeit – die wichtigsten Instrumente – die richtige Kommunikation – der beste Umgang mit den Medien. Süddeutscher Verlag, München

PR-Report Awards. http://prreportawards.de/kategorien/kategorien-uebersicht/. Zugegriffen: 3. Nov. 2017

Ranking der Nachhaltigkeitsberichte. http://www.ranking-nachhaltigkeitsberichte.de/data/ranking/user_upload/2015/Ranking_Nachhaltigkeitsberichte_2015_Ergebnisbericht.pdf. Zugegriffen: 3. Nov. 2017

SPLENDID RESEARCH GmbH. https://www.splendid-research.com/Marktforschung/Studienflyer-CSR-Monitor-2016.pdf. Zugegriffen: 3. Nov. 2017

Statista (2017) 2017 social media marketing industry report, S 19. https://de.statista.com/statistik/daten/studie/71251/umfrage/einsatz-von-social-media-durch-unternehmen/. Zugegriffen: 3. Nov. 2017

Sustainable Entrepreneurship Award. http://www.se-award.org/de. Zugegriffen: 3. Nov. 2017

Szameitat D (2003) Public Relations in Unternehmen, ein Praxis-Leitfaden für die Öffentlichkeitsarbeit. Springer, Heidelberg

TRIGOS. http://www.trigos.at/trigos/home. Zugegriffen: 3. Nov. 2017

UN Global Compact. https://www.unglobalcompact.org/. Zugegriffen: 3. Nov. 2017

Unternehmer. http://www.unternehmer.de/marketing-vertrieb/122221-die-10-wichtigsten-vorteile-von-broschuren. Zugegriffen: 3. Nov. 2017

Walter BL (2010) Verantwortliche Unternehmensführung überzeugend kommunizieren – Strategien für mehr Transparenz und Glaubwürdigkeit. Gabler, Wiesbaden

What Is. http://whatis.techtarget.com/definition/social-media. Zugegriffen: 3. Nov. 2017

ZKB KMU-Preis. https://www.zkb.ch/de/gs/kmu-preis.html. Zugegriffen: 3. Nov. 2017

Peter Heinrich ist geschäftsführender Gesellschafter von HEINRICH GmbH Agentur für Kommunikation in Ingolstadt. Seit über fünfzehn Jahren berät und begleitet der Kommunikationsfachmann und zertifizierte CSR-Manager (IHK) mittelständische und große Unternehmen in Fragen der Public Relations und CSR. Im Bereich CSR liegt sein Schwerpunkt auf der Strategieberatung, Stakeholder-Dialogen, Kommunikation und Nachhaltigkeitsberichten. Vor seiner Selbstständigkeit war der studierte Betriebswirt 20 Jahre als Geschäftsführer in einem mittelständischen, marktführenden Unternehmen mit über 500 Mitarbeitern tätig. Er verfügt damit über langjährige Expertise auf Agentur- und Unternehmensseite.

CSR Kommunikation & Social Media

Riccardo Wagner und Marcus Eichhorn

1 Eine glorreiche Allianz? Oder: Warum Stakeholderdialog per Faxgerät nicht funktioniert!

Zwei Themen sind in den letzten Jahren aus den Diskussionen über die Trends und Notwendigkeiten in der Unternehmensführung und Kommunikation nicht mehr wegzudenken: Corporate Social Responsibility (CSR) und Social Media (SM).

Letzterer ist ein noch relativ junger Trend. So sind einige der dominierenden Plattformen wie YouTube (gegr. 2005), Facebook (gegr. 2004) oder Twitter (gegr. 2006) noch gerade im jungen Erwachsenenalter angekommen. Umso mehr halten sie mit ihrer Dynamik die Unternehmenswelt ungebremst in Atem, wenn auch die Euphorie der ersten Social Media-Jahre langsam einem realistischeren Bild weicht. So hinterlässt SM nicht selten ratlose und auch unzufriedene Gesichter. Die Überschrift einer Meldung des Branchenverbandes Bitkom (2016) bringt den Status quo prägnant auf den Punkt: „Unternehmen nutzen häufiger Faxgeräte als Soziale Netzwerke". Einer aktuellen Umfrage im Auftrag der Bitkom zufolge nutzen acht von zehn deutschen Unternehmen (79 %) häufig das Faxgerät zur internen oder externen Kommunikation [...] nur 15 % Soziale Netzwerke. Lediglich 58 % der Unternehmen geben an, dass sie über die erforderlichen Mitarbeiter im Unternehmen verfügen, um die Digitalisierung voranzutreiben. „Die Zurückhaltung bei der Nutzung sozialer Medien und beim Einstieg in die App-Ökonomie steht geradezu symbolisch für den noch zu zögerlichen Ansatz vieler Unternehmen bei der digitalen

R. Wagner (✉)
Inhaber, Beratungsagentur BetterRelations
Brühl, Deutschland
E-Mail: wagner@betterrelations.de

M. Eichhorn
Inhaber, Beratungsagentur BetterRelations
Otzberg, Deutschland
E-Mail: eichhorn@betterrelation.de

© Springer-Verlag GmbH Deutschland, ein Teil von Springer Nature 2018
P. Heinrich (Hrsg.), *CSR und Kommunikation*,
Management-Reihe Corporate Social Responsibility,
https://doi.org/10.1007/978-3-662-56481-3_7

Transformation", sagte Bitkom-Hauptgeschäftsführer Dr. Bernhard Rohleder in Hannover anlässlich der Auftakt-Pressekonferenz zur CeBIT. Gleichzeitig hat die Nutzung der sozialen Medien quantitativ eine Sättigungsgrenze erreicht, sprich: Wer drin sein will, der ist drin. Qualitativ sieht es bei der Nutzung jedoch ganz anders aus. So sagten bereits 2012 gerade einmal 13 % der befragten Unternehmenskommunikatoren in Deutschland, dass sie ihre Erwartungen an Social Media als voll erfüllt ansehen, gut zwei Drittel sind ernüchtert bis enttäuscht und gut 16 % sind absolut ratlos, welche Veröffentlichungen ihres Unternehmens im Social Web auf einen Wiederhall treffen.[1] Aus diesem Blickwinkel ist es dann auch kaum verwunderlich, wenn beispielsweise bei männlichen Social Media-Nutzern das Finden erotischer Bekanntschaften über soziale Netzwerke den gleichen Stellenwert genießt, wie das Finden neuer Geschäftskunden (Bitkom 2013).

Trotz allem ist Social Media längst in der Mitte der Unternehmenskommunikation angekommen. Dass auch hier das erste Axiom (Watzlawik et al. 2007, S. 50) der menschlichen Kommunikation gilt, dass man nicht nicht kommunizieren kann, haben inzwischen auch die konservativsten Kommunikatoren verstanden. Drei von vier deutschen Unternehmen, unabhängig ob KMU oder Großunternehmen, sind zumindest in mindestens einem sozialen Netzwerk vertreten (BITKOM 2015) gegenüber 50 % im Jahr 2012 (BITKOM 2012).

Die Diskussion über Sinn und Unsinn, Aufwand und Nutzen und mögliche messbare Effekte für Reputation, Markenbild, Kundenbindung oder Risikominimierung ist damit allerdings noch lange nicht beendet. Der Artikel soll hier eine weitere Facette hinzufügen, nämlich für die Kommunikation von Unternehmensverantwortung, Unternehmensengagement und Nachhaltigkeit. Und die nicht ganz ernst gemeinte Ausgangsthese ist, dass der mit dem Thema verbundene Dialog mit Stakeholdern auf diesem Wege besser zu etablieren ist, als mit der Kommunikation via Faxgerät.

Der Blick soll dennoch aber durchaus ernst gemeint im Kern auf die möglichen Chancen von Social Media für die Nachhaltigkeits- und Verantwortungskommunikation gerichtet werden, ebenso auf sinnvolle konzeptionell-inhaltliche und instrumentelle Ansätze für eine effektive Nutzung.

1.1 Macht Social Media alles neu?

Nein, aber ...

die soziale Kommunikation im Internet, die oft unter den Schlagworten Web 2.0 oder Social Media zusammengefasst wird, stellt traditionelle Mechanismen der Unternehmenskommunikation zum Teil massiv in Frage.

---

[1] Vgl. http://www.bvdw.org/medien/news-aktuell-faktenkontor-social-media-trendmonitor?media=4732, Zugriff am 01.05.2013.

Social Media oder auch Social Web und Web 2.0 wird als „Gesamtheit aller offenen, interaktiven und partizipativen Plattformen im Internet" (vgl. Zerfaß und Sandhu 2008) definiert. Die Basisfunktionen des Social Web sind: Publizieren und Kommentieren durch Texte, Bilder, Videos, Strukturieren von Wissen, z. B. in Wikis durch Verschlagwortung (Tagging, Bookmarking), Informieren durch Newsfeeds, RSS und Vernetzen in Communities, auf Marktplätzen und sonstigen Plattformen (Abb. 1).

Darcy DiNucci prägte den Begriff Web 2.0 bereits im Jahre 1999, als sie in ihrem Aufsatz *Fragmented Future* schrieb: „Today's Web[2] is essentially a prototype – a proof of concept. This Concept of interactive content [...] has proved so successful, that a new industry is set on transforming it, capitalizing on all its powerful possibilities. [...] The first glimmerings of Web 2.0 are beginning to appear ..." (DiNucci 1999, S. 32).

Im gleichen Jahr sorgten Rick Levine, Christopher Locke, Doc Searls und David Weinberger mit der Proklamation des *Cluetrain Manifestes* für Furore, in dem sie in 95 Thesen eine neue Wirtschaft und eine neue Kommunikation von Unternehmen entwarfen. „Markets are conversations" (Levine et al. 2009, S. xiv) war hierbei die erste These, die bis heute, mehr als zehn Jahre danach, eine Herausforderung für alle Unternehmen ist. Und weiter in der These 62: „... They (die Märkte/Menschen, Anm. d. Autors) want to participate in the conversations going on behind the corporate firewall."[3]

Die ersten Schimmer des interaktiven Web sind nun heller Schein und eine ungeahnte Fülle von Konversationen im Web gehört zum Alltag.

Im Kern dieser Diskussion stehen dabei immer öfter zwei Begriffe: Verantwortung & Nachhaltigkeit.

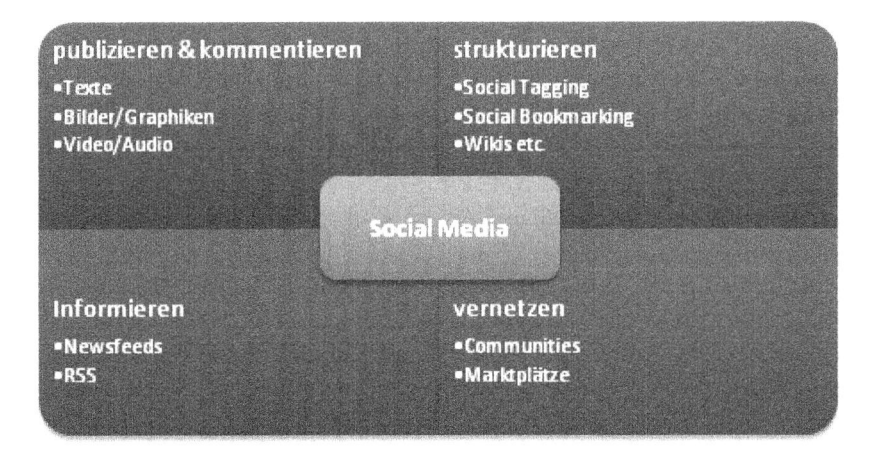

Abb. 1 Funktionen von Social Media. (Eigene Abbildung, in Anlehnung an Zerfaß und Sandhu 2008, S. 286)

---

[2] Web 1.0 1999, Anm. d. Autors.
[3] Levine et al. 2009, S. xviii.

Das führt unweigerlich dazu, dass auch die Diskussion über Unternehmensverantwortung und Nachhaltigkeit längst nicht mehr nur hinter den Türen von Vorstandszimmern oder auf Unternehmertagungen stattfinden kann. Die Herausforderungen, die durch Demographie, Klimawandel, Kriege & Krisen, Ressourcenknappheit, den Verlust von Artenvielfalt etc. für unsere Gesellschaft erwachsen, betreffen alle Menschen. Menschen, die dank Social Media immer häufiger auch über eine öffentliche Stimme verfügen.

Das Internet hat die traditionellen Sender-Empfänger-Logiken und die Begrenzungen klassischer Unternehmenskommunikation aufgelöst (vgl. Zerfaß und Sandhu 2008, S. 295) und es wird deutlich, dass der „Steuerungsverlust der Unternehmenskommunikation möglicherweise ganz neue Konzepte erfordert"[4] – eine Realität, die noch lange nicht in allen Unternehmen angekommen ist. Diese grenzenlose Offenheit, Transparenz, Interaktion und Partizipation hat insbesondere für die Strategie und Kommunikation gesellschaftlicher Verantwortung enorme Bedeutung.

Die Gesetze der Social Media-Kommunikation zu verstehen und in der Praxis umzusetzen und die eigene CSR-Strategie mit Hilfe dieser Instrumente und Methoden sauber, transparent, glaubhaft und auch gewinnbringend zu kommunizieren, wird für Unternehmen im Konzert der Unternehmenskommunikation von großer Wichtigkeit sein.

Oder auch in Twitterdeutsch:

1.2 #SocialMedia & #CSR FTW[5]

Am Anfang aller erfolgreicher (CSR)-Social Media-Kommunikation steht die Entwicklung einer Strategie mit klaren Botschaften, Maßnahmen, Zielen und Evaluation. Noch immer sind laut Bitkom jedoch gut zwei Drittel der in SM aktiven Unternehmen ohne klar formulierte Ziele unterwegs; gerade einmal eines von zehn Unternehmen betreibt ein SM-Monitoring und nur zwei Prozent arbeiten mit Kennzahlen zur Evaluation (Bitkom 2012). Dauerhaft erfolgreiche Kommunikation ist somit nahezu ausgeschlossen und bringt zwangsläufig ratlose Gesichter hervor.

Doch noch vor der Strategieentwicklung steht erst einmal das klare Bekenntnis zur Kommunikation – leider auch heute noch keine Selbstverständlichkeit, auch wenn Pflichten zur Berichterstattung, Stakeholderdialog und stakeholderbasierte Materialitätsanalysen faktisch oder auch gefühlt Standard sein sollten.

Verantwortung leben heißt auch Verantwortung kommunizieren. Verantwortungskommunikation umfasst dabei die Dimensionen „Kommunikation von Verantwortung" und „Verantwortungswahrnehmung durch Kommunikation", die auch in einigen theoretischen Ansätzen als vierte Dimension in Ergänzung zum bekannten Triple Bottom Line Prinzip

---

[4] Ebd.: 304.
[5] # = Hashtag oder auch Schlagwort, das über das Rautesymbol findbar wird, Abkürzung FTW = for the win.

(Ökonomie, Ökologie und Soziales) zu einer Quadriple Bottom Line der Verantwortung führt (vgl. Reichman 2012).

Der große theoretische Vorteil der Kommunikation von CSR über SM liegt in einigen übereinstimmenden Genen der CSR-Kommunikation und der SM-Kommunikation. Diese sind Transparenz, Offenheit und Dialog.

Die multimediale, soziale Verantwortungskommunikation im Social Web kann wie kaum ein anderes Medium den Nachweis der Aktivität und die Verständlichmachung und Veranschaulichung von Engagement und Nachhaltigkeit eines Unternehmens leisten und damit auch zur Förderung und Bildung des Verantwortungsgedankens innerhalb des Unternehmens und über seine Grenzen hinaus beitragen.

Wichtig ist dabei, dass die Interessen und Ansprüche der verschiedenen Anspruchsgruppen im Social Web Eingang in die Strategie des Unternehmens gefunden haben und der Nachweis erbracht wird, wie das Unternehmen die daraus entstandenen Selbstverpflichtungen umsetzt.

Die Kommunikation, vor allem über die interaktiven Möglichkeiten von SM, ist dabei auch identitäts- und identifikationsstiftendes sowie motivierendes Werkzeug und kann aktiv eingesetzt werden, Dritte in die Strategie, Lösungsfindung und operative Umsetzung einzubinden.

Um die Integration auf solide Beine zu stellen, ist es allerdings notwendig, dass die Kommunikation alle Prozesse, Wirkungszusammenhänge und Abhängigkeiten für alle relevanten Themen und Stakeholder und die entsprechenden Entwicklungen sichtbar und nachvollziehbar macht.

Für die reputationswirksame Kommunikation und die Erfüllung der Rechenschaftspflicht stehen den Unternehmen eine ganze Reihe international anerkannter Leitlinien, z. B. die Global Reporting Initiative (GRI), zur Verfügung, die mit ihren Grundprinzipien auch für die webbasierte Kommunikation einen sinnvollen gedanklichen Rahmen setzen.[6]

2   Verantwortungskommunikation 2.0

Ausgewogenheit, Vergleichbarkeit, Genauigkeit, Aktualität als Umsetzungsideale in der Nachhaltigkeitsberichterstattung sind auch im Web Trumpf und die GRI-Prinzipien Wesentlichkeit, Einbeziehung von Stakeholdern, Nachhaltigkeitskontext und Vollständigkeit sind im Social Web voll in ihrem Element.

„Markets are conversations"[7] schrieben die Autoren des Cluetrain-Manifestes als prägnante erste Botschaft allen Marketingexperten dieser Welt ins Stammbuch. Gespräche und Austausch brauchen dafür eine Plattform. Diese Plattform ist umso effektiver und

---

[6] GRI als Rahmen für die Untersuchung der internetbasierten CSR-Kommunikation u. a. auch bei Jäger und Heep (2008).
[7] Levine et al. Cluetrain Manifesto: xiv.

einflussreicher je mehr Menschen auf dieser Plattform frei und ohne Barrieren zuhören, teilnehmen und interagieren können.

Hier liegt auch der revolutionäre Keim der sozialen Medien. Für Unternehmen kann es nicht mehr darum gehen, Informationen nach eigenem Belieben zu steuern, wegzulassen oder nach Belieben zu interpretieren.

Social Web verschiebt nicht nur im persönlichen Bereich die Grenzen zwischen privatem und öffentlichem Leben – es verschiebt ebenso die Grenzen zwischen firmeninterner Kommunikation und externer Kommunikation. Die Entgrenzung der Kommunikation birgt jedoch nicht nur Risiken, denn was für die Orientierung nach außen gilt, gilt auch für die Innenorientierung: Noch nie war es so einfach wie heute, externes Know-how für die eigene Unternehmenstätigkeit zu nutzen, vom einfachen User-Feedback bis zu komplexen Innovationsstrategien und Kollaboration (Zerfaß und Sandhu 2008, S. 303 ff.).

Unabdingbar ist dafür die Kenntnis von Gründen und Motivationen, warum Nutzer im Social Web konsumieren und produzieren. Untersuchungen zeigen, dass eine wesentliche Motivation zum einen die Möglichkeit zeitunabhängiger Informations- und Unterhaltungsmöglichkeiten sowie eine oft einfachere und verständlichere Sprache in der Informationsvermittlung ist. Darüber hinaus eben auch die Möglichkeit des sozialen Kontaktes und, im Falle einer aktiven Beteiligung, mögliche Anerkennung und Steigerung des Selbstwertgefühles.[8] Diese Faktoren sollten damit bei der Strategiefindung und auch der operativen Umsetzung beachtet werden, insbesondere im Falle einer Social Network-Strategie, da hier der Anteil der produzierenden Nutzer besonders hoch ist (Zerfaß und Sandhu 2008, S. 303 ff.).[9]

2.1 Regeln und Tipps für Social Media-CSR-Kommunikation

Authentizität, Glaubwürdigkeit, Zuhören, Transparenz aber auch aktive Teilhabe und anhaltende Aufmerksamkeit durch sachdienlichen und hochwertigen Content sind immer wieder Kern aller Tipps und Ratgeber (z. B. Weinberg 2010, S. 57) für die Social Media-Kommunikation und im Falle der Kommunikation von teils brisanten und hoch emotionalen Themen in der Verantwortungskommunikation als besonders hoch anzusetzen.

Einige Regeln und Tipps für die Social Media-Kommunikationspraxis: (vgl. u. a. Bernet 2010, S. 19 ff., 134, 139 ff.; Holzapfel und Holzapfel 2010, S. 25 ff.; Jodeleit 2010, S. 15 ff., 142 ff.; Weinberg 2010, S. 23 ff.)

1. Sei unterhaltsam – Content muss spannend, informativ und auch mal überraschend oder lustig sein.

---

[8] Vgl. Harrer et al. (2008, S. 301 ff.); Gerhards, Klingeler, Trump: 129 ff. in Zerfaß et al. (2008, S. 301 ff.).
[9] Vgl. Ebd.: 137.

2. Sei wahrhaft und authentisch – Jede Information sollte wahr sein – ohne Wenn und Aber und mit möglichst wenig Interpretationsspielraum. Und: Keine andere Sprache sprechen, nur um besonders locker aufzutreten – Anpassen ja, Verstellen nein.
3. Sei transparent – Offenheit ist ein Kern jeder Social Media-Anwendung.
4. Sei nett und wetterfest – Auch kritische Kommentare sind mit Ausdauer, Offenheit, Toleranz und Höflichkeit zu beantworten.
5. Sei klar und verbindlich – Auch ein Social Media-Engagement braucht Regeln, die das Unternehmen auf sich und die Nutzer anwendet. Diese sollten jedoch offen kommuniziert werden, nachvollziehbar sein und einheitlich verwendet werden.
6. Sei aufmerksam und biete Mehrwerte – Zuhören, auf Meinungen und Fragen reagieren und ernsthaft Dialog führen. Unternehmen sollten keine Alibifragen stellen, deren Antworten dann nicht sichtbar auf Gehör treffen oder die nur der Marktforschung dienen.
7. Sei spezifisch – Unternehmen sollten die Social Web-Auftritte individuell betreuen. Das beinhaltet auch einmal besondere Aktionen, die sich ausschließlich und exklusiv auf die Nutzer einer Plattform beziehen.
8. Sei planvoll – So spontan die Kommunikation im Social Web oft sein mag: Auch hier schätzen es Nutzer, wenn sie Regeln erkennen und damit das Unternehmensangebot besser einschätzen und auch besser für sich nutzen können. Dazu zählen bestimmte wiederkehrende Aktionen aber auch feste Informations- und Nachrichtenformate. Zielgruppen und Ziele sollten immer erkennbar sein. Ebenso sollte eine dauerhafte und konstante Pflege gewährleistet sein.
9. Sei persönlich – Social Media ist persönliche Kommunikation. Das gilt für die Interaktion in Social Networks umso mehr. Anonymität verhindert Identifikation und eine transparente Kommunikation, die nicht offen legt, wer kommuniziert, ist ein Widerspruch in sich.
10. Sei maßvoll – Unternehmen sollten nur aufgrund fehlender technischer Grenzen die Nutzer nicht mit Statusmeldungen überhäufen. Dies wird schnell als Spam wahrgenommen und führt zu Vermeidung und weniger Interaktion.

2.2 Eine neue Kommunikationsordnung

Die Antwort für die Unternehmensstrategie und Kommunikation auf die fundamentalen Herausforderungen und Chancen der neuen Lebens-, Arbeits-, und Kommunikationsweise, die das Internet in seiner jetzigen Form mit sich bringt, haben Don Tapscott und Anthony D. Williams in ihrem Buch *Wikinomics* wie folgt definiert (vgl. Tapscott und Anthony 2009, S. 20 ff.):

Offen sein Offenheit bezieht sich hier nicht nur auf offene Standards, Wissen und Inhalte, sondern auch auf finanzielle und operative Transparenz und eine offene Einstellung gegenüber Austausch von externen Ideen und Ressourcen.

Gleichrangigkeit Selbstorganisation und Auflösung von Hierarchien für eine Zusammenarbeit, die sich an gemeinsamen Zielen ausrichtet.

Teilen Kooperation funktioniert nur bei der Bereitschaft, Wissen und Ressourcen miteinander zu teilen.

Globales Handeln Geographische, politische, soziale oder kulturelle Grenzen werden durch die neuen Kommunikationsmöglichkeiten aufgelöst und eröffnen völlig neue Wege zu Effizienz und Innovation.

Die für die CSR-Kommunikation offensichtlichsten Effekte durch Internetkommunikation und Social Media betreffen die Punkte Offenheit und Transparenz. In Zeiten, in denen global Informationen beinahe ohne Beschränkungen hinsichtlich Vertraulichkeit (siehe Wikileaks) auf einfachste Art und Weise zur Verfügung stehen, werden Geschäftspraktiken, Handlungsweisen und Auswirkungen unternehmerischen Handelns zunehmend gläsern.

> Kam dem Management von Unternehmen bis vor wenigen Jahren eine gewisse Interpretationshoheit über seine Handlungsspielräume zu, so erodieren diese in den neuen Kommunikationsformen des sozialen Internets (Web 2.0). Jeder hat hier die Möglichkeit, Informationen zu verbreiten, Forderungen an das Unternehmen heranzutragen und damit womöglich die Einstellung und das Verhalten anderer zu beeinflussen (Fieseler und Meckel 2009, S. 124).

Die Kommunikation von gesellschaftlicher Verantwortung verlangt damit nach neuen Rezepten, die über die klassische Push & Kontrollkommunikation hinausgehen, weil die Stakeholder eines Unternehmens eben die Möglichkeiten haben, ihre Interessen global und ohne Grenzen zu kommunizieren.

> Deshalb gibt es heute aufseiten von Unternehmen und Management keine Chance mehr, dem Thema CSR zu entkommen oder es zu ignorieren. Unternehmen können das Thema aktiv gestalten – oder sie werden durch Druck von außen gestaltet.[10]

Ein gutes Beispiel ist dafür die Transparenz von Lieferketten. War es vor wenigen Jahren noch kaum denkbar, dass z. B. Kunden aus Deutschland sich über Produktions-, Herstellungs- und Abbaubedingungen informieren, ist heute eine Recherche in wenigen Handgriffen erledigt und bricht damit traditionelle Kommunikationsgrenzen (Graham 2011).

Individuen, Gruppen und Stakeholder können nicht nur Informationen verbreiten, sondern auch Druck auf das Management aufbauen und damit auch ökonomische Risiken erzeugen, wenn die Web-Agenda Gehör findet – z. B. über eine Flut von Online-Kommentaren in einer Community oder gar Online-Petitionen, die konkret politischen Druck erzeugen und konkrete Forderungen stellen.

---

[10] Ebd., S. 125.

2.3 Vom Dialog zur Zusammenarbeit

Doch auch die weiteren Dimensionen Gleichrangigkeit, Teilen und globales Handeln wirken auf die Weiterentwicklung der CSR-Kommunikation im Social Web.

Die Ideen von Crowdsourcing, Co-Creation, Open-Innovation, des Peering (Gleichrangigkeit), also der kooperativen Gestaltung von Produkten und Botschaften, hat weitreichende Folgen für die Beziehung zwischen Produzenten und Konsumenten. Dies gilt insbesondere für die Themen und Bereiche im Unternehmen, die in die Sphären der Stakeholder hineinreichen und die einen Dialog mit diesen Gruppen erfordern, wie es bei den Kernthemen des CSR-Managements gegeben ist.

Web 2.0 und damit auch CSR 2.0 bedeutet zunächst einmal Anspruchsgruppen über kooperative Gestaltungsmöglichkeiten in die Unternehmensentscheidungen einzubinden.[11] Abgrenzung ist ein Konzept, das bereits jetzt schon nicht mehr funktioniert, ob die Unternehmen hier bereits aktiv beteiligt sind oder nicht.

Die Lösung ist allein aktive Einbeziehung und Zusammenarbeit, die Stakeholdern mit Wertschätzung gegenübertritt. Oder wie Wayne Visser in seinem Buch *The Age of Responsibility* schreibt:

> The transformation of the internet through the emergence of social media networks, user-generated content and open source approaches is a fitting metaphor for the changes business is experiencing as it begins to redefine its role in society. [...] companies that embrace the CSR 2.0 era will be those that collaboratively find innovative ways to tackle our global challenges and be rewarded in the marketplace as a result (Visser 2011, S. 144 f.).

Fieseler und Meckel formulieren als Faktoren für Unternehmen, die dauerhaft von Social Media und CSR 2.0 profitieren wollen, folgende drei Punkte[12]:

1. CSR als dynamischer Prozess, bei dem Strategie und Kommunikation permanent überprüft und angepasst werden.
2. Umsetzung von CSR als eine kollektive und kollaborative Strategie, die Crowdsourcing-Methoden als Ideenfilter, Ideengenerator, Kommunikationsinstrument (Long-Tail) und Lösungslabor nutzt.
3. CSR als transparente Kommunikationsbeziehung – Unternehmen müssen sich darauf vorbereiten, leichter verletzlich zu sein und öfter mit unvorhergesehenen Ereignissen konfrontiert zu werden. Insgesamt geht es nicht allein um Anpassungen der PR und Unternehmenskommunikation oder darum das Kommunikationsportfolio zu erweitern.

Vielmehr verändert CSR 2.0 über Social Networking die Rolle und Bedeutung von Informationen als Treiber wesentlicher Funktionen in der gesellschaftlichen Verantwortung

---

[11] Vgl. Sørensen und Peitersen (2007).
[12] Vgl. Fieseler und Meckel (2009, S. 135 ff.).

eines Unternehmens: Von Forschung und Entwicklung über die Produktion bis hin zu Wertschöpfungsketten und ganzen Geschäftsmodellen, die an Anforderungen der Nachhaltigkeit, Sozialverantwortlichkeit oder Umweltverträglichkeit ausgerichtet werden müssen. Es ergibt sich somit aus der Anlage der veränderten Kommunikationsverhältnisse selbst, dass CSR in diesen Dimensionen als Teil der Unternehmensstrategie zu begreifen ist und nur so erfolgreich sein kann.[13]

3 Social Web & CSR Kommunikation in der Praxis

Das Social Media und CSR-Kommunikation mit Blick auf ihre Eigenschaften wie Transparenz, Dialog, Offenheit u. v. m. ein effektives Zwillingspaar sind, wurde in den vorangegangenen Abschnitten ausführlich beleuchtet. Beim Blick in die Praxis fällt zunächst die schiere Menge, die Heterogenität, die mitunter kurze Haltbarkeit und Komplexität von Angeboten, Plattformen und Techniken auf. An dieser Stelle soll es deshalb nicht um ein Kompendium der aktuell verfügbaren Social Web-Techniken und -Angebote gehen, sondern um den Nutzen und die grundsätzliche Strategie. Für aktuelle Übersichten und Anleitungen stehen sehr viele und gute On- und Offline-Informationsangebote zur Verfügung.

3.1 Nutzungsweisen von Social Media in der CSR Kommunikation

Wenn ein Unternehmen Social Media in die Nachhaltigkeits- und Verantwortungskommunikation integrieren möchte, können damit eine Vielzahl von Nutzungsweisen (vgl. Rheinländer et al. 2011) verbunden sein. Kaum ein Unternehmen wird dabei alle Facetten abdecken oder nutzen wollen und bereits jede einzelne Teilfunktion ist es wert, angewendet zu werden (Abb. 2).

3.1.1 Externe und Interne Infonetze
In jedem Unternehmen gibt es, unabhängig vom Stadium der CSR-Umsetzung, eine Vielzahl von Informationen zu Projekten, Produktionsabläufen, Beschaffung etc. Das Social Web ist hier prädestiniert, in der internen Kommunikation zum CSR-Wissensmanagement beizutragen. Hier können in internen Infonetzen, Wikis oder Infotheken Informationen gesammelt, aber auch Probleme veröffentlicht und Lösungen diskutiert werden. Mitarbeiterintegration kann eine der effektivsten Anwendungsgebiete für Social Web-Kommunikation innerhalb der CSR-Umsetzung sein.

Ähnliches gilt für die Nutzung externer Informationsplattformen, die sich z. B. dem nachhaltigen Konsum, innovativen Techniken, Umwelt und sozialen Belangen verschrieben haben und auf denen aktive und engagierte Nutzer vorzufinden sind. Paradebeispiel

---
[13] Vgl. Ebd., S. 137.

Abb. 2 Nutzungsweisen von Social Media. (Eigene Abbildung in Anlehnung an Rheinländer et al. 2011)

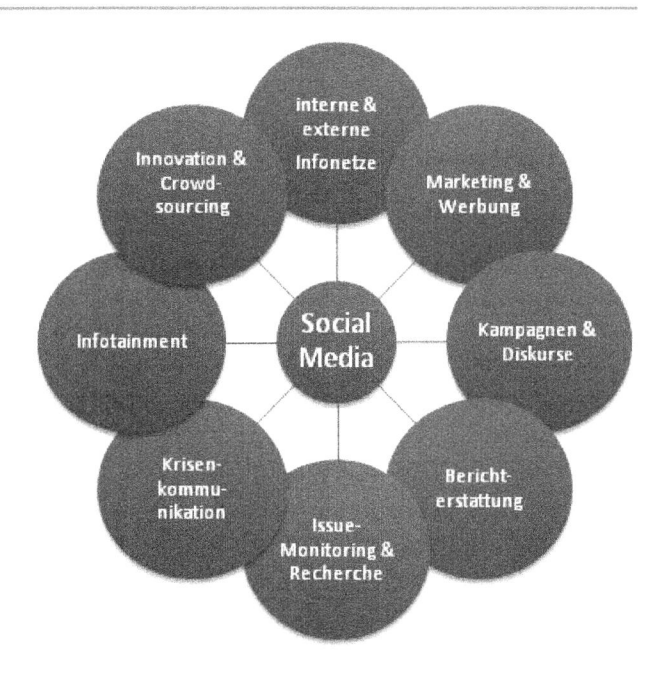

ist hier gern die deutsche Plattform Utopia. Hier tragen zum Teil hervorragend informierte Nutzer Kritik und Anregungen zusammen, diskutieren mit Unternehmen und denken auch über innovative Lösungen bestehender Probleme nach. Ein Unternehmen, das sich hier in den Diskurs einbringen will, sollte sich allerdings über den Aufwand und auch den Anspruch an dieses Engagement im Klaren sein. Nutzer, wie viele der aktiven Utopisten, können nicht mit Allgemeinplätzen oder Ausweichmanövern eines Social Media-Praktikanten abgespeist werden.

3.1.2 Kampagnen und Diskurse

Ja, Social Media ist eine hervorragende Plattform für Kampagnen und Diskurse – aber nicht nur für das Unternehmen. Die Aktivierung großer Nutzermengen hinter einem bestimmten Zweck und die Stimulation zu Diskursen zu einem Nachhaltigkeitsthema ist zunächst einmal die Domäne der Non-Profit-Organisationen und wissenschaftlicher Institutionen. Kampagnen, die ohne eine entsprechende Begleitstrategie, Hintergrundinformationen und Einflussmöglichkeiten im Social Web die soziale oder grüne Seite eines Unternehmens demonstrieren sollen, werden mit an Sicherheit grenzender Wahrscheinlichkeit zum Bumerang. Vor allem die in Kommunikation und Marketing erfahrenen Organisationen wie Greenpeace oder Oxfam demonstrieren regelmäßig, dass sie auch Multimillionen-Marketing-Kampagnen globaler Konzerne mit nur wenigen Kommentaren, Videos und Graphiken ausbremsen oder beerdigen können.

Doch diese Gefahr gilt längst nicht nur für RWE, Nestlé oder VW – auch KMU mit einer aktiven Kundschaft, die z. B. im firmeneigenen Blog typische Greenwashing-Sünden zulassen, sind mit nur einem klugen Kommentar oder einer Frage bloßgestellt.

Kampagnen und Diskurse im Social Web sind die Königsklasse der Kommunikation innerhalb einer schlüssigen und ehrlichen CSR-Strategie. Sind Sie soweit?

3.1.3 Berichterstattung

Nachhaltigkeitsberichte sind wichtig. Das Problem: Sie finden nicht selten unter Ausschluss der Öffentlichkeit statt. Die Berichterstattung, also die ausgewogene und klare Kommunikation von Status quo, Zielen, Maßnahmen und Herausforderungen, hat jedoch auch im Social Web eine wesentliche Aufgabe. Allerdings nicht nur in der Ankündigung, dass nun der Bericht herunterladbar ist und jeder Kommentator ein Smartphone gewinnen kann.

Eine Berichterstattung in Social Media, z. B. über den eigenen Firmenblog, bietet die Chance die Nachhaltigkeitsberichterstattung an zwei ganz entscheidenden Punkten zu bereichern, ja sogar zu verbessern. Zum einen in der direkten Diskussion und dem Verarbeiten von Ideen und Feedback – dieser Punkt ist hier bereits hinreichend vorgestellt worden.

Zum anderen kann die Berichterstattung aus dem langweiligen und für viele Nutzer weniger interessanten stichtagsbezogenen und rückwärtsgewandten Modus des Nachhaltigkeitsberichtes befreit werden. Kombiniert mit moderner ERP oder auch CSR-Berichterstattungssoftware, die z. B. Kennzahlen live, monats- oder quartalsweise zur Verfügung stellen, und einer aktuellen (Live-)Berichterstattung kann der Unternehmens-Blog, die Unternehmens-Fanpage bei Facebook oder die Unternehmens-App dazu beitragen, dass CSR für alle Beteiligten lebt und erlebbar wird.

3.1.4 Marketing & Werbung

Cause-Related-Marketing wirkt – auch im Social Web. Doch CRM ohne CSR-Strategie ist angreifbar. Ebenso das scheinbar willkürliche Herausgreifen von grünen Produkteigenschaften, das Promoten eines bestimmten Produktes oder das naive Stellen von hypothetischen Fragen. Bei jeder Marketing- und Werbeaktion mit CSR-Bezug müssen das Fundament und die Hintergrundinformationen greifbar sein. Wenn pro Produkt ein Bruchteil eines Cents an einen guten Zweck geht und dies scheinbar die einzige Aktion des Unternehmens ist, wird es keinen Candystorm geben, wie das Pendant zum Shitstorm auch genannt wird. Solche Fehler sind vermeidbar und werden im Social Web unerbittlich bestraft. Marketing und Werbung kann mehr, z. B. unter Berücksichtigung der hier noch folgenden Punkte.

3.1.5 Hilfestellung und Information

Hilfe geben und Informationen leicht zugänglich machen. Jeder wird ein Unternehmen dafür lieben. Im Social Web kann dies alles sogar mit einer persönlichen und direkten Note versehen werden. Kunden, Lieferanten und Geschäftspartner brauchen immer Informationen zu Produkten, Herstellungsweisen, Inhaltsstoffen, Anwendungstipps- und Möglichkeiten, Gefahrenhinweise u. v. m. Soziale Plattformen bieten hierfür ideale Möglichkeiten, um multimedial und zielgenau für bestimmte Bezugsgruppen Informationen anbieten zu können.

3.1.6 Innovation & Crowdsourcing

Lernen, Defizite abstellen, Neues entdecken und entwickeln – mit offener Kommunikation und Social Web-Strategien, welche die Integration der Crowd möglich machen, kann sich jedes Unternehmen innovatives Potenzial erschließen. Allerdings sollte hier klar erkennbar sein, ob es sich um echte Innovationsvorhaben dreht oder mehr die Unterhaltung im Vordergrund steht. Wenn ein Unternehmen das Design des Produktlabels an die kreative Maße gibt, ist das ein anderer Ansatz, als wenn über das Produkt, seine Produktion und die Inhaltsstoffe diskutiert wird. Je sinnvoller, ehrlicher und näher am CSR-Gedanken hier das Innovationsprojekt ist, desto besser.

Die Möglichkeiten der Einbindung der Crowd sind dabei unbegrenzt, z. B. um Informationen über die eigene Lieferkette zu sammeln bis hin zu sozialen Apps, (Zeitschrift „enorm" 2013, S. 6 ff.), die auf mobilen Endgeräten, z. B. in Kooperation mit NGOs entwickelt, betrieben werden und für soziale und ökologische Zwecke, in der Katastrophenhilfe oder auch Entwicklungszusammenarbeit Menschen befähigen oder das Wissen vieler nutzbar machen. Der Phantasie sind hier kaum Grenzen gesetzt und diese Projekte liefern viele dankbare Geschichten für den Unternehmensblog, die Fanpage oder den Nachhaltigkeitsbericht.

3.1.7 Issue-Monitoring & Recherche

Dieser Punkt ist für jedes Unternehmen Pflicht, auch wenn es selbst nicht mit eigenen Angeboten im Social Web unterwegs ist, denn eines ist sicher, die Stakeholder sind dort. Wer sich nicht zu einem webbasierten Stakeholderdialog motivieren kann, sollte zumindest seinen Bezugsgruppen auf die Finger und den Mund schauen. In Social Web gibt es für jedes CSR-Thema Foren und Plattformen. Nicht zu vergessen sind die weichen Themen wie Markenbild, Employerbranding, Reputation und Krisenvorbeugung. Ein gutes SM-Monitoring ist kaum ohne eine zuverlässige und umfassende Softwareunsterützung möglich – damit aber auch gleichzeitig effektiv und kostensparend. Auf die Vielzahl von Angeboten kann hier allerdings nicht weiter eingegangen werden.

3.1.8 Krisenkommunikation

In der Krise ist die persönliche, emotionale, direkte, dialogische und transparente Kommunikation das Gebot der Stunde. Was Hotlines und Pressekonferenzen können, lässt sich über Kurznachrichtendienste wie Twitter, die Unternehmensfanpage oder den Blog mit Kommentarmöglichkeit, eine Webkonferenz in einer Online-Community wie einem Google-Hangout ebenfalls optimal, zum Wohle der Betroffenen nutzen und verbreitet und erleichtert gleichzeitig den Zugang. Ebenso können externe Hilfe und Know-how (siehe Abschnitt Innovation) besser integriert und genutzt werden. Zum Beispiel wenn es darum geht, nach einem Katastrophenfall Informationen zum aktuellen Geschehen in der betroffenen Region zu sammeln und zur Verfügung zu stellen.

3.1.9 Unterhaltung und Infotainment

Auch wenn man es manchmal kaum glauben mag, wenn man sich die ein oder andere Nachhaltigkeitskommunikation so anschaut: Eigentlich sind CSR-Themen nah am Menschen, emotional, bunt, spannend und unterhaltsam, also eigentlich alles was ein Kommunikator sich wünschen kann. Sie sind aber eben nicht für jeden Nutzer alles und auch nicht alles gleichzeitig. Medien, die aufgrund ihrer statischen Natur versuchen müssen, eine Vielzahl von Ansprüchen unter einen Hut zu bringen, scheitern deshalb nicht selten. Social Media mit seinen zum Teil hoch differenzierten Kanälen, Nutzerzugängen und Angeboten kann hier deutlich mehr leisten und es darf auch Spaß machen oder unterhaltsam und anschaulich sein. Es muss dabei nicht das Funny-Viral-Video sein – ein unterhaltsamer Film, der professionell erstellt, komplexe Inhalte verdeutlicht, leistet hier bereits hervorragende Arbeit.

4 Fazit und Ausblick

Die Auflösung der kommunikativen Grenzen eines Unternehmens durch Social Media ist, bei aller Herausforderung und dem dafür notwendigen Kulturwandel, vor allem eine historische Chance. Hier potenzieren sich die Vorteile, die eine gute CSR-Kommunikation auf Basis einer ethisch fundierten CSR-Strategie ohnehin gegenüber der klassischen Unternehmenskommunikation mit sich bringt. Wer die im CSR-Konzept innewohnenden Gedanken von Verantwortung, Nachhaltigkeit und damit auch Wandel, Innovation, Dialog, Offenheit und Transparenz wirklich lebt, kann über eine Social Media-Strategie ein Vielfaches an Wissen für das eigene Unternehmen generieren, festere Bindungen zu Kunden und Mitarbeitern aufbauen und gleichzeitig die eigene Resilienz für die globalen Veränderungen und bei kurzfristigen Krisen stärken.

Unternehmen, die dies nicht leben, und es sind sicher nicht wenige, die das CSR-Konzept noch nicht vollständig umarmt haben, werden an der Social Media-Kommunikation wachsen. Wachsen, weil sie, ob sie wollen oder nicht, Teil der offenen Web-Kommunikation und Interaktion sind. Das Social Web ist keine Technik. Kunden, Mitarbeiter, Geschäftspartner, Politiker, Umweltschützer, Wissenschaftler u. v. m. sind das Social Web und sie wirken entscheidend ein auf Markenwert, Reputation, Kreditrating, Investorenvertrauen, politischen Rückhalt und damit auf die Zukunft des Unternehmens.

Die aktuellen Umfragen belegen, dass bei allem braven Mitspielen und „drin sein" im Social Web noch viel zu wenige Unternehmen wirklich die Auswirkungen dieses Wandels verstanden haben. Es wird in den nächsten Jahren ein dramatischer Wandel notwendig sein, der zur Aufwertung von CSR, von CSR-Kommunikation und CSR-Kommunikation im Social Web als die höchste Stufe des Könnens führen muss. Noch immer sind CSR-, Kommunikations- und – nicht deutlicher – Social Media-„Abteilungen" zum Teil massiv unterbesetzt, unterfinanziert und strategisch unausgereift. Nur wer Dialog als erste Evolutionsstufe der sozialen Kommunikation und Interaktion beherrscht, kann die eigentliche Wertschöpfung in Kooperation, Zusammenarbeit und Innovation realisieren. Gewinnen werden die Unternehmen, die die Erfolgsformel #CSR & #SocialMedia FTW – Corporate Social Responsibilty and Social Media for the win – nicht nur als Kalenderspruch, sondern als Leitgedanken in ihrer Kommunikation umsetzen.

Literatur

Bernet M (2010) Social Media in der Medienarbeit, 1. Aufl. VS, Wiesbaden
BITKOM Bundesverband Informationswirtschaft. (2012) Telekommunikation und neue Medien e. V., Studie Social Media in deutschen Unternehmen
BITKOM Bundesverband Informationswirtschaft (2013) Soziale Netzwerke 2013 - Dritte, erweiterte Studie Eine repräsentative Untersuchung zur Nutzung sozialer Netzwerke im Internet
BITKOM Bundesverband Informationswirtschaft (2015) Drei von vier Unternehmen nutzen Social Media. https://www.bitkom.org/Presse/Presseinformation/Drei-von-vier-Unternehmen-nutzen-Social-Media.html. Zugegriffen: März 2018
BITKOM Bundesverband Informationswirtschaft (2016) Unternehmen nutzen häufiger Faxgeräte als Soziale Netzwerke. https://www.bitkom.org/Presse/Presseinformation/Unternehmen-nutzen-haeufiger-Faxgeraete-als-Soziale-Netzwerke.html. Zugegriffen: März 2018
DiNucci D (1999) Fragmented future. Print 53(4):32
Fieseler C, Meckel M (2009) CSR 2.0: Dialogische Moral und die Moral des Dialoges. In: Siegfried S, Tropp J (Hrsg) Die Moral der Unternehmenskommunikation: Lohnt es sich gut zu sein? Herbert von Halem, Köln
Gerhards M, Klingeler W, Trump T (2008) Das Social Web aus Rezipientensicht: Motivation, Nutzung, und Nutzertypen. In: Zerfaß et al. (Hrsg) Kommunikation im Social Web, Bd. 1
Graham M, Haarstad, H (2011) Transparency and Development: Ethical Consumption Through Web 2.0 and the Internet of Things. Information Technologies & International Development 7(1),1–18
Harrer A, Krämer N, Zeini S, Haferkamp N (2008) Ergebnisse und Fragestellungen aus Psychologie und Informatik zur Analyse von Interaktion in Online-Communities und Potenziale interdisziplinärer Forschung. In: Zerfaß, al (Hrsg) Kommunikation im Social Web, Bd. 1
Holzapfel F, Holzapfel K (2010) Facebook – Marketing unter Freunden, 3. Aufl. Business Village, Göttingen
Jäger W, Heep I (2008) *Corporate social responsibility – reporting* (communicationcontrolling.de – Spezial) September 2008. DPRG/Universität Leipzig, Berlin, Leipzig
Jodeleit (2010) Social Media Relations, 1. Aufl. dpunkt, Heidelberg
Levine R, Locke C, Searls D, Weinberger D (2009) The Cluetrain manifesto, tenth anniversary edition. Basic Books, New York
News Aktuell und Faktenkontor, Umfrage Social Media, April 2013. http://www.bvdw.org/medien/news-aktuell-faktenkontor-social-media-trendmonitor?media=4732. Zugegriffen: 01. Mai 2013
Reichmann S (2012) Verantwortungskommunikation und Social Media, Chance und Herausforderung für die Public Relations. AVM, München
Rheinländer K, Antes R, Fiedler K (2011) Die nachhaltigkeitsorientierte Kommunikation in Social Media. Springer, Berlin, Heidelberg
Sørensen MH, Peitersen N (2007) CSR 2.0. http://www.actics.com/files/csr2.0_actics.pdf. Zugegriffen: November 2010 – File dort nicht mehr verfügbar, auf Dänisch abrufbar. http://www.bigmother.dk/texts/CSR2.0.pdf. Zugegriffen: 6. Mai 2013
Tapscott D, Anthony DW (2009) Wikinomics – die Revolution im Netz. dtv, München

Visser W (2011) The age of responsibility – CSR 2.0 and the new DNA of business. Wiley, Hoboken
Watzlawik P, Beavin JH, Jackson DD (2007) Menschliche Kommunikation-Formen, Störungen, Paradoxien. Huber, Bern
Weinberg T (2010) Social media marketing, strategien für twitter, facebook & co, 1. Aufl. O'Reilly, Köln
Zeitschrift „enorm", Ausgabe 02/2013, Netz der Helfer, S. 16 ff.
Zerfaß A, Sandhu S (2008) Interaktive Kommunikation, Social Web und Open. In: Zerfaß, al (Hrsg) Kommunikation im Social Web, Bd. 1
Zerfaß A, Welker M, Schmidt J (Hrsg) (2008) Kommunikation, Partizipation und Wirkungen im Social Web, Band 1, Grundlagen und Methoden: Von der Gesellschaft zum Individuum. Neue Schriftenreihe zur Onlineforschung 2. Halem, Köln

Riccardo Wagner M.A. ist Head of Marketing & PR bei dem Kölner Fintech-Unternehmen moneymeets sowie Inhaber der Agentur BetterRelations. Wagner ist zertifizierter Unternehmens- und PR-Berater, Herausgeber und Autor der Publikation CSR & Social Media sowie CSR & Interne Kommunikation im Rahmen der CSR-Managementreihe (Springer Gabler). Er leitet zudem den Arbeitskreis CSR-Kommunikation (DPRG/DNWE) sowie das Orga-Team des Deutschen CSR-Kommunikationskongresses und ist Lehrbeauftragter an der Fachhochschule des Mittelstandes und der Macromedia Hochschule für Medien und Kommunikation.

Marcus Eichhorn ist seit 2004 als Kommunikationsberater und Kommunikationsmanager tätig. Seine Beratungsschwerpunkte sind digitale Kommunikationsstrategien, CSR und Nachhaltigkeit sowie Kooperationen. Zu seinen Kunden zählen sowohl Unternehmen als auch öffentliche Institutionen und Organisationen. Er ist Initiator und verantwortlicher Projektleiter verschiedener CSR Vernetzungsprojekte, wie der CSR Initiative Rheinland, dem CSR Stammtisch KölnBonn sowie Organisator des 1. und 2. CSR Kommunikationskongresses in Osnabrück im Auftrag der DPRG. Bis 2015 war Marcus Eichhorn Lehrbeauftragter für Medienethik/Journalismus in Köln und bis 2016 Korrespondent des PR-Journals. Als Kommunikationsmanager betreut er die Webmagazine FORUM WIRTSCHAFTSETHIK Online (DNWE) und den Auftritt des CSR Kompetenzzentrums Rheinland.

Er ist aktives Mitglied im Deutschen Netzwerk Wirtschaftsethik – EBEN Deutschland e.V. (DNWE), bei Transparency International Deutschland e.V. und im Vorstand des Betreuungsvereins Lebenshilfe Bonn e.V. Seit 2017 betreut er die Videro AG als Leiter Kommunikation und Business Development.

CSR-Maßnahmen in Zusammenarbeit mit Bloggern erfolgreich kommunizieren

Jessica Kunstmann

Blogger schreiben über alle möglichen Themen, die von größerer oder geringerer gesellschaftlicher Relevanz sein können. Dabei legen sie häufig einen sehr persönlichen Stil an den Tag. Wer Blogs aufgrund dessen allerdings als irrelevante Online-Tagebücher abtut, der unterschätzt ihren Machtfaktor sowie ihren Einfluss auf Leser und die öffentliche Meinung.

Blogs gewannen in den vergangenen Jahren immer mehr an Bedeutung. In der deutschen Medienlandschaft spiegelt sich dies beispielsweise durch die fortwährende Berichterstattung über ihre Professionalisierung und Monetarisierung wider. Sie stoßen inzwischen auf große Akzeptanz. Dies zeigt sich auch in der Tatsache, dass sich Bloggen gerade als Berufsbild etabliert. Denn nicht nur für Leser, sondern auch für Werbetreibende wird die Berichterstattung via Blog immer interessanter.

Es gibt eine Vielzahl von Punkten, die für die Zusammenarbeit mit Bloggern sprechen. Zum einen kommunizieren sie ihre eigenen Meinungen und Erfahrungen, was ihre Berichterstattung besonders authentisch macht. Deshalb genießen sie eine sehr hohe Glaubwürdigkeit (vgl. Zerfaß und Boelter 2005, S. 35).

Weiterhin sind Blogs von ihrer Struktur her sehr gut an die Algorithmen von Suchmaschinen angepasst. Sie finden sich bei der Suche über Google und Co. ganz selbstverständlich unter den ersten Treffern neben Wikipedia und bekannten Online-Magazinen.

Und nicht nur auf Suchmaschinen sind sie sehr präsent. Die meisten Blogger nutzen die gängigen Social-Media-Kanäle, um ihre Inhalte zu verbreiten und blicken hier auf eine Zahl an Followern, die nicht selten größer ist, als die der Unternehmen über die sie berichten. Blogs weisen zudem – selbst in der Nische – häufig enorme Reichweiten auf.

J. Kunstmann (✉)
Managing Editor & Co-Founder, Alabaster Blogzine
Leipzig, Deutschland
E-Mail: jess@alabasterblogzine.de

Auch kann der Bericht auf einem Blog den Sprung in die Massenmedien bedeuten, wie eine explorative Studie des Instituts für Kommunikations- und Medienwissenschaft der Universität Leipzig zeigte. Denn für Journalisten sind Blogs wichtige Recherchetools und dienen zur Themenfindung, als Inspirationsquelle sowie zum Trendspotting. Weiterhin werden sie von Journalisten als Mittel zur eigenen Meinungsbildung und ebenso zur Beobachtung der Lesermeinungen bzw. deren Entwicklung genutzt. (vgl. Zerfaß und Boelter 2005, S. 56–59).

Blogs bieten daher großes Potential für die Bekanntmachung von Produkten und Dienstleistungen sowie der eigenen Botschaft und CSR-Bemühungen. Wer bisher also noch nicht in Blogger Relations investiert hat, sollte spätestens jetzt damit beginnen. Welche Erfahrungen ich als Bloggerin mit der CSR-Kommunikation via Blog gemacht habe und wie man allgemein bei der Zusammenarbeit mit Bloggern vorgeht, möchte ich in diesem Beitrag erläutern.

1 Praxisbeispiel: CSR Kommunikation über Nachhaltigkeit – ein persönlicher Erfahrungsbericht

1.1 Kommunikation über Nachhaltigkeit und CSR auf dem ALABASTER BLOGZINE

Das Thema Nachhaltigkeit sowie die CSR-Maßnahmen der Unternehmen, deren Produkte ich kaufe, sind mir im Privaten seit vielen Jahren sehr wichtig. Daher ist es mir ein großes Anliegen, ebensolche Marken als Bloggerin zu repräsentieren, die in diesem Sinne vorbildlich agieren. Was ich privat nicht kaufen würde, gebe ich auch nicht als Empfehlung an meine Leserschaft weiter.

Das ALABASTER BLOGZINE vereint mehrere Autoren und befasst sich übergeordnet mit einem smarten Lifestyle. Dazu zählen verschiedenste Themen wie Beauty, Health, Food, Fitness, Interior und auch Fashion. Meine persönlichen Schwerpunkte sind dabei Naturkosmetik, nachhaltige Mode und ganz generell ein nachhaltiger Lebensstil. Beispielsweise entspricht nachhaltige Mode für mich dem smarten Lifestyle des ALABASTER BLOGZINE, wenn sie nicht nur Style, Funktion und Qualität vereint, sondern die Labels darüber hinaus auch Verantwortung übernehmen.

Kommen nachhaltige Materialien zum Einsatz? Wird zu fairen Bedingungen produziert? Welche CSR-Maßnahmen werden darüber hinaus ergriffen? Gerade wenn ein Label das erste Mal auf dem ALABASTER BLOGZINE präsentiert wird, ist die Beantwortung solcher Fragen Bestandteil der Vorstellung.

Ähnlich verhält es sich für den Bereich der Kosmetik. Ich setze nicht nur aufgrund der Inhaltsstoffe auf Naturkosmetik. Vielmehr ist es der Dreiklang aus: besser für die Umwelt, besser für das produzierende Gewerbe, besser für mich. Denn die Inhaltsstoffe stammen häufig zu großen Teilen aus biologischem Anbau – nicht selten aus Kooperativen, welche den Landwirten eine faire Entlohnung zusichern. Und natürlich nutze ich für mich selbst beispielsweise auch lieber ein hochwertiges Öl, als ein Produkt, welches hauptsächlich auf billigen Erdölderivaten basiert (und im Zweifelsfall dennoch nicht kostengünstiger angeboten wird).

1.2 Leser zum Thema Nachhaltigkeit erreichen

Bei der Berichterstattung ist es mir stets sehr wichtig, nicht mit dem erhobenen Zeigefinger zu kommunizieren, denn so erreicht man meiner Meinung nach nur ein sehr kleines Publikum. Zwar fühlen sich diejenigen Leser bestätigt, die sich sowieso schon mit der Nachhaltigkeitsstrategie sowie der sozialen Verantwortung von Unternehmen beschäftigen, doch eine neue Zielgruppe wird man auf diese Weise kaum erschließen.

Mein Anspruch ist es, ein möglichst breites Publikum auf Nachhaltigkeit aufmerksam zu machen und dafür zu begeistern. Daher kommt bei mir der Spaß an den Produkten nie zu kurz. So kommuniziere ich beispielsweise auch die Freude über die Optik sowie die Funktionalität von nachhaltiger Bekleidung. Gleiches gilt für die großartige Performance oder ein gelungenes Verpackungsdesign von Naturkosmetik. Es ist mir ein Anliegen zu zeigen, dass der Kauf von nachhaltigen Produkten nicht mit Verzicht einhergehen muss und diese in Sachen Style und Funktion konventionellen Produkten kaum mehr in etwas nachstehen.

Auf diese Weise werden auch Konsumenten auf Nachhaltigkeit aufmerksam, die sich bisher weniger oder gar nicht für dieses Thema interessiert haben. Umweltfreundliche Produktion, eine faire Entlohnung und ein verantwortungsvoller Umgang mit Ressourcen werden diesen Lesern als zusätzliche Benefits nahegebracht. So möchte ich ein Bewusstsein schaffen, ohne das bisherige oder generelle Konsumverhalten der Leser zu verurteilen.

1.3 Eigene Erfahrungen am Beispiel nachhaltige Mode

Die beschriebene Vorgehensweise basiert unter anderem auf meinen eigenen Erfahrungen. Ich möchte dies am Beispiel nachhaltiger Mode erläutern. Nachdem ich bereits bei Lebensmitteln vorwiegend bio und regional kaufte und von konventioneller auf Naturkosmetik umgestiegen bin, entschied ich mich vor einigen Jahren auch beim Thema Kleidung anders zu konsumieren. Zu dieser Zeit habe ich mich sehr intensiv über die Missstände in der Fast Fashion Industrie belesen und mich fortan nachhaltigeren Labels verschrieben.

Die Auswahl war damals noch deutlich geringer als heute – gerade mit einem studentischen Budget. Auch stand nicht immer und zu jeder Zeit eine gute Alternative aus dem Second Hand Shop zur Verfügung. Speziell wenn ich auf der Suche nach einem ganz bestimmten Kleidungsstück war, hat sich diese oft als sehr schwer erwiesen. Die Stichworte dazu lauten Bade- und Abendmode, Funktions- und Fitnessbekleidung oder Lingerie. Das frustrierte mich auf Dauer und ich verlor eine Zeit lang komplett den Spaß an nachhaltiger Mode.

Seither ist die Auswahl stark gewachsen. In den letzten Jahren sind immer mehr junge Labels nachgerückt, die frischen Wind in die Branche bringen. Manch ein etabliertes Unternehmen hat neue Wege beschritten, produziert nun umweltfreundlicher und achtet auf faire Entlohnung. Und selbst bei spezieller Bekleidung stoße ich immer wieder auf neue Labels.

Dadurch habe ich die Freude an der nachhaltigen Mode wiedergefunden. Der Austausch mit anderen Bloggern sowie Freunden und Bekannten, die ebenfalls Wert auf Nachhaltigkeit legen, hat mir gezeigt, dass ich mit dieser Erfahrung nicht allein bin. Daher ist es mir seither besonders wichtig, das Thema Nachhaltigkeit nicht ausschließlich mit Ernst und Fakten anzugehen. In gleichem Maße möchte ich zeigen, dass es eine immer größere Auswahl gibt, die einfach Spaß macht.

1.4 Die Reaktionen von Lesern auf das Thema Nachhaltigkeit

Von den Lesern werden das Thema Nachhaltigkeit sowie die individuellen Bemühungen einzelner Produzenten allgemein sehr positiv bewertet. Dies sehe ich nicht nur anhand der Kommentare bei meinen eigenen Veröffentlichungen. Auch die Leserreaktionen auf Beiträge meiner bloggenden Kollegen, die auf verschiedene CSR-Maßnahmen bestimmter Unternehmen eingehen, sind in aller Regel anerkennend und zustimmend.

Ausnahmen gibt es dann, wenn sich Unternehmen, die bisher nur wenig nachhaltig agiert haben, aufgrund vereinzelter Maßnahmen ein völlig grünes Image verpassen möchten. Stichwort Greenwashing. Dieses wird – wenn nicht bereits durch den Blogger selbst – spätestens durch den aufmerksamen Leser entlarvt und thematisiert.

Honoriert wird hingegen Ehrlichkeit. Der offene Umgang damit, dass man sich als Marke gerade erst auf dem Weg zu mehr Nachhaltigkeit und Verantwortung befindet, ist daher auf Dauer deutlich besser fürs Image, als sich bloß ein grünes Mäntelchen umzuhängen und zu hoffen, dass es niemandem auffällt.

1.5 Wie sich die Kommunikation über Blogs zu klassischen Medien unterscheidet

Neben den einleitend genannten Punkten wie Suchmaschinenplatzierung, Authentizität oder Reichweite ist auch das direkte Leserfeedback ein Argument, welches für die Zusammenarbeit mit Blogs bzw. Bloggern spricht. In den klassischen Medien wie TV, Radio und Print ist direktes Feedback nur bedingt möglich.

Ein weiterer Unterschied gegenüber den klassischen Medien ist die Dauer der Präsenz. Ein Magazin ist im darauffolgenden Monat nicht mehr aktuell, geschweige denn einfach verfügbar. Sobald die Ausstrahlung in TV bzw. Rundfunk gelaufen ist, kann diese maximal noch für einen gewissen Zeitraum in der Mediathek des Senders gefunden werden.

Blogbeiträge – insofern nicht anders vereinbart – bleiben dauerhaft online, so lange der Blog Bestand hat.

Weiterhin ist es quasi für jedermann möglich, mit Bloggern in Kontakt zu treten und Blogger Relations aktiv voranzutreiben. Wer in diesem Bereich bisher wenig oder gar keine Erfahrung hat, dem werden die folgenden Seiten ein hilfreicher Leitfaden sein.

2 Blogger – das unbekannte Wesen? Wie man mit Blogs erfolgreich kooperiert

2.1 Recherche und Auswahl thematisch passender Blogs

Blogs gibt es heute zu allen möglichen Themen. Sie sind extrem stark ausdifferenziert und so vielfältig wie ihre Betreiber. Eine Gesamtübersicht aller relevanten Blogs, zu den einzelnen unterschiedlichen Themen, gibt es leider nicht. Daher beginnen erfolgreiche Blogger Relations im Normalfall mit einer entsprechenden Recherche.

Dabei sollte man sich stets fragen: Welcher Blog bzw. Blogger passt zu meinem Produkt oder Kommunikationsanliegen und kann meine Botschaft authentisch transportieren? Auch der Blogger wird diese Bemühung zu schätzen wissen. Nicht selten bekommt man als Blogger Anfragen, die thematisch überhaupt nicht zu den bisherigen Publikationen passen. Zwar ist eine freundliche Absage schnell geschrieben, trotzdem bedeutet es unnötige Arbeit für beide Seiten.

Dennoch kann es sinnvoll sein, über den Tellerrand der eigenen Branche hinauszublicken und sich bei passenden verwandten Themen umzuschauen. Es soll um Nachhaltigkeit in Verbindung mit der Modeindustrie oder Naturkosmetik gehen? Natürlich wird man sich dann zuerst einen Überblick zu Bloggern aus dem Mode- oder Beautybereich allgemein sowie speziell zum Thema Fair Fashion und Naturkosmetik verschaffen. Warum nicht aber auch mit Blogs zu den Themen Gesundheit, Veganismus, Elternschaft oder Lifestyle kooperieren? Auch diese erreichen Zielgruppen, welche für die eigene Marke bzw. das eigene Label von Relevanz sein können.

Nachdem man sich einen Überblick verschafft hat, sollte man eine konkrete Auswahl treffen und die Blogs bzw. Blogger auswählen, welche am besten zum Unternehmen und den Produkten passen und diese kontaktieren.

2.2 Die Ansprache der ausgewählten Blogger

Für eine erste Kontaktaufnahme empfiehlt sich das Schreiben einer E-Mail. Die Kontaktmöglichkeit findet sich zumeist im „About" des Blogs, einem speziellen Kontaktformular oder dem Impressum. So ist es möglich, dass sich der Blogger aufgrund der Webpräsenz in Ruhe einen Eindruck über das entsprechende Unternehmen machen kann, bevor er antwortet. Weiterhin sollte man bedenken, dass nur ein Teil der Blogautoren auch hauptberuflich als Blogger tätig ist. Hobbyblogger sind zu den regulären Arbeitszeiten selbst mit Beruf, Ausbildung oder Studium beschäftigt und werden die Kommunikation via Mail daher präferieren.

Standardisierte Anschreiben nach dem Prinzip Gießkanne sollten vermieden werden. Blogger, die bereits viele Jahre tätig sind, erkennen solche Standardansprachen sofort, erhalten diese täglich und haben häufig kaum Interesse an dieser wenig wertschätzenden Art der Kommunikation. Auch sollten Blogger nicht ungefragt in Presseverteiler aufgenommen werden.

Im besten Falle wendet man sich an jeden Blogger mit einem individuellen Anschreiben. Bei der ersten Kontaktaufnahme ist es sinnvoll, die Marke kurz vorzustellen und zu erfragen, ob generelles Interesse an einer Kooperation besteht. Ist die Antwort positiv, kann man entsprechend Möglichkeiten für eine Zusammenarbeit erfragen.

Auch können zu diesem Zeitpunkt bereits Vorschläge und Wünsche unterbreitet werden. Blogger ist allerdings nicht gleich Blogger. Unter Punkt 1 habe ich einige Einblicke gegeben, wie ich persönlich CSR-Botschaften beim Bloggen vermittle bzw. einbette und aufgrund welcher Erfahrungen diese Vorgehensweise zustande kam. Diese unterscheidet sich gegebenenfalls allerdings stark von der Herangehensweise anderer Blogger. Die Arbeitsweisen und Ansprüche an eine Kooperation können höchst unterschiedlich sein. Daher sollten Vorschläge stets ohne Bevormundung oder Forderungen und immer auf Augenhöhe kommuniziert werden.

2.3 In langfristige Beziehungen investieren

Wenngleich die Arbeit mit Bloggern nicht völlig mit Pressearbeit vergleichbar ist, gibt es doch gewisse Parallelen. Eine einzelne Erwähnung auf einem Blog ist sicher nicht schlecht. Eine dauerhafte bzw. wiederkehrende Präsentation über einen langen Zeitraum hinweg ist deutlich besser. So sind vor allem langfristige Beziehungen, die von gegenseitigem Vertrauen geprägt sind, gewinnbringend.

Solche Beziehungen müssen natürlich erst einmal aufgebaut und schließlich gepflegt werden. Daher sollte man sich keine Illusionen über die Kosten machen. Blogger Relations kosten Zeit und – je nach Platzierung – auch Geld. Denn neben reinen Hobbybloggern gibt es immer mehr Autoren, die ihre Blogs haupt- oder nebenberuflich betreiben.

Grob – wenngleich diese Punkte nicht immer in gleichem Maße zutreffen mögen – kann man sagen, dass hauptberufliche Blogger regelmäßiger publizieren, die Leserschaft und der Bekanntheitsgrad entsprechend größer sind, Qualität von Text und Bild sowie die Usability der Seite stetig weiterentwickelt werden.

Entgegen des landläufigen Glaubens steckt hinter einem Blog sehr viel Arbeit. Diese sollte entsprechend fair entlohnt werden. Wenn man in einem Magazin Werbung schaltet, erwartet man auch nicht, dass diese kostenlos ist. Für bestimmte Platzierungen muss man also bereit sein, Geld in die Hand zu nehmen, um die Arbeit von Bloggern auch monetär wertzuschätzen.

2.4 Möglichkeiten der Zusammenarbeit mit Bloggern

Wie bereits erwähnt, kann die Zusammenarbeit mit Bloggern sehr unterschiedlich aussehen. Auf die gängigsten Möglichkeiten soll an dieser Stelle dennoch eingegangen werden. Gleichwohl ist darauf hinzuweisen, dass nicht jeder Blogger jede dieser Optionen auch anbietet.

Eine sehr geläufige Möglichkeit der Zusammenarbeit ist die Bemusterung mit Samples. In der Regel werden dem Blogger dabei kosten- und bedingungslos Produkte der Marke zur Verfügung gestellt. Der Blogger entscheidet schließlich selbst ob, wann und in welchem Umfang diese auf dem Blog erscheinen. Empfehlenswert ist es, nicht ungefragt Samples zu senden, sondern im Vorfeld abzuklären, was konkret für den Blogger von Interesse ist.

Weiterhin gibt es verschiedene Formen der Werbung auf Blogs, wie beispielsweise die klassische Bannerwerbung. In den letzten Jahren gewinnen allerdings bezahlte Artikel, die sogenannten Sponsored Posts, immer mehr an Relevanz. Diese können höchst unterschiedlich ausfallen. Die Literatur trennt zwischen Advertorials und Reviews. Erstere entsprechen redaktionellen, werblichen Texten mit persönlicher Note des Bloggers. Sie werden im Sinne des Unternehmens verfasst und fallen dementsprechend positiv aus. Reviews sind durch den Blogger freier gestaltbar und können durchaus auch Kritikpunkte beinhalten (vgl. Jodeleit 2010, S. 94).

Da die Bezeichnungen Sponsored Post, Advertorial und Review in der Praxis meist synonym verwendet werden, empfiehlt es sich vorher konkret abzuklären, um welche Form es sich handelt bzw. welche Erwartungen man hat. Je nach Blog können die Preise für Sponsored Posts stark schwanken. Einplanen sollte man einen drei- bis vierstelligen Betrag pro Artikel. Manche Blogger bieten zudem kleinere Platzierungen in sogenannten Roundup Artikeln an. Diese sind entsprechend günstiger. Allerdings sollte man sich darüber bewusst sein, dass man gegebenenfalls zusammen mit anderen Marken präsentiert wird. Als weitere Alternative können auch einzelne Sharings wie beispielsweise auf Facebook, Twitter oder Instagram eine Form der Zusammenarbeit darstellen.

Eine große Zahl an Bloggern arbeitet zudem mit Affiliate Links. Sollte man als Marke ein Affiliate Programm anbieten, so kann es durchaus sinnvoll sein, den Blogger darauf hinzuweisen.

Neben diesen geläufigen Möglichkeiten der Zusammenarbeit lohnt es sich, die ausgewählten Blogger nach weiteren Optionen zu fragen oder konkrete Vorschläge zu bringen. Manche Blogger bieten beispielsweise das Erstellen von Videobotschaften an und können als Speaker bzw. Referenten oder Moderatoren für Veranstaltungen gebucht werden. Auch ist es nicht unüblich, dass Blogger als Autoren für Corporate Blogs und andere Publikationen tätig sind oder Unternehmen beratend zur Seite stehen.

Für die Kommunikation von CSR-Inhalten bietet sich eine enge und dauerhafte Zusammenarbeit an. Hier könnten beispielsweise verschiedene Artikel über einen bestimmten Zeitraum hinweg mit kleineren Maßnahmen kombiniert werden, sodass ein sinnvoller Mix entsteht. Professionell arbeitende Blogger kennen ihre Leser und liefern in der Regel selbst proaktiv Vorschläge, sodass die Zusammenarbeit für alle Seiten erfolgreich ist.

3 Fazit

Aufgrund ihrer spezifischen Besonderheiten sollten Blogs als Kommunikationskanal nicht vernachlässigt werden. Durch ihre authentische Art und Weise der Berichterstattung genießen Blogger bei ihren Lesern ein hohes Maß an Glaubwürdigkeit und bieten für die Verbreitung von CSR-Inhalten großes Potential.

Die Authentizität beruht vor allem auf der individuellen Persönlichkeit, die jeder Blogger in seine Publikationen einbringt. Aufgrund dessen kann sich auch die Arbeitsweise verschiedener Blogger teilweise stark voneinander unterscheiden. Der Aufwand für Beziehungsaufbau, Erarbeitung von Kooperationen und Kontaktpflege sollte daher nicht unterschätzt werden, ist jedoch eine lohnenswerte Investition.

Literatur

Jodeleit B (2010) Social Media Relations. Leitfaden für erfolgreiche PR-Strategien und Öffentlichkeitsarbeit im Web 2.0, 1. Aufl. Dpunkt Verlag, Heidelberg

Zerfaß A, Boelter D (2005) Die neuen Meinungsmacher. Weblogs als Herausforderung für Kampagnen, Marketing, PR und Medien, 1. Aufl. Nausner & Nausner, Graz

Jessica Kunstmann, geboren 1984, hat Kommunikations- und Medienwissenschaft studiert. In ihrer Masterarbeit beschäftigte sie sich – anhand einer explorativen Studie – mit der erfolgreichen Monetarisierung von Weblogs. Während des Studiums gründete sie mit einer zweiten Autorin das Smart Lifestyle Blog ALABASTER BLOGZINE. Ihre Themenschwerpunkte sind Naturkosmetik, nachhaltige Mode und alles was sich unter dem Begriff Sustainability subsumieren lässt. Inzwischen ist Jessica hauptberuflich als Bloggerin und Content Creator für das ALABASTER BLOGZINE tätig. Zudem unterstützt sie Unternehmen mit Inhalten für Corporate Blogs sowie im Bereich Blogger & Influencer Relations.

CSR-Kommunikation und Nachhaltigkeitsreporting – Alles neu macht die Berichtspflicht?

Matthias S. Fifka

1 Einleitung

Die Nachhaltigkeitsberichterstattung wird mehr und mehr zu einem festen Bestandteil der CSR-Kommunikation – vor allem bei Großunternehmen. Im Jahr 2015 gaben 92 % der größten 250 Unternehmen weltweit einen Nachhaltigkeitsbericht heraus. Unter den 100 größten Unternehmen aus je 45 Ländern waren es immerhin noch drei Viertel (KPMG 2015). Gleichzeitig ist auch eine immer stärker werdende Standardisierung zu beobachten. Diese äußert sich zunächst darin, dass moderne Nachhaltigkeitsberichterstattung Elkingtons (1997) Idee einer „Triple Bottom Line" Rechnung trägt und Unternehmen ihre ökonomische, soziale und ökologische Leistung darin dokumentieren. Diese „drei Säulen" der Nachhaltigkeit werden heute gemeinhin um Governance-Information erweitert, sodass sich vier Dimensionen des Reporting ergeben. Im Speziellen schlägt sich die Standardisierung aber auch darin nieder, dass Unternehmen immer häufiger auf Reporting-Standards – im globalen Kontext gesehen ist dies vornehmlich die Global Reporting Initiative (GRI) – zurückgreifen. Drei Viertel der 250 größten Unternehmen weltweit gestalten ihren Bericht den Anforderungen der GRI entsprechend (KPMG 2015).

Trotz der inhaltlichen Konvergenz bestehen in Hinblick auf die Begrifflichkeiten, die für den Titel verwendet werden, noch immer große Unterschiede. So gibt es im internationalen Kontext neben dem dominierenden Begriff des „Sustainability Reports" auch „Corporate Social Responsibility (CSR) Reports", „Corporate Responsibility (CR) Reports" oder Eigenkreationen wie „Sustainable Value Report". Diese Anglizismen werden auch nicht selten für deutschsprachige Berichte verwendet, wobei auch deutschsprachige Bezeichnungen wie „Nachhaltigkeitsbericht", „Gesellschaftliche Verantwortung" oder

M. S. Fifka (✉)
Vorstand des Instituts für Wirtschaftswissenschaft/Professor für Allgemeine BWL, insb. Unternehmensethik, Friedrich-Alexander-Universität Erlangen-Nürnberg (FAU)
Erlangen, Deutschland
E-Mail: matthias.fifka@fau.de

„Gesellschaftliches Engagement" als Berichtstitel in der Unternehmenspraxis keine Seltenheit sind. Der klassische „Umweltbericht" oder „Sozialbericht" ist hingegen zur Ausnahme geworden.

Der Einfachheit halber soll im Folgenden von Nachhaltigkeitsreporting bzw. Nachhaltigkeitsberichterstattung gesprochen werden. Dabei ist anzumerken, dass die Begriffe „Corporate (Social) Responsibility" und „Nachhaltigkeit" sehr wohl in Hinblick auf ihren geografischen und historischen Ursprung, ihren Charakter und die von ihnen beschriebene Verantwortung unterschieden werden könnten, was hier jedoch nicht relevant oder hilfreich wäre (siehe dazu Fifka 2011).

Auch in Deutschland ist die Nachhaltigkeitsberichterstattung zu einem wichtigen Element in der Kommunikation geworden. Fast 70 % der 100 größten Unternehmen veröffentlichten 2015 ein entsprechendes Medium (KPMG 2015). Im Vergleich zu 2010, als 44 % einen solchen Bericht herausgaben (Fifka 2011), stellt das fast eine Verdoppelung dar. Diese rasche Entwicklung ist zum einen dem externen Druck von Stakeholdern geschuldet, die auf mehr Transparenz drängen. Zum anderen ist auch ein gewisser „peer pressure" zu beobachten, denn wenn die Konkurrenz einen Bericht veröffentlicht hat, kommt ein Unternehmen kaum noch umhin, dies ebenfalls zu tun.

Trotz der rasanten Entwicklung in den letzten Jahren, war die Geburt der Nachhaltigkeitsberichterstattung in Deutschland im internationalen Vergleich gesehen keine leichte. Viele Unternehmen agierten sehr zögerlich und mit erheblichen Vorbehalten. Diese anfängliche Skepsis kann auf die Befürchtung zurückgeführt werden, eine Berichterstattung würde lediglich als „Lippenbekenntnis" und „PR-Gerede" (Biedermann 2008, S. 291) wahrgenommen werden und sowieso nur Kosten verursachen, ohne einen Mehrwert für das Unternehmen zu schaffen.

Wenngleich der Vorwurf, Reporting wäre in erster Linie Selbstdarstellung und diene primär der Image-Pflege, noch immer erhoben wird, ist er weniger prävalent geworden. Gleichsam würde der Vorwurf, nicht zu berichten, viel schwerer wiegen und der Vermutung Raum geben, dass Unternehmen interessiere sich nicht für gesellschaftliche Belange oder habe gar etwas zu verbergen; in anderen Worten: Nachhaltigkeitsberichterstattung ist heute eine gewisse Selbstverständlichkeit – es gehört richtiggehend zum „guten Ton".

Diese Auffassung vertritt auch die EU-Kommission, die mit ihrer Richtlinie zur nichtfinanziellen Berichtspflicht (2014/95) die Mitgliedsstaaten dazu angehalten hat, entsprechende nationale Gesetze zur Stärkung der Nachhaltigkeitsberichterstattung zu erlassen. Der deutsche Gesetzgeber ist dieser Richtlinie mit dem „Gesetz zur Stärkung der nichtfinanziellen Berichterstattung der Unternehmen in ihren Lage- und Konzernlageberichten (CSR-Richtlinien-Umsetzungsgesetz)" vom 11. April 2017 nachgekommen. Auch wenn aufgrund der größenorientierten Bestimmungen nur etwa 500 Unternehmen betroffen sind, haben die Richtlinie und das Umsetzungsgesetz zu einer neuen Dynamik in der Thematik geführt.

Basierend auf diesen Vorüberlegungen erörtert der folgende Beitrag zunächst kurz die historische Entwicklung der Nachhaltigkeitsberichterstattung und ihren gegenwärtigen Stand, bevor auf die mit ihr verbundenen Chancen und Herausforderungen für Unternehmen eingegangen wird. Darauf aufbauend werden Empfehlungen für eine effektive Berichterstattung erarbeitet. Ehe diese Betrachtungen vorgenommen werden könne, ist es jedoch zunächst notwendig, sich dem Begriff des Nachhaltigkeitsreportings definitorisch zu nähern.

2 Nachhaltigkeitsreporting – ein Definitionsversuch

Ein einheitliches Verständnis von Nachhaltigkeitsreporting, um es vorwegzunehmen, existiert nicht. Dies liegt auch daran, dass die Abgrenzung zu bzw. synonyme Verwendung von verwandten Begrifflichkeiten wie „CSR Reporting" äußerst uneinheitlich gehandhabt wird. Selbst wenn den Termini ein synonymer Charakter unterstellt wird, wie es in der Unternehmenspraxis häufig der Fall ist, so besteht deswegen noch keinerlei Einigkeit darüber, was Nachhaltigkeits- bzw. CSR- oder CR-Reporting kennzeichnet. Einigkeit besteht lediglich in dem Punkt, dass Nachhaltigkeitsreporting, wie oben erläutert, die Offenlegung ökonomischer, sozialer, ökologischer und Governance-bezogener Information umfasst. Dementsprechend definiert auch die Global Reporting Initiative (GRI) (2013) den Begriff: „Ein Nachhaltigkeitsbericht legt Informationen über die ökonomische, ökologische und soziale Leistung sowie das Führungsverhalten offen."

Lange Zeit war Nachhaltigkeitsberichterstattung auch durch Freiwilligkeit charakterisiert, wenngleich es in einigen Länder, wie z. B. Dänemark und Frankreich, sehr früh gesetzlich Vorgaben zur Umweltberichterstattung gab (siehe dazu: Cowan und Gadenne 2005; Fifka 2012b; Holgaard und Jørgensen 2005; Nyquist 2003). Solche Vorgaben waren in Deutschland bis 2017 nicht existent. Die Offenlegung von nichtfinanziellen Informationen war inhaltlich stark beschränkt und wurde lediglich börsennotierten Unternehmen durch die EU-Modernisierungsrichtlinie (2003/51/EG) insoweit vorgeschrieben, als dies für das Verständnis des Geschäftsverlaufs, des Ergebnisses oder der Lage der Gesellschaft notwendig war. Dies hat sich durch das eingangs erwähnte Gesetz zur „Stärkung der nichtfinanziellen Berichterstattung der Unternehmen in ihren Lage- und Konzernlageberichten" geändert. Der Begriff der „Stärkung" wurde dabei bewusst gewählt, um zu suggerieren, dass bereits die im HGB umgesetzte Modernisierungsrichtlinie von 2003 diese Information einforderte.

Auch durch die zunehmende gesetzliche Verpflichtung zur Berichterstattung setzt sich eine Quantifizierung als weiteres Charakteristikum immer stärker durch. Nachhaltigkeitsleistung soll durch die Messung und Offenlegung von Kennzahlen bestimm- und vergleichbar gemacht werden. Eine rein qualitative bzw. verbale Schilderung der Übernahme gesellschaftlicher Verantwortung wird immer seltener als ausreichend empfunden. Dennoch sollte der Wert verbaler Ausführungen – vor allem in Hinblick auf eine bessere Verständlichkeit – nicht unterschätzt werden.

Schließlich stellt sich die Frage nach der Zielgruppe, also der „Leserschaft" von Nachhaltigkeitsberichten. Die klassische Dichotomie ist hier, dass der traditionelle Geschäftsbericht sich an Aktionäre und Investoren richtet, während der Nachhaltigkeitsbericht für die nicht-finanziellen Stakeholder gedacht ist. Dieses Schema greift heute aber deutlich zu kurz, da auch der Nachhaltigkeitsbericht seit einigen Jahren immer relevanter „im Rahmen der Anlagestrategien von privaten und institutionellen Investoren" (Kirchhoff 2008, S. 109) wird, denn er erlaubt einen Einblick in den Umgang des Unternehmens mit risikorelevanten Themen. Unternehmen, die nicht entsprechend auf ökologische und soziale Belange eingehen, laufen Gefahr, Gegenstand von negativer Medienberichterstattung, Skandalen und Boykotten zu werden, was zumeist negative finanzielle Folgen hat, die natürlich nicht im Interesse von potentiellen Shareholdern sind.

Fasst man diese Überlegungen zusammen, so lässt sich definitorisch festhalten, dass Nachhaltigkeitsreporting die freiwillige oder gesetzlich eingeforderte Offenlegung unternehmensbezogener sozialer, ökologischer und ökonomischer Informationen quantitativer sowie qualitativer Natur umfasst, die an Stakeholder und Shareholder gerichtet ist. Dieser „Dreiklang" von sozialen, ökologischen und finanziellen Kriterien ergänzt um Governance-Aspekte ist heute weithin akzeptiert, hat sich jedoch erst aus einem über Jahrzehnte andauernden Prozess herauskristallisiert. Diese historische Entwicklung wird im Kontext der sogenannten „CSR-Berichtspflicht" nun kurz erläutert.

3 Von der Freiwilligkeit hin zur Pflicht – Das Gesetz zur Stärkung der nichtfinanziellen Berichterstattung der Unternehmen

Moderne Berichterstattung, die über finanzielle Aspekte hinausgeht, hat ihren Ursprung in den 1970er-Jahren und war zu dieser Zeit rein freiwilliger Natur. Vor allem westeuropäische Unternehmen begannen, eine sogenannte „Sozialbilanz" oder „Bilan Social" zu veröffentlichen, in der sie in allererster Linie ihre soziale Leistung durch Steuerzahlungen und der Versorgung von Arbeitnehmern darstellten. Später erweiterten sie diese Gesichtspunkte um Aspekte der Produktqualität und des sozialen Engagements am Unternehmensstandort. Dies waren genau „die Kritikpunkte, mit denen sich Unternehmen in dieser Zeit konfrontiert sahen und die zumeist auch Gegenstand gesetzlicher Regulierung waren" (Abbott und Monsen 1979, S. 506). Hier zeigt sich, dass die Berichterstattung stark reaktiver Natur war und in erster Linie der Befriedigung von externen Informationswünschen diente.

In den 80er-Jahren erfuhr diese Praxis zunächst keine nennenswerte Veränderung, ehe sich mehr und mehr die Berichterstattung über ökologische Aspekte durchsetzte. Dies war zunächst eine Reaktion auf Katastrophen wie den Atomunfällen in Harrisburg in den Vereinigten Staaten (1979) und Tschernobyl in der Ukraine (1986), dem Chemieunfall von Bophal, Indien (1984) und der Havarie des Öltankers Exxon Valdez in Alaska (1989). In den 90er-Jahren änderte sich dieser rein reaktive Charakter. Der „Umweltbericht" wurde – zumindest bei Großunternehmen – zum Standard und löste häufig den Sozialbericht ab. Unternehmen erkannten zunehmend, dass umweltfreundliches Verhalten und die Berichterstattung darüber zum Wettbewerbsvorteil werden konnten aufgrund der steigenden medialen Öffentlichkeit und des wachsenden Umweltbewusstseins in der

Bevölkerung (Fifka 2013). Vorfälle wie die versuchte Versenkung der Ölplattform Brent Spar auf offener See durch Shell zeigten, dass die Konsumenten durchaus bereit waren, als umweltfeindlich wahrgenommenes Verhalten zu sanktionieren und die verantwortlichen Unternehmen zu boykottieren (Fifka 2012a).

Um den Jahrtausendwechsel änderte sich die Berichterstattung erneut. Den Umweltberichten wurden nun zunehmend wieder soziale Aspekte des Unternehmenshandelns hinzugefügt. Auch finanzielle Informationen, die ansonsten dem klassischen Geschäftsbericht vorbehalten waren, wurden aufgenommen. Mit dieser inhaltlichen Erweiterung ging auch eine Umbenennung der Berichte einher. Der „Corporate (Social) Responsibility Report", „(Corporate) Citizenship Report", „Sustainability Report" oder auch „Nachhaltigkeitsbericht" wurde jetzt zum Standard unter den Großunternehmen (Blankenagel 2007). So wurde in Deutschland der erste Bericht unter dem Titel „Corporate Citizenship" von Siemens im Jahr 2000 publiziert. Die Deutsche Bank und Degussa folgten zwei Jahre später. Die Deutsche Telekom gab erstmals 2004 einen „Human Ressources and Sustainability Report" heraus, während Daimler und Volkswagen ab 2005 einen „Nachhaltigkeitsbericht" veröffentlichten.

Wie diese Entwicklungen zeigen, veröffentlichen große deutsche Unternehmen schon mehr als 10 Jahre vor der Verabschiedung der CSR-Berichtspflicht durch den Bundestag im März 2017 entsprechende Berichte – in anderen Worten: Für Sie ist diese Pflicht eher „kalter Kaffee", zumal ihre Berichte die gesetzlichen Anforderungen im Normalfall bei weitem übertreffen. Dennoch werden aufgrund der Größenbestimmungen einige Unternehmen betroffen sein, vor allem Kreditinstitute wie große Sparkassen, die bisher noch keinen Bericht veröffentlicht haben. Das Gesetz weist dabei folgende Kernbestandteile auf:

Wer?
Den in der EU-Richtlinie festgehaltenen Vorgaben folgend, betrifft das Gesetz Kapitalgesellschaften, haftungsbeschränkte Personenhandelsgesellschaften („GmbH & Co KG") und Genossenschaften

- mit mehr als 500 Mitarbeitern,
- einer Bilanzsumme von mehr als € 20 Mio. oder einem Umsatz von mehr als € 40 Mio.,
- die kapitalmarkt-orientiert (d. h. sich vornehmlich über die Ausgabe von Wertpapieren auf geregelten Märkten finanzieren) oder ein Kreditinstitut oder Versicherungsunternehmen (egal ob kapitalmarkt-orientiert oder nicht) sind.

Ausnahmen gibt es für Unternehmen in einem Konzern, wenn die Muttergesellschaft nicht-finanzielle Berichterstattung vornimmt.

Was?

Grundsätzlich ist in der geforderten nichtfinanziellen Erklärung das Geschäftsmodell des Unternehmens zu beschreiben, d. h. das Unternehmen muss erläutern, wie es Wertschöpfung vornimmt, also z. B. mit welchen Produkten es auf welchen Märkten mit welchen Strategien agiert. Zusätzlich zu dieser Erläuterung muss das Unternehmen auf fünf bzw. sechs Bereiche eingehen:

- Umweltaspekte (z. B. Treibhausgasemissionen, Energienutzung, Wasserverbrauch, Erhalt der biologischen Vielfalt, Umweltsicherheit, Bodenbelastungen)
- Arbeitnehmerbelange (z. B. Maßnahmen der *Gender Equality*, Arbeitsbedingungen, Achtung der Rechte der Mitarbeiter, Umgang mit Gewerkschaften, Gesundheitsschutz und Sicherheit am Arbeitsplatz)
- Sozialbelange (z. B. Dialog auf kommunaler Ebene, Engagement zum Wohle der Entwicklung lokaler Gemeinschaften)
- Menschenrechte (z. B. Angaben zu Maßnahmen, die vor Menschenrechtsverletzungen schützen sollen)
- Bekämpfung von Korruption und Bestechung (z. B. Risiko-Assessments von korruptionsgefährdeten Unternehmenseinheiten, Präventionsmaßnahmen)
- Diversität (dieser Aspekt gilt nur für Aktiengesellschaften, z. B. eine Beschreibung des verfolgten Konzepts und der Maßnahmen, die auf die Zusammensetzung des vertretungsberechtigten Organs und des Aufsichtsrats in Bezug auf Aspekte wie beispielsweise Alter, Geschlecht, Bildungs- oder Berufshintergrund gerichtet sind).

Zu den fünf bzw. sechs genannten Aspekten sind wiederum folgende Angaben zu machen:

- verfolgte Konzepte, d. h. grundsätzliche Strategien und Vorgehensweisen in den einzelnen Bereichen
- vorhandene Due Diligence-Prozesse (z. B. mit welchen Prozessen die Einhaltung von Sorgfaltspflichten überprüft wird)
- Ergebnisse der verfolgten Konzepte
- bedeutsame nichtfinanzielle Kennzahlen, die der Quantifizierung von Ergebnissen dienen und somit Leistung und Fortschritt messbar machen
- wesentliche Risiken, die auf die eigene Geschäftstätigkeit ausgehen
- wesentliche Risiken, die von den Geschäftsbeziehungen des Unternehmens, seinen Produkten und Dienstleistungen ausgehen (Anm.: Dadurch liegt eine erhebliche Erweiterung des Risikobegriffs vor, der traditionelle nur etwaige negative Auswirkungen auf das Unternehmen umfasste.)
- Hinweise auf im Jahresabschluss ausgewiesene Beträge und entsprechende Erläuterungen

Die Pflicht, diese Angaben zu machen, unterliegt jedoch erheblichen Einschränkungen, weshalb das Gesetz von vielen Seiten als zu „weich" kritisiert wurde. Die Angaben sind nur zu machen, falls sie für das Verständnis des Geschäftsverlaufs, des Geschäftsergebnisses und der Lage des Unternehmens erforderlich sind und zudem auch für das Verständnis der Auswirkungen der unternehmerischen Tätigkeit auf die oben genannten nichtfinanziellen Aspekte notwendig sind (dies ist die Voraussetzung für die sogenannte „doppelte Materialität" bzw. „doppelte Wesentlichkeit").

Über Risiken muss nur dann berichtet werden, wenn deren Eintritt sehr wahrscheinlich ist und daraus schwerwiegende negative Auswirkungen auf die nichtfinanziellen Aspekte resultieren können. Eine solche Einschätzung unterliegt naturgemäß einer nicht unerheblichen Subjektivität. Zudem müssen Angaben zu nicht mit der eigenen Geschäftstätigkeit verbundenen Risiken von Bedeutung und verhältnismäßig sein, d. h. vom Unternehmen wird keine umfassende Risikoberichterstattung erwartet.

Schließlich ist es möglich, bestimmte Informationen, von deren Offenlegung erheblicher Nachteile für das Unternehmen ausgehen könnten, wegzulassen. Dies darf jedoch nur insoweit geschehen, als ein Verständnis der tatsächlichen Verhältnisse, des Geschäftsverlaufs, des Geschäftsergebnisses und der Lage des Unternehmens und der Auswirkungen seines Handelns nicht maßgeblich beeinträchtigt wird. Auch hier ist Subjektivität in der Einschätzung König.

Wie?

Zunächst einmal sind Unternehmen gehalten, sich bei der inhaltlichen Gestaltung der Berichte an nationalen, europäischen oder internationalen Rahmenwerken zu orientieren. Dies können Leitlinien sein, die generell nachhaltiges und verantwortliches Handeln zum Gegenstand haben (z. B. der UN Global Compact, die ISO 26000 und die Leitsätze der OECD für multinationale Unternehmen) oder spezifische Berichtsstandards wie die Global Reporting Initiative und der Deutsche Nachhaltigkeitskodex. In jedem Fall ist anzugeben, ob ein und welches Rahmenwerk herangezogen wurde. Falls dies nicht geschehen ist, muss erläutert werden warum. Man spricht deshalb auch von einem „apply or explain"-Modell, das weicher ist als ein Gesetz, denn die Nichterfüllung, in diesem Fall die Nichtanwendung eines Standards, kann erklärt werden.

In Hinblick auf die Veröffentlichung selbst gibt es vier Optionen:

- als Teil des Lageberichtes („nichtfinanzielle Erklärung")
  - entweder als separater Abschnitt, d. h. als klar abgegrenztes Kapitel
  - vollintegriert (in diesem Fall findet sich die nicht-finanzielle Information nicht in einem, sondern in mehreren Kapiteln)
- als eigenständigen Bericht (Erscheinen zeitgleich mit dem Lagebericht; Veröffentlichung im Bundesanzeiger)
- auf der Homepage (Veröffentlichung dort maximal vier Monate nach Erscheinen des Geschäftsberichts; Abruf muss für mindestens zehn Jahre möglich sein)

Wann?

Die Berichtspflicht bezieht sich auf Geschäftsjahre, die nach dem 31.12.2016 beginnen. Somit müssen die betroffenen Unternehmen im Regelfall erstmals 2018 nicht-finanzielle Information im genannten Umfang offenlegen.

In seiner Gesamtheit ist das Gesetz als eher „schwach" zu beurteilen aufgrund der vielen Interpretationsmöglichkeiten und Hintertüren, bestimmte Information nicht zu berichten. Dennoch ist es vor allem aufgrund der Dynamik, die es zum Thema Berichterstattung erzeugt hat, nicht zu unterschätzen. Es fand definitiv eine Bewusstseinsbildung statt, von der auch mittelständische Unternehmen betroffen sein werden, obwohl sie nicht unmittelbar Gegenstand des Gesetzes sind. Dennoch sind die betroffenen Unternehmen gehalten, auch relevante Information in Hinblick auf ihre Geschäftsbeziehungen zu veröffentlichen (also etwa die Lieferanten betreffend). Die EU-Richtlinie nannte sogar explizit die Notwendigkeit, über nicht-finanzielle Aspekte in der Lieferkette Information bereitzustellen, was sich in dieser Form in der deutschen Umsetzung nicht wiederfindet. Dennoch fordern mehr und mehr Großunternehmen bestimmte soziale und ökologische Indikatoren und Maßnahmen von ihren Lieferanten ein, für die dies somit Herausforderung und Chance zugleich darstellt.

4 Herausforderungen und Chancen des Nachhaltigkeitsreportings

4.1 Herausforderungen

Die freiwillige Veröffentlichung von Informationen zur sozialen, ökologischen und ökonomischen Leistung[1] des Unternehmens wirft zunächst einmal die Frage auf, warum dieser offensichtlich mit Kosten verbundene Schritt überhaupt unternommen werden sollte. Ihr liegt das Dilemma zugrunde, dass die Kosten für Nachhaltigkeitsberichterstattung – etwa für die Messung, die Zusammenstellung, den Druck oder die Veröffentlichung – sehr genau bestimmt werden können, während die Vorteile oder „Erlöse" aus der Berichterstattung kaum zu quantifizieren sind. Vor dem Hintergrund einer harten Kosten-Nutzen-Analyse hat Nachhaltigkeitsreporting von daher nur schwerlich Bestand. Es handelt sich dabei aber nicht nur um ein ökonomisches, sondern auch um ein psychologisches Problem. Denn Manager, die in messbaren Kosten-Nutzen-Kategorien denken, werden eine „natürliche" Abneigung gegen eine solche Initiative hegen, für die kein quantifizierbarer „Business Case" existiert.

Weiter verstärkt wird diese Barriere durch den Umstand, dass es kaum sinnvoll erscheint, Informationen Preis zu geben, die Konkurrenten einen möglichen Einblick in das eigene Geschäft erlauben oder die Kritiker, z. B. aus Nicht-Regierungsorganisationen oder Medien, mit Informationen versorgen, welche gegen das Unternehmen verwendet werden

---

[1] Hier muss angemerkt werden, dass für Kapitalgesellschaften die Veröffentlichung finanzieller Informationen verpflichtend sein kann.

können (Dando und Swift 2003). Letzteres gilt besonders dann, wenn es sich um Informationen handelt, die negativer Natur sind, z. B. eine höhere Zahl von Arbeitsunfällen oder eine aus der Produktion resultierende steigende Umweltbelastung.

Eng verbunden damit ist die Annahme, Nachhaltigkeitsreporting würde in der Öffentlichkeit lediglich als Werbemaßnahme bzw. PR-Aktion wahrgenommen werden. Besonders vor dem deutschen Hintergrund ist diese Befürchtung aufgrund einer „latent unternehmenskritischen Grundhaltung in der [...] Gesellschaft" (Backhaus-Maul 2008, S. 492) nicht unbegründet. Unternehmen wird häufig *per se* unterstellt, nicht im Sinne der Gesellschaft zu handeln. Konzepte wie Nachhaltigkeit und Corporate Social Responsibility werden lediglich als Worthülsen gesehen, mit denen die „Strategen der ‚Öffentlichkeitsarbeit'" versuchen, „irgendwie [darzustellen], was das Unternehmen mit oder neben seinem geschäftlichen Erfolgsstreben für die Gesellschaft an Gutem tut" (Ulrich 2008, S. 94). Dementsprechend wird auch die Berichterstattung selbst als unaufrichtig rezipiert.

Weit größer als diese Wahrnehmungsbarrieren, die sowohl im Unternehmen als auch in der Gesellschaft zu finden sind, sind jedoch die mit Nachhaltigkeitsreporting verbundenen finanziellen und technologischen Herausforderungen. Soll Berichterstattung aussagekräftig und umfassend sein, vor allem wenn sie sich an weitreichenden Standards orientiert, ist sie unweigerlich mit einem erheblichen Aufwand verbunden. Um eine große Zahl an sozialen und ökologischen Indikatoren zu messen, ist eine nicht zu unterschätzende technische Expertise notwendig. Viele Unternehmen verfügen jedoch nicht über die entsprechenden Ingenieure und Prüfer, weshalb sie sich die Expertise extern beschaffen müssen, was mit erheblichen Kosten verbunden ist. Selbst wenn das entsprechende Personal im Unternehmen verfügbar ist, ist der in Arbeitsstunden gerechnete Aufwand erheblich.

Wie oben dargestellt, ist die Berechnung bzw. Messung („Auditing") nur der erste Schritt des Berichtsprozesses. Häufig schließt sich eine Prüfung des Berichts durch Dritte an, um dessen Richtigkeit zu testieren. Auch diese ist mit erheblichen Kosten verbunden, besonders dann, wenn ein umfassender Standard wie die GRI angelegt wird, welcher viele zu messende Kennzahlen einfordert.

Der letzte Schritt besteht – unabhängig davon, ob eine Testierung stattgefunden hat oder nicht – aus der Veröffentlichung der entsprechenden Informationen und Daten. Wird ein eigenständiger Bericht erstellt, so muss dieser gestaltet und gesetzt und möglicherweise auch gedruckt und versandt werden. Unternehmen gehen jedoch dazu über, auf den letzten Teilschritt zu verzichten und stellen den Bericht nur noch im Internet – gegebenenfalls auch als pdf – bereit. Selbst im Falle eines ausschließlich elektronischen Reportings entstehen durch das Design und die Aktualisierung der entsprechenden Internet-Seiten erhebliche Kosten.

Aufgrund dieser Herausforderungen und Kosten stellt sich unweigerlich die Frage, welche Vorteile Unternehmen aus dem Nachhaltigkeitsreporting ziehen können, die seinen Einsatz rechtfertigen.

4.2 Chancen

Zunächst einmal lässt sich argumentieren, dass Nachhaltigkeitsreporting in erster Linie gar nicht so sehr eine Chance, sondern vielmehr eine bloße Notwendigkeit für ein Unternehmen darstellt, um die sogenannte *License to operate* zu erhalten. Dabei handelt es sich nicht um eine Lizenz im juristischen Sinne, sondern um eine gesellschaftliche Erlaubnis – also die Akzeptanz der Stakeholder. Verliert ein Unternehmen diese Akzeptanz unter Kunden, Lieferanten, Mitarbeitern und anderen Anspruchsgruppen, so verliert es auch seine Existenzberichtigung (Schaltegger und Burritt 2010). Denn Stakeholder erwarten zunehmend, dass Unternehmen einen Einblick in ihr Handeln geben („Transparenz"), um die jeweiligen Auswirkungen dieses Handelns bestimmen und gegebenenfalls auch Unternehmen dafür verantwortlich machen zu können („Accountability").

Wie oben argumentiert wurde, wird der Nachhaltigkeitsberichterstattung in Deutschland zwar noch immer häufig mit Vorbehalten begegnet, dennoch kann gesagt werden, dass ein Verzicht darauf („Non-Reporting") weit negativer gesehen wird als die Veröffentlichung eines Berichts. Denn dann entsteht leicht der Eindruck, das Unternehmen habe etwas zu verbergen oder erachte die ökologischen und sozialen Auswirkungen seines Handelns und damit die betroffenen Stakeholder für nicht relevant.

Diesem Argument wird häufig entgegnet, dass NGOs, Journalisten und Investoren, die einzigen seien, die Nachhaltigkeitsberichte lesen würden, und in der Tat wissen wir wenig darüber, wer die Berichte tatsächlich liest (Spence 2009). Folgt man diesem Einwand, so schlägt z. B. ein Konsument nicht erst einen Nachhaltigkeitsbericht auf, bevor er eine Kaufentscheidung trifft und ein Lieferant studiert diesen nicht, bevor er eine Geschäftsbeziehung eingeht. Geht man weiterhin von der Richtigkeit dieser Annahme aus, so muss jedoch noch immer berücksichtigt werden, dass alleine die Aufmerksamkeit von Medien und NGOs aufgrund deren Einfluss auf das öffentliche Meinungsbild von großer Bedeutung sein kann. Denn ein unzureichendes Reporting kann aufgrund dessen Darstellung in den Medien sehr reputationsschädlich sein, während eine überzeugende und umfassende Berichterstattung über ein positives „Medienecho" reputationsfördernd wirken kann. Dass Medien und NGOs dem Thema durchaus Aufmerksamkeit widmen, zeigt die Vielzahl an Preisen, Auszeichnungen und Rankings, die zwischenzeitlich vergeben bzw. erstellt werden. Genannt seien an dieser Stelle lediglich das Ranking des Instituts für Ökologische Wirtschaftsforschung und der Deutsche Nachhaltigkeitspreis.

An diesen Ausführungen wird deutlich, dass erhebliche Chancen der Nachhaltigkeitsberichterstattung in der Imagepflege und -verbesserung und den damit erzielbaren Differenzierungsvorteilen am Markt liegen. Über die positive Außenwirkung können neue Kunden angesprochen, gewonnen und gebunden werden. Dies gilt auch für Arbeitskräfte. Wie Studien zeigen (z. B. Blumberg 2007), bevorzugen Arbeitskräfte bei der Stellensuche Unternehmen, die sozial und ökologisch engagiert sind. Der Nachhaltigkeitsbericht ist das primäre Medium, um dies zu dokumentieren. Gleichsam erhöht gelebte gesellschaftliche Verantwortung die Identifikation der Mitarbeiter mit dem Unternehmen (Rodrigo und Arenas 2008).

Schließlich gestattet das Nachhaltigkeitsreporting einem Unternehmen einen Einblick in Prozesse, Produkte und Auswirkungen der eigenen Tätigkeit. Es dient also nicht nur der Information von unternehmensexternen Akteuren, sondern auch der internen Informationsgewinnung. Auf diese Weise können zum einen potentielle Risiken für den Geschäftsbetrieb identifiziert werden, etwa die für die Lieferkette gefährliche Abhängigkeit von fossilen Rohstoffen oder von Produkten aus politisch instabilen Ländern. Dies kann ein Anreiz dafür sein, nach Alternativen zu suchen, die umweltfreundlicher sind oder deren Bezug langfristig garantiert werden kann. Zum anderen liegt eine große Chance der Nachhaltigkeitsberichterstattung in der Effizienzsteigerung. Umfassendes Reporting zwingt Unternehmen dazu, z. B. ihre Abfallproduktion, die Frischwasserentnahme, Recyclingquoten oder Emissionen zu messen. Das Bestreben danach, in diesen Bereichen eine Verbesserung zu erzielen, kann zu einem effizienteren Materialeinsatz und effizienteren Produktionsverfahren führen. Auf diese Weise wird Innovation generiert, die kostensenkend wirkt (Aras und Crowther 2009). Eine solche Effizienzsteigerung ist nicht nur im Interesse des Unternehmens, sondern auch im Interesse der Gesellschaft, da natürliche Ressourcen geschont werden.

Um den Herausforderungen der Nachhaltigkeitsberichterstattung zu begegnen und die mit ihr verbundenen Vorteile nutzen zu können, sollten einige Gesichtspunkte berücksichtigt werden, die im Folgenden diskutiert werden.

5 Empfehlungen

Zunächst einmal müssen Unternehmen etwaige „innere" Vorbehalte gegen das Nachhaltigkeitsreporting abbauen. Dies gilt, wie oben diskutiert, besonders im deutschen Kontext, in dem Manager fürchten, dass eine Berichterstattung lediglich als Public-Relations-Maßnahme oder gar als „Greenwashing" wahrgenommen wird. Jedoch wird von Unternehmen immer häufiger ein angemessenes Reporting erwartet, weshalb dieser Anforderung über die erwähnten Bedenken hinweg auch begegnet werden muss.

Die Besorgnis wiederum, mit dem Reporting seien erhebliche Kosten verbunden, ist nicht unbegründet. Allerdings sollte Reporting nicht nur als finanzielle Belastung, sondern auch als Chance gesehen werden. Hierbei ist entscheidend, dass Reporting als kontinuierlicher Lernprozess verstanden wird. Von keinem Unternehmen kann erwartet werden, dass es von Anfang an einen umfassenden Bericht vorlegt. Entscheidend ist eine fortwährende Verbesserung in Hinblick auf die Quantität und Qualität der zur Verfügung gestellten Information. So kann ein Unternehmen z. B. damit beginnen, einige wenige Indikatoren zu messen und zu veröffentlichen, und deren Zahl dann Schritt für Schritt vergrößern. Dabei ist es wichtig, vor allem die Aspekte anzusprechen, die unmittelbar relevant für das Unternehmen sind. So wird von einem Unternehmen in der Chemiebranche oder in der Schwerindustrie eher die Veröffentlichung der ökologischen Auswirkungen des Unternehmenshandelns erwartet werden als von einer Bank oder einer Versicherung. Von letzteren wird eher eine Darstellung der Anlagestrategien oder von Themen der Datensicherheit erwartet werden.

Der Nachhaltigkeitsbericht muss folglich in seinen Schwerpunkten einen unmittelbaren Bezug zur eigentlichen Geschäftstätigkeit haben. Dies bedeutet nicht, dass kein darüber hinausgehendes karitatives Engagement dargestellt werden kann und sollte, aber es darf nicht im Fokus stehen. Berichte, die primär aus der Darstellung einiger „Charity-Events" bestehen und entsprechend fotografisch aufbereitet sind, wirken in der Tat nur wie eine oberflächliche PR-Publikation.

Hier zeigt sich, dass quantitative Information zumindest langfristig unerlässlich für überzeugendes Reporting ist (Perrini und Tencati 2006). Denn wie eine finanzielle ist auch eine stichhaltige soziale und ökologische Leistungsbeurteilung nur zahlenbasiert möglich. Die Auswahl der zu messenden Indikatoren sollte sich, wie oben diskutiert, am Kerngeschäft des Unternehmens und an den Informationswünschen der Stakeholder orientieren. Eine Orientierungshilfe bietet dabei zum einen ein Stakeholder-Dialog, denn im Austausch mit den Stakeholdern – sei es in persönlichen Gesprächen oder durch eine Umfrage – kann identifiziert werden, welche Informationen für die einzelnen Anspruchsgruppen relevant und interessant sind (Azzone et al. 1997). Zum anderen ist eine vollständige oder teilweise Anwendung von Reporting-Standards hilfreich, da sie bestimmte Indikatoren vorgeben. Durch den Einsatz eines solchen Standards zeigt ein Unternehmen auch, dass es die zur Verfügung gestellten Informationen nicht willkürlich ausgewählt hat und bereit ist, sich mit anderen Unternehmen, die den gleichen Standard verwenden, messen zu lassen. Eine auf umfassenden Standards, wie etwa die GRI, basierende Berichterstattung ist jedoch in erster Linie für Großunternehmen ratsam, da kleine und mittlere Betriebe häufig mit den weitreichenden Anforderungen überfordert sind.

Hieran wird ersichtlich, dass gelungenes Nachhaltigkeitsreporting Hand in Hand mit der Nachhaltigkeitsstrategie des Unternehmens gehen sollte. Ist diese fehlerhaft oder gar nicht vorhanden, so wird es schwer sein, überzeugende Berichterstattung zu leisten. Das heißt nicht, dass ein Unternehmen erst mit dem Reporting beginnen sollte, nachdem eine Nachhaltigkeitsstrategie erfolgreich implementiert wurde, aber das Reporting sollte stets im Gleichschritt mit der Umsetzung von Nachhaltigkeit im Unternehmen gehen. Lediglich über Dinge zu berichten, die das Unternehmen in ungewisser Zukunft anstrebt, wirkt erneut nur wenig überzeugend.

Das bedeutet wiederum nicht, dass keine Visionen oder Ziele artikuliert werden können – im Gegenteil. Das Nennen von Zielen erhöht die Qualität des Reporting erheblich, weil dadurch signalisiert wird, was das Unternehmen erreichen möchte. Jedoch müssen diese Ziele konkretisiert werden, um einen Wert für Unternehmen und Stakeholder gleichsam zu haben. So könnte ein Unternehmen beispielsweise angeben, dass es anstrebt, seine Emissionen bis 2020 um die Hälfte zu reduzieren.

In diesem Kontext ist entscheidend, auch über Ziele zu berichten, die nicht oder noch nicht erreicht wurden. Unternehmen neigen häufig dazu, nur positive Aspekte zu berichten, was erneut die Glaubwürdigkeit reduziert. Wird dem Leser jedoch erläutert, welche Vorgaben man erreichen konnte und welche nicht, so erhält der Bericht die notwendige Überzeugungskraft. Dass dabei nur wahrheitsgemäß berichtet wird, erscheint nahezu selbstverständlich. Die Folgen eines Skandals, der entsteht, weil gefälschte Information als solche im Bericht identifiziert wurde, sind in jedem Fall gravierend.

Aus diesem Grund empfiehlt sich auch die Testierung des Berichts durch unabhängige Dritte, weil nur sie den Stakeholdern signalisieren kann, dass die zur Verfügung gestellte Information auch auf ihre Richtigkeit hin überprüft wurde. Anzufügen ist hier erneut, dass eine solche Testierung mit erheblichen Kosten verbunden ist und von kleinen und mittleren Betrieben oft kaum geleistet werden kann. Für Großunternehmen ist die Verifizierung auch insofern wesentlich bedeutsamer, als sie es sind, die primär die mediale Aufmerksamkeit erfahren.

6 Fazit und Ausblick

Wie die vorangegangenen Ausführungen zeigen, hat das Nachhaltigkeitsreporting in den letzten Jahren immer größere Bedeutung in der Unternehmenspraxis gewonnen. Dies ist zum einen auf den externen Druck, auch mehr und mehr gesetzlicher Natur, Unternehmenshandeln transparenter zu machen, zurückzuführen; zum anderen auf die Erkenntnis der Unternehmen selbst, dass mit Nachhaltigkeitsberichterstattung erhebliche Chancen – trotz aller mit dem Reporting verbundenen Schwierigkeiten – genutzt werden können. Man kann also von einer intrinsischen und extrinsischen Motivation sprechen.

Die extrinsische Pflicht für Großunternehmen, nicht-finanzielle Information veröffentlichen zu müssen, ist aus gesellschaftlicher Perspektive durchaus zu begrüßen, denn sie gibt interessierten Stakeholdern garantierten Zugang zu Informationen über die sozialen und ökologischen Auswirkungen des Unternehmenshandelns, die von Unternehmen ansonsten eventuell nicht bereitgestellt werden würden. Zudem schafft eine Berichtspflicht gleiche oder zumindest gleicher werdende Bedingungen für Unternehmen und vor allem eine Vergleichbarkeit der sozialen und ökologischen Leistung.

Es ist abzuwarten, aber bei einem Blick auf die bisherige Entwicklung nicht unwahrscheinlich, dass die Berichtspflicht in den kommenden Jahren weiter verschärft wird. Denkbar wäre hier eine gesetzliche Fixierung bestimmter Indikatoren, die veröffentlicht werden müssen oder eine Ausdehnung des Adressatenkreises. Die Bestimmung solcher Indikatoren, also der zu messenden und zu veröffentlichenden Kennzahlen, stellt jedoch eine Herausforderung im Rahmen der Gesetzgebung dar. Denn sie muss berücksichtigen, dass für unterschiedliche Industrien auch unterschiedliche Daten relevant sein können. Die GRI hat auf die unterschiedliche Bedeutung einzelner Indikatoren bereits mit den sogenannten „sector supplements" reagiert. Diese formulieren zusätzliche, auf bestimmte Branchen, z. B. Transport und Logistik, zugeschnittene Indikatoren. Zudem sind die unterschiedlichen Möglichkeiten und Ressourcen von Unternehmen verschiedener Größe zu berücksichtigen.

In jedem Fall machen die bisherigen und zu antizipierenden zukünftigen Entwicklungen eines deutlich: Mehr und mehr Unternehmen kommen, auch wenn sie nicht unmittelbar von der Berichtspflicht betroffen sind, an Nachhaltigkeitsberichterstattung vorbei. Die Tendenz, dass große Kunden nicht-finanzielle Information einfordern, wird weiter zunehmen, und auch die Wahrscheinlichkeit, dass die Pflicht auf kleinere Unternehmen ausgedehnt wird, ist durchaus gegeben. Von daher sollte sich auch der Mittelstand frühzeitig mit der Thematik auseinanderzusetzen, um zu vermeiden, im Falle des Falles „kalt erwischt" zu werden. Unabhängig von diesen externen Forderungen stellt die Nachhaltigkeitsberichterstattung ein Instrument zur internen strategischen und operativen Steuerung des Unternehmens dar, das in seiner Wirksamkeit nicht unterschätzt werden sollte.

Literatur

Abbott WF, Monsen RJ (1979) On the measurement of corporate social responsibility: self-reported disclosures as a measurement of corporate social involvement. Acad Manag J 22(3):501–515

Aras G, Cowther D (2009) Corporate sustainability reporting: a study in disingenuity? J Bus Ethics 87:279–288

Azzone G, Brophy M, Noci G, Welford R, Young W (1997) A stakeholder's view of environmental reporting. Long Range Plann 30(5):699–709

Backhaus-Maul H (2008) USA. In: Habisch A, Schmidpeter R, Neureiter M (Hrsg) Handbuch Corporate Citizenship – Corporate Social Responsibility für Manager. Springer, Berlin Heidelberg, S 485–492

Biedermann C (2008) Corporate Citizenship als strategische Unternehmenskommunikation. In: Backhaus-Maul H, Biederman C, Nährlich S, Polterauer J (Hrsg) Corporate Citizenship in Deutschland – Bilanz und Perspektiven. VS, Wiesbaden, S 291–306

Blankenagel L (2007) CSR-Berichte als Kommunikationsinstrument der DAX-Unternehmen. VDM, Saarbrücken

Blumberg M (2007) Zwischen Philantropie und Strategie – Corporate Volunteering als Instrument der Organisationsentwicklung in Deutschland, *brands & values*, Vortrag vom 19.07.2007. www.brandsandvalues.com/?s=file_download&id=53. Zugegriffen: 23. Mai 2011

Cowan S, Gadenne D (2005) Australian corporate environmental reporting: a comparative analysis of disclosure practices across voluntary and mandatory disclosure systems. J Account Organ Chang 1(2):165–179

Dando N, Swift T (2003) Transparency and Assurance: Minding the Credibility Gap. Journal of Business Ethics 44(2/3): 195–200

Global Reporting Initiative (2013) Nachhaltigkeitsberichterstattung. https://www.globalreporting.org/languages/german/Pages/Nachhaltigkeitsberichterstattung.aspx. Zugegriffen: 14. März 2013

Elkington J (1997) Cannibals with forks: the triple bottom line of 21st century business. Capstone, Oxford

Fifka MS (2011) Corporate Citizenship in Deutschland und den USA – Gemeinsamkeiten und Unterschiede im gesellschaftlichen Engagement von Unternehmen und das Potential für einen transatlantischen Transfer. Gabler, Wiesbaden

Fifka MS (2012a) Brent spar revisited – the impact of conflict and cooperation among stakeholders. In: Kotler P, Lindgreen A, Maon F, Vanhamme J (Hrsg) A stakeholder approach to corporate social responsibility: pressures, conflicts, reconciliation. Gower, Farnham, S 57–72

Fifka MS (2012b) The Development and State of Research on Social and Environmental Reporting in Global Comparison. J Für Betriebswirtschaft 62(1):45–84

Fifka MS (2013) Corporate responsibility reporting and its determinants in comparative perspective – a review of the empirical literature and a Meta-analysis. Bus Strategy Environ 22(1):1–35

Holgaard JE, Jørgensen TH (2005) A decade of mandatory environmental reporting in Denmark. Eur Environ 15:362–373

Kirchhoff K (2008) Investor relations. In: Habisch A, Schmidpeter R, Neureiter M (Hrsg) Handbuch corporate citizenship – corporate social responsibility für manager. Springer, Berlin, Heidelberg, S 109–116

KPMG (2015) The KPMG survey of corporate responsibility reporting 2015. KPMG International,

Nyquist S (2003) The legislation of environmental disclosures in three nordic countries – a comparison. Bus Strategy Environ 12:12–25

Perrini F, Tencati A (2006) Sustainability and stakeholder management: the need for new corporate performance evaluation and reporting systems. Bus Strategy Environ 15:296–308

Rodrigo P, Arenas D (2008) Do employees care about CSR programs? A typology of employees according to their attitudes. J Bus Ethics 83:265–283

Schaltegger S, Burritt R (2010) Sustainability accounting for companies: catchphrase or decision support for business leaders? J World Bus 45(4):375–384

Spence C (2009) Social and environmental reporting and the corporate ego. Bus Strategy Environ 18:254–265

Ulrich P (2008) Corporate Citizenship oder: Das politische Moment guter Unternehmensführung in der Bürgergesellschaft. In: Backhaus-Maul H, Biederman C, Nährlich S, Polterauer J (Hrsg) Corporate Citizenship in Deutschland – Bilanz und Perspektiven. VS, Wiesbaden, S 94–100

Prof. Dr. Matthias S. Fifka ist Vorstand des Instituts für Wirtschaftswissenschaft sowie Professor für Betriebswirtschaftslehre, insbesondere Unternehmensethik, an der FAU Erlangen-Nürnberg. Zudem ist er Gastprofessor an der Shanghai Jiao Tong University, der University of Dallas, der Wirtschaftsuniversität Wien und der Maastricht School of Management. In Forschung und Lehre beschäftigt er sich mit strategischem Management, insbesondere der strategischen Implementierung von Sustainability und Corporate Social Responsibility, CSR-Reporting, Unternehmensethik sowie Corporate Governance. Er ist Vorsitzender der Nachhaltigkeitskommission des Verbandes der Hochschullehrer für Betriebswirtschaft und Mitglied in zahlreichen weiteren Kommissionen, u.a. bei der Europäischen Kommission, dem Bundesministerium für Arbeit und Soziales sowie dem Bundesdeutschen Arbeitskreis für Umweltbewusstes Management e. V. (B.A.U.M. e. V.).

CSR-Kommunikation im Handel

Wolfgang Lux

Im folgenden Kapitel soll beleuchtet werden, welche Rolle CSR im Handel spielt und wie sich die Bedeutung in den nächsten Jahren verändern wird. Wie gut kommuniziert der Handel das Thema „CSR"? Bevor man das beantworten kann, muss evaluiert werden, welche Bedeutung das Thema im aktuellen Handel überhaupt spielt oder in Zukunft spielen wird. Dazu werden die beiden wichtigsten Aspekte des Themas beleuchtet: CSR in Bezug auf Handel und Umwelt zum einen und CSR in Bezug auf das soziale Engagement und den Umgang mit Menschen zum anderen.

1 Die Bedeutung von CSR im Handel

Klaus Wiegandt, Gründer der „Stiftung Forum für Verantwortung" und früherer Vorstandsvorsitzender der METRO AG, dem größten Handelsunternehmen in Deutschland, definiert den Aspekt der Nachhaltigkeit innerhalb der CSR als die größte Herausforderung der nächsten Jahre und Jahrzehnte: „Für den Handel, aber darüber hinaus für die gesamte Gesellschaft, wird das Thema Nachhaltigkeit das wichtigste Thema der Zukunft sein. Wir werden die damit verbundenen Herausforderungen nur lösen können, wenn es uns gelingt, die gesamte Gesellschaft in die Richtung einer nachhaltigen Entwicklung zu bringen" (vgl. Lux 2012). Dieser Aspekt des CSR, die Frage nach dem Umgang mit den Ressourcen unseres Planeten, ist eine der Kernfragen für uns und die nachfolgenden Generationen. Umso erstaunlicher ist es, dass der Handel dieses Thema vergleichsweise zurückhaltend oder gar nicht aufgegriffen hat und es auch jetzt nur zögerlich umsetzt, mehr gedrängt von der öffentlichen Meinung der Konsumenten und bestimmter Zielgruppen als aus eigener Überzeugung. Vielleicht liegt es in Deutschland daran, dass die Rolle von CSR im inter-

W. Lux (✉)
Selbständiger Berater in Handel, IT, Konsumgüter, Lux Unternehmensberatung
Ingolstadt, Deutschland
E-Mail: info@lux-ub.de

© Springer-Verlag GmbH Deutschland, ein Teil von Springer Nature 2018
P. Heinrich (Hrsg.), *CSR und Kommunikation*,
Management-Reihe Corporate Social Responsibility,
https://doi.org/10.1007/978-3-662-56481-3_10

nationalen Vergleich eher noch bescheiden ist und Regionen wie Skandinavien ihm eine deutlich höhere Bedeutung beimessen.

Auch was die Branchen anbelangt, ist die produzierende Industrie deutlich engagierter in Fragen von CSR im Allgemeinen als der Handel. „Das ist doch klar", kann man sagen, „denn die stellen die Produkte ja schließlich her und der Handel verkauft nur die Ware, die angeboten wird." Genau das ist das Dilemma, welches sich hier auftut. Der Handel hat seit jeher gute Argumente dafür, das Thema eher den Herstellern zuzuordnen und sich selber damit zu entschuldigen, dass er ja nur das verkauft, was ohnehin hergestellt wird. Das allerdings ist ein Trugschluss, denn es blendet gänzlich die Rolle aus, die der Handel in der Wahl der Produkte für die Konsumenten spielt und welch große Macht er hat, Druck auf Hersteller auszuüben und so besseren Standards bzgl. CSR zu erreichen. Das gilt natürlich nur für die großen Handelsunternehmen, die auch eine große Verhandlungsmacht gegenüber den Herstellern besitzen. Der kleine Einzelhändler „um die Ecke" hat sicher nur eingeschränkte Möglichkeiten und kann höchstens sein individuelles Sortiment so zusammenstellen, dass er per se umweltschädliche Produkte ausschließt und sich so ein „Öko-Image" verpasst, für das er dann aber auch die richtige Zielgruppe als Kundschaft benötigt.

Eine Änderung der aktuellen Situation bzgl. CSR im Handel ist nur durch das Verhalten der großen Händler möglich. Wirft man einen Blick auf die am stärksten im Handel betroffenen Segmente, so stellt man deutliche Unterschiede fest. Zunächst einmal soll der Aspekt „Handel und Umwelt" beleuchtet werden.

Handel und Umwelt Am stärksten bzgl. Umweltfragen betroffen, ist sicherlich der Lebensmittelhandel. Das liegt an mehreren Faktoren, vor allem aber am steigenden Bewusstsein vieler Kunden bzgl. der gesundheitlichen Aspekte von Lebensmitteln. Aufgrund der demographischen Entwicklung wird die Kundschaft immer fordernder hinsichtlich der Frage „Wie gesund ist dieses Produkt für mich". Die jüngere Generation wiederum sorgt sich verstärkt um das Thema Ressourcenverbrauch und prangert das exorbitant hohe Maß an Vernichtung von Lebensmitteln an.

Lebensmittel, deren Herstellung, die limitierten Anbauflächen auf der Erde, Wasserverbrauch und die wachsende Weltbevölkerung, Gesundheitsfragen, steigendes Durchschnittsalter etc. macht die Lebensmittelindustrie und den dazugehörigen Handel zum „Hotspot" des Umweltaspektes im Handel. Nicht von ungefähr sieht Alain Caparros, scheidender Vorstandsvorsitzender der REWE-Group, dem zweitgrößten deutschen Lebensmittelhändler, im Thema CSR den größten Megatrend der Zukunft im Handel: „Ich bin überzeugt, dass die Orientierung an ökologischen und sozialen Werten im Sinne der Nachhaltigkeit der Megatrend im Handel in den kommenden 10 Jahren ist. Was heute noch hier und da ein bisschen wie Esoterik klingen mag, wird in Zukunft eine Notwendigkeit sein. Vor allem der Lebensmittelhandel der Zukunft – und damit auch die Lebensmittelproduktion – wird nachhaltig sein müssen. Oder es wird riesige Verwerfungen im globalen Maßstab geben angesichts einer weltweiten Bevölkerungsentwicklung, die in Richtung 9 Mrd. Menschen auf dieser Erde in nicht allzu ferner Zukunft führt" (vgl. Lux 2012).

Natürlich tragen auch die vielen kleinen und großen Skandale in Bezug auf die Herstellung und den Verkauf von Lebensmitteln das Ihre dazu bei, die Zuversicht und das Vertrauen der Kunden zu reduzieren. Ob der Flüssigeiskandal bei Birkel Mitte der achtziger Jahre oder der Hackfleischskandal von real,– im Jahre 2005, der das Unternehmen durch Vertrauens- und Umsatzrückgang einen nennenswerten, zweistelligen Millionenbetrag kostete, bis hin zum aktuellen Skandal über mit dem Insektizid Fipronil belastete Eier zeigen auf, dass die Aufmerksamkeit der Medien und des Konsumenten zunimmt.

Beim aktuellen Eierskandal sind praktisch alle Händler betroffen und vor allem sind es auch Eigenmarken, die immer wieder in den Fokus geraten. Eigenmarken sind Produkte, die der Handel selbst herstellt und in Verkehr bringt und für die er ganz allein dem Konsumenten gegenüber die moralische Verantwortung trägt. Der Eigenmarkenanteil im deutschen Lebensmittelhandel ist sehr hoch und beträgt ca. 40 % des gesamten Sortiments. Auch das zeigt eindrücklich, dass der Konsument den Handel bei Produktmängeln verantwortlich machen wird, egal ob er das Produkt selber herstellt oder nicht, denn der Kunde ist nicht bereit, fein säuberlich zu differenzieren!

Ein zweites, stark betroffenes Segment im Handel sind Drogerieartikel. Die Gründe sind punktuell ähnlich zu denen des Lebensmittelhandels. Kosmetika, Cremes, Sprays etc. haben natürlicherweise Kontakt mit dem menschlichen Körper und unterliegen bzgl. Fragen der Gesundheit damit ähnlichen Herausforderungen wie Lebensmittel. Der Kunde, insbesondere der älter werdende Konsument, möchte nur solche Produkte essen oder „seinem Körper zuführen", die nach bestem Wissen und Gewissen gut und verträglich für ihn sind. Warum aber ist es dann für den Handel so schwierig, dementsprechende Produkte anzubieten? Eine Antwort offenbart ein spezifisches deutsches Problem: der hohe Fokus auf den Preis!

Im Gegensatz zu vielen anderen Ländern und getrieben durch die Discountwelle gab es für den Handel in Deutschland lange Zeit nur ein Motto: Der Preis muss runter, egal wie. Es ist unstritten, dass die Kunden davon in der Vergangenheit finanziell profitiert haben, viele andere Aspekte blieben aber auf der Strecke.

Die Pro-Kopf-Ausgaben für den Handel sind z. B. in Frankreich rund 30 % höher als in Deutschland und in anderen Ländern sieht es ähnlich aus. Die starke Fokussierung auf den Preis sehen auch führende Händler selbst rückblickend als kritisch:

Karl-Erivan Haub, Eigentümer der Tengelmann-Gruppe, sagt: „Es wäre schön gewesen, wenn wir etwas erfunden hätten, was dazu geführt hätte, größeren Mehrwert zu erzeugen. Alles was wir Händler gemacht haben, diente dem Ziel, dem Kunden noch niedrigere Preise anzubieten – und das mit Erfolg!" (vgl. Lux 2012) Von diesem Versäumnis und dem fehlenden Mehrwert, den Herr Haub anspricht, ist natürlich auch das Thema CSR betroffen, das für die Konsumenten, die Hersteller und den Handel lange Zeit keine oder nur eine sehr untergeordnete Rolle gespielt hat.

In den letzten Jahren hat auch im deutschen Handel ein Wechsel stattgefunden. Die zunehmende Digitalisierung und der Internethandel haben die Bedeutung des Preises für den stationären Handel relativiert. Man kann sich gegenüber dem Internet als Wettbewerber nicht mehr allein über den Preis differenzieren. Diese Erkenntnis hat mittlerweile auch die Entscheider im Handel erreicht. Für CSR ist das gut, denn der Fokus auf z. B. nachhaltige Produkte (z. B. regionale Produkte im LEH) eröffnet weiteres Differenzierungspotential für den stationären Handel.

Stark im Fokus bzgl. CSR ist derzeit auch der Fashion-Handel. Auch hier ist ein verstärktes Interesse des Konsumenten an „gesunden" Produkten zu finden, denn auch diese Produkte trägt man direkt oder nah am Körper und möchte sicherstellen, dass sie schadstofffrei sind.

Der Fashion-Handel ist aber auch ein weiterer Hot-Spot, wenn man sich die globale Wertschöpfungskette ansieht, die aufgrund der Kostenstrukturen zu teilweise bedenklichen Strukturen führt. Bis ein T-Shirt in Deutschland auf dem Ladentisch liegt, legt es folgende Strecken zurück[1]:

Ernte	Usbekistan	0 km
Bleichen	Türkei	3000 km
Weben	China	7000 km
Färben	Marokko	10.000 km
T-Shirt erstellen	Honduras	8500 km
Bedrucken	China	13.500 km
Etikettieren	Italien	8000 km
Verkauf	Deutschland	600 km

Ähnliche Beispiele gibt es in allen Bereichen des Handels, nicht nur im Fashion-Segment. Wenn man sich jetzt den Aspekt „Ressourcenverbrauch" ansieht und die Konsequenz, die die Globalisierung an dieser Stelle verursacht (z. B. durch CO_2 Ausstoß und Treibhausgase), so wird einem die (Un-)Sinnigkeit dieses Verhaltens unmittelbar vor Augen geführt. Aber der Handel macht das ja nicht, weil es unsinnig ist, sondern weil es im Rahmen des heutigen Paradigmas unterm Strich die günstigste Methode ist, Produkte preisfokussiert für die Kunden herzustellen. Das würde sich erst dann ändern, wenn man die entstehenden Folgekosten mit in die Produktkosten einrechnen und den Kunden im Verkaufspreis als Herstellungskosten belasten würde. Ökologisch gesehen wäre es sehr sinnvoll, diesen „Rucksack" zu berechnen und eine Produktkalkulation würde ganz anders aussehen. Darüber aber müssten die Konsumenten vom Handel und den Herstellern aufgeklärt werden, was nicht oder nur unzureichend passiert. Das sieht auch Klaus Wiegandt, Gründer der „Stiftung für Verantwortung" und früherer Vorstandsvorsitzender der METRO AG, so: „Mit dieser Aufklärung muss dem Konsumenten verdeutlicht werden, wie sich sein Verhalten ändern muss, wenn er beispielsweise einen persönlichen Beitrag zum Schutz des Klimas durch einen nachhaltigeren Konsum leisten möchte. Diese Aufklärung umfasst Informationen über CO_2-Emissionen, den Verbrauch von virtuellem Wasser

---

[1] Entnommen aus der ARD-Sendung „Konsum und Einkaufen" vom 05.05.2011.

sowie über den ökologischen Rucksack eines Produktes. Aber auch die Fragen nach den Kosten des Recyclings, nach gesundheitlichen Aspekten und Themen wie Fair Trade, Kinderarbeit etc. werden stärker in den Vordergrund rücken" (vgl. Lux 2012).

Man kann aber getrost davon ausgehen, dass eine solche Änderung, wie sie Herr Wiegandt zu Recht fordert, so bald nicht kommen wird, würde sie doch das gesamte bestehende System auf den Kopf stellen.

Mit den Bereichen Lebensmittel, Drogerie und Fashion haben wir nicht nur die am meisten von CSR betroffenen Segmente des Handels genannt, sondern auch die größten Umsatzträger, wie folgende Statistik zeigt (Abb. 1).

Fehlen in der Betrachtung nur noch der Handel mit Elektronikprodukten und die Baumärkte. Auch an diesen Segmenten geht CSR als Thema nicht spurlos vorüber.

Bei den Elektronikprodukten steht vor allem das Thema Recycling im Vordergrund, also die Frage, wie man die in den Produkten verarbeiteten Rohstoffe möglichst vollständig wieder zurückgewinnen kann. Diese Frage hat grundlegende Bedeutung, bedingt durch die sich abzeichnende Rohstoffknappheit zur Herstellung elektronischer Produkte. Der große Vorteil, und deswegen ist hier auch Bewegung erkennbar, ist die Tatsache, dass sich das Recycling mit steigenden Rohstoffpreisen als Geschäft an sich rechnet und von daher einen ganz anderes kommerziellen Fokus erhält.

Ähnlich sieht es im Baumarktbereich aus, wo die Frage der „Nachhaltigkeit" hauptsächlich dann relevant ist, wenn die Kunden Materialien in ihren eigenen vier Wänden verbauen. Ob die Bohrmaschine oder der Schraubenzieher ökologisch korrekt hergestellt wurde, spielt derzeit noch keine große Rolle. Aber das kann sich ändern, wenn die Medien den vermeintlich nächsten Skandal aufrollen.

Soziales Miteinander Der Umgang mit Menschen in der gesamten Wertschöpfungskette stellt einen weiteren Schwerpunkt von CSR für den Handel dar. Dafür gibt es aktuell viele Beispiele, besonders wenn man die Bedingungen in den Herstellerländern unserer Produkte analysiert.

Einzelhandelsumsatz in Deutschland nach Warenbereichen (2011-2015)

	2009	2010	2011	2012	2013	2014	2015*
Nahrungs- u. Genussmittel, Gesundheits- u. Körperpflege	202,5	198,9	207,7	211,9	216,8	220,9	224,2
Technik (1)	47,9	47,1	49,2	51	52	53,1	52
Bekleidung, Schuhe, Lederwaren	47,1	46,1	48,2	47,2	46,4	45,8	44,9
Baumarktspezifisches Sortiment	47,4	46	48	47,9	49,1	48,8	50,3
Haushalts- u. persönlicher Bedarf (2)	47	45,6	47,8	48,5	49,2	50,3	51,3
Möbel, Haus- u. Heimtextilien	35,7	33,5	35	36	36,6	36,6	37
Einzelhandel insgesamt	427,6	417,2	435,9	442,5	450,1	455,5	459,7

Bruttoumsatz in Milliarden Euro

(1) Elektrohaushaltsgeräte, Unterhaltungselektronik, IT, Telekommunikation, Foto, Optik.
(2) Hausrat, Uhren, Schmuck, Bücher, Schreibwaren, Spielwaren, Hobbys, Sportartikel.

Abb. 1 Einzelhandelsumsatz in Deutschland nach Warenbereichen (2011–2015). (Quelle: GfK GeoMarketing GmbH 2015)

Spätestens seitdem der ARD Markencheck zur besten Sendezeit im deutschen Fernsehen das Thema aufgegriffen hat, seitdem KIK auf der Seite der Billiganbieter oder ZARA auf der Seite der renommierten Marken massiv mit Verfehlungen konfrontiert werden, ist das Thema „salonfähig". Ist wirklich Kinderarbeit nötig, damit wir ein billiges T-Shirt kaufen können? Ab wann beginnt überhaupt Kinderarbeit und ist das nach den deutschen Standards zu messen, wenn man sich in Brasilien oder Bangladesch befindet? Das sind nur einige Fragen, die die Hersteller und Händler (im Fashion-Handel oft ein- und dasselbe) beantworten müssen. Schockierende Bilder über die Näherinnen oder über Brände in Kleiderfabriken kann sich längerfristig kein Label leisten, egal ob man etwas zur Verbesserung der Situation tut oder nicht. Hier ist dringender Handlungsbedarf gegeben.

Auch im Elektronikhandel ändert sich einiges, wie z. B. die Diskussion um die Herstellung der Apple-Produkte beim chinesischen Hersteller Foxconn zeigt. Apple ist wegen der Arbeitsbedingungen und der hohen Selbstmordrate bei seinem exklusiven Hersteller in Schwierigkeiten gekommen, die so gar nicht zu dem Trendprodukt „iPhone" und dem damit einhergehenden Lifestyle passen wollen.

Wie sieht es aber im Umgang mit den eigenen Mitarbeiter/innen und dem sozialen Engagement im Heimatland aus?

Hier ist das Spektrum gerade im Handel sehr groß. Die Pleite von Schlecker ist auf viele Gründe zurückzuführen. Ein wesentlicher Grund war auch der Umgang mit den Mitarbeiter/innen. Über viele Jahre war das immer wieder Thema in der Presse, aber schlimmer noch war sicher die Tatsache, dass die Betroffenen in ihrem Freundes- und Bekanntenkreis keinen Hehl daraus gemacht haben, wie das Unternehmen mit ihnen umgegangen ist. Die Menschen, die in diesen Gesprächen zuhörten, waren aber die Kunden des Nahversorgers Schlecker. Als dann auch noch das Preisimage zu leiden begann und die Modernisierung der Läden stockte, wendeten die Menschen sich ab. Auch LIDL ist diverse Male wegen des Umgangs mit Betriebsräten, Mitarbeitern und Gewerkschaften in den Fokus geraten. Anders als bei Schlecker scheint sich das bisher nicht allzu negativ auf LIDL auszuwirken, da das Preisimage des billigen Discounters hier (noch) eine positive Barriere für die Kunden darstellt.

Darin ist ein klares Muster erkennbar, das für den Handel der Zukunft immer relevanter wird: Der Kunde hat heute die Wahl, wo er einkauft. Der Schlecker am Ort war eben nicht mehr die einzige Möglichkeit, sein Geld auszugeben. Der Kunde hat heute die Alternative, physisch durch die hohe Anzahl von Märkten im deutschen Handel, aber zunehmend auch virtuell über das Internet. Und wer die Wahl hat, der möchte sein Geld preisfokussiert, aber eben auch „korrekt" ausgeben.

Das bekommt aktuell auch Amazon zu spüren. Die Marke ist gerade auf dem Weg vom gefühlten Trendsetter hin zum „gefühlten Ausbeuter" von Leiharbeitern. Ein gefährlicher Trend, egal ob er so stimmt oder nicht. Amazon-Kunden haben das Grundgefühl, dass sie etwas Gutes tun, wenn sie beim Online-Kaufhaus einkaufen. Wenn dieses Image ins Wanken gerät, kann das gravierende Folgen für die Kundenloyalität haben.

Ein positives Beispiel im Umgang mit Menschen ist der dm-Drogeriemarkt. Der von Götz Werner gegründete Drogeriemarktbetreiber ist mittlerweile die Nummer 1 in

Deutschland. Dafür gibt es sicher viele Gründe, aber der konsequente und langjährige Fokus auf CSR in all seinen Facetten ist sicher einer davon. dm ist vorbildlich im Umgang mit Mitarbeiter/innen und legt traditionell viel Wert auf das Thema „Nachhaltigkeit". Erich Harsch, Vorsitzender der Geschäftsführung dm: „Die wirkliche Innovation im Handel ist die ‚soziale Innovation'. Man muss Rahmenbedingungen schaffen, damit die Menschen kreativ und offen miteinander arbeiten und eine Kultur entsteht, wo genau das gefördert wird. Das ist das Gegenteil von Kontrolle und Misstrauen oder das Vorhandensein von Anreizsystemen, die das nur scheinbar fördern. Die soziale Innovationsfähigkeit ist also der Kern im Handel, denn es geht immer um die Menschen, Mitarbeiter wie Kunden" (vgl. Lux 2012). Dem ist nichts hinzuzufügen.

2 Fazit

Der Handel ist also sehr stark betroffen vom Thema CSR in all seinen Ausprägungen. Gerade die zunehmende Auswahlmöglichkeit des „hybriden" Kunden und die Verallgemeinerung des Preises durch das Internet zwingen die Händler zu anderen, weitergehenden Differenzierungsstrategien. Der Kunde, der heute sein Geld im Handel ausgibt, will vieles: Einen guten Preis, klar, aber das reicht nicht mehr. Gute Qualität, freundliche Beratung, guter Service werden als zunehmend selbstverständlich erachtet. Aber eben auch das Gefühl für den Kunden, dass man „gesunde und faire" Produkte kauft und sein Geld in einem Unternehmen ausgibt, welches verantwortungsvoll mit den Menschen umgeht – egal ob mit den eigenen Mitarbeitern oder denen der Hersteller. Ein hoher Anspruch an den Handel, der gelebt werden muss!

3 Kommunikation

Wenn man die o. a. Fakten auf sich wirken lässt, so müsste der Handel doch sehr bemüht sein, die eigenen Leistungen bzgl. CSR gut und angemessen zu kommunizieren, ist es doch für die Kunden ein kommendes, wichtiges Entscheidungskriterium und für den Handel eine Differenzierungsmöglichkeit gegenüber dem Wettbewerb.

Dies passiert aber nur in sehr eingeschränktem Maße. Natürlich hat jedes große Handelsunternehmen ein schönes, hochglänzendes Prospekt, in dem die eigenen Leistungen entsprechend gewürdigt werden und man beschreibt, wie wichtig CSR für das jeweilige Unternehmen ist. Das alleine ist natürlich noch keine Kommunikationsstrategie!

Es wäre an dieser Stelle unfair, den Handelsunternehmen wegen dieser Vorgehensweise „Greenwashing" zu unterstellen, aber es darf die Frage gestellt werden, wie tief denn diese Haltung in die jeweilige Kultur des Unternehmens Eingang gefunden hat, denn in letzter Konsequenz kann man nur „Nachhaltigkeit" leben und ehrlich kommunizieren, wenn dieses Gedankengut in allen Köpfen und vor allem in allen Managementebenen konsequent verankert ist. Dazu bedarf es zunächst einmal in der internen Kommunikation einer Vielzahl an Maßnahmen, die konsequent und kontinuierlich durchgeführt werden müssen.

Interne Kommunikation Den Mitarbeiter/innen – und zwar allen – muss klar gemacht werden, wie wichtig dieses Thema für die Positionierung des Unternehmens und den nachhaltigen Kundenerfolg ist. Schulungen und Weiterbildungen müssten aufgesetzt und flächendeckend umgesetzt werden. Dies alleine ist eine aufwendige und kostspielige Maßnahme, die in dem genannten Umfang wohl eher selten im Handel zu finden ist.

Die internen Steuerungskennzahlen müssten ebenfalls umgestellt werden und der Handel müsste beginnen, KPIs (Key Performace Indikatoren) für CSR zu definieren, zu messen und intern wie extern neben den üblichen Kennzahlen wie Umsatz, Rohertrag und Gewinn zu berichten. Insbesondere muss das interne Zielerreichungssystem auf diesen neuen Kennzahlen mit aufgebaut werden. Auch diese Maßnahme ist durch gezielte interne Kommunikation zu begleiten, denn sie stellt, konsequent durchgeführt, einen Paradigmenwechsel für die Unternehmensführung dar.

Erste Ansätze dazu gibt es bereits durch das Thema „Gemeinwohlbilanz". Hier werden neben den klassischen Kennzahlen der Unternehmensführung auch CSR-Aspekte berücksichtigt, empirisch erfasst und von Wirtschaftsprüfern testiert. Der Handel nutzt diese Struktur noch gar nicht – die Vorreiter dazu kommen aus anderen Branchen und es handelt sich meist um kleinere oder mittelständische Firmen.

Egal, ob man von der „Gemeinwohlbilanz" überzeugt ist oder diesen Ansatz kritisch sieht: Ohne eine konsequente und durchdachte Änderung der internen Führungsstrukturen und eine umfassende interne Kommunikation dazu, die alle gängigen und modernen Verfahren und Schulungsmethoden berücksichtigt, wird man das Unternehmen nicht nachhaltig auf „CSR-Kurs" bringen können. Aber es gibt natürlich noch mehr Kommunikationskanäle, die der Handel berücksichtigen muss:

Kommunikation mit den Herstellern   Entscheidend für den Erfolg sind die Kommunikation und die Herangehensweise an die Hersteller. Der Handel müsste ganz anders mit den Lieferanten verhandeln und den Fokus nicht nur auf Kosten, Liefertreue und Produktqualität legen. Neben der Frage nach dem billigsten Einkaufspreis kämen dann andere Kriterien auf den Tisch, z. B. wie der Umgang mit den Mitarbeiter/innen ist, ob Sub-Unternehmer verpflichtet werden und wie diese ebenfalls auf die Standards festgelegt werden etc.

Was sollte der Handel dann mit solchen Lieferanten tun, die die vereinbarten Standards nicht einhalten? Konsequenterweise müsste man sie auslisten, d. h. aus dem Regal nehmen, was sich der Handel an vielen Stellen aber nicht leisten kann, solange der Wettbewerber das nicht auch tut.

Also müsste sich der Handel in dieser Frage zusammentun und gemeinsam agieren, was jeder, der die Branche kennt, sofort als „absurd" abtun wird. LIDL und ALDI an einem Tisch, um mit den Lieferanten über Nachhaltigkeit und CSR zu reden? Kaum vorstellbar!

Fakt ist aber, dass der Handel CSR nur nachhaltig und konsequent leben kann, wenn er die gesamte Wertschöpfungskette kontrolliert, also Lieferanten von Markenartikeln genauso wie die Produzenten von Eigenmarken des Handels. Klare und unmissverständliche Verträge gehören auf jeden Fall dazu.

Es wird aber nicht mehr reichen, sich nur hinter diesen Verträgen zu verstecken, denn die sind schnell geschlossen und die Wertschöpfungskette oft über viele Ebenen gestaffelt und Subunternehmer nicht auf diese Standards verpflichtet. Es gibt immer wieder Beispiele – vor allem im Fashion-Handel –, die zeigen, dass der Umgang mit den Menschen, die die Produkte herstellen, äußerst fragwürdig ist und in den letzten Jahren hat es diesbezüglich nur wenig Verbesserung gegeben, auch wenn die Unternehmen das gerne anders darstellen.

Es gehören aber auch Kontrollen durch den Handel dazu und die sind sehr aufwendig und teuer und in der Fülle der Produkte und Lieferanten kaum zu leisten. Was also tun?

Man könnte ein anonymes Meldesystem implementieren, welches jedem ermöglicht, Verfehlungen und Probleme zu melden, ähnlich wie es im Compliance-Sektor bei den „Whistleblowers" bereits umgesetzt ist. Das könnte, sofern die Meldung dann ernst genommen wird, zu gezielten Nachforschungen und ggf. Korrekturen führen. Unterstützt wird diese These durch den Fakt, dass viele Mitarbeiter und Mitarbeiterinnen in den Unternehmen über die tatsächlichen Situationen der Herstellerfirmen informiert sind und die wahre Situation gut kennen.

Das Ganze nützt natürlich nur dann, wenn eine Verfehlung auch tatsächlich Konsequenzen hat und die härteste und ultimative Konsequenz für den Betroffenen ist die Veröffentlichung durch den Händler an seine Kunden, z. B. warum man ein Produkt nicht mehr führt. Natürlich sind hier rechtliche Fragestellungen zu berücksichtigen, aber alleine die Aussage „Händler XXX prüft die Geschäftsbeziehung zu Lieferant YYY in Zusammenhang mit dem Umgang bzgl. CSR" würde seine Wirkung nicht verfehlen, wenn sie richtig an die Kunden kommuniziert würde.

Klar ist: Solange der Handel nur mit Konsequenzen gegenüber den Herstellern droht, wird sich die Situation nur bedingt ändern, denn Einsicht alleine ist bei dem vorliegenden Konkurrenz- und Preisdruck nicht bei allen zu erwarten. Man wird Auslistungen im Handel dann doch weiterhin eher dann sehen, wenn die Einkaufskonditionen für die Händler vermeintlich nicht gut genug sind.

Öffentliche Kommunikation Bleibt zum Abschluss die öffentliche Kommunikation zum Thema CSR. Die gestaltet sich in der Branche problematisch, wie zwei Beispiele aus den letzten Jahren zeigen:

Die Firma Nespresso von Nestlé musste sich der Kampagne von Solidar.ch erwehren, die den George Clooney-Spot medienträchtig veränderte und für seine Zwecke verfremdet hat.

Die Kernaussage ist, dass „Nespresso eine der erfolgreichsten Kaffeemarken der Welt ist, aber immer noch nicht fair gehandelt wird". Der Spot wurde gerade von der jungen Zielgruppe zigtausende Male aufgerufen und Nespresso und Nestlé mussten alle Hebel in

Bewegung setzen und gegensteuern. Selbst George Clooney drohte mit seiner Abkehr von der Nespresso-Werbung.

Ein anderes Beispiel ist die Kommunikation rund um Amazon und die Frage, wie Amazon mit Leiharbeitern in seinen Lagern umgeht (s. o.). Auch hier entfaltete sich in den Medien ein richtiger „Shitstorm" und die Kunden gaben ihrem Ärger tatkräftig Ausdruck.

Es ließen sich noch mehr Beispiele finden und vor allem hält die Zukunft noch das eine oder andere für uns bereit. Darin wird auch schon das Kernproblem des Handels bzgl. sozialer Medien deutlich: Es kann richtig unangenehm werden und entzieht sich komplett der eigenen Kontrolle durch das Marketing.

Wie kann der Handel das verhindern, gerade in Zeiten, wo Einzelne über die sozialen Medien hohe Wirkung entfalten können? Dafür gibt es kein Pauschalrezept, sondern nur einen Rat, den jeder bestmöglich beherzigen sollte: Man muss ehrlich sein und die Wahrheit sagen. Das wiederum kann man nur, wenn man es mit dem Thema „CSR" ehrlich meint und es in der gesamten Organisation verankert (s. o.). Vor Fehlern und Misserfolgen schützt das auch nicht ganz und natürlich ist der besonders angreifbar, der stark mit diesem Aspekt als positives Differenzierungsmerkmal wirbt. Es gibt aber dazu keine wirkliche Alternative.

Natürlich sind soziale Medien nicht der einzige Kanal, den man für die öffentliche Kommunikation nutzen wird. Die klassischen Kanäle wie Prospekte, Werbung, Zeitschriften, TV und Radio dienen natürlich auch dazu, die CSR-Botschaft in geeigneter Form an die richtige Zielgruppe zu adressieren. Hier sind die Marketingabteilungen in ihrem Element und können die Botschaft sicher medienwirksam aufbereiten und transportieren.

Auch in den Filialen selbst sollte die Botschaft für die Kunden klar erkennbar sein, sowohl rund um das Produkt als auch in der generellen Positionierung und nicht zuletzt im Verhalten der Mitarbeiter/innen selbst.

Kernelement der öffentlichen Kommunikation von CSR werden aber für den Handel die sozialen Medien darstellen, denn hier trifft man auf die unterschiedlichsten Interessensgruppen, die man mit einer gut formulierten „Social Media Strategy" aktiv mit einbinden kann.

4 Vorgehensmodell für den Handel

Was also sollte der Handel bzgl. der Kommunikation von CSR tun? Die Tatsache, dass CSR in der Organisation verankert ist, ist sehr wichtig, reicht aber alleine nicht aus. Es muss auch Eingang in die Markenbildung finden, im Fachjargon „Retail Branding" genannt.

Das Retail Branding wird sich im Zuge verschiedener Megatrends wie demographischer Wandel, Individualisierung und Internet massiv verändern und CSR ist ein Megatrend, der ebenfalls in diese Kategorie gehört.

In der Liste der weltweit 50 stärksten Marken bzgl. CSR nach Interbrand kommt nur ein Händler vor und der hat schon immer sehr viel Wert auf CSR gelegt: IKEA. Ansonsten ist nichts zu sehen vom Handel, wenn man von Konsumgüterherstellern, die ja auch Handel im Internet betreiben, absieht. Hier offenbart sich das ganze Dilemma.

Man müsste eine ganz neue, den modernen Medien und den geänderten Zielgruppen angemessene Kommunikations- und Branding-Strategie definieren, die CSR den für den einzelnen Händler richtigen Rahmen im Gesamtkonzept der Marke einräumt.

Das kann und muss auf einer Unternehmensstrategie basieren, die CSR vielleicht nicht zum Zentrum aller Aktivitäten macht, aber ihr den angemessenen Rahmen zuweist. Die Ausprägung ist im Handel segmentspezifisch. Im Lebensmittelhandel kann das die Qualität der Lebensmittel und die Kontrolle dieses Prozesses sein oder die „Frischegarantie" durch lokale Lieferanten, was ja viele Händler schon begonnen haben.

Im Fashion-Handel sind es die Lieferbedingungen bei der Herstellung der Produkte und die Vermeidung von Kinderarbeit. Im Drogeriebereich wiederum ist es die Verwendung der richtigen Inhaltsstoffe für die Produkte und deren Gesundheitstauglichkeit. Jedes Segment braucht also eine individuelle Antwort und selbst innerhalb des gleichen Segmentes sind die Branding-Strategien der jeweiligen Händler anders. ALDI wird sich anders positionieren müssen und wollen als REWE oder Edeka.

Für alle Unternehmen muss aber der angemessene und faire Umgang mit den eigenen Mitarbeitern gleichermaßen im Fokus stehen. Das wird schon alleine durch den demografischen Wandel erzwungen, der es für den Handel immer schwieriger macht, genügend ausgebildete und motivierte Menschen als Arbeitskräfte für die Branche zu gewinnen. Auch wird die Frage nach dem sozialen Engagement vor Ort immer stärker aufgeworfen: Von den lokalen Medien genauso wie von der regionalen Politik, anknüpfend an die Tradition der Unternehmer, sich sozial zu engagieren. Dafür gibt es im Handel sehr wohl gute und vorbildliche Beispiele. Diese gilt es auszubauen und in eine ganzheitliche Kommunikationsstrategie einzubauen. Ein jährlich erscheinender Nachhaltigkeitsreport reicht dafür nicht aus.

Vielmehr müssen alle Kanäle für die Kommunikation genutzt werden, die klassischen genauso wie die neuen sozialen Medien. Wichtig ist, dass die Kommunikation zum Thema CSR zwar zielgruppengerecht ist, aber trotz allem in sich konsistent bleibt. Außerdem gilt der Leitspruch „Werbung darf ruhig übertreiben" bei CSR nicht. Falsche Versprechen können in Zeiten von Facebook und Twitter gnadenlos entlarvt werden und dann zu erheblichen und nachhaltigen Markenschädigungen führen; umso mehr je stärker das Unternehmen gerade diese Aspekte in den Vordergrund gestellt hat.

Warum dann überhaupt den Fokus auf CSR legen und nicht weitermachen wie bisher? Die Antwort ist klar: Weil der Kunde es will und weil es eine Möglichkeit ist, sich konsequent vom Wettbewerb zu differenzieren. Gerade diese Differenzierungskriterien werden für den Kunden der Zukunft eine große Rolle spielen, denn der Preis alleine ist es nicht mehr.

Werbekampagnen in Funk und Fernsehen müssen also die Botschaft des CSR genauso transportieren wie die Kampagnen im Internet. Die Herausforderung für die Agenturen ist es, für die Werteversprechen des Händlers die richtigen Gesamtkonzepte zu erstellen und in einen Slogan zu integrieren. Selbst bestehende Slogans ließen sich oft so „aufladen".

Das gilt für „Ich bin doch nicht blöd" von Media Markt genauso wie für „Wir lieben Lebensmittel" von Edeka oder „Jeden Tag ein bisschen besser" von REWE.

Auch die Internetseiten müssen das CSR-Engagement widerspiegeln. In vielen Fällen, wie bei EDEKA und REWE, ist das bereits an prominenter Stelle umgesetzt, bei anderen Händlern fehlt es oder ist an einer Stelle zu finden, die die fehlende Bedeutung auch optisch klar macht. Die Unterschiede sind groß. Natürlich sagt eine gut gemachte Webseite bzgl. CSR-Inhalten noch nichts darüber aus, wie ernst es jemand meint, aber das Fehlen einer entsprechenden Botschaft suggeriert, dass man es nicht ernst nimmt.

Wie auch bei den Kunden ist Individualität das Schlagwort für den Umgang des Handels mit CSR. Jeder Händler braucht seine individuelle Branding-Strategie, in die CSR angemessen und ehrlich integriert werden muss.

5 Zusammenfassung

CSR wird im Handel an Bedeutung deutlich zunehmen und für viele Händler zu einem zwingenden Bestandteil ihrer Marken- und Kommunikationsstrategie werden. Dabei ist die wesentliche Voraussetzung, dass der Handel die Strategie erarbeitet und auf das jeweilige Unternehmen und Segment passgenau ausrichtet. Zusätzlich muss diese Strategie glaubhaft und nachhaltig in das Handeln jedes einzelnen Mitarbeiters überführt werden. Die interne Kommunikation ist genauso wichtig wie konsequentes Handeln in Hinblick auf die Hersteller und die öffentliche Kommunikation. Nur wenn dieser Zyklus „Strategie-Umsetzung-Handeln-Kommunizieren" geschlossen ist, kann CSR dauerhaft glaubhaft implementiert werden. Und selbst dann bleibt Raum für Rückschläge, weil es schlichtweg nicht möglich ist, Probleme in der ganzen Wertschöpfungskette gänzlich zu vermeiden. Aber der, der es ehrlich meint und sich glaubhaft und dauerhaft um Verbesserung bemüht, wird das Thema CSR zu Recht als Wettbewerbsvorteil nutzen können. Erich Harsch von dm drückt das sehr treffend aus: „Zunächst einmal glaube ich, dass alle, die es nicht ernst meinen (mit CSR, Anm. des Verf.), in Zukunft große Probleme bekommen werden. Daher ist es schwer, jetzt „aufzuspringen", wenn man nicht schon lange an den Themen arbeitet, denn der Konsument wird es durchschauen, wenn ein solches Engagement mehr Schein als Sein ist" (vgl. Lux 2012).

Literatur

Lux W (2012) Innovationen im Handel, verpassen wir die Megatrends der Zukunft. Springer Gabler, Heidelberg

Wolfgang Lux studierte Mathematik und Physik an der Universität Mainz, bevor er 1986 seinen beruflichen Werdegang bei der IBM Deutschland GmbH begann. In verschiedenen Aufgaben war er dort bis 1995 tätig, u. a. im Bereich „Outsourcing der Datenverarbeitung". Dies war auch der Titel seines ersten Buches, das er 1996 mit seinem Kollegen Peter Schön im Springer-Verlag veröffentlichte. Nach einer eineinhalbjährigen Tätigkeit bei der VEBA AG wechselte er 1997 zur Metro AG nach Düsseldorf, wo er für Metro Cash & Carry die internationale IT leitete. Von 1999 bis 2001 war er Geschäftsführer der Metro Gruppen Informatik GmbH, der IT Gesellschaft der Metro AG, und verantwortete dort die Bereiche Finanz, Personal, Recht, Revision, Technik und Auslandsgesellschaften. Im Dezember 2001 wechselte er als Geschäftsführer zur Media-Saturn Holding GmbH nach Ingolstadt. Dort war er zuletzt für die Ressorts IT, Logistik, Organisation und Technische Innovation zuständig. Nach seinem Ausscheiden aus der Media-Saturn Holding Ende 2010 verfasste er das Buch „Innovationen im Handel – Verpassen wir die Megatrends der Zukunft?", welches Mitte 2012 im SpringerGabler-Verlag erschien. Seitdem arbeitet er in der eigenen LUX Unternehmensberatung für den Handel, die IT- und Konsumgüterbranche.

Scheinbare Gegensätze verbinden – Nachhaltigkeitskommunikation bei Porsche

Josef Arweck, Daniela Rathe und Maximilian Steiner

1 Die Verantwortung der Automobilindustrie

Individuelle Mobilität ist ein Grundbedürfnis des Menschen und bildet die Basis unseres wirtschaftlichen Lebens. Sie lässt uns zum Arbeitsplatz kommen und alltägliche Besorgungen machen, sie stellt die Belieferung von Produktionsstandorten sicher und ermöglicht Handel. Durch Mobilität vernetzen sich Wirtschaftsstandorte, werden physische Waren und Güter getauscht sowie das Funktionieren moderner Volkswirtschaften gewährleistet (Koers 2014). Die globale Gesellschaft scheint immer in Bewegung zu sein: Heimat wird zu einem relativen Begriff, Orte verlieren ihre Kraft und mobil sein wird zu einer kulturellen Pflicht. Arbeits- und Lebensräume spielen sich zunehmend in Verkehrssituationen ab und bilden so Fixpunkte im fließenden mobilen Lifestyle (Zukunftsinstitut 2017). Durchschnittlich eine Stunde pro Tag ist der moderne Mensch unterwegs, pendelt im Zug zur Arbeit, erreicht im Flugzeug seine Ziele oder steht mit dem Auto im Stau (Statistisches Bundesamt 2013). Mit der Erfindung des Automobils im 19. Jahrhundert haben sich die Transportmöglichkeiten vervielfacht und es zum dominierenden Verkehrsmittel werden lassen. Auf die Lebenszeit hochgerechnet, verbringt jeder Deutsche im Schnitt

---

J. Arweck (✉)
Leiter Öffentlichkeitsarbeit und Presse, Dr. Ing. h.c. F. Porsche AG
Stuttgart, Deutschland
E-Mail: josef.arweck@porsche.de

D. Rathe
Leiterin Politik und Außenbeziehungen, Dr. Ing. h.c. F. Porsche AG
Stuttgart, Deutschland
E-Mail: daniela.rathe@porsche.de

M. Steiner
Koordinator Politik und Außenbeziehungen, Dr. Ing. h.c. F. Porsche AG
Stuttgart, Deutschland
E-Mail: maximilian.steiner@porsche.de

© Springer-Verlag GmbH Deutschland, ein Teil von Springer Nature 2018
P. Heinrich (Hrsg.), *CSR und Kommunikation*,
Management-Reihe Corporate Social Responsibility,
https://doi.org/10.1007/978-3-662-56481-3_11

mehr als zwei Jahre im Auto (Schaal et al. 2016).Derzeit werden in Deutschland mehr als 80 % der Personenverkehrsleistung mit dem Pkw abgewickelt (Braess und Seiffert 2013). Im Jahr 2016 waren hierzulande mehr als 45 Mio. Pkw gemeldet, weltweit sind es sehr viel mehr als eine Milliarde (Statista 2017a, 2017b). Noch scheint die Lust am Auto angesichts der Rekordverkaufszahlen vergangener Jahre vor allem in aufstrebenden Märkten ungebrochen zu sein – trotz der Dämpfer, die mancher Hersteller dort aktuell erleidet. Die weiter steigenden Zulassungszahlen lassen darauf schließen, dass das Auto aufgrund seiner Flexibilität und Individualität auch in Zukunft der wichtigste Verkehrsträger sein wird. Daher zählt die Automobilindustrie zu den bedeutendsten Branchen weltweit und hat einen erheblichen Teil zum erfolgreichen wirtschaftlichen Aufstieg der Industrienationen beigetragen (Ebel et al. 2014). Und nach wie vor ist sie eine Wachstumsindustrie, die global weiter an Bedeutung zunehmen wird (Koers 2014). Allein die Zahl der Autos auf Chinas Straßen soll sich bis 2020 auf etwa 200 Mio. verdoppeln. In einer von Globalisierung und Individualisierung, von Bevölkerungswachstum und Urbanisierung geprägten Welt wird der Mobilitätsbedarf also weiter steigen (Statista 2017c).

Aber Mobilität verändert sich ständig. Neue Entwicklungen fordern neue Lösungen. Durch den gesellschaftlichen Wandel sehen sich Unternehmen mit sich verändernden Alterungsprozessen, Verschiebungen von Werten in einer multikulturellen Gesellschaft, der Integration von Zuwanderern oder den Erwartungen junger Menschen an eine offene, soziale und innovative Arbeitswelt konfrontiert. Der zunehmende digitale Anteil an Produkten, Dienstleistungen und Prozessen bildet die Grundlage für einen technisch-ökonomischen Paradigmenwechsel mit einem fundamentalen Ausmaß an Technologiesprüngen. Deren Auswirkungen sind derart tiefgreifend, dass sie sich mit der Einführung der Dampfmaschine vergleichen lassen (Picot et al. 2017). Hinzu kommen neue klimapolitische Anforderungen. Die sich verändernden klimatischen Bedingungen, die Verknappung von fossilen Energieträgern, der Weltklimavertrag von Paris und verschärfte politische Ziele zur Reduzierung der CO_2-Emissionen verlangen nach alternativen Antrieben und innovativen Mobilitätskonzepten. Darüber hinaus haben Skandale und Rückrufaktionen das öffentliche Ansehen und die Glaubwürdigkeit der Automobilhersteller beschädigt. Eine zunehmend skeptische Öffentlichkeit verlangt daher nach Grundwerten und übergeord-

Abb. 1 Das Drei-Säulen-Modell der Nachhaltigkeit. (Eigene Darstellung, in Anlehnung an Spindler 2013)

neten Prinzipien, die über die reine Gewinnmaximierung hinausgehen (Arweck 2011). Nachhaltiges und werteorientiertes Handeln stellt deshalb gerade jetzt eine große Herausforderung, aber auch eine Chance für die gesamte Branche dar. Die Unternehmen tragen nicht nur eine ökonomische, sondern auch eine ökologische und soziale Verantwortung (siehe Abb. 1).

1.1 Ökonomische Verantwortung

Der volkswirtschaftliche Stellenwert der Automobilbranche und damit einhergehend die Bedeutung für die *ökonomische Unternehmensverantwortung* lässt sich am Beispiel von Deutschland – dem weltweit viertgrößten Automobilproduzenten nach China, den USA und Japan – deutlich erkennen (Statista 2017d). Mit einem Umsatz von mehr als 400 Mrd. € im Jahr 2016 leistet dieser Industriezweig einen wesentlichen Beitrag zur volkswirtschaftlichen Produktion und zum Steueraufkommen (Statista 2017e). Auch als Investor spielt die deutsche Automobilbranche eine große Rolle; durch ihren Kapitaleinsatz von etwa 20 Mrd. € pro Jahr im Bereich Forschung und Entwicklung (F&E) schafft sie die Grundlage ihrer Wettbewerbsfähigkeit und Technologieführerschaft – die drei größten F&E-Investoren in der Europäischen Union stammen aus der deutschen Automobilindustrie (Verband der Automobilindustrie e. V. 2016). Die Beschäftigungszahl hat dort in den vergangenen Jahren stetig zugenommen, weshalb die Branche mit mehr als 800.000 Beschäftigten im Jahr 2016 einen zentralen Beitrag für den deutschen Arbeitsmarkt leistet (Statista 2017f; Verband der Automobilindustrie e. V. 2016).

1.2 Ökologische Verantwortung

In den vergangenen beiden Jahrhunderten hat sich die Erde durch menschliche Eingriffe stark verändert. Klimawandel und Umweltverschmutzung, Habitatsverluste und knappe Ressourcen sind direkte Auswirkungen unseres Handelns. Themen wie Elektrifizierung, Digitalisierung und Konnektivität können auch unter diesem Aspekt betrachtet werden und wirken als zentrale Treiber der Automobilindustrie. Zur Wahrnehmung der *ökologischen Unternehmensverantwortung* sind also neues unternehmerisches Denken und neue Handlungsansätze gefragt, um Automobilität und Umwelt in Einklang zu bringen. Strengere Abgasvorschriften und zunehmende Ballungsräume verändern klassische Mobilitätskonzepte. Diese beeinflussen die Hersteller und Zulieferer entlang des gesamten Produktions- und Nutzungszyklus eines Automobils aktiv: von der Auswahl der Materialien über die Produktion am Standort und den kraftstoffsparenden Betrieb bis hin zum Schließen von Stoffkreisläufen am Ende des Lebenszyklus. Themen wie Kraftstoffeffizienz, reduzierte Abgasemissionen, Leichtbau oder die Wiederverwertbarkeit von Werkstoffen werden so zu elementaren Merkmalen einer modernen Fahrzeugarchitektur (Dr. Ing. h.c. F. Porsche AG 2016a; Dr. Ing. h.c. F. Porsche AG 2017a).

1.3 Soziale Verantwortung

Gesellschaftsrelevante Rahmenveränderungen, wie sich wandelnde Altersstrukturen oder der zunehmende Mangel an Fachkräften, wirken sich umfangreich auf die Herstellungs- und die Nutzungsphase von Automobilen aus. Für die Menschen innerhalb und außerhalb der eigenen Werkstore trägt die Branche daher eine *soziale Unternehmensverantwortung*. In der Rolle als Arbeitgeber gilt es, mit einer werteorientierten Unternehmenskultur den Ansprüchen der Arbeitnehmer gerecht zu werden. Attraktive Aus- und Weiterbildungsprogramme zielen darauf ab, Nachwuchskräfte zu sichern und Mitarbeiter auf neue Aufgaben vorzubereiten. In der in hohem Maße von Schichtarbeit und Arbeitssicherheit geprägten Automobilbranche bedarf es zudem eines besonderen Augenmerks auf Themen wie Mitbestimmung, Gesundheit und Vorsorge sowie Vereinbarkeit von Beruf und Familie. Auch die Einhaltung von grundlegenden Arbeits- und Sozialstandards wird weltweit geachtet und gefördert. Viele Hersteller der Branche setzen auf langjährig aufgebaute Beziehungen zu ausgewählten Lieferanten, was die Umsetzung von Auditierungsprogrammen sowie die Kontrolle von Auflagen vereinfacht. Entsprechend eines guten Bürgers leistet die Automobilindustrie nicht nur einen wichtigen Beitrag zur regionalen wirtschaftlichen Entwicklung, sondern übernimmt auch Verantwortung für die Menschen in ihrer Umgebung. Daher haben Corporate-Citizenship-Maßnahmen, wie die finanzielle Unterstützung von kulturellen, sportlichen oder gemeinnützigen Institutionen, in der Branche eine lange Tradition (Dr. Ing. h.c. F. Porsche AG 2017a).

2 Unternehmensverantwortung bei Porsche

Wenn Unternehmen ihre Verantwortung bewusst wahrnehmen, ist dies der Gesellschaft oft suspekt – gerade in Deutschland (von Oetinger und Reeves 2007). Ein Hintergedanke wird unterstellt, reiner Altruismus gefordert. Dabei sind gerade Aktivitäten, die nahe an der eigentlichen Geschäftstätigkeit liegen, zur Profitabilität beitragen und zugleich Vorteile für die Gesellschaft bedeuten, die ehrlichste Spielart des Engagements – sehr wahrscheinlich auch die wirksamste (Oetker 2007). Eine strategisch angelegte Verantwortungsübernahme, verbunden mit einer entsprechenden Kommunikation, hat das Potenzial, das Bild der Unternehmen in der Öffentlichkeit zu verändern. Gleichzeitig gibt die Übernahme von Verantwortung Unternehmen die Chance, einen neuen Blick auf die Gesellschaft zu erhalten und bisher nicht gesehene Möglichkeiten zu nutzen (Porter und Kramer 2007).

Bei Porsche sind Verständnis und Umsetzung klar definiert. Ökonomischer Erfolg, ökologisches Bewusstsein und soziale Verantwortung bilden keine Gegensätze. Im Gegenteil: Sie gehören untrennbar zusammen. Dabei stehen die Menschen stets im Mittelpunkt – ob als Mitarbeiter, Kunden oder Anwohner. Sein Verständnis von Verantwortung summiert der Sportwagenhersteller daher bewusst und direkt unter dem Begriff der Nachhaltigkeit. Nachhaltiges Handeln setzt Porsche mit Zukunftsfähigkeit gleich, Gesellschaft und

Umwelt stellen zentrale Rahmenbedingungen für wertschaffendes Wachstum dar. Häufig synonym verwendete Bezeichnungen wie Corporate Social Responsibility (CSR) oder Corporate Responsibility (CR) ordnet Porsche dem Nachhaltigkeitsbegriff unter, um die gleichrangige Koexistenz der ökonomischen, ökologischen und sozialen Dimension in den Vordergrund zu stellen. Das Unternehmen will damit dezidiert Fehlannahmen vorbeugen, wie etwa die Betonung der wirtschaftlichen Dimension im CR-Konzept oder die häufig missverstandene Interpretation des sozialen Schwerpunkts des CSR-Konzepts. Als Hersteller von Sportwagen im Premiumsegment setzt sich Porsche vor allem mit Fragen der ökologischen und gesellschaftlichen Auswirkungen seiner Produktionsprozesse und

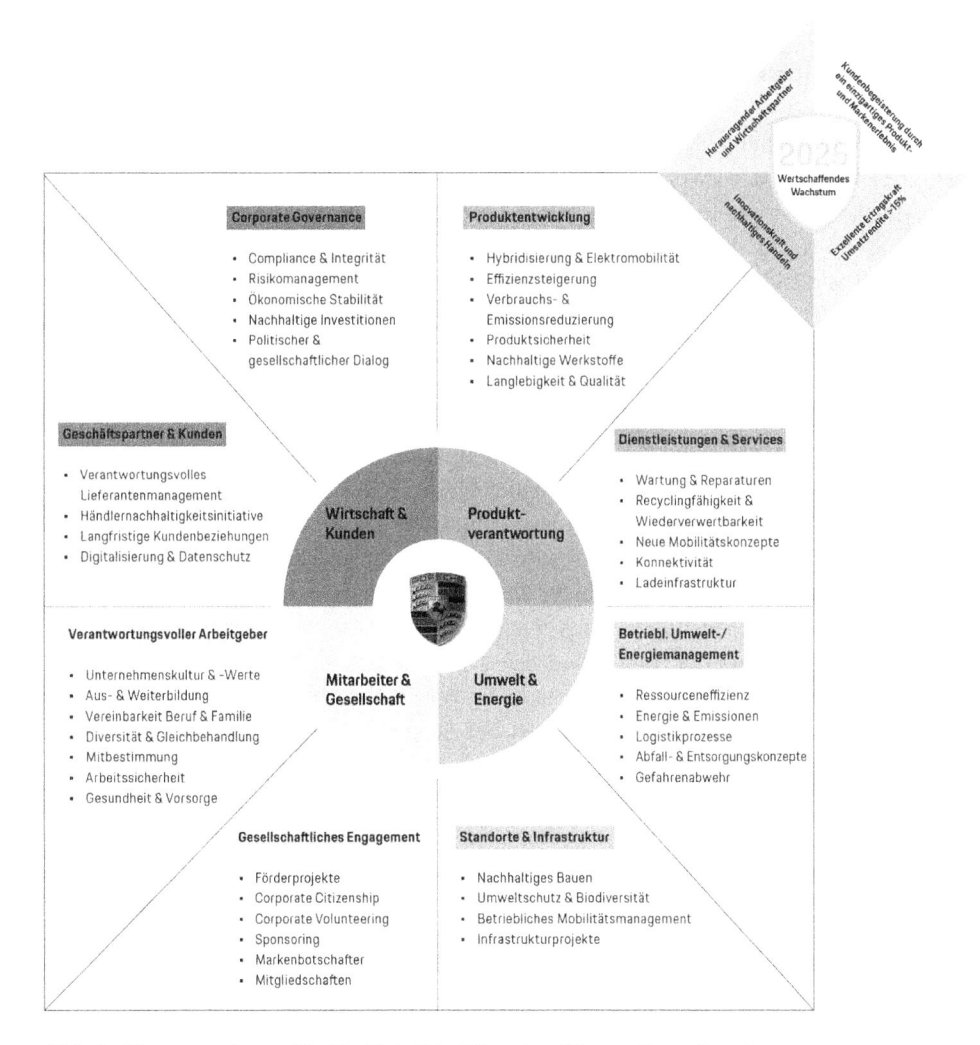

Abb. 2 Themenspektrum Nachhaltigkeit bei Porsche. (Eigene Darstellung)

Produkte auseinander. Aber auch als Arbeitgeber ist das Unternehmen in den vergangenen Jahren stark gewachsen und inzwischen für mehr als 29.000 Mitarbeiter (Stand: Juli 2017) verantwortlich. Die Integration von nachhaltigem Wirtschaften entlang der gesamten Wertschöpfungskette in das Kerngeschäft hinein ist für den Sportwagenhersteller daher kein leeres Versprechen, sondern ein entscheidender Beitrag für die eigene Zukunftsfähigkeit und gelebte Selbstverständlichkeit. Mit klassischen Corporate-Citizenship-Maßnahmen, wie Spenden oder der Unterstützung sozialer Projekte im Sinne des bürgerschaftlichen Engagements, schlägt Porsche eine philanthropische Brücke zwischen dem Unternehmen und der Gesellschaft. Abb. 2 gibt einen Überblick zur Nachhaltigkeit bei Porsche.

2.1 Nachhaltigkeitsorganisation bei Porsche

Neben der Entwicklung, der Produktion und dem Vertrieb von Sportwagen ist das Nachhaltigkeitsmanagement eine zentrale Aufgabe und Zielsetzung des Unternehmens. Die Zuständigkeit liegt unmittelbar beim Vorstandsvorsitzenden. Wichtigste Basis ist die Integration von Nachhaltigkeit in die bestehenden und neuen Prozesse. Auf diese Weise lassen sich alle Aktivitäten den vier Handlungsfeldern *Wirtschaft und Kunden, Produktverantwortung, Umwelt und Energie* sowie Mitarbeiter und Gesellschaft zuordnen (Dr. Ing. h.c. F. Porsche AG 2017a).

Als höchstes Nachhaltigkeitsgremium fungiert der Vorstand von Porsche, der mindestens zweimal jährlich als *Nachhaltigkeitsboard* zusammentritt. Dabei wird neben der strategischen Ausrichtung auch über die Umsetzung von Leuchtturmprojekten und weitreichenden Nachhaltigkeitsmaßnahmen entschieden. Das Nachhaltigkeitsteam der Abteilung *Politik und Außenbeziehungen* fungiert als Schnittstelle für alle nachhaltigkeitsrelevanten Themen im Unternehmen. Es ist mit der Koordination der Nachhaltigkeitsaktivitäten, der Umsetzung der Nachhaltigkeitsstrategie, der Berichterstattung sowie der Einbindung in die konzernweiten Nachhaltigkeitsaktivitäten betraut. Darüber hinaus stellt es die interne und die externe Kommunikation sowie den kontinuierlichen Ausbau des Stakeholderdialogs sicher. Für die inhaltliche Ausrichtung der Nachhaltigkeitsaktivitäten und entsprechende Vorschläge für den Vorstand ist der *Expertenkreis Nachhaltigkeit* zuständig. Er ist ressortübergreifend organisiert und tritt viermal jährlich zusammen. Die ständigen Mitglieder des Expertenkreises vertreten nachhaltigkeitsrelevante Fachbereiche aller Unternehmensressorts und agieren in diesen wiederum als Multiplikatoren für Nachhaltigkeitsthemen. Ein zentraler Schritt für die Ausweitung der Nachhaltigkeitsorganisation war die Etablierung des *Porsche-Nachhaltigkeitsbeirats* im Jahr 2016. Fünf international angesehene Experten[1] aus Wissenschaft und Gesellschaft unterstützen das Unternehmen

---

[1] Mitglieder des Nachhaltigkeitsbeirats sind: Prof. Dr. Sonja Peterson, Prof. Dr. Lucia A. Reisch, Prof. Dr. Maximilian Gege, Prof. Dr. Ortwin Renn und Prof. Dr. Dr. Klaus Töpfer (Stand Oktober 2017).

seitdem dabei, das Thema Nachhaltigkeit intern voranzutreiben. Die Beiräte wirken als Impuls- und Ideengeber. In dieser Rolle treffen sie sich mindestens zweimal jährlich, um auf aktuelle ökologische und gesellschaftliche Entwicklungen aufmerksam zu machen und mögliche nachhaltige Lösungen zu diskutieren (Dr. Ing. h.c. F. Porsche AG 2017a).

2.2 Nachhaltigkeit als strategisches Instrument

Die Zukunft des Sportwagens gestalten – das ist das Motto der Porsche Strategie 2025. Damit hat das Unternehmen es sich zur Aufgabe gemacht, durch die Verbindung von Tradition mit innovativen Technologien und Nachhaltigkeit die exklusive und sportliche Mobilität von morgen zu prägen. Wertschaffendes Wachstum steht dabei im Mittelpunkt der Porsche Strategie 2025 und die vier Dimensionen *Mensch und Kultur, Kundenbegeisterung, Rendite sowie Innovation und Nachhaltigkeit* bilden die Treiber (Dr. Ing. h.c. F. Porsche AG 2017a).

Mit dem Strategiefeld *Innovation und Nachhaltigkeit* bestärkt der Sportwagenhersteller auf oberster Zielebene seinen ganzheitlichen Ansatz, mit dem sowohl wirtschaftliche und ökologische als auch soziale und ethische Ziele berücksichtigt werden. Nachhaltigkeit findet deshalb als Schnittstellenthema in allen Unternehmensbereichen Berücksichtigung – von der Entwicklung bis zum Vertrieb. Die Fähigkeit, Neues zu entdecken und zu entwickeln, ist für Porsche in diesem Zusammenhang eine Grundvoraussetzung für nachhaltiges Handeln. Dafür fördert und investiert das Unternehmen in eine Umgebung, in der Mitarbeiter mit Leidenschaft für innovative Produkte, Prozesse und Technologien hervorragende Entwicklungsmöglichkeiten finden. Entsprechend sind in allen Teilstrategien der Ressorts Ziele und Projekte mit Nachhaltigkeitsbezug verankert (Dr. Ing. h.c. F. Porsche AG 2017a).

3 Nachhaltigkeit in der Kommunikation von Porsche

Neben der strategischen Ausrichtung und der Integration von Nachhaltigkeit in das Kerngeschäft sind die interne und die externe Kommunikation zentrale Aspekte der Unternehmensverantwortung (Raupp et al. 2011). Unternehmen stehen somit neben der ökologischen, sozialen und ökonomischen Herausforderung, nachhaltig zu agieren, vor einer weiteren Aufgabe: der transparenten und sinnstiftenden Integration relevanter Themen in die Unternehmens- und Produktkommunikation, um die Bewältigung der oben genannten Bereiche zu unterstützen (Brugger 2010). Wichtigste Prämisse in diesem Zusammenhang ist, dass die Übernahme von Verantwortung für das Unternehmen Wettbewerbsvorteile und damit einen strategischen Nutzen generiert. Ein Zusammenhang zwischen Wirtschaft und Gesellschaft sollte in diesem Kontext für alle Beteiligten ersichtlich sein und im Vordergrund stehen (Arweck 2011). Denn trotz mehr als zwei Jahrzehnte intensiver Diskussion besteht in der breiten Öffentlichkeit eine eher diffuse Vorstellung von unternehmerischer

Verantwortung und der Frage, welche konkreten Aufgabenstellungen damit für die Wirtschaft einhergehen. In den Medien und bei Nichtregierungsorganisationen herrschen zum Teil exaltierte Erwartungen an die Industrie. Auch umgekehrt besteht in der Industrie nur eine geringe Akzeptanzbereitschaft zu Nachhaltigkeitsinnovationen, deren Resultate nicht exakt vorhergesagt werden können. Das Ergebnis ist vielfach simple Schwarz-Weiß-Rhetorik, ein Stillstand mit der üblichen Green- oder Bluewashing-Diskussion (Knaut 2013).

Um solchen Entwicklungen entgegenzuwirken, existiert bei Porsche kein Nebeneinander von Kommunikations- und Nachhaltigkeitsabteilung. Das Nachhaltigkeitsteam der Abteilung *Politik und Außenbeziehungen* ist Teil des Bereichs *Öffentlichkeitsarbeit und Presse*, der direkt an den Vorstandsvorsitzenden berichtet. Der Dialog mit relevanten Stakeholdern sowie die interne und die externe Kommunikation von Nachhaltigkeitsthemen sind – neben der strategischen Ausrichtung – wesentliche Bestandteile des Tagesgeschäfts der Nachhaltigkeitsabteilung. Dazu gehören unter anderem die Bearbeitung aller nachhaltigkeitsrelevanten Themen für den Geschäfts- und Nachhaltigkeitsbericht, Beiträge für interne und externe Medien sowie Dialogformate im Rahmen des Stakeholdermanagements.

Wichtigstes Element der Porsche-Kommunikationskultur ist es, Inhalte verständlich und glaubwürdig an die Zielgruppen zu vermitteln und auch kritische Nachhaltigkeitsaspekte zu beleuchten. Durch eine umfassende Kommunikationsplanung und klare Botschaften gehen Unternehmensverantwortung und -kommunikation fließend ineinander über.

3.1 Stakeholderdialog als Basis der unternehmerischen Verantwortung

Während die Idee des Shareholder Values allein aus der Sicht der Eigentümer bzw. Eigenkapitalgeber den Wert eines Unternehmens maximieren will, geht der Stakeholderansatz deutlich weiter: Die Interessen von allen Stakeholdern werden als gleichwertig relevant erachtet. Durch die homogene Berücksichtigung der Interessen der jeweiligen Gruppen lassen sich die Unternehmensziele besser erreichen – ein gegenseitiger Nutzen entsteht (Donaldson und Preston 1995).

Porsche ist es ein besonderes Anliegen, diesen gegenseitigen Nutzen in einem Austausch mit den eigenen relevanten Anspruchsgruppen zu pflegen und kontinuierlich auszubauen. Das Unternehmen ist sich bewusst, dass seine Geschäftstätigkeiten die Interessen vieler Stakeholder berühren. Ein offener Austausch bildet daher die Grundlage für gegenseitiges Verständnis und gesellschaftliche Akzeptanz. Gleichzeitig werden durch den Dialog wichtige Anregungen und neue Impulse gewonnen. So konnte Porsche beispielsweise durch einen kooperativen Dialog mit der Stadt Stuttgart ein innovatives Mobilitätskonzept für seine Mitarbeiter entwickeln. Zum einen soll damit vor allem die Feinstaubbelastung gesenkt und der Straßenverkehr entlastet sowie zum anderen die Arbeitswege der Mitarbeiter verbessert werden. Deshalb fördert Porsche die Nutzung von Bussen, Bahnen oder Fahrgemeinschaften bei Arbeitswegen und Dienstfahrten. Bei Feinstaubalarm in Stuttgart können die Mitarbeiter zudem den öffentlichen Nahverkehr unentgeltlich nutzen. Weiter bildet der transparente und konstruktive Austausch mit den Stakeholdern einen Kernprozess des strategischen Nachhaltigkeitsmanagements.

Ein direkter Dialog ist wesentlicher Bestandteil der Unternehmenskultur bei Porsche. Für Mitarbeiter existiert eine Vielzahl von Möglichkeiten, sich mit eigenen Anliegen einzubringen und transparente Interaktionswege zu nutzen. Dazu gehört ein neu konzipiertes Ombudsmann-System, das anonyme Beschwerden und die Meldungen möglicher Rechtsverstöße mit Bezug zum Unternehmen ermöglicht. Bei Porsche ist es außerdem gelebte Praxis, alle Mitarbeiter und ihre gewählten Vertreter rechtzeitig und umfassend über wesentliche betriebliche Änderungen zu informieren. Die Einhaltung dieser Unternehmenspraxis ist auf vielfältige Weise sichergestellt, unter anderem durch einen paritätisch besetzten Aufsichtsrat, die Betriebsratsgremien, regelmäßige Betriebsversammlungen oder die ständige Pflege der Betriebsvereinbarungsdatenbank im Intranet. Der interne Stakeholderdialog zu Nachhaltigkeitsthemen soll künftig noch erweitert werden, um das interne Verständnis weiter zu fördern und die externe Multiplikatorenrolle der Mitarbeiter auszubauen (Dr. Ing. h.c. F. Porsche AG 2017a).

Neben dem Dialog mit internen Anspruchsgruppen pflegt Porsche auch den Dialog mit externen Stakeholdern. Die Umfeldzeitung *targa* informiert seit 2015 die Anwohner am Porsche-Standort Weissach und in den benachbarten Gemeinden sowie in der Nachbarschaft der Produktionsstandorte Stuttgart-Zuffenhausen und Leipzig. Zusätzlich werden die Nachbarn durch projektbezogene Informationsbriefe auf dem Laufenden gehalten, beispielsweise über Bautätigkeiten. Seit 2016 finden regelmäßig Veranstaltungen mit mehreren Hundert Teilnehmern an den Standorten statt. Anwohner haben hier die Möglichkeit, konkrete Fragen direkt mit den Experten vor Ort zu diskutieren. Zur Intensivierung des Dialogs zwischen lokaler Politik und Unternehmen engagiert sich Porsche auch in einer 2015 initiierten *interkommunalen Arbeitsgruppe* (Dr. Ing. h.c. F. Porsche AG 2017a).

Regelmäßige Stakeholderbefragungen geben systematisch Aufschluss über Einschätzungen und Erwartungen relevanter Anspruchsgruppen zum Thema Nachhaltigkeit. Im Jahr 2017 wurden mehr als 12.000 externe Stakeholder aus den Märkten Deutschland, China und Großbritannien – darunter Kunden, Geschäftspartner, Vertreter von Behörden, Verbänden, Gewerkschaften und Nichtregierungsorganisationen, Politiker, Wissenschaftler und Nachhaltigkeitsexperten – zu einer Onlinebefragung eingeladen. In einer Wesentlichkeitsanalyse wurden die Ergebnisse detailliert ausgewertet und mit der Bedeutung einzelner Nachhaltigkeitsthemen für das Unternehmen ins Verhältnis gesetzt. Die dort identifizierten Themen dienen als Grundlage für Nachhaltigkeitsaspekte, die eng mit anderen Themen der Unternehmensstrategie verzahnt werden (Dr. Ing. h.c. F. Porsche AG 2016a; Dr. Ing. h.c. F. Porsche AG 2017a).

3.2 Unternehmensverantwortung in der internen Kommunikation

Eine unternehmensinterne Kommunikation von Nachhaltigkeit umfasst zunächst einmal die Weitergabe von relevanten Informationen. Um unternehmerische Verantwortung jedoch dauerhaft im Unternehmen zu festigen und stetig weiterzuentwickeln, sind in einem ersten Schritt das Verständnis und in einem zweiten Schritt die Unterstützung der Mitarbeiter notwendig. Um Mitarbeiter als Multiplikatoren nach innen und außen zu aktivieren, müssen sie mittels einer zielgerichteten internen Kommunikation in die Lage versetzt werden, die Unternehmensbotschaften mitzutragen (Schick 2010; Sawczyn-Müller und Krohn 2017).

Porsche ist sich bewusst, dass ohne die Bereitschaft der Mitarbeiter kein ökologisch und gesellschaftlich ausgerichtetes Handeln möglich ist. Kontinuierlicher Dialog und direkte Kommunikation sind daher in den Porsche-Führungsleitlinien verankert. Um seine Mitarbeiter zu Themen und Aktivitäten der Unternehmensverantwortung zu erreichen, greift Porsche auf einen Mix unterschiedlicher Kommunikationsinstrumente zurück (siehe Abb. 3). Eine wesentliche Rolle spielt in diesem Zusammenhang die *Carrera-Medienfamilie*, bestehend aus Standortzeitungen, einem Mitarbeitermagazin, einem TV-Sender und dem Intranet. In regelmäßigen Abständen bzw. tagesaktuell erhält die Belegschaft so Informationen zu den Nachhaltigkeitszielen und -handlungsfeldern sowie zu neuen sozialen und ökologischen Projekten. Auch im Rahmen von Einführungsveranstaltungen für neue Mitarbeiter oder den Betriebsversammlungen werden wesentliche Themen der Unternehmensverantwortung entsprechend weitergegeben.

Für die Porsche-Belegschaft gibt es mehrere Wege, um sich – entweder offen oder vertraulich – mit Vorschlägen, Problemen oder Beschwerden an Gremien und Entscheidungsorgane zu wenden. Im Gegenzug informiert die Unternehmensführung alle Mitarbeiter transparent und aktuell über die Entwicklung des Unternehmens. Mit dem Porsche-

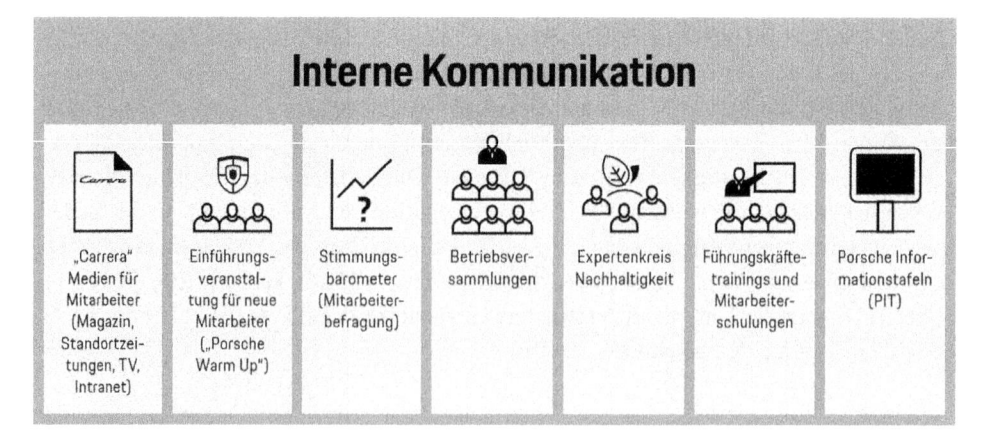

Abb. 3 Kommunikationsmedien für interne Stakeholder von Porsche. (Eigene Darstellung)

Ideenmanagement ruft das Unternehmen zum Beispiel seine Mitarbeiter dazu auf, Verbesserungen für den Unternehmens- und Nachhaltigkeitsprozess zu formulieren.[2] Ziel ist es, den Dialog mit seinen Mitarbeitern und die interne Kommunikation zur Nachhaltigkeit stetig zu verbessern. Aus diesem Grund sind spezifische Maßnahmenpakete zum Thema interne Kommunikation fest in der Strategie 2025 verankert (Dr. Ing. h.c. F. Porsche AG 2017a).

3.3 Unternehmensverantwortung in der externen Kommunikation

Die Basis der Kommunikation von nachhaltigkeitsrelevanten Themen ist Vertrauen. Das ist der zentrale Wert für eine langfristige Beziehung zwischen einem Unternehmen und seinen Kommunikationspartnern. Ein glaubwürdiger Austausch mit den Bezugsgruppen entsteht dabei nicht von heute auf morgen, sondern muss langfristig erarbeitet und durch einen kontinuierlichen Austausch gepflegt werden. Auf diese Weise lässt sich eine wertschöpfende Funktion der Nachhaltigkeitskommunikation etablieren (Hubig und Siemoneit 2007).

Für Porsche ist Vertrauen die Grundlage aller Kommunikationsaktivitäten (siehe Abb. 4). In Bezug auf unternehmerische Verantwortung ist die stetige und transparente Weitergabe von Kommunikationsinhalten das Fundament der eigenen Glaubwürdigkeit. Die wichtigsten Kommunikationspartner sind für jedes Unternehmen seine Kunden. Interaktion und Dialog mit ihnen bilden für Porsche eine wesentliche Funktion. Um den

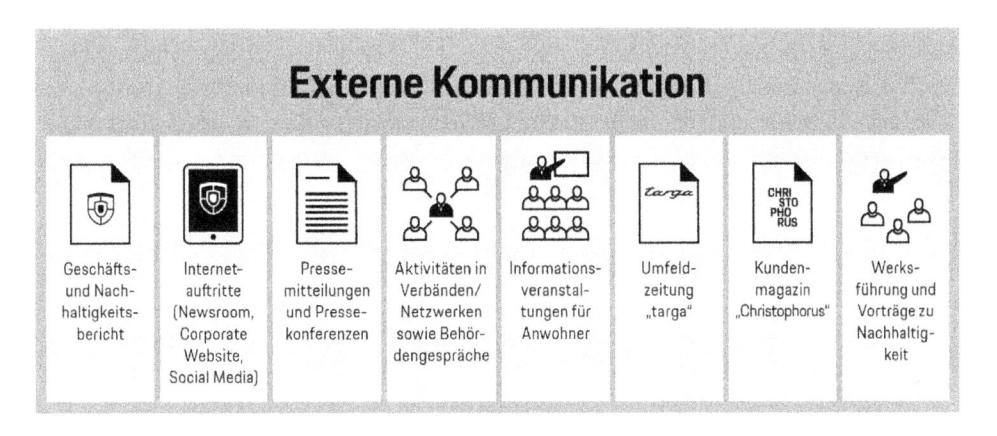

Abb. 4 Kommunikationsmedien für externe Stakeholder von Porsche. (Eigene Darstellung)

---

[2] Aus den Verbesserungsvorschlägen ging im Jahr 2016 beispielsweise die Optimierung der Außenbeleuchtung des Karosseriebaus am Porsche-Werk Leipzig hervor. Dies spart mehr als 310.000 kWh Strom pro Jahr. Ebenfalls konnten am Standort Leipzig durch den zwischenzeitlichen Stand-by-Betrieb von Anlageteilen in der Lackiererei etwa 680.000 kWh Strom reduziert werden.

Kundenanforderungen im digitalen Zeitalter noch besser gerecht zu werden, hat Porsche schon frühzeitig die Kundenkommunikation auf neue und innovative Kontaktmöglichkeiten verlagert. Mit einem der ältesten Kundenmagazine, dem *Christophorus*, bietet der Sportwagenhersteller seinen Kunden und Fans zudem seit 1952 Informationen zu Fahrzeugen sowie Technik und gewährt Blicke hinter die Kulissen. Der *Christophorus* erscheint fünfmal im Jahr in elf Sprachen und mit einer Auflage von 750.000 Exemplaren.[3]

Neben der direkten Kommunikation mit den Kunden bildet die klassische Pressearbeit ein wesentliches Mittel zur Übermittlung von Unternehmensbotschaften an regionale und überregionale Medien.

Mit dem *Porsche-Newsroom* (www.newsroom.porsche.de) hat der Sportwagenhersteller ein zeitgemäßes Onlinemagazin für Journalisten und interessierte Anspruchsgruppen geschaffen. Die Plattform ist Corporate Blog, Social Media Hub und Recherchetool zugleich – und das nach dem Open-Source-Prinzip bewusst ohne Log-in. Alle Informationen sind frei zugänglich und können lizenzfrei heruntergeladen sowie öffentlich geteilt werden. Auch Meldungen zum Thema Unternehmensverantwortung werden im *Porsche-Newsroom* in einer eigenen Rubrik veröffentlicht. Unter dieser ist ebenfalls der Geschäfts- und Nachhaltigkeitsbericht verfügbar – als Download und über eine eigene Microsite. Mit der Jahrespressekonferenz und über soziale Medien, wie Facebook oder Twitter, werden weitere Zielgruppen angesprochen. Diese Onlinekommunikation macht den direkten und spezifischen Kontakt mit – zum Teil auch neuen – Stakeholdern möglich. Unternehmensbotschaften können so von Porsche breiter und ohne Gatekeeper verbreitet werden.

Porsche geht es aber um mehr als eine One-Way-Kommunikation: Im Web 2.0 erhält das Unternehmen direktes Feedback von außen. Diese neue Art der Transparenz erhöht den Handlungsdruck, schließlich gibt Porsche einen Teil seiner Kontrolle ab und kann die Wirkung von Botschaften nur bedingt steuern. Gleichzeitig ist dies Ausdruck einer glaubwürdigen Kommunikation auf Augenhöhe. Für Porsche ist das direkte Feedback seiner Interessengruppen von größerer Relevanz als der Kontrollverlust. Mit einer eigenen E-Mail-Adresse (nachhaltigkeit@porsche.de) bietet das Unternehmen seinen Stakeholdern die Möglichkeit, in direkten Kontakt zu treten.

4   Praxisbeispiele für gelebte Verantwortung bei Porsche

Beim Ausbau von vorhandenen und bei der Aufnahme von neuen Projekten der Unternehmensverantwortung berücksichtigt Porsche Impulse aus Belegschaft und Umfeld sowie gesellschaftlich relevante Entwicklungen. In diesem Zusammenhang lässt sich unterscheiden, wie der Sportwagenbauer einerseits seine Nachbarn an seinem unternehmerischen

---

[3] Nach dem Print-to-web-Prinzip bestehen zusätzlich zu der Papierversion des *Christophorus* ein Online-Auftritt (christophorus.porsche.com/de) sowie eine App zur mobilen Nutzung.

Erfolg teilhaben lässt und Projekte sowie Organisationen in den Bereichen Bildung und Wissenschaft, Kultur, Soziales, Sport und Umwelt unterstützt – im Jahr 2016 lag der Gesamtbetrag an Spenden bei rund fünf Mio. Euro. Andererseits zeigen die Unternehmensaktivitäten, wie Porsche nachhaltigkeitsrelevante Themen in seine Wertschöpfungskette integriert und beim Erwirtschaften seines Gewinns miteinbezieht.

4.1 Ökonomische Verantwortung – Digitalisierung

Die Digitalisierung beeinflusst schon heute zusätzlich und nachdrücklich das unternehmerische Handeln und birgt gleichzeitig enorme Chancen und Potenziale. In der unternehmerischen Nachhaltigkeitsstrategie steht eine konsequente Kundenorientierung als Grundlage für den ökonomischen Erfolg im Vordergrund. Um die eigene Zukunftsfähigkeit zu stärken und die Wünsche der Kunden langfristig zu erfüllen, hat sich Porsche das Ziel gesetzt, führender Anbieter für digitale Mobilitätslösungen im automobilen Premiumsegment zu werden. In einem ersten Schritt hat der Sportwagenhersteller daher mit der *Porsche Digital GmbH*[4] hierfür ein eigenes Kompetenzzentrum und mit dem *Porsche Digital Lab* in Berlin eine Plattform für die Identifizierung und Erprobung von innovativen Informationstechnologien gegründet. Gemeinsam mit allen Unternehmensressorts werden auf diese Weise neue Wertschöpfungsmodelle sowie innovative Produktangebote getestet und realisiert. Bereichsübergreifend sollen neue Trends erkannt, bewertet und frühzeitig relevante Technologien abgesichert werden, um das eigene Geschäftsmodell an die Herausforderungen der Zukunft anzupassen. Hierzu sucht Porsche stetig nach neuen Partnern, beteiligt sich an Fonds und Start-ups, wie beispielsweise dem Venture-Capital-Fonds *Eventures*, dem Parkservice *Evopark*, der Innovationsplattform *Startup Autobahn* oder dem auf Smart Living spezialisierten Technologie-Unternehmen *Home-iX*. Durch externe Impulse aus der internationalen Gründerszene beschleunigt Porsche seinen Fortschritt und fördert langfristig Ideen für zukünftige Mobilitätslösungen. Thilo Koslowski, Geschäftsführer der *Porsche Digital GmbH*, sieht in der Digitalisierung eine Chance für die „Renaissance des Automobils" (Antrecht 2016). Vernetzte Mobilität, intuitive Bedienkonzepte und die Fahrzeugarchitektur von morgen sind wichtige Elemente eines digitalen Ökosystems, in dem sich eine Fülle neuer Dienste und Geschäftsmodelle entwickelt. Für den Kunden wird das Auto immer mehr zum *Car for Life*. Ein Szenario sieht vor, dass ein Porsche Fahrzeug zunächst mit Basisfunktionen ausgestattet ist und die Kunden sich nach und nach bzw. bei Bedarf Leistungen dazu buchen können. Der Sportwagenhersteller zielt darauf ab, mittelfristig einen zweistelligen Prozentsatz seines Umsatzes mit digitalen Dienstleistungen zu erwirtschaften (Dr. Ing. h.c. F. Porsche AG 2016b; Dr. Ing. h.c. F. Porsche AG 2016c).

---

[4] Die *Porsche Digital GmbH* hat weltweit Standorte in Berlin, Ludwigsburg, Santa Clara und Tel Aviv.

4.2 Ökologische Verantwortung – CO2-neutrale Produktion

Porsche investiert nicht nur in umwelt- und ressourcenschonende Produkte, sondern auch in effiziente, umweltverträgliche Herstellungsverfahren. Auf einen sparsamen Umgang mit Energie und Rohstoffen legt das Unternehmen großen Wert. Konsequenter Umweltschutz und der schonende Umgang mit natürlichen Ressourcen sind für Porsche an den eigenen Unternehmensstandorten eine Selbstverständlichkeit. Bis spätestens 2050 will die Landeshauptstadt Stuttgart klimaneutral sein und Porsche leistet seinen Beitrag – sowohl die Belegschaft als auch die Unternehmensleitung. Im Jahr 2016 konnten durch die Ideen von Mitarbeitern zum effizienteren Einsatz von Ressourcen etwa 16 % CO2 eingespart werden. Im Zuge der Neu- bzw. Umbauten der Energiezentralen wurden darüber hinaus an allen Standorten effizientere Erdgas-Heizkessel und Blockheizkraftwerke zur kombinierten Strom- und Wärmeerzeugung installiert. Das Energiemanagement wird besonders deutlich am Beispiel des im Jahr 2015 eröffneten Ausbildungszentrums in Stuttgart-Zuffenhausen: Dank vier regenerativer Energiesysteme erreicht der Neubau eine positive Ökobilanz und benötigt 30 % weniger Energie, als es die Energieeinsparverordnung der Bundesregierung vorgibt. Auf Konzernebene leistet Porsche seinen Beitrag zur Reduzierung der CO2-Emissionen um 25 % je produzierte Einheit im Vergleich zum Basisjahr 2010. Zusätzlich hat der Sportwagenhersteller im Januar 2017 die Versorgung seiner Produktionsstandorte Stuttgart-Zuffenhausen und Leipzig zu 100 % auf Naturstrom umgestellt mit dem klaren Ziel einer CO2-neutralen Produktion. Ein Meilenstein ist 2019 der Produktionsstart des ersten rein elektrischen Sportwagens von Porsche, des *Mission E*[5]. Die gesamte Produktion – vom Motorenbau bis zur Endmontage – soll am Standort in Stuttgart-Zuffenhausen dann klimaneutral erfolgen (Dr. Ing. h.c. F. Porsche AG 2017a).

4.3 Soziale Verantwortung – Corporate Citizenship

Mit der freiwilligen Unterstützung von wissenschaftlichen[6], kulturellen, sportlichen, ökologischen[7] und sozialen Projekten im Interesse gegenwärtiger und künftiger Generationen

---

[5] Die Konzeptstudie *Mission E* feierte im September 2015 auf der Frankfurter Automobilausstellung IAA Premiere. Der Bau des Elektro-Sportlers wurde kurz darauf vom Aufsichtsrat der Porsche AG beschlossen. Allein in Stuttgart-Zuffenhausen entstehen durch die Fertigung mehr als 1200 neue Arbeitsplätze. Etwa 700 Mio. € investiert das Unternehmen an seinem Stammsitz.

[6] Beispiele sind Kooperationen mit dem *Femtec-Programm* der TU Berlin, das Frauen für ein Studium der Natur- und Ingenieurswissenschaften begeistert sowie das *Deutschlandstipendium* zusammen mit dem Bundesministerium für Bildung und Forschung. Weitere Lehrstühle, die Porsche unterstützt, sind der *Porsche Automotive Campus* der Hochschule für Wirtschaft und Umwelt Nürtingen-Geislingen und der *Lehrstuhl für Strategisches Management und Familienunternehmen* an der Leipzig Graduate School of Management.

[7] Beispiele sind unter anderem die Aufforstung eines Mischwaldes zur Trinkwasserreinigung in der Umgebung des Entwicklungszentrums in Weissach, der weltweit erste Photovoltaik-Pylon am Porsche Zentrum Berlin-Adlershof, die Ansiedelung von 1,5 Mio. Honigbienen auf einer werksei-

leistet Porsche seinen Beitrag als Unternehmensbürger an seinen Standorten. Unter dem Slogan *Turbo für Talente* etwa engagiert sich das Unternehmen in der Sport-Nachwuchsförderung. Mit dem Stuttgarter Ballett und dem Leipziger Gewandhausorchester fördert Porsche seit Jahren den internationalen Kulturbetrieb. Aufgrund der Flüchtlingssituation unterstützt das Unternehmen die *Tafel*, die Lebensmittel an Bedürftige verteilt. Insgesamt wurden so im Jahr 2016 mehr als 100 Projekte an den Unternehmensstandorten unterstützt. Doch auch die Porsche-Belegschaft macht Hilfe für gesellschaftlich Benachteiligte zu ihrem eigenen Vorhaben: Mit dem seit 2015 jährlich stattfindenden *Porsche-6-Stunden-Lauf* kombiniert das Unternehmen Sportlichkeit mit freiwilligem Engagement. Mehr als 3000 Läufer nahmen im September 2017 an dem Staffellauf teil und liefen über 26.000 Runden, wovon jede absolvierte Runde dem Unternehmen fünf Euro wert war. Der vom Vorstand aufgerundete Betrag in Höhe von 185.000 € wurde für regionale soziale Einrichtungen gespendet (Dr. Ing. h.c. F. Porsche AG 2017b).

4.4 Nachhaltigkeitsberichterstattung

Im vergangenen Jahrzehnt hat sich die Nachhaltigkeitsberichterstattung zu einem wichtigen Instrument der Kommunikation von unternehmerischer Verantwortung entwickelt (Fifka 2013). Seit der erstmaligen Veröffentlichung eines Nachhaltigkeitsberichtes von Porsche im Jahr 2014 unterlag das Reporting des Unternehmens einigen Veränderungen. Nach der Publikation von zwei separaten Nachhaltigkeitsberichten hat Porsche mit dem Geschäfts- und Nachhaltigkeitsbericht 2016[8] erstmals die Finanz- und Nachhaltigkeitsberichterstattung zusammengeführt. Das neue, kombinierte Berichtsformat unterstreicht die Wechselwirkungen von ökonomischen, ökologischen und sozialen Faktoren für nachhaltiges, wertschaffendes Wachstum. Mit dieser Entwicklung dokumentiert Porsche, dass die materielle und die immaterielle Wertschöpfung gleichberechtigt im Mittelpunkt der Unternehmensstrategie stehen. Die Zusammenführung der Berichterstattung ist daher ein konsequenter Schritt. Dieser zusätzliche Blick auf nichtfinanzielle Aspekte reflektiert den langfristigen Unternehmenserfolg für interne und externe Stakeholder noch besser (Dr. Ing. h.c. F. Porsche AG 2017c).

Auch inhaltlich geht der Bericht neue Wege – renommierte externe Autoren setzen sich mit grundlegenden Fragen des Umbruchs in der Automobilindustrie auseinander. Mit einem zweigeteilten Format verknüpft Porsche Information und Inspiration zugleich. Der erste Band *Perspective* gibt unterhaltsame, aber auch nachdenkliche Einblicke in ein Unternehmen zwischen Tradition und Zukunft. Im zweiten Teil *Performance* hingegen do-

---

genen Beweidungsfläche am Standort Leipzig, eine Platinauszeichnung der *Deutsche Gesellschaft für Nachhaltiges Bauen* (DGNB) für das im Jahr 2016 in Stuttgart-Zuffenhausen eröffnete Motorenwerk oder die Gewinnung von 800.000 kWh Solarstrom pro Jahr durch Photovoltaikanlagen auf dem Karosseriebau in Leipzig.

[8] Der aktuelle Porsche Geschäfts- und Nachhaltigkeitsbericht ist in deutscher und englischer Sprache online abrufbar unter: www.newsroom.porsche.de/reports.

kumentiert der Bericht anhand von Finanzzahlen, Umwelt- und Energiekennziffern sowie der Rückschau auf herausragende Ereignisse des Jahres die wirtschaftliche und nachhaltige Entwicklung sowie die aktuelle Leistungskraft des Unternehmens (Dr. Ing. h.c. F. Porsche AG 2017c).

Die kombinierte Berichterstattung wurde bereits mehrfach ausgezeichnet, etwa mit dem ersten Platz beim international renommierten *Automotive Brand Contest* sowie einer Silbermedaille bei den *Best of Content Marketing Awards*, dem größten Wettbewerb für inhaltlich getriebene Unternehmenskommunikation in Europa.

5 Fazit

Das Verständnis und die Umsetzung von unternehmerischer Verantwortung unterscheiden sich von Unternehmen zu Unternehmen. So sind die Aktivitäten im Handel andere als in einem produzierenden Industriebetrieb und ein familiengeführtes mittelständisches Unternehmen steht vor anderen Herausforderungen als ein börsennotierter Konzern. Branchenübergreifend aber gilt: Die Wahrnehmung der unternehmerischen Verantwortung stellt in einer globalisierten Wirtschaft eine Kernkompetenz von Unternehmen dar. Allein die Erfüllung gesetzlicher Vorschriften oder die Einhaltung der Produktqualität reichen nicht mehr aus. Eine zunehmend kritische Öffentlichkeit bestraft mangelnde Moralität zunehmend mit Kaufverweigerung. Die Steigerung des gesellschaftlichen Wohlstands und wertschaffendes Wachstum sollten daher Kernziele von Unternehmen sein. Ein derartiges Selbstverständnis der Unternehmen von ihrer Rolle in der Gesellschaft ist schon unter rein wirtschaftlichen Gesichtspunkten sinnvoll. Wer mehr dem Stakeholder- als dem Shareholder-Prinzip folgt, wer mit Selbstverpflichtungen Regulierungen zuvorkommt, Verhaltenskodizes entwickelt, auf Umweltfragen eingeht und die Arbeitsstrukturen im Betrieb kontinuierlich optimiert, senkt langfristig Kosten und positioniert sich im Wettbewerb erfolgreicher.

Die Übernahme von Verantwortung stärkt demnach die Zukunftsfähigkeit des Unternehmens, senkt Risiken, kann als „Good-Will-Puffer" in Krisen dienen, erhöht seinen Stakeholder Value und leistet in Summe einen positiven Beitrag zur Reputation, was letztlich zu einem gegenseitigen Vorteil für Unternehmen und Gesellschaft führt.

Die Wahrnehmung von Unternehmensverantwortung bedeutet dabei allerdings nicht, der Gesellschaft etwas zurückzugeben. Aufgabe der Wirtschaft ist es, Güter und Dienstleistungen bereitzustellen, Arbeitsplätze zu schaffen, Profit zu machen und so Wohlstand zu erzeugen. Entlang dieser Aufgaben müssen Unternehmen ganzheitlich verantwortungsbewusst handeln – zum Vorteil der Gesellschaft und zum eigenen Vorteil. Erst durch den Einklang von ökonomischem Eigeninteresse mit ökologischen und sozialen Erfordernissen ist ganzheitliches nachhaltiges Wirtschaften möglich. Das Ausblenden von Teilaspekten oder der Versuch, mit CC-Maßnahmen von unverantwortlichem Agieren in der

Wertschöpfungskette abzulenken, kann dabei dramatische Auswirkungen auf die Reputation und den Unternehmenserfolg haben.[9]

Unternehmerische Verantwortung sollte deshalb nicht sporadisch geschehen und sich nicht auf Spenden oder Sponsoring beschränken, sondern auf der Basis wirtschaftlicher Bewertungen entlang der Wertschöpfungskette und im Kerngeschäft erfolgen. Den Stakeholdern ist es wichtiger, dass die Unternehmen verantwortungsvoll Geld verdienen und nicht so sehr, dass sie es verantwortungsvoll ausgeben. Die Bemühungen um nachhaltiges Wirtschaften sollten dabei transparent gemacht werden.

Um die direkten und indirekten Einflussfaktoren von nachhaltigem Handeln besser steuern zu können, sollte die strategisch ausgerichtete unternehmerische Verantwortung daher direkt mit einem professionell aufgesetzten Kommunikations- und Reputationsmanagement verknüpft sein. Die kontinuierliche und ehrliche Kommunikation nach innen und außen sowie der direkte Dialog mit den Anspruchsgruppen werden so zur Win-win-Situation. Das Erkennen von Marktchancen bei der Übernahme gesellschaftlicher Verantwortung, etwa durch neue Produkte oder das Schaffen von Alleinstellungsmerkmalen, ist die Krönung von Nachhaltigkeit. Die Unternehmen können dadurch nachhaltiges Wirtschaften mit ökonomischem Erfolg direkt verzahnen.

Die Automobilbranche steht vor den größten strukturellen Veränderungen in ihrer gesamten Geschichte. Der Handlungsbedarf ist groß und es erfordert innovative und mutige Ideen, um die Mobilität der Zukunft zu gestalten. Gerade im Automobilbereich wirkt das Markenimage besonders stark auf die Kaufentscheidung. Bei vielen Herstellern und gerade bei Porsche besteht eine ausgeprägte Markentreue durch die Kunden: Das in Einklang bringen von ökologischen, sozialen und ökonomischen Erfordernissen ist daher elementar für den Unternehmenserfolg.

Literatur

Arweck J (2011) Gesellschaftliche Verantwortung und Reputation von Unternehmen. Eine theoretische und empirische Analyse. Cuvillier, Göttingen

Antrecht R (2016) Oliver Blume. Ideen als Motor. In: Arweck J (Hrsg) Christophorus. Porsche Magazin. Nr. 3 / 2016, S 40–45

Braess H, Seiffert U (Hrsg) (2013) Vieweg Handbuch Kraftfahrzeugtechnik, 7. Aufl. Springer, Wiesbaden

Brugger F (2010) Nachhaltigkeit in der Unternehmenskommunikation. Bedeutung, Charakteristika und Herausforderungen. Gabler, Wiesbaden

Donaldson T, Preston LE (1995) The stakeholder theory of the corporation: concepts, evidence, and implications. Acad Manag Rev 20(1):65–91

Ebel B, Hofer MB, Genster B (2014) Automotive Management – Herausforderungen für die Automobilindustrie. In: Ebel B, Hofer MB (Hrsg) Automotive Management. Strategie und Marketing in der Automobilwirtschaft, 2. Aufl. Springer, Berlin, Heidelberg, S 3–15

---

[9] Dies belegen die Beispiele des US-Energiekonzerns Enron im Jahr 2001 oder der US-amerikanischen Telefongesellschaft Worldcom im Jahr 2002 deutlich.

Fifka M (2013) CSR-Kommunikation und Nachhaltigkeitsreporting. In: Heinrich P (Hrsg) CSR und Kommunikation. Unternehmerische Verantwortung überzeugend vermitteln. Springer, Berlin, Heidelberg, S 119–132

Hubig C, Siemoneit O (2007) Vertrauen und Glaubwürdigkeit in der Unternehmenskommunikation. In: Piwinger M, Zerfaß A (Hrsg) Handbuch Unternehmenskommunikation. Gabler, Wiesbaden, S 171–188

Knaut A (2013) CSR: Stiefkind interne Kommunikation. Ernst Young Ccass News 18/2013:42–45

Koers M (2014) Nachhaltigkeit in der Automobilindustrie. In: Meffert H, Kenning P, Kirchgeor M (Hrsg) Sustainable Marketing Management. Grundlagen und Cases. Springer, Wiesbaden, S 359–374

Oetker A (2007) Erfolg durch Verantwortung. Handelsblatt (8. März):8

Picot A, Hopf S, Sedlmeir J (2017) Digitalisierung als Herausforderung für die Industrie – Das Beispiel der Automotive Branche. In: Burr W, Stephan M (Hrsg) Technologie, Strategie und Organisation. Springer, Wiesbaden, S 87–112

Porsche AG (Hrsg) (2016a) Nachhaltigkeitsbericht 2015. Porsche AG, Stuttgart

Porsche AG (Hrsg) (2016b) Porsche gründet Kompetenz-Zentrum für Digitalisierung. Presse-Information Nr. S16_0263. Porsche AG, Stuttgart

Porsche AG (Hrsg) (2016c) Porsche startet Digital Lab in Berlin. Presse-Information Nr. S16_0502. Porsche AG, Stuttgart

Porsche AG (Hrsg) (2017a) Geschäfts- und Nachhaltigkeitsbericht der Porsche AG 2016. Performance. (Hrsg.). Porsche AG, Stuttgart

Porsche AG (2017b) Dritter 6-Stunden-Lauf: Porsche spendet 185.000 Euro. Presse-Information Nr. S17_0556. Porsche AG, Stuttgart

Porsche AG (2017c) Porsche veröffentlicht integrierten Geschäfts- und Nachhaltigkeitsbericht. Presse-Information Nr. S17_0109. Porsche AG, Stuttgart

Porter ME, Kramer MR (2007) Wohltaten im System. Harv Bus Manag (1):16–34

Raupp J, Jarolimek S, Schultz F (2011) Corporate Social Responsibility als Gegenstand der Kommunikationsforschung. Einleitende Anmerkungen, Definitionen und disziplinäre Perspektiven. In: Raupp J, Jarolimek S, Schultz F (Hrsg) Handbuch CSR. Kommunikationswissenschaftliche Grundlagen, disziplinäre Zugänge und methodische Herausforderungen. Mit Glossar. VS, Wiesbaden, S 9–18

Sawczyn-Müller A, Krohn C (2017) Glaubwürdigkeit und Transparenz in der CSR-Kommunikation. In: Wagner R, Roschker N, Moutchnik A (Hrsg) CSR und Interne Kommunikation. Forschungsansätze und Praxisbeiträge. Springer, Berlin, Heidelberg, S 1–20

Schaal S, Kunsch K, Kunsch S (2016) Der Mensch in Zahlen. Eine Datensammlung in Tabellen mit über 20000 Einzelwerten, 4. Aufl. Springer, Berlin, Heidelberg

Schick S (2010) Interne Unternehmenskommunikation: Strategien entwickeln, Strukturen schaffen, Prozesse steuern, 4. Aufl. Schäffer-Poeschel, Stuttgart

Spindler EA (2013) The history of Sustainability. The origins and effects of a popular concept. In: Jenkins I, Schröder R (Hrsg) Sustainability tourism. Gabler, Wiesbaden, S 9–31

Statista (Hrsg) (2017a) Anzahl der gemeldeten Pkw in Deutschland in den Jahren 1960 bis 2017. https://de.statista.com/statistik/daten/studie/12131/umfrage/pkw-bestand-in-deutschland/. Zugegriffen: 26. Juli 2017

Statista (Hrsg) (2017b) Anzahl registrierter Kraftfahrzeuge weltweit in den Jahren 2005 bis 2014. https://de.statista.com/statistik/daten/studie/244999/umfrage/weltweiter-pkw-und-nutzfahrzeugbestand/. Zugegriffen: 26. Juli 2017

Statista (Hrsg) (2017c) Absatz von Neuwagen in China von 1995 bis 2020. https://de.statista.com/statistik/daten/studie/160620/umfrage/neuwagen-absatz-in-china-bis-zum-jahr-2020/. Zugegriffen: 20. Aug. 2017

Statista (Hrsg) (2017d) Größte Automobilherstellerländer weltweit 2016. https://de.statista.com/statistik/daten/studie/30707/umfrage/top-20-der-automobilherstellerlaender/. Zugegriffen: 25. Juli 2017

Statista (Hrsg) (2017e) Umsatz der deutschen Automobilindustrie bis 2016. https://de.statista.com/statistik/daten/studie/160479/umfrage/umsatz-der-deutschen-automobilindustrie/. Zugegriffen: 25. Juli 2017

Statista (Hrsg) (2017f) Beschäftigtenzahl in der deutschen Automobilindustrie bis 2016. https://de.statista.com/statistik/daten/studie/30703/umfrage/beschaeftigtenzahl-in-der-automobilindustrie/. Zugegriffen: 25. Juli 2017

Statistisches Bundesamt (Hrsg) (2013) Verkehr auf einen Blick. https://www.destatis.de/DE/Publikationen/Thematisch/TransportVerkehr/Querschnitt/BroschuereVerkehrBlick0080006139004.pdf?__blob=publicationFile. Zugegriffen: 28. Juli 2017

Verband der Automobilindustrie e.V. (VDA) (2016) Jahresbericht 2016. Die Automobilindustrie in Daten und Fakten. VDA, Berlin

Von Oetinger B, Reeves M (2007) Größe verpflichtet. Harv Bus Manag (1):60–66

Zukunftsinstitut (Hrsg) (2017) Mobilität Glossar. http://www.zukunftsinstitut.de/mtglossar/mobilitaet-glossar/. Zugegriffen: 26. Juli 2017

Dr. Josef Arweck leitet seit 2015 den Bereich Öffentlichkeitsarbeit und Presse der Dr. Ing. h.c. F. Porsche AG und verantwortet damit die weltweite Kommunikation des Automobilherstellers. Zuvor war der gelernte Journalist und promovierte Politikwissenschaftler von 2002 bis 2008 Pressesprecher bei McKinsey & Company, von 2008 bis 2011 in der Presseabteilung und Finanzkommunikation der Porsche Automobil Holding SE, von 2011 bis 2015 als Leiter Interne Kommunikation sowie dann als Leiter Unternehmenskommunikation bei der Porsche AG tätig.

Daniela Rathe ist als Leiterin der Abteilung Politik und Außenbeziehungen der Dr. Ing. h.c. F. Porsche AG für die zentrale Koordination aller politischen Themen auf lokaler, nationaler, EU- sowie globaler Ebene zuständig. Darüber hinaus verantwortet sie die Steuerung der Querschnittstrategie Nachhaltigkeit im Unternehmen. Sie hat Osteuropastudien, Ost- und Südosteuropäische Geschichte sowie Romanistik in Freiburg, Berlin und Paris studiert. Vor ihrer Tätigkeit bei Porsche war sie unter anderem im Auftrag der Robert Bosch Stiftung in Rumänien und für das Goethe-Institut in Ägypten im Einsatz. Bis 2015 war sie Fachbereichsleiterin bei der Universitätsstadt Tübingen.

Maximilian Steiner ist Referent in der Abteilung Politik und Außenbeziehungen der Dr. Ing. h.c. F. Porsche AG. Zuvor absolvierte er den Masterstudiengang Nachhaltiges Wirtschaften an der Universität Kassel. Nebenberuflich promoviert er an der Friedrich-Alexander-Universität Nürnberg-Erlangen. Forschungsschwerpunkt seiner Dissertation ist die partizipative Integration von internen Stakeholdern in den unternehmerischen Nachhaltigkeitsprozess. Der Fokus seiner Tätigkeit bei Porsche liegt in den Bereichen Stakeholder- und Nachhaltigkeitsmanagement.

CSR-Kommunikation in der Sanitärindustrie

Mathias Schott

1 Die Bedeutung von CSR in der Sanitärbranche

Die Sanitärindustrie ist eine Kernbranche für das Element Wasser, das in vielen Teilen der Welt knapp wird. Durch das steigende Bewusstsein für einen verantwortungsvolleren Umgang mit Ressourcen sind die Erwartungen an die Sanitärbranche in Hinblick auf Nachhaltigkeit in den letzten Jahren enorm gestiegen.

Ein weiterer Aspekt ist, dass Badprodukte immer Bestandteil von Gebäuden sind, für die strenger werdende Anforderungen gelten. In Zeiten von Klimawandel und Ressourcenknappheit wird eine nachhaltige Ausrichtung der Architektur wichtiger.

1.1 Sanitärprodukte für die Bau- und Immobilienwirtschaft

Die Bau- und Immobilienwirtschaft sieht sich in der Verpflichtung einen wichtigen Beitrag zur nachhaltigen Entwicklung unserer Gesellschaft zu leisten, denn Gebäude verbrauchen nicht nur einen hohen Anteil natürlicher Ressourcen, sie verursachen auch fast 40 % der weltweiten CO_2-Emissionen. Nachhaltigkeitskriterien gewinnen daher für Investoren, aber auch für Käufer und Mieter an Bedeutung. Letztlich besteht der Wunsch nach Bauwerken, die beides verbinden: Nachhaltigkeit sowie räumliche und optische Qualität. Gerade in Hinblick auf die Raumgestaltung kommen die Trends meist aus der Hotelszene. Bestes Beispiel hierfür ist die Öffnung des Bades hin zum Schlafzimmer oder Wohnraum. Auch die Entwicklung von Konsolen und Aufsatzbecken nahm in den Hotelbädern ihren Anfang, genauso wie der Einsatz von Rimless-WCs mit offenem Spülrand oder WCs mit

M. Schott (✉)
Head of Marketing, Duravit AG
Hornberg, Deutschland
E-Mail: mathias.schott@duravit.de

© Springer-Verlag GmbH Deutschland, ein Teil von Springer Nature 2018
P. Heinrich (Hrsg.), *CSR und Kommunikation*,
Management-Reihe Corporate Social Responsibility,
https://doi.org/10.1007/978-3-662-56481-3_12

integrierter Duschfunktion. Viele Gäste möchten sich den besonderen Komfort und das Gefühl der Erholung, das sie hier empfinden, auch in die eigenen vier Wände holen.

Doch auch die Kriterien bei der Auswahl der Materialien und Techniken für den Sanitärbereich werden anspruchsvoller. Neben Design und Funktionalität zählt nun auch Ressourcenschonung. Duravit bietet mit seinen Produkten und dem Prinzip der 3-fachen Nachhaltigkeit adäquate Lösungen für eine umweltgerechte Badgestaltung: Es wird alles daran gesetzt, den Ressourcenverbrauch in allen drei Phasen des Produktzyklus zu minimieren – von der Produktion über die Dauer der Nutzung bis hin zur Entsorgung.

1.2 Sanitärprodukte für das private Bad

Das private Bad ist ein Ort zum Wohlfühlen. Dazu gehört auch das Wissen, wie nachhaltig und umweltgerecht die eingesetzten Produkte sind. Viele Konsumenten treffen ihre Kaufentscheidungen bewusster als früher. Bei einer durchschnittlichen Lebensdauer eines Bades von 15 Jahren sind vor allem langlebige Produkte gefragt, die als Grundvoraussetzung eine ästhetisch hohe Qualität aufweisen müssen, aber auch im Verbrauch sparsam sind. Allerdings darf bei allen Sparmaßnahmen auf der anderen Seite auch die Lebensqualität nicht auf der Strecke bleiben: So kann Wasser, das beispielsweise bei der WC-Spülung ohne Komfortverlust eingespart wird, ganz bewusst dort eingesetzt werden, wo Wellness-Produkte für den Benutzer persönliches Wohlbefinden und die Unterstützung seiner Gesundheit bedeuten.

Eine bedeutende Rolle spielt in diesem Zusammenhang das Design der Produkte. Deshalb achtet Duravit bei all seinen Produkten und Programmen darauf, nicht modische, sondern zeitlos moderne, sprich optisch langlebige Formen zu entwickeln und anzubieten.

2 Ziele, die mit CSR im Unternehmen verfolgt werden

Das Thema CSR liegt bei Duravit in der Verantwortung des Vorstands für Technik. Damit ist gewährleistet, dass CSR im Unternehmen ernsthaft und glaubwürdig von „oben nach unten" umgesetzt wird. Die Zielsetzung umfasst alle drei Bereiche der CSR:

2.1 Ökologie

Alle in diesem Kontext verfolgten Ziele stehen unter der Prämisse, den CO_2-Ausstoß deutlich zu reduzieren. Für die gesamte keramische Industrie wurden bereits 2011 in einem EU-Entwurf übergreifend Maßnahmen definiert, die in absehbarer Zeit auch gesetzlich vorgeschrieben werden sollen. Auf dieser Basis hat Duravit 2012 eine eigene „Duravit Roadmap" als Leitlinie formuliert, in der bis zum Jahr 2020 auf Basis der Energiemanagement-Norm 50001 konkrete Maßnahmen festgeschrieben sind. Um den Erfolg messen zu können, wurden zudem Kennzahlen festgelegt, die in einem definierten Zeitrahmen erreicht werden müssen. Zwei- bis dreimal jährlich wird überprüft, inwieweit der Fortschritt den Vorgaben entspricht, um gegebenenfalls weitere Maßnahmen zur Zielerreichung ergreifen zu können.

Anhand von Input-Output-Diagrammen, die für jedes Werk erstellt werden, werden die Kennzahlen fortlaufend erfasst und abgeglichen. So kann die Entwicklung detailliert verfolgt werden.

2.2 Ökonomie

Forschung und Entwicklung gilt bei Duravit größtes Augenmerk. Zum einen geht es dabei generell um neue Fertigungstechnologien aber auch um neue Produkttechnologien oder Materialien, die im Bad der Zukunft zur Anwendung kommen können. Dem generellen Trend „Gesundheit und Wellness" wird dabei konsequent Rechnung getragen, den Kundennutzen immer fest im Blick. Konkrete Entwicklungsprojekte – ob im Hinblick auf neue Anlagen oder Verfahren in der Produktion oder Produkte, bei denen neue Technologien oder innovative Materialien zum Einsatz kommen, sind ebenfalls in der „Duravit Roadmap" festgehalten. Darüber hinaus sind alle Produktentwicklungsteams permanent damit beschäftigt, bei bestehenden Produkten Einsparpotentiale auszuschöpfen, um den Ressourcenverbrauch zu reduzieren (zum Beispiel Wasserverbrauch, Stromverbrauch).

Eine wichtige Zielsetzung besteht außerdem darin, bei eingesetzten Rohstoffen und Materialien höchste Maßstäbe in Sachen Qualität und Wirtschaftlichkeit zu erreichen. Das gilt auch für die eingesetzte Hard- und Software im IT-Bereich. Mit den Leitlinien „Green Purchasing" und „Green IT" wurden zum Beispiel für alle Duravit Standorte verbindliche Vorgaben für die Beschaffung festgelegt.

2.3 Mitarbeiter

Bei Duravit steht der Mensch erklärtermaßen im Mittelpunkt. Das Ziel lautet, durch verschiedenste Maßnahmen langfristige Bindungen zu Mitarbeitern aufzubauen, um die Fluktuation möglichst gering zu halten. Diese Zahlen werden fortlaufend dokumentiert und analysiert.

Andererseits möchte sich Duravit im heute so wichtigen „Employer Branding" durch den Aufbau von Reputation und Vertrauen als attraktiver und ehrlicher Arbeitgeber positionieren.

Im Rahmen ihrer Tätigkeiten sollen die Mitarbeiter Verantwortung übernehmen und Eigeninitiative entwickeln. Angebote wie Aus- und Weiterbildung, Arbeitssicherheit, Gesundheitsvorsorge, soziale Absicherung, diverse Sport- oder Fitnessaktivitäten und Veranstaltungen erhöhen die Attraktivität von Duravit als Arbeitgeber. In außereuropäischen

Ländern sind bisweilen neue Konzepte gefragt, um Mitarbeiter an das Unternehmen zu binden. In Indien beispielsweise ist es wichtig, die Familien der Mitarbeiter noch stärker einzubinden, zum Beispiel durch regelmäßige gemeinsame Veranstaltungen oder Aktionstage.

3 Konkrete CSR-Aktivitäten bei Duravit

Mit dem Hauptsitz im Herzen des Schwarzwalds – mitten in der Natur – ist Duravit das Bewusstsein für nachhaltiges Sein und Wirken quasi in die Wiege gelegt worden. Es prägt die Firmengeschichte seit Jahrzehnten, in denen Duravit als heimatverbundenes Unternehmen, als innovativer Designproduzent und als sozialer Arbeitgeber viel bewegt hat.

Zur Optimierung der ökologischen und energietechnischen Aspekte sämtlicher hausinterner Prozesse hat Duravit zwei interdisziplinäre Spezialisten-Teams ins Leben gerufen: 2006 das Energieteam und bereits 1993 das Ökoteam. Bestehend aus Experten der verschiedenen europäischen Produktionsstätten und unter Teilnahme von Führungskräften und dem Vorstand für Technik widmen sich die Teams im regelmäßigen Informationsaustausch aktuellen Entwicklungen, Gesetzesänderungen, Umwelt- und Energiezahlen und verwandten Themen. Aus der Diskussion gewonnene Erkenntnisse und daraus entwickelte Optimierungsmaßnahmen werden daraufhin in sämtliche Duravit-Standorte getragen und realisiert. In diesen Gruppen werden auch die Umweltziele definiert.

Zum 01.01.2017 wurde zudem die Stelle des „Health, security, environment and technical risk Manager" geschaffen. Er kümmert sich um die internationalen Standards der verschiedenen Produktionsstandorte innerhalb der Duravit Gruppe mit Blick auf Arbeitssicherheit, Umweltaspekte und die Risikominimierung von Produktionsausfällen.

Nach der Erörterung des jeweiligen Status quo vor Ort und dem Abgleich mit gesetzlichen Vorschriften beziehungsweise Richtlinien der DIN ISO 14001 prüft und realisiert er innerhalb eines bestimmten Zeitplans, zusammen mit dem lokalen Management, die Umsetzungsmöglichkeiten gemeinsam definierter Ziele.

Duravit ist sowohl nach der Umweltmanagementnorm ISO 14001 als auch nach der Energiemanagementnorm ISO 50001 zertifiziert.

3.1 Nachhaltige Produktion

In puncto Herstellung verfügt Duravit in allen zehn Produktionsstätten weltweit über Anlagen, die das für den Produktionsprozess benötigte Wasser wiederaufbereiten. Die Abwasserbehandlungsanlage am Standort Hornberg ermöglicht die Mehrfachnutzung des Wassers und spart so über 20 % an Behandlungschemikalien. Im Bereich der Brenn- und Trocknungsvorgänge von Keramik führt Duravit die gewonnene Abwärme direkt wieder in den Produktionsprozess zurück. So können bis zu 50 % des Heizwärmebedarfs aus zurückgewonnener Abwärme gedeckt werden.

Dank intelligentem Strommanagement wurde der Energieverbrauch bei energieintensiven Produktionsanlagen in den Bereichen Masse- und Glasuraufbereitung sowie der WonderGliss-Produktion im Werk Meißen spürbar verringert.

Mit dem neu entwickelten Werkstoff DuraCeram® können verschiedene neue Waschschalenmodelle mit einer deutlich geringeren Wandstärke und reduziertem Gewicht gefertigt werden. So verringert sich der Rohstoffbedarf aufgrund der Gewichtsreduzierung der Modelle um 28 %. An die Rohstoffreduzierung ist auch eine Reduzierung der benötigten Energie sowie der CO2 Emissionen gekoppelt. Bei der Fertigung der Badmöbel werden alle Späne und Holzschnipsel recycelt und damit die Produktionsanlagen umweltgerecht beheizt. Bedingt durch die günstige Lage an einem Fluss erzeugt das Badmöbelwerk in Schenkenzell mit einer Wasserkraftanlage bis zu 30 % seines Strombedarfs selbst.

In der Lackfilteranlage werden mithilfe der sogenannten Rakeltechnik Überreste umweltschonend aufgefangen und können so entsorgt werden. Generell werden die Produktionsabfälle bereits in den Werken getrennt. In den europäischen Werken werden so Wiederverwertungsquoten erreicht, die teilweise über 95 % liegen.

3.2 Ressourcenschonende Produkte

Das Bewusstsein der Menschen in den Industrieländern im Umgang mit Wasser hat sich in den letzten Jahren deutlich verändert. Auch steigende Wasser- und Abwasserpreise tragen zum sparsamen Umgang mit der Ressource bei. Diesem veränderten Umgang mit Wasser trägt Duravit mit innovativer Technik Rechnung: Beim Thema Wasserverbrauch hat Duravit als Vorreiter in den 80ern die Spülmenge bei WCs auf 6 l und bei einigen Modellen weiter auf 4,5 l reduziert. Für den asiatischen Markt wurde ein neues Spülsystem entwickelt, das bereits ab 3,0 Litern effektiv und hygienisch spült. Duravit beteiligt sich am European Water Label. Alle Duravit WCs und Urinale sind mit einer Klassifizierung versehen, die sich aus dem jeweiligen Spülvolumen ergibt. Je geringer das Spülvolumen, desto besser die Klassifizierung. Die Produkte sind zudem übersichtlich in der Online-Datenbank www.europeanwaterlabel.eu/ gelistet.

Wenig Wasser verbrauchen auch die Urinale von Duravit: Das Urinal Architec benötigt beispielsweise nur 1 l für die einwandfreie Spülung. Infrarotgesteuerte Näherungstechnologie bei Urinalen hilft dabei, Wasser und Energie zu sparen. Es geht sogar ganz ohne Wasser: Das Urinal Architec Dry kommt dank einer im Ablauf integrierten Schlauchmembran ganz ohne Wasserspülung aus.

Gute Ideen für nachhaltige Bäder beschränken sich jedoch nicht allein auf den Wasserverbrauch.

Duravit stellt sein Keramik-Knowhow seit Jahrzehnten unter Beweis. Keramik hat viele Vorteile: Sie ist hitze- und kältebeständig, geruchs- und geschmacksneutral, lichtecht, hygienisch, als natürlicher Rohstoff völlig unbedenklich in der Nutzung und zudem extrem robust und langlebig. Außerdem ist sie extrem pflegeleicht, völlig unempfindlich gegen alle haushaltsüblichen Reiniger und sogar resistent gegen aggressive Kosmetikprodukte wie zum Beispiel Nagellack.

Die komplette Duravit-Keramik ist optional mit WonderGliss lieferbar, einer hygienischen und pflegefreundlichen Duravit-Innovation, die auf Basis moderner Nanotechnologien entwickelt wurde. Die in die Keramik eingebrannte Beschichtung nimmt dem Schmutz die Angriffsfläche. Auf der glatten Oberfläche können sich Schmutz und Kalk nicht mehr halten und Rückstände fließen mit dem Wasser leichter ab. Das spart Ressourcen, denn wo weniger geputzt werden muss, kommt auch weniger Reiniger und Wasser zum Einsatz.

Auf die Frage nach mehr Hygiene in WC und Urinal gibt Duravit außerdem eine neue, wirksame Antwort: HygieneGlaze 2.0. Dabei handelt es sich um keine oberflächliche Beschichtung, sondern um eine zeitlich nahezu unbegrenzt, antibakteriell wirkende Keramikglasur, die mit unterschiedlichen Metallionen und weiteren Wirkstoffen in einer neuartigen Kombination angereichert ist. Während des Brennvorgangs wird HygieneGlaze in die Keramikglasur integriert, was eine beständige Reduktion von Keimen sichert. Eingebrannt im Innenraum bis an den Rand von Toilette und Urinal entfaltet HygieneGlaze seine Funktion dort, wo Bakterien und Keime besonders häufig auftreten können. Im Vergleich zu herkömmlichen Glasuroberflächen werden Keime dank Anwendung von HygieneGlaze zu 99,999 % entfernt.

Auf die Frage „Baden ohne schlechtes Gewissen?" bietet Duravit intelligente Antworten mit Badewannen, die durch optimale Raumausnutzung Wasserressourcen schonen. Die Wanne Paiova zum Beispiel ermöglicht dank ihrer ergonomisch cleveren Innenform maximales Badevergnügen bei minimalem Wasserverbrauch.

Auch bei der Beleuchtung setzt Duravit schon seit längerem überall dort, wo es ökologisch sinnvoll erscheint, ressourcenschonende Leuchtmittel und LED-Beleuchtung ein.

3.3 Vom Rohstoff zum fertigen Produkt: konsequent nachhaltig

Duravit investiert seit Jahrzehnten erhebliche Mittel, Zeit und Energie in Forschung und Entwicklung – ein Einsatz, der sich später auszahlt für Unternehmen, Verwender und Umwelt. Im Fokus bei Entwicklern und Designern stehen dabei wasser- und energieeffiziente Lösungen, ebenso wie die umweltverträgliche Fertigung, langlebige Formen, die über Jahre hinaus ihre Modernität behalten, aber auch eine einfache Montage der Produkte und intelligente Verpackungen, die einfach und umweltgerecht entsorgt oder wiederverwendet werden können.

Auswahl und Einkauf der Materialien und Bauteile unterliegen bei Duravit strengen ökologischen und ökonomischen Auflagen. Mehr als 5000 Zulieferer weltweit sind für Duravit aktiv. Die Qualität der Lieferkette hat nicht zu unterschätzende Auswirkungen auf den wirtschaftlichen Erfolg des Unternehmens und auf die Nachhaltigkeit seiner Produkte. Deshalb unterliegt schon die Auswahl der Lieferanten strengsten Kriterien in puncto Qualität, Innovation, Logistik, Konditionen und Zusammenarbeit. Duravit arbeitet ausschließlich mit renommierten Unternehmen zusammen, bevorzugt aus der jeweiligen Region. Diese Politik des „local for local sourcing" erleichtert die Zusammenarbeit und verkürzt die Transportwege. Das spart Zeit, verringert Transport- und Logistikkosten und schont damit Umwelt und Ressourcen.

Alle Lieferanten national und weltweit müssen den „Code of Conduct" für Duravit-Lieferanten unterzeichnen, in dem sie sich zur Einhaltung der Grundsätze der sozialen Verantwortung bekennen.

Duravit legt außerdem besonderes Augenmerk auf das größte umweltpolitische Gesetzeswerk der EU, die Chemikalienverordnung REACH. Das Thema steht deshalb schon im Entwicklungsprozess, bei Produktfreigaben, der Auswahl der Lieferanten und Lieferantenaudits auf der Agenda. Alle damit verbundenen Aufgaben/Verantwortlichkeiten sind in einer internen Richtlinie festgeschrieben. Duravit Produkte enthalten keine Stoffe in einer Konzentration von mehr als 0,1 Massenprozent aus der aktuellen Kandidatenliste (Stand Dezember 2017).

Der unbedingten Sicherheit der Produkte gilt bei Duravit höchstes Augenmerk. Alle keramischen Produkte und Badmöbel entsprechen den grundlegenden Anforderungen entsprechender weltweiter Richtlinien wie EPA Watersense und WELS Standard, sind CE-gekennzeichnet und unterliegen strengen internen Qualitätsanforderungen, die auch über die offiziellen Normen hinausgehen.

Verpackungen für Duravit-Produkte bestehen aus bis zu 60 % recyceltem Altpapier und lassen sich zu 100 % wiederverwerten. Wo immer es geht, werden sie gesteckt und nur unterstützend an Stellen geklebt, die einer besonderen Belastung ausgesetzt sind. Außerdem kommen keine Verbundmaterialien zum Einsatz. Ein intelligentes Verpackungsmanagement erlaubt es, Paletten mit verschiedenen Packungsgrößen optimal zu bestücken. Außerdem werden mithilfe einer speziellen Software die für den Containertransport optimalen Palettenbeladungen ermittelt: So wird beim Transport kein wertvoller Platz verschwendet.

Alles nach Kräften wieder in den Kreislauf zu bringen, ist erklärtes Ziel bei Duravit. Sämtliche bei Duravit eingesetzten Werkstoffe sind recyclingfähig: Sanitärkeramik kann wiederverwertet werden, ein Teil wird auch bei Duravit zur weiteren Produktion wiederverwendet. Bei den Badmöbeln werden generell recycelbare Rohstoffe wie ABS-Kunststoffe, Plattenwerkstoffe, Beschläge und Glas eingesetzt. Weil gut demontierbar, können die Möbel den Rohstoffen entsprechend recycelt werden.

Durch aktives Recycling von Papier, Pappe, Kartonagen, PE- und PP-Kunststoffen, Holz, Aluminium, Stahl und Blech konnten bei Duravit in 2015 allein in Deutschland 2260 Tonnen Ressourcen und 302 Tonnen Treibhausgase vermieden werden.

3.4 Building Information Modeling (BIM)

Duravit bekennt sich zur BIM-Strategie: Seine Designbadprodukte sind auf pro.duravit.de und auf BIMobject® verfügbar. Damit manifestiert das Unternehmen seine Vorreiterrolle auf diesem Gebiet und eröffnet gleichzeitig Sanitärhandwerk und Fachplanern die

Möglichkeit, bei der Sanitärplanung öffentlicher und halböffentlicher Gebäude mit BIM zu arbeiten.

Eine digitale Planung, die sich auch auf die Montage und den Betrieb des Bauprodukts erstreckt, ermöglicht eine exakte, umfassendere Qualitätssicherung eines qualitativ hochwertigen Produktes, dessen Profil bei Design, Technik und Nachhaltigkeit bereits feststeht und in der entsprechenden preislichen Verordnung ist. Dies führt zu noch mehr Transparenz in der Bauphase und in der Konsequenz zu Einsparungen der Betriebs- und Unterhaltskosten.

3.5 Duravit Innovation Intern

„Duravit Innovation Intern" (DII) ist ein wichtiger Ansatz, Ideen zu finden und so das Unternehmen langfristig wettbewerbsfähig zu halten. Dies bedeutet für Duravit, immer die Nase vorn zu haben und für jeden einzelnen bei Duravit, dass er immer die Möglichkeit hat, Verbesserungsvorschläge für Arbeitsabläufe, Prozesse oder Ideen bei der Produktgestaltung und -herstellung zu geben, um so die Wirtschaftlichkeit des Unternehmens in allen Bereichen zu verbessern.

Das betriebliche Vorschlagwesen wird bei Duravit sehr aktiv gelebt. Regelmäßige Aktionen und die Einbindung der Abteilungsleiter schaffen bei den Mitarbeitern ein Bewusstsein, sich immer wieder die Frage zu stellen, was und wie man es noch besser machen könnte.

Dank DII-Aktionen an den verschiedenen Standorten werden in der gesamten Duravit-Gruppe innovative Maßnahmen zum Umweltschutz umgesetzt, die umfangreiche Einsparungen ermöglichen.

3.6 Verantwortung für Mitarbeiter

Bei Duravit existiert eine Unternehmenskultur, die auf Förderung und Unterstützung basiert, was gegenseitige Wertschätzung generiert. Das wiederum schafft Identifikation, inspiriert, macht produktiv – und ist nachhaltig im besten Sinne des Wortes: Mitarbeiter, die länger bleiben, sparen Zeit, Kosten und Energie, die andernfalls für Suche, Einstellung und Einlernen von neuem Personal verwendet werden müssten.

Flache Hierarchien, ein hohes Maß an Freiheit und ein unbürokratischer, kollegialer und kooperativer Führungsstil halten die Strukturen flexibel und laden alle Mitarbeiter zu mehr Verantwortung und Eigeninitiative ein.

In Deutschland hat Duravit für die soziale Absicherung im Alter neben der tariflichen bereits vor Jahren eine betriebliche Altersversorgung eingeführt. Nicht nur in Deutschland, sondern auch an allen internationalen Standorten zahlt Duravit nicht nur gesetzliche beziehungsweise tarifliche Mindestlöhne, sondern auch freiwillige übertarifliche Vergütungen – abhängig von Qualität und Produktivität, individueller Leistung und wirtschaftlichem Erfolg des jeweiligen Unternehmensstandorts, aber selbstverständlich unabhängig von Geschlecht, Religion und Nationalität. Sofern keine nationalen Sozialversicherungssysteme existieren, sichert Duravit die Mitarbeiter auf freiwilliger Basis gegen die grundlegenden Risiken ab.

Aktuell bildet Duravit in Deutschland in 20 verschiedenen Ausbildungs- und Studiengängen aus, sowohl im kaufmännischen als auch im gewerblichen Bereich – ein Portfolio, das ständig erweitert wird. Um jungen Menschen den Einstieg in die Arbeitswelt zu erleichtern, gibt es Kooperationen mit unterschiedlichen Bildungseinrichtungen und zahlreichen Schulen aus der Region. Auch die Ausbilder und Ausbildungsbeauftragten werden intern geschult und in ihrer Arbeit gezielt unterstützt. Besonderes Augenmerk gilt der nachhaltigen Kooperation mit Schulen und Hochschulen. Studenten wird es ermöglicht, Praktika und Abschlussarbeiten zu absolvieren. Darüber hinaus werden auch Werkstudenten- und Schülerpraktikantenplätze angeboten.

Ein wichtiger Schwerpunkt liegt auf der persönlichen und fachlichen Weiterentwicklung aller Mitarbeiter mit dem Ziel, Wissen zu bewahren und zu erweitern. Dafür hat Duravit einen Katalog mit einem breiten und ausgewogenen Angebot an spezifischen Aus- und Weiterbildungsprogrammen sowie einem internen Seminarangebot entwickelt, das auch E-Learning oder Einzelcoachings umfasst.

Die Gesundheit seiner Mitarbeiter liegt Duravit besonders am Herzen. Das drückt sich nicht nur in umfassenden Maßnahmen zur Arbeitssicherheit in Produktion und Verwaltung aus. Das Duravit-Gesundheitsvorsorgekonzept „Ich bleibe gesund" beinhaltet ein breites Angebot an Vorträgen, Gesundheits-Checks, Präventionskursen, Massagen oder Sonderkonditionen bei Trainingscentern. Soziale Kontakte werden durch eine Vielzahl von Veranstaltungsangeboten, sportlich geförderten Aktivitäten und Turnieren, Wandertage oder Jubilarfeiern gepflegt.

3.7 Soziales Engagement

Unübersehbarer Bestandteil des Duravit-Logos ist der stilisierte Auerhahn – ein schöner Verweis auf die Heimatverbundenheit von Duravit, die die Werte des Unternehmens geprägt hat: Ökologisch verantwortungsvolles Handeln ist heute weltweit im Duravit-Unternehmensleitbild festgeschrieben.

Vor diesem Hintergrund hat sich Duravit von Anfang an als Förderer und Partner des Naturpark Schwarzwald Mitte/Nord e. V. engagiert. Mit einer Gesamtfläche von rund 375.000 ha ist er der größte Naturpark in Deutschland. Innerhalb seiner Grenzen leben ca. 700.000 Menschen in 106 Gemeinden – eine davon ist Hornberg, Unternehmenssitz von Duravit. Neben den Kernthemen Umweltbildung und Naturpädagogik steht der Naturpark auch für die Förderung einer zeitgemäßen touristischen Infrastruktur sowie die Vermarktung hochwertiger, landwirtschaftlicher Erzeugnisse, die von ausgesuchten Betrieben im Naturpark stammen und das Markenzeichen „Echt Schwarzwald" tragen.

Duravit engagiert sich weltweit in Sachen Natur, Nachhaltigkeit und sozialen Belangen: So wurden 2010 in der türkischen Gemeinde Tuzla 3500 qm Land erworben, auf dem 500 Pinien angepflanzt wurden, die nun für frische Luft sorgen. Getauft wurde der neue Wald „Duravit Memorial Forest".

In den USA unterstützt Duravit das soziale Programm „Habitat for Humanity", das sozial schwachen Familien Hilfe zur Selbsthilfe bietet. Die Auswahl der Familien geschieht unabhängig von Religion, Geschlecht oder Gesundheitszustand, ausschlaggebend sind der Grad der Bedürftigkeit, die Bereitschaft zu Eigenleistung und Nachbarschaftshilfe sowie die Fähigkeit, ein zinsloses Darlehen langfristig zurückzuzahlen und den Wohnraum eigenverantwortlich zu unterhalten. Mit Materialspenden ermöglicht Duravit den Aufbau mehrerer Häuser pro Jahr.

Finanziert von uneigennützigen Beiträgen öffentlicher Institutionen, von Unternehmen und Bürgern, entstand in Barcelona eine Einrichtung für krebskranke Kinder aus sozial schwachen Familien. Kinder und Begleitpersonen können hier für die Dauer der Therapie kostenlos untergebracht werden. Das Gebäude wurde nach bioklimatischen Kriterien erbaut, in dem erneuerbare Energien Anwendung finden. Die komplette Sanitärkeramik für das Objekt – insgesamt 25 Appartements sowie die Gemeinschaftsanlagen – stellte Duravit kostenlos zur Verfügung.

Am Stammsitz in Hornberg pflanzte Duravit 2015 Obstbäume und honorierte damit die 25 besten Vorschläge der unternehmensinternen DII-Aktion. Die Bäume symbolisieren die Innovationskraft der Duravit-Mitarbeiter und bilden den Abschluss einer DII-Aktion unter dem Motto „Nachhaltigkeit".

Anlässlich des 200. Firmenjubiläums 2017 bat Duravit anstelle von Geschenken um Spenden an die Bürgerstiftung Hornberg, die für die Förderung des Gemeinwohls, die Bewahrung des kulturellen und natürlichen Erbes sowie die Verbesserung der Lebensqualität am Stammsitz des Unternehmens steht.

4 Kommunikation der CSR-Aktivitäten

Die CSR-Aktivitäten von Duravit werden im Unternehmen offen an alle Mitarbeiter kommuniziert. Die Führungskräfte der jeweiligen Fachbereiche informieren regelmäßig über aktuelle Maßnahmen, neue Produkte etc. Außerdem dient die Mitarbeiterzeitschrift „DuraViva" als Informationsmedium: Hier werden beispielsweise neue Technologien oder Produkte sowie Projekte in den einzelnen Werken vorgestellt. Auch am „Schwarzen Brett" finden Mitarbeiter Informationen über aktuelle Themen (zum Beispiel Zertifizierungen).

Nach außen erfolgt die Kommunikation der CSR-Aktivitäten über unterschiedliche Kanäle. In der Pressestelle werden zunächst alle relevanten Informationen gesammelt und aufbereitet, um auf dieser Basis das Textmaterial für verschiedenste Einsatzzwecke (Presseaussendungen, Publikationen, Internet, Social Media, Newsletter, ...) zu erstellen. Nach Freigabe durch die Fachabteilungen werden diese dann von der Pressestelle selbst oder von anderen Fachabteilungen verbreitet.

5 Relevante Themen für das Unternehmen

Für Duravit sind alle unter Punkt 3 dargestellten Themen gleichermaßen relevant. Sehr wichtig ist, sich fortlaufend dem sich verändernden Informationsbedürfnis der Stakeholder anzupassen. In der Kommunikation und Zusammenarbeit mit Architekten und Kunden haben beispielsweise Themen wie technische Innovationen, Zertifizierung, Produktsicherheit, Qualität, Erfüllung spezifischer, nationaler Normen etc. stark an Bedeutung gewonnen. All diese Themen sind zielgruppengerecht unter pro.duravit.de zusammengefasst.

Der kontinuierliche Dialog mit allen relevanten Zielgruppen dient der Vermittlung von Informationen, der Transparenz sowie der Erhöhung von Glaubwürdigkeit und Akzeptanz des Unternehmens.

6 Instrumente der CSR-Kommunikation – intern und extern

Regelmäßige Pressemitteilungen zu CSR-Themen
Die Empfänger werden individuell ausgewählt, abhängig davon, für welche Zielgruppe die Information von Interesse ist. Die Medien, die Duravit anspricht, sind sowohl Print- als auch Onlinemedien.

Internet
Ein eigener Bereich auf der Website www.duravit.de/green beziehungsweise www.duravit.com/green und pro.duravit.de/greenlabels beziehungsweise pro.duravit.com/greenlabels stellt die CSR-Aktivitäten von Duravit umfassend dar. Der Bereich wird fortlaufend gepflegt und aktualisiert.

Speziell für die Zielgruppe Planer und Architekten finden sich auf der Website pro.duravit.de beziehungsweise pro.duravit.com in einem eigenen Bereich (Duravit Green) zielgruppengerecht aufbereitete Informationen.

Duravit bespielt auch Social Media-Kanäle, insbesondere Facebook: Diese Plattform wird ebenfalls genutzt, um CSR-Themen zu kommunizieren.

Schwarzes Brett
Die Mitarbeiter finden hier aktuelle, ausgewählte Informationen über neue CSR-Aktivitäten (beispielsweise Zertifizierungen).

Newsletter, Kundenzeitungen
Kunden aus Großhandel und Handwerk sowie Architekten und Planer werden regelmäßig mit den „DuraNews", einem Newsletter, der vorzugsweise per E-Mail verschickt wird, über Aktuelles aus dem Hause Duravit informiert. Auch hier fließen selbstverständlich regelmäßig CSR-Themen mit ein, sofern sie für die Zielgruppen relevant sind.

Messen

Auch auf Messen wird CSR thematisiert. Auf der im zweijährigen Turnus stattfindenden ISH, der Weltleitmesse für Sanitär, Heizung und Klima in Frankfurt am Main, widmet Duravit dem Thema CSR jeweils einen kompletten Messebereich.

Broschüren

Das Nachhaltigkeits-Reporting erfolgt seit 2011 gemäß den neuen G4-Richtlinien der international anerkannten Global Reporting Initiative (GRI).

Derzeit entsteht der Nachhaltigkeitsbericht 3.0 der Duravit AG für den Zeitraum 2014–2016 in deutscher und englischer Sprache. Die aktuelle Version ist online auf pro.duravit.de beziehungsweise pro.duravit.com zum Download verfügbar. Die Broschüre „The Sustainable Bathroom" stellt alle CSR-Aktivitäten bei Duravit dar und steht Interessenten – gedruckt oder online, in Deutsch oder Englisch – zur Verfügung. Auch der Geschäftsbericht ist eine Plattform für aktuelle CSR-Themen, die im jeweiligen Geschäftsjahr eine bedeutende Rolle spielten.

7 Instrumente und deren Wirksamkeit aus Sicht des Unternehmens

Letztlich ist es die Kombination aller Instrumente, die eine wirkungsvolle Kommunikation nach innen und außen ausmacht. Konkret von außen nachgefragt – vor allem auf internationaler Ebene – wird der Nachhaltigkeitsbericht, der Architekten und Planern Sicherheit bei der täglichen Arbeit gibt.

Mit personalisierten Online-Newslettern, die gezielt an den jeweiligen Adressverteiler verschickt werden, erreicht man in kurzer Zeit eine große Zahl an Kontakten. Da sich die Empfänger für diesen Newsletter registriert haben, kann ein entsprechendes Interesse vorausgesetzt werden. Anhand von Reports lässt sich nachvollziehen, welche Themen von den Usern bevorzugt angeklickt wurden, was Rückschlüsse auf deren Interessen zulässt. Insofern ist der Wirkungsgrad, gemessen an anderen Instrumenten, relativ hoch.

8 Stakeholderansprache und Botschaften

Intern werden in erster Linie die Mitarbeiter angesprochen: Die beiden wichtigsten Botschaften lauten „Duravit ist ein sozialer Arbeitgeber" und „Jeder kann dazu beitragen, dass Duravit noch besser wird".

Extern werden viele unterschiedliche Stakeholder angesprochen: Geschäftspartner, Zulieferer, Architekten, Absatzmittler (Großhandel und Handwerk), Verbände, die EU-Umweltbehörde, Endverbraucher, Gesellschaft, Anteilseigner. Die wichtigste Botschaft: „Duravit ist ein ehrliches und zuverlässiges Unternehmen, das sich nach Kräften für Umwelt und Mitarbeiter engagiert und dies über Grenzen und gesetzliche Vorgaben hinaus."

9 CSR-Kommunikation bei Duravit – Erfahrungen und Praxistipps

Wir haben festgestellt, dass das Interesse an CSR-Themen stetig wächst. Dabei steht immer häufiger auch die Frage nach detailliertem Zahlenmaterial im Fokus. Die zahlreichen Anfragen, die unser Unternehmen hierzu erreichen, beantworten wir mit unserem Nachhaltigkeitsbericht nach den neuen G4-Richtlinien der international anerkannten Global Reporting Initiative (GRI). Wir denken, dass es darüber hinaus wichtig ist, das Thema am Leben zu halten, indem man regelmäßig und auch aus verschiedenen Blickrichtungen über neue Maßnahmen, Projekte, Produkte und Erfolge berichtet, um so die Kontinuität der Bemühungen aufzuzeigen. Vertrauen und Glaubwürdigkeit aufzubauen, ist ein langwieriger Prozess. Wir machen uns deshalb auch nichts vor: Wir befinden uns noch ganz am Anfang.

10 Erfolgsmessung

Die wichtigsten Fragen lauten: „Haben Maßnahmen und Kampagnen bei den Zielgruppen die gewünschte Wirkung erreicht? Hat sich das Image bei Kunden verbessert? Wie hat die Presse berichtet? Fühlen sich Kunden und Mitarbeiter ausreichend informiert?"

Dies alles lässt sich nur zum Teil messen, wie zum Beispiel bei der Auswertung von Presseberichten. Das beste Feedback erhält man im Dialog mit den verschiedenen Stakeholdern. Ob und wie die Kommunikationsmaßnahmen bei den Zielgruppen ankommen und welche dort wahrgenommen werden, lässt sich in persönlichen Gesprächen gut herausfinden. Die so gewonnenen Informationen werden bei Duravit intern weitergegeben und ausgetauscht, sodass letztlich ein Gesamtbild entsteht, aus dem weitere Maßnahmen und Aktivitäten für die Zukunft abgeleitet werden können.

Sehr gut messbar sind alle Online-Aktivitäten, zum Beispiel im Rahmen von Social Media: Hier erhalten wir schnelles, direktes Feedback.

Mathias Schott, Jahrgang 1960, ist seit 1984 bei Duravit für die Kommunikation zuständig. Seit 2001 verantwortet er als Head of Marketing der Duravit AG die weltweite Konzeption aller strategischen und operativen Marketingaktivitäten. Mit einem guten Gespür für Trends und unternehmerischem Weitblick hat er das heutige Erscheinungsbild der Duravit AG maßgeblich geprägt. Zahlreiche Auszeichnungen für herausragende Kommunikation und Gestaltung zeugen von der hohen Qualität, die Duravit auch in diesem Bereich auszeichnet.

CSR-Kommunikation in der Baubranche

Florian Holzapfel und Reinhard Späth

1 Die Bedeutung von CSR in der Baubranche

Corporate Social Responsibility (CSR) beziehungsweise Nachhaltigkeit ist ein Thema, das in fast allen Bereichen der deutschen Wirtschaft, aber auch international zunehmend an Bedeutung gewinnt. Doch was bedeutet Nachhaltigkeit für die Baubranche, was bedeutet sie für die Produktion oder den Einsatz von Produkten, wann ist ein Gebäude nachhaltig und inwiefern spielen Faktoren wie der Klimawandel in diesem Zusammenhang eine Rolle? Auf diese Fragen lassen sich zahlreiche Antworten finden. Orientierung bietet in diesem Zusammenhang beispielsweise der „Leitfaden Nachhaltiges Bauen" des Bundesministeriums für Umwelt, Naturschutz, Bau und Reaktorsicherheit. Darin heißt es: „Speziell das Bauwesen muss sich aufgrund der in Anspruch genommenen materiellen und monetären Ressourcen sowie der entstehenden Umweltwirkungen intensiv dem Thema annehmen."[1] Eine Herausforderung für nachhaltiges Agieren im Bauwesen ist sicher die Einbindung aller Beteiligten, denn an jedem Bauprojekt wirken zahlreiche Hersteller von Bauprodukten, Planer und Handwerker mit. Am Ende stehen der Betreiber beziehungsweise die Nutzer oder Bewohner eines Gebäudes, die ein nachhaltiges und energieeffizientes Gebäude erwarten. Die Sensibilität der beteiligten Gewerke gegenüber dem Thema Nachhaltigkeit ist dabei unterschiedlich stark vorhanden. Hersteller der Bau-

---

[1] http://www.nachhaltigesbauen.de/fileadmin/pdf/Leitfaden_2015/LFNB_D_final-barrierefrei.pdf, S. 7 Zugriff am: 01.06.2017.

F. Holzapfel (✉)
Unternehmenskommunikation, KESSEL AG
Lenting, Deutschland
E-Mail: florian.holzapfel@kessel.de

R. Späth
Leiter Marketing, KESSEL AG
Lenting, Deutschland
E-Mail: reinhard.spaeth@kessel.de

© Springer-Verlag GmbH Deutschland, ein Teil von Springer Nature 2018
P. Heinrich (Hrsg.), *CSR und Kommunikation*,
Management-Reihe Corporate Social Responsibility,
https://doi.org/10.1007/978-3-662-56481-3_13

industrie, die bewusst ihre Verantwortung wahrnehmen und das Thema Nachhaltigkeit im Bauwesen weiter vorantreiben wollen, stehen vor der Herausforderung, dieses entsprechend an alle Baubeteiligten zu kommunizieren. Denn Nachhaltigkeit in der Baubranche geht über energieeffiziente und entsprechend zertifizierte Gebäude weit hinaus. Auch die Verantwortung der Hersteller am Markt, ihren Mitarbeitern gegenüber und im Gemeinwesen hat einen wichtigen Anteil an einem umfassenden Nachhaltigkeitsansatz.

2 Nachhaltige Lösungen mit innovativer Entwässerungstechnik

Angesichts des Klimawandels und der zunehmenden Unwetter mit Starkregenfällen kommt einer effizienten und sicheren Entwässerungstechnik von Gebäuden eine immer wichtigere Rolle zu – bei Neubauprojekten ebenso wie bei Sanierungsmaßnahmen. Dazu zählt auch der Schutz vor Rückstau, ohne den Gebäuden große Schäden drohen können. Seit der Unternehmensgründung 1963 sind die Themen Wasser und Abwasser untrennbar mit der KESSEL AG verbunden. Mit der Patentanmeldung eines Reinigungsrohres mit Rückstauverschluss wurde 1975 der Grundstein für ein Produktsortiment gelegt, das heute innovative Lösungen in den Bereichen Rückstauschutz, Hebenanlagen, Ablauf- und Abscheidetechnik umfasst. Umweltschutz hat sich so zu einem natürlichen Bestandteil der zentralen Produktstrategie sowie der ganzheitlichen Unternehmensführung entwickelt. Als Premium-Hersteller von innovativen Produkten für die Entwässerungstechnik bietet die KESSEL AG hohe Qualität, einen kundenorientierten Service und ganzheitliche Systemlösungen. Vom Ableiten des Abwassers über das Reinigen bis hin zum Schutz vor Rückstau hat KESSEL seine Produkte optimal aufeinander abgestimmt. Damit bietet das Unternehmen Planern, Architekten und Installateuren die Sicherheit, dass alle Entwässerungslösungen optimal zueinander passen und nachhaltig funktionieren. Mit neuartigen Hybrid-Hebeanlagen setzt KESSEL außerdem neue Maßstäbe im Hinblick auf Energieeffizienz in der Entwässerungstechnik – sowohl in der Produktion als auch beim langfristigen Betrieb der Anlage.

3 Nachhaltig mit Strategie

Die Nachhaltigkeitsstrategie der KESSEL AG basiert auf dem Unternehmensleitbild und den daraus abgeleiteten Handlungsgrundsätzen, die auf Basis einer Mitarbeiterbefragung erarbeitet wurden:

- Wir leben unsere Werte
- Wir stellen unsere Kunden in den Mittelpunkt
- Wir optimieren unsere internen Prozesse
- Wir arbeiten miteinander
- Wir kümmern uns um unsere Produkte

Auf Basis dieser Handlungsgrundsätze hat das seit 2014 bestehende Nachhaltigkeitsteam vier Nachhaltigkeitsleitsätze zu den zentralen Handlungsfeldern Markt, Gemeinwesen, Umwelt und Mitarbeiter erarbeitet.

Markt Als international erfolgreiches Unternehmen im Bereich der Entwässerungstechnik erfüllen wir die Bedürfnisse unserer Kunden nach Sicherheit, Innovation und Service.

Gemeinwesen Als erfolgreiches Unternehmen sind wir ein zuverlässiger Partner. Dabei nehmen wir unsere Verantwortung bewusst wahr und engagieren uns für unsere Heimatregion sowie unsere internationalen Standorte.

Umwelt Der schonende Umgang mit der Umwelt ist ein wichtiges Ziel der KESSEL AG. Wir stehen mit unserem Handeln, unseren Prozessen und unseren Produkten zu unserer Verantwortung für Mensch, Umwelt und Zukunft.

Mitarbeiter Als sicherer und sympathischer Arbeitgeber setzen wir auf ein motiviertes, qualifiziertes und zielorientiertes Mitarbeiterteam.

Die Nachhaltigkeitsleitsätze der KESSEL AG verdeutlichen, welche Ansprüche das Unternehmen selbst an sich stellt, um seine Ziele in den jeweiligen Handlungsfeldern zu erreichen. Mit den Kernbotschaften dienen sie zudem als Basis für die interne wie externe CSR-Kommunikation. Fundament zur Verankerung der Nachhaltigkeitsstrategie im Unternehmen sind vier zertifizierte Managementsysteme:

- Qualitätsmanagement nach ISO 9001
- Umweltschutzmanagement nach ISO 14001
- Energiemanagementsystem nach ISO 50001
- Arbeitsschutzmanagement nach BG-Vorgabe

Durch die Beteiligung zahlreicher Mitarbeiter, die entweder direkt in Qualitätszirkeln mitarbeiten oder indirekt über ihre tägliche Arbeit mitwirken, bilden die Managementsysteme eine wesentliche Grundlage, nachhaltige Themen in die Unternehmensstruktur mit aufzunehmen und dafür zu sorgen, dass sie gelebt werden.

3.1 Die Nachhaltigkeitsziele der KESSEL AG

Im Rahmen der Nachhaltigkeitsstrategie sowie der integrierten Managementsysteme verfolgt die KESSEL AG strategische Zielsetzungen. Diese werden alle zwei Jahre durch einen Nachhaltigkeitsbericht kommuniziert. Um größtmögliche Transparenz zu gewährleisten, wird auch der Erfüllungsgrad der Ziele mit den entsprechenden Maßnahmen und Erläuterungen im Bericht veröffentlicht. KESSEL hat sich auch im Nachhaltigkeitsbericht

2016 wieder Ziele gesetzt. Die Mitglieder des Nachhaltigkeitsteams stellen die Ziele regelmäßig auf den Prüfstand und verfolgen, ob und mit welchen Maßnahmen sie erfüllt werden.

Qualitätsmanagement

- bester Service der Branche
- Durchlaufzeit für Reklamationen unter 7 Tage
- elektronische Werkerselbstprüfung für die Spritzerei
- Internationalisierung des Qualitätsmanagementsystems nach ISO 9001
- Optimierung der Lieferantenqualität auf eine Reklamationsquote unter 500 ppm

Umweltschutzmanagement

- kontinuierliche Reduzierung der Abfallmenge
- Umstellung von Bauzeitschutzabdeckungen auf 100 % Recyclingmaterial
- Internationalisierung des Umweltschutzmanagementsystems nach ISO 14001
- Papiereinsparung
- Ausbau des Gefahrenstoffmanagements

Energiemanagement

- Erreichung eines ressourcenschonenden Energiemix
- kontinuierliche Senkung des CO_2-Ausstoßes der eingesetzten Energieträger
- kontinuierliche Senkung des energiebezogenen Einsatzes der Energieträger
- Erhöhung des Bewusstseins der Mitarbeiter in Bezug auf Energieeffizienz

Arbeitsschutzmanagement

- kontinuierliche Senkung der Arbeitsunfälle
- Standardisierung der persönlichen Schutzausrüstung
- Substitution von Gefahrenstoffen
- Ausbau des betrieblichen Gesundheitsmanagements
- Erreichung einer Gesundheitsquote von über 96 %

4 Die wesentlichen CSR-Themen der KESSEL AG

Im Rahmen der Nachhaltigkeitsstrategie ermittelt die KESSEL AG regelmäßig die in den vier Handlungsfeldern wesentlichen Themen. Dazu sammeln die Mitglieder des Nachhaltigkeitsteams zunächst alle CSR-Themen und ordnen sie anschließend in eine sogenannte Materialitätsmatrix ein, anhand der sie die wichtigsten Themen für das Unternehmen er-

CSR-Kommunikation in der Baubranche

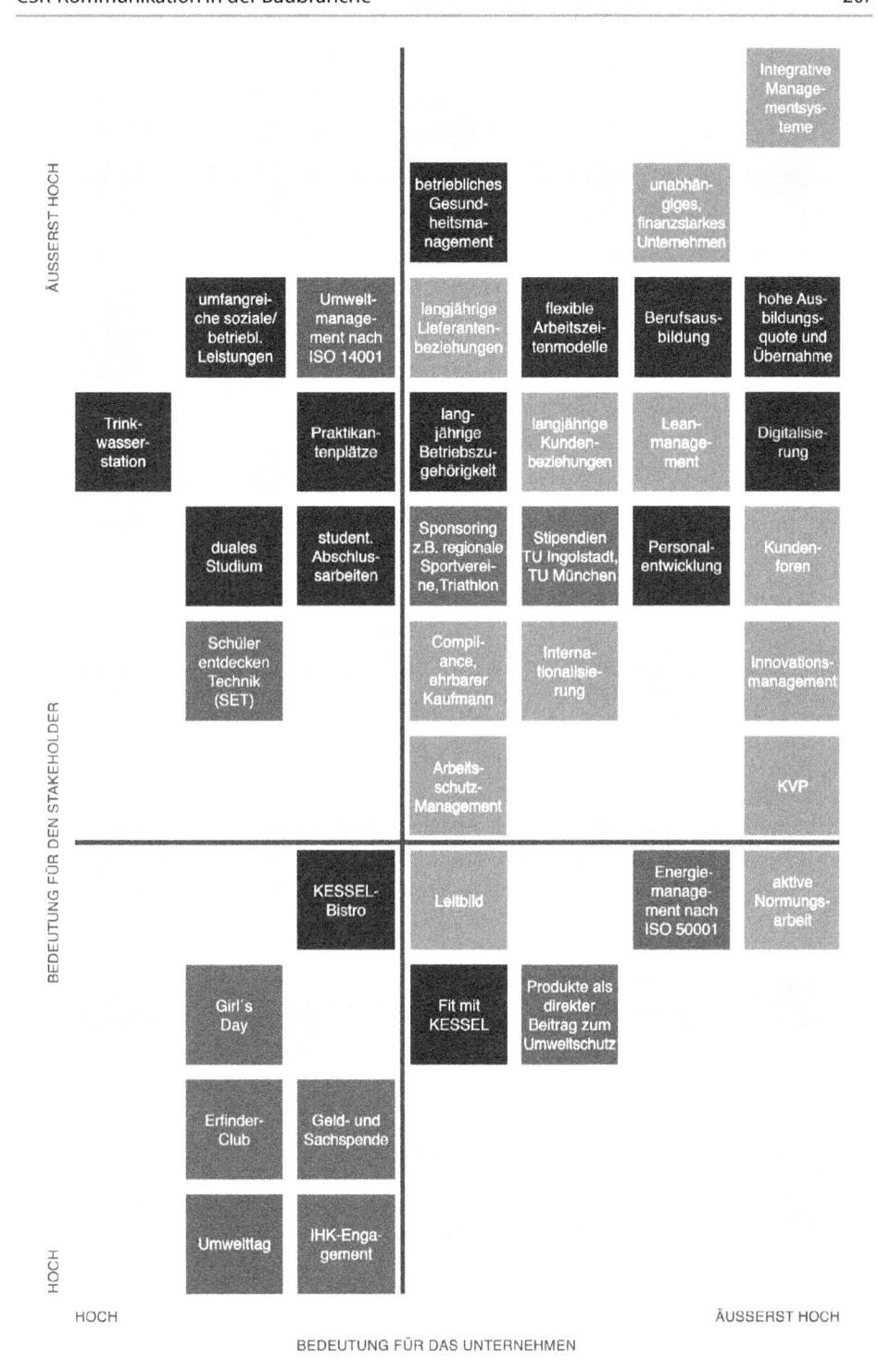

Abb. 1 Materialitätsmatrix aus dem Nachhaltigkeitsbericht 2016 der KESSEL AG. (Nachhaltigkeitsbericht KESSEL AG 2016)

mitteln (Abb. 1). Mit ihrer Hilfe wird festgestellt, wie hoch die Bedeutung eines Themas für die zuvor ermittelten relevanten Stakeholder und für das Unternehmen selbst ist. Über die Betrachtung der Zeitreihe kann somit auch analysiert werden, wie sich die Bedeutung einzelner Themen verändert und welche Auswirkungen dies eventuell langfristig auf die Unternehmensstrategie hat.

5 Die CSR-Aktivitäten bei KESSEL

Die als wesentlich ermittelten Themen sind die Grundlage für die Planung und Durchführung von CSR-Maßnahmen bei KESSEL. Zahlreiche Maßnahmen sind Teil der vier genannten Managementsysteme und werden von den entsprechenden Beauftragten im Unternehmen durchgeführt beziehungsweise auf deren Durchführung hin überprüft. Exemplarisch sollen nachfolgend ausgewählte Maßnahmen aus den vier CSR-Bereichen vorgestellt werden:

5.1 Markt

In der gesamten Wertschöpfungskette spielt Lean Management (schlankes Management) eine wichtige Rolle, um die Produktion zu steuern. Ziel der KESSEL AG ist es, Werte ohne Verschwendung zu schaffen, Prozesse optimal aufeinander abzustimmen und nichtwertschöpfende Tätigkeiten zu vermeiden. Von der Ideenphase bis zur Realisierung ist der Entwicklungsprozess neuer Produkte standardisiert. Der Fokus in der Produktentwicklung liegt besonders auf energieeffizienten Lösungen für Einbausituationen, in denen technische Hilfsmittel benötigt werden. Ein Beispiel für den Einfluss von Nachhaltigkeit und die Berücksichtigung ökologischer wie ökonomischer Aspekte in der Produktentwicklung sind die Hybrid-Hebeanlagen *Ecolift* und *Ecolift XL*. Mit ihnen bietet KESSEL eine strom- und energiesparende Alternative zu klassischen Hebeanlagen an. Im Normalbetrieb nutzen sie das natürliche Gefälle zum Kanal, wobei der Rückstauschutz der betreffenden Gebäude jederzeit gewährleistet ist. Nur bei Rückstau pumpen sie das Abwasser über eine Rückstauschleife in den Kanal. *Ecolift* ist damit für jeden Betreiber eine ökologisch und ökonomisch sinnvolle Alternative, die Kosten, Energie und damit den Ausstoß von CO_2 einspart. Neben der Berücksichtigung von Nachhaltigkeitsaspekten in Entwicklung und Produktion, ist auch das umfangreiche Schulungsangebot eine wichtige Zusatzleistung, die zu einem nachhaltigen Einsatz der Produkte beiträgt. Ergänzend zu E-Learnings und Online-Seminaren haben Kunden, Partner sowie interessierte Planer und Verarbeiter die Möglichkeit, in Deutschland in sechs Kundenforen an Seminaren teilzunehmen. Auch international baut die KESSEL AG ihre Schulungsstandorte sowie das dort angebotene Seminarprogramm weiter aus. In Österreich und Polen wurden 2016 ebenfalls bereits Kundenforen eröffnet.

5.2 Umwelt

Bei der Produktion haben bei KESSEL umweltfreundliche und moderne Verfahren Vorrang, durch die möglichst wenig Ausschuss entsteht. Bei der Auswahl des für die Produktion notwendigen Kunststoffgranulats werden keine Mischungen verwendet, um ein einfaches Recycling der Produkte zu ermöglichen. Das Energie- und Umweltschutzmanagementsystem stellen sicher, dass die Auswirkung der Unternehmenstätigkeit auf die entstehenden CO_2-Emmissionen, den Wasser- und Papierverbrauch sowie den anfallenden Abfall und die Abfall-Verwertungsquote nachvollzogen werden kann.

Zusätzlich sorgen die entsprechenden Beauftragten und Qualitätszirkel dafür, dass die gesteckten Ziele wie die autarke Energieversorgung der Rotation kontinuierlich verfolgt und letztlich erreicht werden können. KESSEL investiert in die Umwelt. Nicht nur durch Maßnahmen wie eine energieeffiziente Produktion und der Reduzierung von CO_2-Emissionen, sondern auch direkt auf dem Werksgelände. In die Begrünung, das Pflanzen von Bäumen, das Anlegen eines Teiches und eines Rückhaltebeckens investiert das Unternehmen kontinuierlich. 2017 wurde in den Bau eines neuen Wertstoffhofs mit einer Tankstelle für Gabelstapler sowie in ein System zur Trennung von Holzabfällen investiert. 2016 konnte KESSEL ein erdgasbetriebenes Blockheizkraftwerk (BHKW) in Betrieb nehmen. Durch die innovative Kraft-Wärme-Kälte-Kopplung spart KESSEL kontinuierlich 25,9 % der benötigten Primärenergie im Vergleich zu einer klassischen, getrennten Leistungserzeugung.

5.3 Gemeinwesen

Als bedeutender Arbeitgeber im Landkreis Eichstätt nimmt die KESSEL AG ihre Verantwortung bewusst wahr und engagiert sich in zahlreichen Projekten in der Region. Neben Geld- und Sachspenden für Initiativen wie „Goals for Kids", über die gemeinnützige Projekte unterstützt werden, sponsert KESSEL regionale Sportvereine wie den TSV Kösching und den TSV Lenting. Darüber hinaus stattet KESSEL regelmäßig Teams, in denen eigene Mitarbeiter aktiv sind, mit Trikotsätzen aus. Auch kulturelle Institutionen wie das „Junge Theater" am Stadttheater Ingolstadt fördert das Unternehmen. Außerdem engagiert sich Alexander Kessel, Vorstand für Vertrieb, Marketing und Personal, als Mitglied im IHK-Gremium Eichstätt, im Außenhandelsausschuss der IHK für München und Oberbayern sowie im Hochschulrat der Technischen Hochschule Ingolstadt. Ein weiterer Schwerpunkt im Engagement des Unternehmens sind Bildungs- und Schulpartnerschaften. Zusätzlich vergibt das Unternehmen je ein Stipendium an der Technischen Hochschule Ingolstadt im Fachbereich Wirtschaftswissenschaften und an der Technischen Universität München im Fachbereich Wirtschaftsingenieurwesen. Mit „SET – Schüler entdecken Technik" des Deggendorfer Vereins „TfK – Technik für Kinder" unterstützt die KESSEL AG ein Projekt mit Praxisbezug. SET bietet Jungen und Mädchen der fünften und sechsten Klassen eine sinnvolle Ergänzung zu bestehenden Lehrplänen. Dafür finden zweimal jährlich Technikkurse an der Realschule Kösching statt. Um den Kindern die Technik näher zu bringen, schlüpfen Auszubildende der KESSEL AG in die Rolle des Ausbilders und unterstützen die Schülerinnen und Schüler beim Löten, Schrauben und Zusammensetzen verschiedener Technikbausätze. Ergänzend dazu bietet KESSEL Schüler- und Studentenpraktika sowie eine Vielzahl an spannenden Themen für Bachelor- und Masterarbeiten an.

5.4 Mitarbeiter

Unternehmenserfolge sind nur mit qualifizierten und motivierten Mitarbeitern zu erreichen. Deshalb bietet die KESSEL AG eine Vielzahl betrieblicher Leistungen an, darunter auch das Sport- und Gesundheitsprogramm „Fit mit KESSEL". Alle Mitarbeiter können an den wöchentlich stattfindenden Kursen wie „Gesunder Rücken" oder „Kondition", an Aktionen wie Beachvolleyball-Treffen, dem Triathlon Ingolstadt oder einer Skifahrt teilnehmen. So bietet das Unternehmen seinen Mitarbeitern die Möglichkeit, aktiv etwas für die eigene Gesundheit zu tun. Im KESSEL-Bistro gibt es jede Woche acht abwechslungsreiche und gesunde Mittagsmenüs sowie Brotzeiten zu einem günstigen Preis. Darüber hinaus hat KESSEL zwei Betriebsärzte, die alle Mitarbeiter arbeitsmedizinisch betreuen. Für Notfälle stehen zwei Betriebssanitäter bereit und zahlreiche Mitarbeiter wurden zu Ersthelfern ausgebildet. Das Arbeitsschutzmanagement sorgt zudem für eine sichere Arbeitsumgebung.

KESSEL ist ein von der IHK ausgezeichneter Ausbildungsbetrieb. Doch auch nach der Ausbildung ist mit dem Lernen nicht Schluss. Denn nur durch regelmäßige Fort- und Weiterbildungen kann gewährleistet werden, dass alle Mitarbeiter auf dem aktuellen Wissensstand in ihrem Arbeitsbereich sind und sich auch in neue Bereiche einarbeiten sowie weiterqualifizieren. KESSEL bietet daher ein umfangreiches Fort- und Weiterbildungsprogramm für die Mitarbeiter an.

Ein weiteres Angebot ist das KESSEL-Kulturprogramm. Die KESSEL AG stellt den Mitarbeitern jährlich ein kostenloses Kartenkontingent für ausgewählte Theaterstücke am Stadttheater Ingolstadt zur Verfügung, das ein breites Spektrum von klassischen Aufführungen und Opern, bis hin zum Kindertheater für Familien beinhaltet.

6 CSR-Kommunikation bei KESSEL

Basis der gesamten CSR-Kommunikation ist der Nachhaltigkeitsbericht der KESSEL AG. Der erste Bericht über das Jahr 2014 wurde Anfang 2015 veröffentlicht. Seither publiziert KESSEL alle zwei Jahre einen Nachhaltigkeitsbericht nach dem anerkannten Berichtsstandard des Rates für Nachhaltige Entwicklung, dem Deutschen Nachhaltigkeitskodex (DNK). Die Berichte werden von Alexander Kessel, Vorstand für Personal, Marketing und Vertrieb, jeweils im Rahmen einer Pressekonferenz auf der ebenfalls alle zwei Jahre stattfindenden Weltleitmesse ISH in Frankfurt vorgestellt. Im Anschluss nutzt KESSEL das Kommunikations-Instrumentarium, um den Bericht, aber auch die wesentlichen CSR-Themen bekannt zu machen und das Unternehmensimage als innovativer und nachhaltiger Marktführer in der Entwässerungstechnik zu festigen. Auf Basis einer Stakeholder-Relevanzanalyse hat das Nachhaltigkeitsteam der KESSEL AG nicht nur externe Stakeholder, sondern auch die eigenen Mitarbeiter als Zielgruppe identifiziert, die über die Aktivitäten des Unternehmens umfassend informiert werden muss. Der Nachhaltigkeitsbericht wurde inhaltlich und mit einer entsprechenden Gestaltung an die ermittelten Stakeholder angepasst. Ziel des Nachhaltigkeitsberichts ist es, die Maßnahmen, Entwicklungen und Fortschritte des Unternehmens im Bereich der Nachhaltigkeit transparent darzustellen.

6.1 Die Materialitätsmatrix als Themengenerator

Aktuelle Themen im Rahmen der CSR-Kommunikation ergeben sich aus der Materialitätsmatrix, die während der Berichterstattung erstellt beziehungsweise aktualisiert wird. Die mit diesem Instrument als wesentlich ermittelten Nachhaltigkeitsthemen aus den Handlungsfeldern Umwelt, Mitarbeiter, Gemeinwesen und Markt sind gleichzeitig auch die Basis für eine ganzheitliche Unternehmenskommunikation.

6.2 Interne Kommunikation

An erster Stelle für die CSR-Kommunikation stehen die Mitarbeiter, denn ein Großteil der CSR-Maßnahmen richtet sich konkret an sie. Um die Mitarbeiter als wesentliche Stakeholder über die CSR-Themen zu informieren, erhalten alle Mitarbeiter den Nachhaltigkeitsbericht persönlich nach Hause geschickt. Darüber hinaus stellen die Nachhaltigkeitsthemen die inhaltliche Basis des viermal jährlich erscheinenden Mitarbeitermagazins „KESSEL Intern" dar, das ebenfalls an alle Mitarbeiter zugestellt wird. Mit der Zweisprachigkeit des Magazins – alle Artikel erscheinen in englischer und deutscher Sprache – gewährleistet KESSEL, dass die Themen alle Mitarbeiter auch an den Standorten außerhalb Deutschlands erreichen. Ein weiteres wichtiges Instrument der internen Nachhaltigkeitskommunikation ist das Intranet, mithilfe dessen die Mitarbeiter schnell über aktuelle Maßnahmen, Themen und Aktionen informiert werden.

6.3 Externe Kommunikation

Um die externen Stakeholder über die Nachhaltigkeitsthemen zu informieren, setzt KESSEL auf alle Instrumente einer PR-Kampagne. Diese umfassen die klassische Medienarbeit vom Auftakt im Rahmen einer Pressekonferenz, über Presseinformationen, die in regionalen Medien und Fachmedien erscheinen bis hin zu Exklusivberichten zu ausgewählten Themen. Darüber hinaus integriert KESSEL die Nachhaltigkeitsthemen in alle bereits bestehenden Eigenmedien wie das Kundenmagazin „Entwässerungsprofi" sowie den Online-Newsletter KESSEL INSIDE. Begleitet werden diese Maßnahmen von der Teilnahme von Mitarbeitern der Managementebene an verschiedenen Veranstaltungen zum Thema Nachhaltigkeit bei IHK-Events, Universitäten, aber auch Kunden.

6.4 Der Nachhaltigkeitsbericht als Instrument der Vertriebskommunikation

Zusätzlich zu den PR-Maßnahmen findet der Nachhaltigkeitsbericht auch Eingang als Bestandteil der Vertriebskommunikation. So ersetzt der Nachhaltigkeitsbericht in zahlreichen Situationen die klassische Imagebroschüre. Denn im Gegensatz zur Imagebroschüre gibt der Nachhaltigkeitsbericht einen wesentlich tieferen Einblick in das Unternehmen. Dass KESSEL mit dem Nachhaltigkeitsbericht einem offiziell von der Bunderegierung anerkannten Standard, dem Deutschen Nachhaltigkeitskodex (DNK), entspricht, verleiht ihm zusätzliche Glaubwürdigkeit und zeigt den Willen des Unternehmens zur Transparenz.

7 Fazit

Nachhaltigkeit lebt von Glaubwürdigkeit. Glaubwürdigkeit entsteht, wenn Nachhaltigkeit gelebt wird. Gemäß diesem Leitsatz versteht die KESSEL AG Nachhaltigkeit nicht als reines Kommunikationsthema, sondern als Inhaltsthema, das auf Basis konkreter Aktivitäten der Unternehmenskommunikation eine neue Werthaltigkeit verleiht. Die Berichterstattung einzelner Maßnahmen ist dabei eingebettet in den Kommunikationsplan, der bereits vom Unternehmen genutzt wird. Dadurch entstehen nicht nur neue Gesprächsfelder, die für zahlreiche Stakeholder interessant sind und sich abseits der traditionellen Produktargumentation bewegen, sondern auch ein verändertes Unternehmensimage. CSR-Themen bieten dabei die Möglichkeit, das Unternehmen über Fachthemen hinaus zu positionieren, die Vorreiterrolle in der Branche zu festigen und die umfangreichen Aktivitäten bei Mitarbeitern und externen Stakeholdern gleichermaßen bekannt zu machen. Eine erfolgreiche CSR-Kommunikation kommt dabei nicht nur dem Unternehmen zu Gute, sondern schafft gleichzeitig auch in der öffentlichen Wahrnehmung ein gesteigertes Bewusstsein für Nachhaltigkeitsthemen. Das liegt uns am Herzen, denn Nachhaltigkeit geht uns alle an!

Florian Holzapfel ist für die Unternehmenskommunikation der KESSEL AG zuständig. Seit 2013 koordiniert er zudem die Themen CSR und Nachhaltigkeit im Unternehmen.

Reinhard Späth verantwortet als Leiter Marketing die gesamte Marken- und Produktkommunikation der KESSEL AG. Als Mitglied im Nachhaltigkeitsteam begleitete er das Nachhaltigkeitsmanagement des Unternehmens von Anfang an.

CSR im Bankenbereich

Klaus Möller und Tim Zuchiatti

1 Genossenschaftliche FinanzGruppe Volksbanken Raiffeisenbanken: Vom Fördergedanken zu CSR-Projekten

Nachhaltige Unternehmensführung, neudeutsch: Corporate Social Responsibility (CSR), erfreut sich in den letzten Jahren zunehmender Beliebtheit. Kaum ein Unternehmen kann es sich heute leisten, neben guten Jahresabschlüssen nicht auch auf soziale und/oder ökologische Aspekte unternehmerischen Wirkens hinzuweisen.

Vor allem Banken, deren Tätigkeit vielen Bürgern ohnehin unklar oder sogar undurchsichtig erscheint, bemühen sich in besonderem Maße über CSR-Maßnahmen ihren Zusatznutzen für Umwelt und Gesellschaft zu dokumentieren. Die Finanzkrise und die damit einhergehende Vertrauenskrise in vielen Banken haben diesen Trend weiter verstärkt.

Die genossenschaftlichen Kreditinstitute unterscheiden sich von anderen Banken in ihrem Verhältnis zu CSR. Als privatrechtliche Gründung mit starker mitgliedschaftlicher Kontrolle sind Genossenschaftsbanken schon Kraft Rechtsform zu einer umfassenden Mitgliederförderung verpflichtet.

Auch als regionale Kreditinstitute sind Genossenschaftsbanken in besonderem Maße auf die Akzeptanz ihrer Kunden und Mitglieder angewiesen. Auf dieser Basis entwickel-

K. Möller (✉)
Leiter Abt. Geschäftspolitik/Kommunikation, Bundesverband der Deutschen Volksbanken und Raiffeisenbanken
Berlin, Deutschland
E-Mail: k.moeller@bvr.de

T. Zuchiatti
Referent Abt. Geschäftspolitik/Kommunikation, Bundesverband der Deutschen Volksbanken und Raiffeisenbanken
Berlin, Deutschland
E-Mail: t.zuchiatti@bvr.de

© Springer-Verlag GmbH Deutschland, ein Teil von Springer Nature 2018
P. Heinrich (Hrsg.), *CSR und Kommunikation*,
Management-Reihe Corporate Social Responsibility,
https://doi.org/10.1007/978-3-662-56481-3_14

te sich eine nachhaltige Unternehmenspolitik fast zwangsläufig und lange bevor es das Modewort „CSR" gab.

2 Wirksamkeit von CSR-Maßnahmen im Bankenbereich

Die Frage nach dem Vertrauen in Banken wird heutzutage oft gestellt. Die Ereignisse im Zusammenhang mit der globalen Finanzkrise haben das Vertrauen vieler Kunden in die Branche erheblich beeinträchtigt. Eine Reaktion auf das neu entstandene Misstrauen ist eine immer weiter reichende, teilweise unverhältnismäßige Kontrolle und Regulierung von Banken. Aus politischer Sicht handelt es sich dabei auch um vertrauensbildende Maßnahmen. Neben erheblichen Einschränkungen ihrer Geschäftstätigkeit sind zwei zentrale Forderungen der Politik dabei mehr Offenheit und Transparenz seitens der Kreditinstitute. Der Kunde soll wissen, woran er ist. Er soll sich gut beraten fühlen. Nicht zuletzt soll er sich sicher sein, dass sein Geld bei seiner Bank gut und richtig investiert ist.

Banken sind stärker denn je gefordert offenzulegen, wie beraten und wie mit den durch die Kunden anvertrauten Geldern umgegangen wird. Das ist gut und richtig. Allerdings werden dabei leider allzu schnell alle Banken über einen Kamm geschert. Die Banken im Allgemeinen geraten in die Kritik. Dabei resultierte die Finanzkrise vor allem aus den besonderen Geschäftsgebaren von Investmentbanken sowie Non- und Near-Banks.

Dennoch: Vertrauen ist nicht zuletzt vor diesem Hintergrund für alle Kreditinstitute ein bedeutsames und sehr aktuelles Thema. Wem man sein Geld anvertraut, dem möchte man vertrauen können. Das gilt in privaten wie auch in geschäftlichen Kontexten. Insofern ist es für Banken geradezu eine existenzielle Frage, ob sie als vertrauenswürdig wahrgenommen werden oder nicht.

Das Thema CSR[1] und die Kommunikation von CSR-Maßnahmen – in diesem Beitrag soll es vor allem um direktes gesellschaftliches Engagement der Genossenschaftsbanken[2] und weniger um CSR-Kennzahlen gehen – wirkt vertrauensstiftend. Hier tritt die Bank

---

[1] Der Begriff CSR soll in diesem Beitrag nicht in voller Breite verwendet werden. Vielmehr geht es hier vor allem um die Dimension des direkten gesellschaftlichen Engagements von Unternehmen sowie um die, dieses Engagement idealerweise begleitende, Kommunikation. Arbeits- und Umweltstandards bei Volksbanken und Raiffeisenbanken und ihren Spezialinstituten sollen hier nicht angesprochen werden. Sie werden verbandsseitig nicht zentral erfasst, wohl aber von den großen Unternehmen der genossenschaftlichen FinanzGruppe kommuniziert. So weist zum Beispiel die DZ BANK, die Zentralbank der Genossenschaftlichen FinanzGruppe Volksbanken Raiffeisenbanken, in ihrem jährlich erscheinenden Nachhaltigkeitsbericht sowie auf dem Portal www.nachhaltigkeit.dzbank.de detailliert auf die vielfältigen Dimensionen (Governance und Compliance, Ökonomie, Mitarbeiterverantwortung, Umwelt- und Klimaschutz, Gesellschaftliches Engagement) ihrer unternehmerischen Verantwortung hin.

[2] In Deutschland gibt es rund 950 Genossenschaftsbanken. Sie alle sind Mitgliedsinstitute des Bundesverbandes der Deutschen Volksbanken und Raiffeisenbanken (BVR) und zugleich der Sicherungseinrichtung des BVR angeschlossen. Diese schützt die Einlagen der Kunden in vollem Umfang und ohne betragliche Begrenzung.

jenseits von Konditionen und Renditen in Erscheinung. Hier wird sie greifbar und als guter Unternehmensbürger für die Menschen vor Ort beziehungsweise für eine breitere Öffentlichkeit erfahrbar. Allerdings greift es zu kurz, CSR in diesem Kontext nur als kosmetische Maßnahme zu begreifen. Gesellschaftliches Engagement kann imagestärkend wirken, es kann Vertrauen stiften; jedoch funktioniert dies nur im Zusammenhang mit einer insgesamt glaubhaften Unternehmenskultur. CSR-Maßnahmen müssen passen, damit sie wirken können. CSR-Kommunikation wiederum muss vor allem glaubwürdig sein und glaubwürdig vermittelt werden. Erst dann ist sie Ausdruck einer gelebten Verantwortung von Unternehmen und wird auch als diese erfahrbar.

2.1 Gesellschaftliches Engagement bei Genossenschaftsbanken

2.1.1 Das genossenschaftliche Geschäftsmodell

Genossenschaftliche Mitgliedschaft

Mitglieder bilden die Basis einer jeden Kreditgenossenschaft. Alle Kunden einer Genossenschaftsbank, etwa einer Volksbank oder Raiffeisenbank, können Mitglied und damit Teilhaber ihrer Bank werden.

Über 18 Mio. Menschen sind bereits Mitglied einer Genossenschaftsbank. Das bedeutet: jede fünfte Person in Deutschland. Jahr für Jahr steigt die Anzahl der Mitglieder. Insbesondere vor dem Hintergrund des eingangs geschilderten Vertrauensverlusts vieler Menschen in Banken ist dies ein Indiz für das große Vertrauen vieler Kunden in die Institute der Genossenschaftlichen FinanzGruppe Volksbanken Raiffeisenbanken.[3] Als Teil ihrer Bank und als Fundament für den Geschäftsbetrieb einer jeden Genossenschaftsbank haben die Mitglieder ein Recht auf Transparenz. Sie können an den Generalversammlungen teilnehmen und dort direkt und aus erster Hand erfahren, welche Ziele die Bank verfolgt. Zudem dürfen sie bei Generalversammlungen mitstimmen: über die Ziele der Bank, aber auch über die Besetzung ihrer Kontrollgremien. Schon seit 1849[4] gilt bei genossenschaftlichen Banken dafür das demokratische Prinzip: Ein Mitglied, eine Stimme – unabhängig von der Anzahl der Mitgliedsanteile. Mitglieder haben Mitspracherechte und

---

[3] Die genossenschaftlichen Werte wie Solidarität, Fairness, Partnerschaftlichkeit, Nähe und Förderung der Mitglieder und Kunden sind die Basis des gemeinsamen Handelns. Sie prägen das Selbstverständnis innerhalb der Genossenschaftlichen FinanzGruppe Volksbanken Raiffeisenbanken. Zur Gruppe zählen neben den rund 950 Primärinstituten die genossenschaftliche Zentralbank DZ BANK sowie folgende Spezialinstitute: die Bausparkasse Schwäbisch Hall, der Fondsspezialist Union Investment, die R+V Versicherung, die DG HYP, die Münchener Hypothekenbank, die WL Bank, easyCredit, die VR Leasing Gruppe und die DZ PRIVATBANK. Der gemeinsame Markenauftritt ist online unter www.finanzgruppe.de zu finden.

[4] Hermann Schulze-Delitzsch, Gründervater der Volksbanken, setzte als Reichstagsabgeordneter die gesetzliche Basis für Genossenschaften und damit auch Kreditgenossenschaften durch. Bereits bei der Gründung seiner ersten Genossenschaft für Schuhmacher hatte er 1849 das Prinzip „Ein Mensch – eine Stimme" eingeführt.

sind am Geschäftserfolg beteiligt. So wird auf ihre Geschäftsanteile in der Regel einmal jährlich eine Dividende ausgezahlt.

Genossenschaftlicher Förderauftrag
Genossenschaftliche Banken haben einen besonderen Auftrag, der sie von anderen Banken unterscheidet: Sie dienen der Förderung ihrer Mitglieder. Die Interessen der Mitglieder rangieren vor Gewinnmaximierung. Kreditgenossenschaften verstehen sich als Wertegemeinschaften, deren Ziele über reine Wirtschaftsbetriebe hinausgehen. Sie arbeiten orientiert an klar definierten Wertvorstellungen und werden dabei seit ihrer Gründung vor rund 160 Jahren von drei Prinzipien geleitet: Selbsthilfe, Selbstverwaltung, Selbstverantwortung.

Die Erfüllung der sogenannten „S-Prinzipien" bedingt die besondere Organisationsform von Genossenschaften nach dem Identitätsprinzip. Bei Genossenschaften sind Mitglieder zugleich Kunden und Kapitalgeber. Als solche sind sie oft auch an wichtigen Entscheidungen zur Ausrichtung ihrer Bank beteiligt. Die Mitglieder stellen der Genossenschaft Kapital zur Verfügung, bestimmen über dessen Verwendung im Rahmen der Gesellschaftsorgane mit und nutzen zumeist die Angebote beziehungsweise die Einrichtungen der Genossenschaft.

2.1.2 Mitgliedschaft und soziale Verantwortung

Aus diesem besonderen Verhältnis der Bank zu ihren Mitgliedern heraus, ergibt sich auch die besondere Rolle, die jede Kreditgenossenschaft seit jeher für ihre Region und für die Menschen in dieser wahrnimmt. Der genossenschaftliche Förderauftrag gegenüber den Mitgliedern beschränkt sich nicht nur auf die Beteiligung am Geschäftserfolg, sondern weist oft weit darüber hinaus. Als aus der Region heraus gewachsene, auf Mitgliedschaft basierende und weiterhin eng mit ihrer Region verwobene Institute, ist den Kreditgenossenschaften das Ziel der Förderung ihrer Region in gewisser Weise immanent.

Dass sich dies nicht nur auf die wirtschaftliche Dimension bezieht, sondern auch viele soziale, gemeinnützige Komponenten umfasst, bedingt sich schon aus dem engen Verhältnis eines jeden Instituts zu den Mitgliedern, die ja zu einem Großteil Menschen aus der Region sind. Das gesellschaftliche Engagement eines jeden Instituts mündet dadurch häufig nicht in kurzweiligen, aktionistischen Ansätzen, sondern zielt auf Nachhaltigkeit und langfristige Wirkung. Zudem ist es oft ein gewachsenes Engagement, das sich über viele Jahre vor Ort bewährt hat und dort ansetzt, wo es in der jeweiligen Region nötig ist.

Gesellschaftliches Engagement ist für Genossenschaftsbanken ein fester Teil ihrer Unternehmenskultur. Es stellt keine Reaktion auf die eingangs beschriebenen Vertrauensverluste gegenüber Banken dar, ist keine kurzfristige Image-Kosmetik, sondern ein Bestandteil der Geschäftspolitik, dessen Ursprung im genossenschaftlichen Geschäftsmodell liegt. Ein klares Ziel ist es dabei stets, der Rolle als Bank der Region sowie den Interessen der Mitglieder gerecht zu werden. Natürlich leiten sich daraus aber auch eine Fülle unternehmerischer Ziele ab. Kundenbindung, Profilbildung und Imageförderung sind hier die wichtigsten Stichworte.

2.2 Zentrale CSR-Maßnahmen des BVR

2.2.1 Die Rolle des BVR

Der Bundesverband der Deutschen Volksbanken und Raiffeisenbanken (BVR)[5] ist der Spitzenverband aller Genossenschaftsbanken in Deutschland. Ihm gehören rund 950 Institute an. Der BVR agiert dabei als Interessenvertreter und Strategieentwickler für seine Mitgliedsinstitute. Unter dem Dach des BVR sind die strategischen Gremien der gesamten genossenschaftlichen FinanzGruppe angesiedelt.[6]

Aus dieser Rolle heraus entwickelt der BVR Engagement-Konzepte, die sich idealerweise regional durch die genossenschaftlichen Regionalverbände[7] wie auch lokal durch einzelne Primärinstitute verlängern lassen. Da jedes einzelne Mitgliedsinstitut des BVR als eigenständiges Unternehmen agiert und autonom in seinen unternehmerischen Entscheidungen ist, stellen die Engagement- und CSR-Projekte immer nur Angebote an die Banken dar. Die Entscheidung, ob ein Wettbewerb vor Ort durchgeführt wird, trifft immer die Bank vor Ort. Zentral entwickelte CSR-Aktivitäten müssen sich also bewähren. Sie müssen von den Mitgliedsinstituten als sinnvoll für ihre Region erachtet und von diesen angenommen werden. Dies macht die besondere Herausforderung bei der Entwicklung von Aktivitäten aus.

2.2.2 Zentrale Wettbewerbe

In den vergangenen Jahren haben sich zwei Wettbewerbe beziehungsweise Auszeichnungen dabei besonders etabliert. Sie erfüllen die aus BVR-Sicht optimale Struktur: Sie beginnen lokal, setzen sich über regionale Vergleiche fort und münden am Ende in einem Entscheid auf bundes- oder sogar auf internationaler Ebene.

Der Wettbewerb „jugend creativ" (www.jugendcreativ.de) ist der zentrale Kreativwettbewerb für Kinder und Jugendliche. Der Wettbewerb „Sterne des Sports" (www.sterne-des-sports.de) würdigt soziales Engagement von Vereinen im Breitensport.

---

[5] Weitere detaillierte Informationen zum Selbstverständnis und zur Rolle des BVR sind online unter www.bvr.de zu finden.

[6] Die gemeinsame strategische Ausrichtung der genossenschaftlichen FinanzGruppe wird über beim BVR angesiedelte Gremien (Verbandsrat, Verwaltungsrat, Ständiger Projekt- und Strategieausschuss, Fachräte) gewährleistet. Diese setzen sich aus Mitgliedern der gesamten Organisation (Primärinstitute, Zentralinstitute, Spezialinstitute) zusammen.

[7] In der genossenschaftlichen FinanzGruppe gibt es insgesamt vier regional organisierte Prüfungsverbände: den Baden-Württembergischen Genossenschaftsverband (www.bwgv-info.de), den Genossenschaftsverband Bayern (www.gv-bayern.de), den Genossenschaftsverband (Berlin/Hessen/Norddeutschland/Rheinland-Pfalz/Saarland/Sachsen/Sachsen-Anhalt/Thüringen/Nordrhein-Westfalen, www.genossenschaftsverband.de) und den Genossenschaftsverband Weser-Ems (www.gvweser-ems.de). Auf regionaler Ebene erbringen diese Verbände wichtige Dienstleistungen für ihre Mitgliedsinstitute. Sie vertreten gegenüber Landesregierungen und anderen regionalen Einrichtungen die Interessen der Genossenschaftsbanken. Überdies führen sie die genossenschaftliche Pflichtprüfung durch und bieten ihren Mitgliedsunternehmen vielfältige Dienstleistungen wie die überbetriebliche Aus- und Weiterbildung der Mitarbeiterinnen und Mitarbeiter an.

jugend creativ

Die Idee des Wettbewerbs

Mit international knapp 1 Mio. Teilnehmerinnen und Teilnehmern ist „jugend creativ" einer der größten internationalen Jugendwettbewerbe. Er wird in nahezu jeder Region der Republik sowie in sechs weiteren europäischen Ländern (Frankreich, Italien (Südtirol), Luxemburg, Finnland, Österreich, Schweiz) durchgeführt. Für die Volksbanken und Raiffeisenbanken ist der jährliche Kreativwettbewerb ein Dauerbrenner.

Er ist ein deutlicher Beleg dafür, wie langfristig und nachhaltig das Engagement der Genossenschaftsbanken angelegt ist. Bereits zum 47. Mal findet der Wettbewerb im Jahr 2017/2018 in Deutschland statt. Das Motto, unter dem sich Kinder und Jugendliche der Klassen 1 bis 13 beteiligen, lautet: „Erfindungen verändern unser Leben".

Zahlreiche Volksbanken und Raiffeisenbanken beteiligten sich mit viel Einsatz und guten Ideen an der Durchführung des Wettbewerbs in den Schulen vor Ort. „jugend creativ" bringt hier verschiedene Akteure – Schüler, Lehrer, Eltern, Presse, Bank vor Ort – auf unterschiedlichsten Veranstaltungen und jenseits der üblichen Schul- oder Arbeitssituation zusammen. Die Förderungen setzen sich oft über Jahre fort. Die fundierte kunstpädagogische Betreuung im Rahmen des Wettbewerbs hat so manchen Teilnehmer ermutigt, sein Talent zum Beruf zu machen, sogar ein Oscarpreisträger findet sich in den Reihen der „jugend creativ"-Preisträger – manche von ihnen geben als Workshop-Leiter für „jugend creativ" die Förderung, die sie erhielten, an neue junge Teilnehmer weiter. Regional wird dies über die vier Regionalverbände der genossenschaftlichen FinanzGruppe fortgesetzt, bis es schließlich für die besten Wettbewerbsbeiträge zum Bundesentscheid nach Berlin geht.

Längst ist „jugend creativ" nicht nur ein Malwettbewerb, sondern ein Wettbewerb, der sich auch den neuen Medien weit öffnet. Malereien, Zeichnungen, Collagen, Mixed-Media-Arbeiten, Kurzfilme: Der Kreativität sind fast keine Grenzen gesetzt. Schirmherrin des bundesweiten Wettbewerbs für 2017/2018 ist die Fernseh-Moderatorin Shary Reeves.

Prominente Unterstützer des 48. Wettbewerbs sind ferner Nachwuchsschauspielerin Harriet Herbig-Matten, Schauspieler Florian Bartholomäi sowie Nobelpreisträger und Physiker Professor Dr. Theodor W. Hänsch. Partner der aktuellen Wettbewerbsrunde sind das Nachrichtenmagazin für Kinder „Dein Spiegel", der Bundesverband der Kinder- und Jugendmuseen sowie der Bundesverband Jugend und Film e. V.

Geschichte des Wettbewerbs

Begonnen hat alles im Jahr 1968: Die Genossenschaftsbanken aus 71 Nationen feiern den 150. Geburtstag ihres Namensgebers und Mitbegründers Friedrich Wilhelm Raiffeisen in der Frankfurter Paulskirche. Eine kleine Runde entwickelte dabei einen großen Plan: einen Kreativwettbewerb für Kinder und Jugendliche – über nationale Grenzen hinweg und zu wichtigen zeitgemäßen Themen.

Zwei Jahre später ist es soweit. Der erste Wettbewerb startet. Inspiriert von der spektakulären Mondlandung von Apollo 11 riefen die Volksbanken und Raiffeisenbanken erstmals Schüler und Jugendliche auf, sich kreativ mit einem Thema unserer Zeit auseinanderzusetzen. „Starte mit ins Weltall" lautete 1970 das Motto des 1. Internationalen Jugendwettbewerbs.

Seitdem findet der Wettbewerb jedes Jahr mit großem Erfolg statt. 1993 erhielt „jugend creativ" aufgrund der Jahr für Jahr an die Millionengrenze reichenden Teilnehmerzahlen einen Eintrag ins Guinness-Buch der Rekorde.

Die Volksbanken und Raiffeisenbanken wollen mit „jugend creativ" Kindern und Jugendlichen ein Experimentierfeld für ihre Kreativität bieten. Die jährlich wechselnden Wettbewerbsthemen greifen wichtige Probleme und Ereignisse unserer Zeit auf. Insbesondere sind dies Inhalte, die den Kindern und Jugendlichen selbst am Herzen liegen. Traditionell wird der Wettbewerb auch in den Schulunterricht einbezogen. Viele Kunstlehrer engagieren sich für den Wettbewerb: Sie schätzen die pädagogische Untermauerung der Initiative und motivieren ihre Schüler zum Mitmachen. So unterstützen die Volksbanken und Raiffeisenbanken mit dem Jugendwettbewerb auch die Schulen in ihrem für unsere Gesellschaft so wichtigen Erziehungsauftrag und geben gleichzeitig nachhaltige Impulse zur Persönlichkeitsentwicklung der Heranwachsenden.

Ablauf des Wettbewerbs

Der Wettbewerb beginnt Jahr für Jahr Anfang Oktober. Teilnehmen können alle Schüler der 1. bis 13. Klasse sowie Jugendliche bis einschließlich 20 Jahre, die nicht mehr zur Schule gehen.

Bis Mitte Februar können Schulen beziehungsweise Kinder und Jugendliche ihre Arbeiten bei der Bank vor Ort einreichen. Im Zeitraum zwischen Februar und März finden in der Regel die Jurierungen auf der Ortsebene statt – der ersten Stufe des Wettbewerbs. Für die Sieger geht es dann zwischen März und April eine Stufe höher zu den Jurierungen auf regionaler Ebene. Die Gewinnerarbeiten werden anschließend im Mai von einer beim BVR tagenden Bundesjury aus renommierten Künstlern und Kunstpädagogen gesichtet und die Bundessieger ermittelt. Insgesamt werden Sieger in fünf Altersgruppen und zwei Kategorien – Bildgestaltung und Kurzfilm (ab Klasse 5) – gekürt. Allen Preisträgern winkt ein einwöchiger Kreativ-Workshop in der Internationalen Bildungsstätte Jugendhof Scheersberg (Ostsee) sowie die Teilnahme am internationalen Vergleich der besten Bilder. Dieser findet im Juni an wechselnden Orten unter allen Teilnehmerländern statt.

Sterne des Sports

Allgemeine Beschreibung des Wettbewerbs
Gemeinsam mit dem Deutschen Olympischen Sportbund (DOSB) verleihen die Volksbanken und Raiffeisenbanken in jedem Jahr auf kommunaler, Landes- und Bundesebene die „Sterne des Sports". Dieser Wettbewerb orientiert sich am genossenschaftlichen Förderauftrag (siehe Abschn. 2.1.1) und gewährleistet hohe Transparenz bei der Vergabe von Fördermitteln durch eine unabhängige Jury. So geht es bei den „Sternen des Sports" nicht um die höchsten Sprünge, schnellsten Zeiten, meisten Tore, sondern um den gesell-

schaftlichen Nutzen des Vereinsengagements. Integrative Aktionen, Bildungsangebote, familienfreundliche Projekte, Initiativen für benachteiligte Menschen oder ökologisch motiviertes Handeln rücken so beispielsweise in den Fokus.

Die „Sterne des Sports" sind eine Auszeichnung, die an Sportvereine für ihr gesellschaftliches Engagement vergeben wird. Den „Sternen des Sports" geht es um die B-Note, nicht die A-Note.

Der DOSB mit seinen assoziierten Landessportbünden und die deutschen Volksbanken und Raiffeisenbanken verfolgen dabei das Ziel, auf die Verdienste des Breitensports aufmerksam zu machen und diese entsprechend zu würdigen. Diese Auszeichnung möchte die Vereine motivieren, Maßnahmen durchzuführen, die auf besondere Probleme vor Ort reagieren. Die „Sterne des Sports" möchten außerdem die Vereine fördern, sie in ihrer Vorbildfunktion stärken und andere zur Nachahmung anregen.

Die „Sterne des Sports" sind verbunden mit einer Geldprämie auf kommunaler, Landes- und Bundesebene. Den Sportvereinen in Deutschland ließen die Volksbanken und Raiffeisenbanken in 2016 rund eine halbe Millionen Euro, seit 2004 schon rund 5,5 Mio. € an zusätzlichen Mitteln zukommen. „Sterne des Sports" heißt also Förderung und zugleich die Würdigung von Förderung. Der Wettbewerb besteht seit über 12 Jahren. Er ist mittlerweile der bedeutendste Preis für den Breitensport in Deutschland.

Jährlicher Höhepunkt ist die Verleihung des „Großen Stern des Sports" in Gold an den Bundessieger im Rahmen einer feierlichen Abschlussgala in Berlin. Anfang dieses Jahres nahm der damalige Bundespräsident Joachim Gauck die Auszeichnung vor.

Ablauf des Wettbewerbs

Die Volksbanken und Raiffeisenbanken vor Ort schreiben die „Sterne des Sports" in Zusammenarbeit mit den Kreis- und Stadtsportbünden aus. Teilnehmen können alle Sportvereine, die Teil des organisierten Sports in Deutschland sind. Bewerbungen gehen online direkt an eine teilnehmende Bank oder, sofern der Vereine keine teilnehmende Bank an seinem Sitz findet, an das ServiceCenter „Sterne des Sports". Dadurch wird sowohl die für den Bankensektor fundamental wichtige Entscheidungshoheit der Einzelinstitute gewahrt als auch bundesweite Bewerbungsmöglichkeiten für alle Vereine gewährleistet.

Die Auszeichnungen werden auf kommunaler, Landes- und Bundesebene vergeben. Eine Jury aus Vertretern des Sports, der Bank, der Kommune und der Medien bewertet anhand eines Punktesystems die eingegangenen Bewerbungen.

Auf kommunaler Ebene werden die Vereine mit den „Sternen des Sports" in Bronze ausgezeichnet. Der Verein mit der überzeugendsten Bewerbung erhält den „Großen Stern in Bronze", verbunden mit einer Geldprämie. Er nimmt an der Landesausscheidung teil. Die Höhe der Prämie wird von den örtlichen Volksbanken und Raiffeisenbanken individuell bestimmt. In der Regel liegt sie bei rund 1500 € für den „Großen Stern des Sports" in Bronze und etwas geringeren Beträgen für die Zweit- und Drittplatzierten.

Auf Landesebene werden alle Träger des „Großen Stern des Sports" in Bronze erneut von einer Jury bewertet. In Anlehnung an die Bewertung auf kommunaler Ebene wird der „Große Stern des Sports" in Silber vergeben, wiederum verbunden mit attraktiven

Geldprämien. Die mit dem „Großen Stern des Sports" in Silber ausgezeichneten Vereine vertreten die Bundesländer schließlich auf Bundesebene. Eine namhafte Jury entscheidet nach dem bereits skizzierten Verfahren über die „Sterne des Sports" in Gold und den „Großen Stern des Sports" in Gold des jeweiligen Jahres. Im Rahmen einer Festveranstaltung werden die Auszeichnungen vorgenommen und die hoch dotierten Geldpreise (10.000, 7500, 5000 €) überreicht.

Die Bewerbungsfrist für Sportvereine auf kommunaler Ebene beginnt jährlich Anfang April und endet am 30. Juni. Danach setzt sich der Wettbewerb auf regionaler Ebene fort.

Das weitere Timing für die Auszeichnungen bestimmen die Regionalverbände weitestgehend selbst. Natürlich orientieren sich die jeweiligen Planungen an der abschließenden Preisverleihung auf Bundesebene, die zumeist im Januar des Folgejahres in Berlin stattfindet.

2.2.3 Kompetenzzentrum für Bürgerengagement

Der BVR ist Schirmherr der Stiftung Aktive Bürgerschaft, dem Kompetenzzentrum für Bürgerengagement der Genossenschaftlichen FinanzGruppe Volksbanken Raiffeisenbanken. Neben weiteren Spezialinstituten der genossenschaftlichen FinanzGruppe ist er zugleich Förderer der in Berlin ansässigen Stiftung.

Die Stiftung Aktive Bürgerschaft will für die genossenschaftliche FinanzGruppe bürgerschaftliches Engagement und gemeinnützige Organisationen nachhaltig stärken. Schwerpunkt der Arbeit sind der Aufbau und die Betreuung von Bürgerstiftungen im gesamten Bundesgebiet sowie die Unterstützung von Genossenschaftsbanken im Bereich des Corporate Citizenship.

Aufbau von Bürgerstiftungen

Bürgerstiftungen ermöglichen es breiten Bevölkerungsschichten, Stifter zu werden. Sie können nachhaltig das Eigenkapital der Bürgergesellschaft stärken und fördern gemeinnützige Projekte und Organisationen vor Ort. Die Aktive Bürgerschaft unterstützt für die Volksbanken und Raiffeisenbanken bundesweit mehr als 300 Bürgerstiftungen bei Managementaufgaben, Projekten und der Gewinnung von Stiftern und Aktiven.

In Bürgerstiftungen bauen Privatpersonen und Unternehmen Stiftungsvermögen auf, um gemeinnütziges Engagement für Bildung, Integration, Soziales, Jugend oder Kultur zu unterstützen. Dabei wirkt das Vermögen nachhaltig: Das einmal angelegte Stiftungsvermögen bleibt in der Region und kommt ihr dauerhaft zugute. Mit Zeit und Ideen bringen sich Bürger in die Arbeit und die Projekte ein. Dadurch sind Bürgerstiftungen mitten in der Gesellschaft und kennen die Problemlagen in ihrem Umfeld genau. Sie reagieren auf sich ändernde gesellschaftliche Bedürfnisse, indem sie Fördermittel vergeben oder eigene Projekte durchführen. In mehr als 300 Gemeinden, Städten und Regionen gibt es bereits Bürgerstiftungen.

Der Aufbau von Bürgerstiftungen passt sehr gut zur Organisationsform von Genossenschaftsbanken. Sind es bei Bürgerstiftungen die vielen einzelnen Stifter, die Engagement ermöglichen, so ist es bei den Genossenschaftsbanken die große Anzahl der Mitglieder, deren Anteile das Eigenkapital bilden. Beide Organisationsformen basieren auf dem genossenschaftlichen Gedanken, mit vielen kleinen Kräften Synergieeffekte zu schaffen und so Großes zu erreichen.[8]

Das herausragende Engagement von Bürgerstiftungen wird alle zwei Jahre mit dem Förderpreis Aktive Bürgerschaft ausgezeichnet. Der bundesweite Wettbewerb lenkt die öffentliche Aufmerksamkeit auf die Bürgerstiftungen – und ermuntert mit nachahmenswerten Beispielen auch andere zu stifterischem und ehrenamtlichem Engagement. Der Förderpreis zählt zu den ersten Auszeichnungen für bürgerschaftliches Engagement in Deutschland. Seit 1998 wird er an gemeinnützige Organisationen verliehen. Im Jahr 2017 wurden die Bürgerstiftung Jena und die Bürgerstiftung Kehl anlässlich ihres besonderen Engagements für geflüchtete Menschen ausgezeichnet.

Corporate Citizenship

Corporate Citizenship verbindet gesellschaftlichen Nutzen mit betrieblichen Vorteilen. Es kann dazu beitragen, Unternehmen und Banken zu starken Partnern engagierter Bürger und gemeinnütziger Organisationen zu machen. Die Stiftung Aktive Bürgerschaft wirkt bundesweit als Ideen- und Impulsgeber für das gesellschaftliche Engagement von mehr als 800 Genossenschaftsbanken und deren mittelständischen Partnern.

Gesellschaftliches Engagement von Unternehmen hat Tradition, doch die Rahmenbedingungen haben sich in den letzten Jahren deutlich verändert. Auch die Volksbanken und Raiffeisenbanken spüren das beim Engagement in ihren Geschäftsgebieten und im Gespräch mit Firmen- und Privatkunden. Spendenanfragen nehmen deutlich zu, die Entscheidung, was vorrangig gefördert werden soll, stellt sich zunehmend neu.

Dies verlangt neue Ideen und Konzepte, auch auf Seiten engagierter Banken und Unternehmen, die nicht nur mit ihren finanziellen Ressourcen, sondern gerade auch mit ihrer Innovationskraft und Kreativität einen wesentlichen Beitrag zum Gemeinwohl leisten können.

Die Aktive Bürgerschaft macht innovative Engagement-Konzepte praxistauglich und setzt diese mit Partnern landes- oder bundesweit um. Ihr Handeln orientiert sich an den genossenschaftlichen Werten der Selbsthilfe, Selbstverantwortung und Selbstverwaltung.

---

[8] Dieses Prinzip ist auf die genossenschaftlichen Gründerväter zurückzuführen. „Was dem Einzelnen nicht möglich ist, das vermögen viele", sagte einst Friedrich Wilhelm Raiffeisen. „Mehrere kleine Kräfte vereint, bilden eine große, und was man nicht alleine durchsetzen kann, dazu soll man sich mit anderen verbinden", ist eines der bekanntesten Zitate von Hermann Schulze-Delitzsch.

3 Kommunikationskanäle

3.1 Aktive Pressearbeit

Die beiden skizzierten, föderal organisierten und durchgeführten Wettbewerbe erfreuen sich großer Beliebtheit und steigender Bekanntheit. Dazu trägt auch bei, dass zu den bundesweit durchgeführten Projekten des gesellschaftlichen Engagements der Gruppe auf allen Ebenen aktive Pressearbeit betrieben wird, von der Orts- über die regionale bis hin zur Bundesebene. Jeder Wettbewerb verfügt über einen eigenen Online-Auftritt, bei dem sich die Teilnehmer über Neuigkeiten, das Reglement, aktuelle Termine und weitere organisatorische Fragen informieren können. Ergänzt wird dies durch Aktivitäten in sozialen Netzwerken. So wachsen etwa die Facebook-Gruppen von „jugend creativ" und den „Sternen des Sports" von Wettbewerb zu Wettbewerb und ermöglichen längst den raschen Austausch unter Teilnehmern, Siegern und Interessenten. Großer Beliebtheit erfreuen sich auch die Kanäle des BVR. Sowohl per Twitter als auch auf Facebook werden hier die Wettbewerbe Schritt für Schritt begleitet.[9]

Der BVR betreibt zu den bundesweiten Wettbewerben „jugend creativ" und „Sterne des Sports" aktiv Pressearbeit. Dabei arbeitet der BVR zum einen auf Bundesebene, indem er die entsprechenden Internet- und Social Media-Plattformen initiiert und betreibt. Zugleich bedient der BVR die Bundesmedien regelmäßig mit Informationen und bindet diese in Medienkooperationen mit ein. Zum anderen unterstützt der BVR seine Mitgliedsinstitute in der örtlichen Medienarbeit, indem er sie mit Textvorlagen, Empfehlungen und Materialien versorgt. Auch die zentralen Wettbewerbsmaterialien werden vom BVR für die Mitgliedsbanken entwickelt.

Ausschreibungen, Wettbewerbsinhalte und nicht zuletzt natürlich die Sieger werden öffentlichkeitswirksam kommuniziert. Bei den „Sternen des Sports" sorgt vor allem auch die feierliche Abschlussveranstaltung für große Wahrnehmung. Durch den Dreiklang der Pressearbeit auf lokaler, regionaler und bundesweiter Ebene sowie die ganzjährige Kommunikation während allen Phasen des jeweiligen Wettbewerbs entsteht eine sehr breite Medienresonanz. So ist der finale Pressespiegel zu den jeweiligen Wettbewerbsrunden am Ende des Kommunikationsprozesses schon einmal bis zu 1000 Seiten stark.

Die Aktive Bürgerschaft verfügt über eine eigene Pressestelle und betreibt Pressearbeit rund um die Themenfelder Bürgerstiftungen und Corporate Citizenship. Auf der eigenen Homepage[10] der Stiftung und per Nachrichtendienst informiert die Aktive Bürgerschaft regelmäßig und umfassend über Neuigkeiten und Wissenswertes. Zudem bietet

---

[9] Vgl. „jugend creativ": www.jugendcreativ.de, www.jugendcreativ.de, www.jugendcreativ.de/video, www.facebook.com/jugendcreativ; „Sterne des Sports": www.sterne-des-sports.de, www.facebook.com/sternedessports; BVR: www.facebook.com/BVRBerlin, https://twitter.com/BVRPresse.

[10] Vgl. www.aktive-buergerschaft.de.

die Homepage eine Fülle von Hintergrundinformationen zu den Bereichen Engagement und Bürgergesellschaft.

Die alle zwei Jahre stattfindende Verleihung des Förderpreises Aktive Bürgerschaft wird zumeist durch viele bundesweit und regional erscheinende Medien begleitet.

3.2 Bericht über das gesellschaftliche Engagement der Genossenschaftlichen FinanzGruppe Volksbanken Raiffeisenbanken

Darüber hinaus veröffentlicht der BVR in jedem Jahr den Bericht über das gesellschaftliche Engagement der Genossenschaftlichen FinanzGruppe Volksbanken Raiffeisenbanken. Ein strategisches Ziel des Berichts ist es, das große Engagement der rund 950 BVR-Mitgliedsinstitute greifbar und erfahrbar zu machen. Aus diesem Grund führt der BVR unter allen Instituten jährlich eine Engagement-Umfrage durch und fragt dabei die wichtigsten Kennzahlen ab. Diese münden in den bundesweiten Engagementzahlen. Sie bilden die statistische Basis für den Bericht. Die Vergangenheit hat gezeigt, dass diese Werte meist weit über den Engagementzahlen anderer privatwirtschaftlicher Finanzdienstleister liegen. Diese jährliche Erkenntnis lohnt den Aufwand der groß angelegten Umfrage. Sie belegt zudem, dass gesellschaftliches Engagement, wie eingangs beschrieben, für die Genossenschaftsbanken eine Selbstverständlichkeit ist.

Im Jahr 2016 ließen die Kreditgenossenschaften den Menschen in der Region über direkte finanzielle Zuwendungen (Spenden, Sponsoring, Stiftungserträge) insgesamt 144 Mio. € zukommen. Bei der Ausrichtung ihres Engagements setzen die Institute vor allem auf Regionalität (97 %), Kundennähe (84 %) und Nachhaltigkeit (73 %). Dabei erreicht das Engagement vorzugsweise Kinder und Jugendliche (93 %). Hauptempfänger sind örtliche Vereine und Initiativen (91 %).

Die jeweils aktuellen Berichte sind stets unter www.bvr.de > *Presse* > *Jahresberichte* > *Bericht über das gesellschaftliche Engagement der genossenschaftlichen Finanz-Gruppe* in elektronischer Form abrufbar. Im Apple- und Google-Play-Store kann zudem die kostenlose App BVR-Jahresberichte bezogen werden. Hier sind auch die digitalen Versionen der Engagementberichte zu finden. In den Berichten sind auch vielfältige Beispiele zu finden, wie sich Volksbanken und Raiffeisenbanken für die Menschen in ihrer Region einsetzen. Ebenso werden dort die zahlreichen bundesweiten Engagementprojekte des BVR dargestellt. Auch „jugend creativ", die „Sterne des Sports" sowie die Aktivitäten der Aktiven Bürgerschaft treten hier in Erscheinung.

Begleitet wird die Veröffentlichung des Engagementberichts stets mit einer bundesweit verbreiteten Pressemitteilung, die über das große Engagement der Genossenschaftsbanken sowie über detaillierte Zahlen informiert und diese auch ins Verhältnis zum Engagement der Branche setzt.

3.3 Bildungsengagement: Schulservice „Jugend und Finanzen"

Innerhalb der öffentlichen Diskussion um die Verantwortung von Unternehmen gegenüber ihren Kunden, die Verständlichkeit von Produkten und transparentes Handeln wird auch über die unzureichende ökonomische und finanzielle Allgemeinbildung bei Kindern und Jugendlichen gesprochen. Von den Schulen wird dabei eine stringentere Ausrichtung der Bildungspläne erwartet. Von Unternehmen wird stärkeres gesellschaftliches Engagement für Bildung eingefordert. Finanzbildung bedeutet hier, bereits in jungen Jahren Kenntnisse über wirtschaftliche Zusammenhänge sowie Kompetenzen zum verantwortungsvollen Umgang mit Geld und Finanzen vermittelt zu bekommen.

Die Genossenschaftliche FinanzGruppe Volksbanken Raiffeisenbanken leistet seit langem einen großen Beitrag zur Finanzbildung der Bevölkerung in Deutschland. Mit ihrer starken Verankerung vor Ort engagieren sich viele Volksbanken und Raiffeisenbanken oft in jahrelangen Kooperationen vor Ort mit den Schulen, Eltern oder Gemeinden für die Erweiterung des Finanzwissens insbesondere von Kindern und Jugendlichen. Dieses Engagement wird durch eine zentrale Informationsplattform kommunikativ gestärkt: Das vom BVR entwickelte Schulserviceportal „Jugend und Finanzen" der Volksbanken und Raiffeisenbanken[11] bündelt die vielfältigen örtlichen und regionalen Initiativen für die finanzielle Allgemeinbildung.

Die Online-Plattform informiert interessierte Verbraucher, insbesondere Lehrer und Eltern, über verschiedene Projekte und Publikationen zur finanziellen und wirtschaftlichen Allgemeinbildung, vermittelt Kontakte zu Banken und Ansprechpartnern vor Ort und stellt neues Unterrichtsmaterial bereit.

Der Bereich „Bildungsangebote bundesweit" informiert über Finanzbildungsprojekte von Genossenschaftsbanken in Deutschland. Diese können auf einer interaktiven Deutschlandkarte gesichtet werden. So können interessierte Lehrkräfte recherchieren, ob es relevante Projekte in ihrer Region gibt und über einen Link zur Bank die Ansprechpartner kontaktieren.

Lehrkräfte können auf dem Portal pädagogisch-didaktisches Unterrichtsmaterial (Arbeitsblätter) für die Grundschule sowie die Sekundarstufen I und II zu verschiedenen Finanzthemen kostenfrei herunterladen. Darüber hinaus erhalten Pädagogen sachliche Empfehlungen, wie sie das Thema Wirtschaft und Finanzen in der Unterrichtspraxis vermitteln können.

Das Portal bietet Lehrern und Eltern sowie anderen interessierten Bürgern umfangreiche Fakten und Hintergrundinformationen zu den verschiedenen Finanzthemen wie Geldanlage, Kreditvergabe, Niedrigzins oder Zahlungsverkehr.

Das Bildungsengagement der Volksbanken und Raiffeisenbanken leitet sich aus dem genossenschaftlichen Geschäftsmodell ab: Seit rund 160 Jahren verbinden Volksbanken und Raiffeisenbanken ihre wirtschaftliche Tätigkeit mit gesellschaftlich verantwortlichem Handeln. Der Einsatz für Finanzkompetenz ist auch Ausdruck des genossenschaftlichen

---

[11] Vgl. www.jugend-und-finanzen.de.

Beratungsansatzes, die Kunden bedarfsorientiert, individuell und ganzheitlich sowie auf Augenhöhe zu beraten und zu betreuen.

Für Eltern, Lehrer sowie Kinder und Jugendliche bieten viele Volksbanken und Raiffeisenbanken ergänzend auch Schulservice-Publikationen an. Ausgewählte Materialien stellt das Portal „Jugend und Finanzen" vor und ordnet sie den möglichen Anwendungsbereichen und Altersgruppen zu.

Mehrere Jahre in Folge wurde das Schulserviceportal „Jugend und Finanzen" bereits mit dem Comenius-EduMedia-Siegel ausgezeichnet, das von der Gesellschaft für Pädagogik, Information und Medien (GPI) vergeben wird. Die Comenius-EduMedia-Auszeichnungen werden für pädagogisch, inhaltlich und gestalterisch besonders wertvolle Bildungsmedien vergeben. Sie bescheinigen den Herausgebern, Verlagen und Agenturen eine hohe didaktische und mediale Qualität.

4 Nachhaltigkeit und CSR auf politischer Ebene

4.1 Europäische CSR-Arbeitsgruppe

Im Rahmen der Interessenvertretung auf europäischer Ebene wirkt der BVR aktiv in der CSR-Arbeitsgruppe der European Association of Co-operative Banks (EACB)[12] mit. Die aktuell 15 Vertreter aus EACB-Mitgliedsorganisationen stimmen CSR-Vorhaben auf europäischer Ebene ab, diskutieren gemeinsame genossenschaftliche Indikatoren für CSR-Maßnahmen und tauschen sich zu Best-Practice-Beispielen ihrer Mitgliedsbanken aus. Zudem werden gemeinsame Kommunikationsmittel abgestimmt und entwickelt. Ein weiteres wichtiges Feld ist die Erarbeitung und Abstimmung gemeinsamer Positionen zu regulatorischen Vorhaben im Zusammenhang mit CSR-Maßnahmen bei Unternehmen.

4.2 Politische Positionen der EACB

Die politische Forderung, alle Unternehmen zur Berücksichtigung von CSR-Faktoren zu verpflichten, lehnt die EACB ab. CSR sollte immer auf Freiwilligkeit beruhen und damit passgenaue und auch innovative Maßnahmen ermöglichen. Es gibt keinen Maßanzug, der sich auf alle Unternehmen anwenden lässt.

Die Genossenschaftsbanken in Deutschland geben ein gutes Beispiel dafür ab, inwieweit gesellschaftliches Engagement freiwillig und aus der genossenschaftlichen Überzeugung heraus geleistet wird. Die Stetigkeit dieses Engagements und der wachsende Umfang der Aktivitäten zeigen, dass es hier keiner Pflicht bedarf. Diese würde gegebenenfalls das

---

[12] Mitglied der EACB sind 4000 lokale und regionale genossenschaftliche Banken mit 50 Mio. Mitgliedern und 181 Mio. Kunden. Eine Aufgabe der EACB ist es, die genossenschaftlichen Banken der Mitglieder über wichtige europäische Veränderungen im Bankensektor zu informieren sowie die genossenschaftlichen Interessen der 21 vertretenen Länder zu koordinieren.

Engagement vor Ort eher einschränken als fördern, schließlich sollte Engagement immer aus voller Überzeugung und nicht aus externen Zwängen heraus geleistet werden.

Auch sollten die genossenschaftlichen Besonderheiten in diesem Feld mit beachtet werden. Das Thema Nachhaltigkeit ist ein ureigener Bestandteil des genossenschaftlichen Geschäftsmodells. Dieser Tatsache sollte politisch Rechnung getragen werden.

Schließlich sind Genossenschaftsbanken kooperativ organisierte, an den Interessen ihrer vielen Mitglieder ausgerichtete wirtschaftende Institute. Dies ist ihr besonderes Alleinstellungsmerkmal. Sie sind in der Region verwurzelt und ein integraler Bestandteil dieser. Sie sind nah an den Menschen vor Ort und sprechen ihre Sprache. Zudem spielen sie eine zentrale Rolle bei der Förderung und der Entwicklung regionaler Wirtschaftskreisläufe. Dies macht die Kreditgenossenschaften – auch in Krisenzeiten – zu verlässlichen Partnern. Der partnerschaftliche Ansatz der Genossenschaftsbanken zielt auf die langfristige Betreuung der Kunden und Mitglieder.

4.3 Kultur der Mitverantwortung

Einmal pro Legislaturperiode ist die Bundesregierung durch einen Beschluss des Bundestags dazu verpflichtet, einen wissenschaftlichen Engagementbericht zu veröffentlichen, der – auf einen Schwerpunkt konzentriert – die Entwicklung des bürgerschaftlichen Engagements in Deutschland darstellt. „Für eine Kultur der Mitverantwortung" lautete der Titel des „Ersten Engagementberichts"[13] der Bundesregierung, der Anfang November 2012 vorgelegt wurde. Die besondere Leistung des 1370 Seiten starken Werks bestand nicht nur in der tiefgehenden Analyse der Engagementlandschaft in Deutschland, sondern vor allem auch in der ökonomischen Perspektive unter der gesellschaftliches Engagement von Unternehmen im Bericht betrachtet wird.

Die erste Fassung weist vielen Unternehmen ein gutes Zeugnis aus. Deutschland befinde sich, international betrachtet, im guten Mittelfeld, machen die Autoren deutlich.

Der „Zweite Engagementbericht" – vorgelegt im November 2016 – verschiebt nun den Fokus weg von der Unternehmenssphäre hin zur demografischen Entwicklung und ihren Auswirkungen auf das bürgerschaftliche Engagement.

Eine besondere Qualität des rund 600-seitigen Berichts liegt in der Darstellung der – je nach Region – strukturellen Unterschiede von Engagement.[14]

---

[13] Die zentralen Ergebnisse des Ersten Engagementberichts wurden im Engagementmonitor 2012 zusammengefasst. Dieser wie auch der komplette Bericht stehen auf der Seite des Bundesministeriums für Familie, Senioren, Frauen und Jugend zum Download bereit. Sie können dort auch in gedruckter Version bestellt werden. www.bmfsfj.de > service > Publikationen > Stichwort „freiwilliges Engagement".

[14] Der „Zweite Engagementbericht" widmet sich dem thematischen Schwerpunkt „Demografischer Wandel und bürgerschaftliches Engagement: Der Beitrag des Engagements zur lokalen Entwicklung".Der Bericht ist in vollständiger Form auf der Internetseite des Bundesministeriums für

Wichtig ist den Autoren weiterhin, dass Engagement eine freie Entscheidung bleibt. Es sollte – so die Sachverständigenkommission des Zweiten Engagementberichts – aus der Selbstverantwortung der Bürger selbst heraus entstehen und keine Pflicht darstellen. Das Engagement von Unternehmen spielt im Zweiten Engagementbericht eine eher untergeordnete Rolle. Wohl aber nehmen sie dort sozialunternehmerische Ansätze in den Blick und sprechen dabei insbesondere auch den Genossenschaften für die Entwicklung und Prägung von Engagement eine Schlüsselrolle zu.

So heißt es in Kapitel II der „Zentralen Ergebnisse" des Berichts:

Genossenschaften zeichnen sich durch ihre spezielle Form der Verklammerung von Eigentum und Mitbestimmung aus (...). Ein besonderes Merkmal von Genossenschaften liegt im Verbund von Personen, die idealtypisch zugleich Mitarbeitende, Miteigentümer und Mitbestimmende dieser Rechtsform sind. Bezüge zum Engagement entstehen dadurch, dass sich genossenschaftliche Zusammenarbeit häufig nicht als reine Geschäftsbeziehung, sondern unter den Vorzeichen von Solidarität und Gemeinsinn entwickelt. Dies zeigt sich beispielsweise, wenn Hilfen, Dienste oder Produkte nicht nur den unmittelbaren Mitgliedern, sondern auch einem weiteren gesellschaftlichen Umfeld dienen. Individuelles Engagement und unentgeltliche Mitarbeit können, müssen aber nicht Merkmale einer Genossenschaft sein. Mit ihren häufig sozialen, solidarischen und demokratischen Ansätzen verkörpern Genossenschaften Ansätze, die zu einem Verständnis von Engagement(-politik) passen, das sich nicht nur auf eine bestimmte individuelle Tätigkeitsform beschränkt. (Seite 28).[15]

Natürlich beziehen sich diese Aussagen nicht explizit auf Genossenschaftsbanken. Vielmehr werden in dem Bericht insbesondere Wohnungs- und Seniorengenossenschaften detailliert in den Blick genommen. Wohl aber zeigt die Betrachtung der Genossenschaften auch für Genossenschaftsbanken, aus welchem Selbstverständnis heraus sich diese in vielen vor Ort engagieren. Die Genossenschaftliche FinanzGruppe Volksbanken Raiffeisenbanken nimmt ihre gesellschaftliche Verantwortung – über das Kerngeschäft hinaus – sehr ernst. Dies zeigt sich unter anderem auch im jährlich vom BVR herausgegebenen Engagementbericht des BVR. Der Bericht ist auch ein Ausdruck des genossenschaftlichen Selbstverständnisses, das von vielen der rund 950 BVR-Mitgliedsinstitute gelebt wird. Sowohl der große materielle Umfang des jährlichen Engagements als vor allem auch die Fülle beeindruckender lokaler Aktionen und Projekte zeigen die Bandbreite der gesellschaftlichen Partizipation der Genossenschaftsbanken und ihrer Spezialinstitute, vom Vorstand über die Mitarbeiter und Mitglieder in die Region hinein, auf.

Vor dem Hintergrund der hohen Relevanz von CSR bei Unternehmen ist es weiterhin nötig, auf die besonderen Leistungen der Genossenschaftsbanken hinzuweisen. Derer hat

---

Familie, Senioren, Frauen und Jugend zu finden und kann dort heruntergeladen werden. www.bmfsfj.de > Service > Publikationen, Suchbegriff: Zweiter Engagementbericht.

[15] In einer weiteren Publikation hat das Bundesministerium für Familie, Senioren, Frauen und Jugend die Kernergebnisse des Zweiten Engagementberichts herausgearbeitet und als Fortführung zum großen Bericht veröffentlicht. Die 51-seitige Broschüre ist unter www.bmfsfj.de > Service > Publikationen zu finden und kann dort heruntergeladen werden. Suchbegriff: Zentrale Ergebnisse Zweiter Engagementbericht.

die genossenschaftliche FinanzGruppe viele zu bieten. Das anhaltend große Kundenvertrauen in – für Finanzdienstleister – vergleichsweise ungemütlichen Zeiten bestätigt diese Annahme.

Nachhaltigkeit und Genossenschaftsbanken – das passt einfach, halten auch die Analysten der Steinbeis-Hochschule in ihrer bereits im September 2012 für den BVR angefertigten Analyse „Genossenschaftliche Werte und Nachhaltigkeit"[16] fest. Die kundenseitigen Anforderungen, wie Langfristigkeit in der Kunde-Bank-Beziehung, Transparenz und Regionalität, würden von Volksbanken und Raiffeisenbanken überwiegend erfüllt, heben die Analysten hervor. Einen Grund, warum diese Herausforderungen bereits besonders gut erfüllt werden, sehen die Autoren in den bereits erwähnten genossenschaftlichen Werten.

Ein entschiedenes Leben dieser Werte, eine noch stärkere Fokussierung auf nachhaltige Themen sowie nicht zuletzt eine aktive Kommunikation von CSR-Aktivitäten erscheinen vor diesem Hintergrund – auch aus Alleinstellungsaspekten heraus – als sinnhaft und erfolgversprechend.

Literatur

Aktive Bürgerschaft. www.aktive-buergerschaft.de. Zugegriffen: Mai 2017
jugend creativ. www.jugendcreativ.de, www.jugendcreativ.de/video, www.facebook.com/jugendcreativ. Zugegriffen: Mai 2017
Jugend und Finanzen. www.jugend-und-finanzen.de. Zugegriffen Mai 2017
Sterne des Sports. www.sterne-des-sports.de, www.facebook.com/sternedessports. Zugegriffen: Mai 2017

---

[16] Die Studie „Genossenschaftliche Werte und Nachhaltigkeit" ist eine Untersuchung des Research Center for Financial Services der Steinbeis-Hochschule Berlin, unterstützt durch den Bundesverband der Deutschen Volksbanken und Raiffeisenbanken (BVR). Ziel des Forschungsprojekts war die Analyse von Marktpotentialen für Nachhaltigkeitsansätze bei Volksbanken und Raiffeisenbanken. Hierfür wurden die Einstellungen und Anforderungen von Privatkunden an Banken zum Thema Nachhaltigkeit untersucht, Produktaffinitäten bei nachhaltigen Geldanlagen dargestellt sowie die potenzielle Kundengruppe charakterisiert. Die Studie basiert auf einer Umfrage mit 2161 deutschen Bundesbürgern über 18 Jahren. Neben der Gesamtbetrachtung erfolgte eine Clusteruntersuchung der Studienteilnehmer anhand soziodemographischer Merkmale.

Dr. Klaus Möller, Jg. 1957, leitet die Abteilung Geschäftspolitik/Kommunikation des Bundesverbandes der Deutschen Volksbanken und Raiffeisenbanken e. V. (BVR) in Berlin. Er studierte Rechtswissenschaften an der Bayerischen Julius-Maximilians-Universität zu Würzburg und arbeitete als Universitätsassistent am Institut für Öffentliches Recht der Universität Osnabrück. Dort promovierte er im Verfassungsrecht. Von 1985 bis 2001 war er in Bonn, später in Berlin in verschiedenen Funktionen beim Deutschen Sparkassen- und Giroverband e. V. tätig. Von 2001 bis 2007 leitete er die geschäftspolitische Abteilung des BVR. Seit 2007 ist er Leiter der Abteilung Geschäftspolitik/Kommunikation des BVR.

Tim Zuchiatti, Jg. 1975, ist Redakteur in der Abteilung Geschäftspolitik/Kommunikation beim Bundesverband der Deutschen Volksbanken und Raiffeisenbanken in Berlin. Er studierte Germanistik, Soziologie und Mathematik an der Westfälischen Wilhelms-Universität Münster. Im Anschluss absolvierte er sein journalistisches Volontariat bei der Münsterschen Zeitung und den Ruhr-Nachrichten (Dortmund). Nach seiner anschließenden Tätigkeit als Redakteur für das BVR-Fachmagazin BankInformation übernahm er in der Abteilung Geschäftspolitik/Kommunikation ab 2008 die Verantwortung für das Corporate Publishing. Zu diesem Bereich zählen unter anderem die bundesweit erscheinenden Magazine und Broschüren sowie die Jahres- und Engagementberichte der Volksbanken und Raiffeisenbanken in Deutschland.

CSR in der DIY-Branche – Nachhaltigkeitskommunikation auf Verbandsebene

Jana Stange

Ob Baustoffe, Holz, Düngemittel, Elektrogeräte, Pflastersteine, Pflanzen oder Farben und Lacke: Das Warensortiment eines großflächigen Baumarkts kann bis zu 200.000 Produkte umfassen. Alle Artikel müssen dabei den hohen Anforderungen des europäischen Umwelt- und Produktsicherheitsrechts gerecht werden und qualitativ funktionsfähig, gebrauchstauglich und in ihrer Anwendung gesundheitlich unbedenklich gestaltet sein. Zudem erwarten mehr und mehr Kunden, dass die Waren der angebotenen Sortimentspalette unter Einhaltung international gültiger Nachhaltigkeitsstandards produziert werden – Corporate-Social-Responsibility (CSR) gewinnt zunehmend an Bedeutung. Als letztes Glied der globalen Wertschöpfungskette ist der Handel direkte Schnittstelle zu den Kunden und deren unmittelbarer Ansprechpartner. Einer glaubwürdigen Kommunikation kommt hier eine ganz besondere Bedeutung zu. Nachhaltigkeit macht nicht an den Grenzen des eigenen Unternehmens halt. Um sich langfristig das Vertrauen der Kunden zu sichern, muss CSR die gesamte Wertschöpfungskette umfassen, von Rohstoffgewinnung über Produktion und Logistik bis in den Warenkorb des Verbrauchers. Besonders der Handel muss daher sicherstellen, dass auch die Akteure vorgelagerter Wertschöpfungsstufen ihrer unternehmerischen Verantwortung gerecht werden. Der BHB nimmt sich diesen aktuellen Fragestellungen an und unterstützt damit seine Mitglieder bei der strategischen Unternehmensausrichtung und im operativen Tagesgeschäft.

Der BHB und seine Geschichte Als Verband der Handelsbetriebe für Heimwerken, Bauen und Garten in der DACH-Region fördert und begleitet der BHB alle Maßnahmen und Aktivitäten, die das wirtschaftliche, rechtliche, politische, steuerliche und mediale Umfeld

---

J. Stange (✉)
Leitung Ressort Product Compliance, Umwelt & CSR, BHB Handelsverband Heimwerken, Bauen und Garten e.V.
Köln, Deutschland
E-Mail: jana.stange@bhb.org

der Mitglieder betreffen. Diese Interessenvertretung gilt auch für die Fördermitglieder aus Industrie und Dienstleistung.

Hierzu bündelt der BHB die Interessen der Branche und kommuniziert diese Anliegen konzentriert mit Politik, Medien, Öffentlichkeit, Verwaltung, Lieferanten und Dienstleistern.

Im Jahre 1974 gegründet, engagieren sich mittlerweile 21 Handelsorganisationen mit 25 Vertriebslinien aus Deutschland, Österreich und der Schweiz im Verband. Darüber hinaus sind rund 210 Unternehmen aus Industrie und Dienstleistung Fördermitglied im BHB. Seit den Anfängen ist der relevante deutsche Markt auf rund 47 Mrd. € gewachsen. Die Branche im weiteren Sinne beschäftigt in Deutschland rund 480.000 Menschen.

1 CSR auf Verbandsebene

In den Arbeitskreisen und Projektgruppen des BHB findet ein regelmäßiger Meinungs- und Erfahrungsaustausch statt. Innerhalb des Arbeitskreises Produktsicherheit, Umwelt & CSR bearbeitet der BHB zusammen mit Experten seiner Mitgliedsunternehmen aktuelle umweltrechtliche, umweltpolitische und nachhaltigkeitsbezogene Themen mit Bedeutung für die Branche. Implikationen von Entscheidungen in Berlin und Brüssel auf Handel und Industrie werden diskutiert, Anregungen und Probleme aufgegriffen und gemeinschaftlich nach dem besten Weg gesucht, die Gesamtbranche auf anstehende Veränderungsprozesse vorzubereiten. Ziel ist es, sowohl zukünftige gesellschaftspolitische Entwicklungen und Trends zu antizipieren als auch die Auswirkungen neuer Regulierungen und Vorschriften zu identifizieren, bevor sie sich im Unternehmen bemerkbar machen und gemeinsam praxisorientierte Lösungsansätze für politische und gesellschaftliche Anforderungen zu erarbeiten. Denn nur, wer die Anforderungen der relevanten Stakeholder frühzeitig erkennt und ihnen Rechnung trägt, stellt seine *license to operate* und somit die Basis für unternehmerische Wertschöpfung sicher. Dabei sucht der Arbeitskreis auch den Kontakt zu politischen Ebenen, Branchenpartnern aus der Industrie, zu Umwelt-, Naturschutz- und Verbraucherorganisationen und zu allen weiteren am Wertschöpfungsprozess beteiligten Akteuren: Der BHB fördert die Zusammenarbeit und pflegt den gemeinsamen Dialog, um den politischen und gesellschaftlichen Anforderungen im Interesse der Branche und seiner Mitglieder begegnen zu können.

Verbände nehmen nicht nur Einfluss auf die Ausgestaltung neuer Gesetze und bringen ihre Expertise aktiv in den Gesetzgebungsprozess mit ein. Neben der aktiven Mitgestaltung des ordnungspolitischen Rahmens ist es eine der Hauptaufgaben der Verbandsarbeit, die Erwartungen und Anforderungen, die seitens der verschiedenen Akteure an die Unternehmen herangetragen werden, frühzeitig zu erkennen und Strategien zu entwickeln, diesen gerecht zu werden.[1]

---

[1] Vgl. auch im Folgenden Stange und Wüst (2012).

Eine dieser gesellschaftspolitischen Erwartungen ist die der nachhaltigen Unternehmensführung – einer Unternehmensführung, die auf einem ganzheitlichen, alle drei Nachhaltigkeitsdimensionen (ökologisch, ökonomisch, sozial) integrierendes Unternehmenskonzept fußt, in dem Faktoren aus allen drei Bereichen, die über die Einhaltung gesetzlicher Bestimmungen hinausgehen, Berücksichtigung finden.

Da auch den Mitgliedsunternehmen des BHB seitens der Gesellschaft Verantwortung zugeschrieben wird, widmet sich der Arbeitskreis Produktsicherheit, Umwelt & CSR seit Mai 2011 verstärkt dem Thema der nachhaltigen Unternehmensführung. Anders als im klassischen Verbandsgeschäft geht es hierbei nicht um Mitgestaltung des Ordnungsrahmens durch Einflussnahme auf die Ausgestaltung neuer Gesetze und Einbringung von Expertise in den politischen Entscheidungsfindungsprozess. Bezogen auf das Thema CSR stehen vielmehr gemeinsame Initiativen und das kollaborative Erarbeiten von branchenübergreifenden Lösungsansätzen und Maßnahmenkatalogen, mit denen proaktiv auf die relevanten Anspruchsgruppen zugegangen wird, im Mittelpunkt.

Kompetenter Ansprechpartner rund um das Thema CSR in der DIY-Branche zu sein, dient einerseits als Flankenschutz für die Mitgliedsunternehmen: Das Risiko, dass einzelne Unternehmen konfrontativen NGO-Aktivitäten ausgesetzt sind, soll minimiert werden, indem ex ante durch Dialog mit den NGOs Missstände identifiziert und gemeinsam Lösungswege und Strategien entwickelt werden, diese zu beheben. Ziel ist es, Konfrontationen erst gar nicht entstehen zu lassen. Andererseits fungiert der Verband als Bindeglied zwischen NGOs und Unternehmen und bietet eine Plattform, auf der die vielfältigen Kooperationsmöglichkeiten eruiert werden können.[2]

Um die Wahrnehmung CSR-bezogener Aktivitäten der DIY-Branche in der Öffentlichkeit zu verbessern, sucht der BHB verstärkt der Dialog zu relevanten Stakeholdern. Auch die Verständigung auf ein CSR-Leitbild, an dem die Branche ihr Handeln ausrichten wird sowie die Identifizierung von thematischen Schwerpunkten von CSR, sollen dem Ziel dienen, geschlossen nach außen zu kommunizieren und den Verband als ersten Ansprechpartner für Umwelt- und Verbraucherschutzorganisationen zu etablieren.

Aufgrund der Sortimentsvielfalt, der teilweise gegebenen Internationalität sowie der unterschiedlichen Größe der in der Branche vertretenen Unternehmen ergeben sich komplexe Herausforderungen im Umgang mit CSR-relevanten Themen, die einerseits eine große Angriffsfläche und somit ein hohes Potenzial für Kritik bieten, andererseits aber auch viele Chancen eröffnen.

Nicht zuletzt deshalb hat sich die DIY-Branche 2012 auf ein gemeinsames Leitbild geeinigt, an dem sie ihr zukünftiges Handeln ausrichten wird. Getreu dem Leitsatz „Tue Gutes und sprich darüber" verhilft die Branche ihren Aktivitäten in den Bereichen Umwelt und CSR zu mehr Bedeutung und gesteigerter Wahrnehmung in der Öffentlichkeit.

---

[2] Zum nötigen Paradigmenwechsel und dem Unterschied zwischen konventioneller und CSR-Kommunikation vgl. Hoffhaus (2012).

Dabei wird CSR in drei gleichwertige Dimensionen – ökologisch, sozial und ökonomisch – unterteilt. In allen drei Bereichen wurden branchenrelevante Entwicklungsfelder identifiziert.

BHB-Leitbild

- CSR bedeutet für die Branche proaktiv in den **Dialog mit relevanten Anspruchsgruppen** (Stakeholdern) zu treten und gemeinsam Verbesserungspotenziale in den drei Nachhaltigkeitsdimensionen zu erschließen.
- CSR beinhaltet auch, einen Beitrag zu den Klimazielen der EU zu leisten. Ziel ist es, auf einen energieeffizienten und **ressourcenschonenden Betrieb und Bau von Gebäuden** und technischen Installationen zu achten.
- CSR heißt darüber hinaus, die **Nachhaltigkeit in der Lieferkette** zu verbessern, indem verstärkt auf die Lieferkette und deren Transparenz Einfluss genommen wird. Darüber hinaus werden Kriterien zur Beurteilung und Zulassung von Lieferanten erarbeitet und somit die Arbeitsbedingungen vor Ort verbessert. Dabei finden nicht nur die produktionstechnischen Anforderungen Berücksichtigung, sondern auch die sozialen.
- CSR bedeutet auch, einen transparenten und offenen Dialog innerhalb des Unternehmens sicherzustellen, den Mitarbeitern Raum für berufliche Weiterentwicklung zu geben und sie in Entscheidungsprozesse mit einzubeziehen. Die Branche möchte sich daher verstärkt im Bereich **Mitarbeiterförderung und -motivation** engagieren, um ihr Image als mitarbeiterfreundliche Branche zu untermauern.

Die Branche ist sich bewusst, dass dies lediglich ein erster Schritt zu mehr Nachhaltigkeit ist. In einem Meilensteinplan werden konkretere Ziele und Maßnahmen festgelegt, an denen gemeinsam gearbeitet wird.

2 Strategische Schwerpunkte der CSR-bezogenen Verbandsarbeit

Die aktuellen strategischen Handlungsfelder des BHB im Bereich CSR liegen auf der Umsetzung des 2012 verabschiedeten CSR-Leitbildes. Während für die Umsetzung der Punkte **ressourcenschonender Betrieb und Bau von Gebäuden**[3] sowie **Mitarbeiterför-**

---

[3] Beispiele für geeignete Maßnahmen zur Reduktion des CO_2-Ausstoßes auf Unternehmensebene sind die folgenden: Einsatz von LEDs für die Beleuchtung von Verkaufsstellen oder der Logos an der Fassade und Dächern, die Installation von Photovoltaikanlagen auf Immobilien sowie die Umstellung der Unternehmensflotte auf alternative Treibstoffe.

derung und -motivation[4] eher unternehmensindividuelle Strategien und Maßnahmenpläne zum Einsatz kommen, gewinnt der Verband an Bedeutung, wenn es um die **Förderung und Intensivierung des Dialogs mit Stakeholdern** sowie um die **Verbesserung der Nachhaltigkeit durch transparentere Lieferketten** geht.

2.1 Die Rolle von Stakeholderdialogen in der CSR-Verbandskommunikation

Das Prinzip der Stakeholder zielt darauf, die gesamte Branche in ihrem gesamten sozialökonomischen Kontext zu erfassen und die Bedürfnisse aller Anspruchsgruppen in Einklang zu bringen. Stakeholder sind hierbei all jene Gruppen und/oder Individuen, die die Verbandsarbeit beeinflussen oder durch diese beeinflusst werden können (Abb. 1).[5]

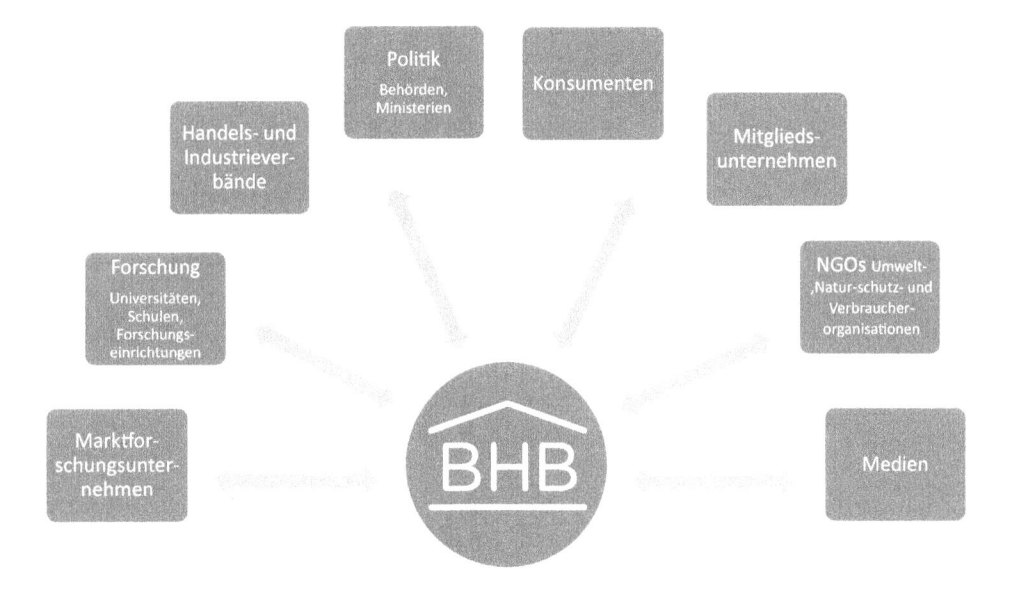

Abb. 1 Stakeholdermatrix aus Verbandsperspektive

---

[4] Unter dieses Handlungsfeld fallen sowohl die Behandlung von CSR in der Ausbildung – beispielsweise durch gezielte Schulung der Auszubildenden bezüglich FSC-Holz sowie lösungsmittelfreier Lacke und Farben – als auch das Engagement für Pensionierte – beispielsweise das Angebot von Kursen zum Umgang mit der Pensionierung, zur Gesundheit oder auch die Organisation gemeinsamer Ausflugsfahrten. Durch einen transparenten und offenen Dialog innerhalb des Unternehmens, durch Möglichkeiten für berufliche Weiterentwicklung sowie durch die Einbindung der Mitarbeiter in Entscheidungsprozesse, wird nicht nur die Motivation der Mitarbeiter gefördert, sondern darüber hinaus die Attraktivität als Arbeitgeber gesteigert. Eine hohe Identifizierung der Mitarbeitenden mit dem betreffenden Unternehmen zahlt sich durchaus ökonomisch aus.
[5] Vgl. hierzu auch: Freeman (2010, S. 25).

Um diejenigen CSR-relevanten Themen zu identifizieren, denen seitens der Gesellschaft ein hoher Stellenwert beigemessen wird, bedarf es der kontinuierlichen Beobachtung der öffentlichen Agenda. Zur Identifizierung der relevanten Stakeholder müssen zunächst deren Einflussmöglichkeiten auf die Branche bewertet werden, denn nicht alle Anforderungen und Erwartungen, die seitens der Stakeholder an den Verband herangetragen werden, dürfen mit dem gleichen Stellenwert bedacht werden. Den Blick für das Wesentliche zu schärfen, ist hierbei die größte Herausforderung.

Da Stakeholder wichtige Hinweise für künftige gesellschaftspolitische Anforderungen und Entwicklungen liefern können, ist der direkte Dialog sowohl als vertrauensbildende Maßnahme als auch zur Einschätzung und Beurteilung der Anforderungen und Erwartungen relevanter in- und externer Stakeholder unerlässlich.[6]

Voraussetzungen für den strategischen Stakeholder-Dialog[7]

- Priorisierung der Gruppen in Abhängigkeit von ihren Einflussmöglichkeiten und ihrer Bereitschaft/ihren Möglichkeiten zur Zusammenarbeit
- Unterstützung durch Engagement und Akzeptanz der Mitgliedsunternehmen und des Verbandsvorstands
- Klärung der beidseitigen Erwartungen und Einigung auf Themen, an denen man gemeinsam arbeiten kann und will
- Vereinbarung klarer Spielregeln und der Grenzen des Dialogs sowie offene und ehrliche Kommunikation
- Verbindlichkeit durch Perspektiven hinsichtlich Häufigkeit und Dauer gemeinsamer Abstimmungen und Treffen
- Austarieren der Veränderungs- und Kompromissbereitschaft auf beiden Seiten

---

Wirtschaftsverbände wie der BHB übernehmen eine wichtige Rolle im Stakeholderdialog. Durch den Zugang zu relevanten Stakeholdern fungieren Verbände als Vermittler zwischen Unternehmen auf der einen Seite und Politik, Medien und Gesellschaft auf der anderen. Die an Verbände herangetragenen unternehmerischen Partikularinteressen werden durch Bündelung homogenisiert, was der Branche ermöglicht, nach außen mit einer Stimme zu sprechen. Die in Wirtschaftsverbänden akkumulierte Fachkompetenz macht sie zu einem wichtigen Ansprechpartner von Politik, Medien und Verbraucherorganisationen. Durch den geschärften Blick für branchenrelevante Megatrends und ihrer Funktion als quasi-neutraler Akteur im gesellschaftspolitischen System sind Wirtschaftsverbände in der Lage, die Chancen und Risiken, die sich aus Stakeholderanforderungen für die gesamte Branche ergeben, zu beurteilen und abzuschätzen und die Mitgliedsunternehmen

---

[6] Vgl. im Folgenden Braun et al. (2010, S. 11 f.).
[7] Ebd. S. 12.

nicht nur rechtzeitig auf wichtige Themen vorzubereiten, sondern diese auch zu verfolgen, weiter zu entwickeln und im Interesse der Branche durch den Dialog mit relevanten Anspruchsgruppen gemeinsam zu gestalten.

Der Zusammenarbeit zwischen Handel und Industrie kommt hier eine besondere Bedeutung zu. Um den CSR-bezogenen Anforderungen branchenrelevanter Stakeholder gerecht zu werden, müssen alle am Wertschöpfungsprozess beteiligten Akteure miteinbezogen werden.

Auf Basis dieses Commitments hat der BHB den Dialog mit branchenrelevanten Umwelt-, Naturschutz- und Verbraucherorganisationen wie der VERBRAUCHER INITATIVE e. V., Greenpeace, Bund für Umwelt und Naturschutz (BUND), Naturschutzbund Deutschland (NABU) und Global Nature Fund (GNF) verstärkt.

Zudem hat der BHB gemeinsam mit weiteren Handels- und Herstellerverbänden der Bau- und Gartenmarktbranche sowie der Grünen Branche 2014 den Branchendialog Garten ins Leben gerufen. Den ersten Tätigkeitsschwerpunkt bildete der Themenbereich Bienenschutz und Pflanzenschutzmittel. Um auch in Zukunft die Bienengesundheit sicherzustellen, erarbeiteten die Verbändepartner einen Zeitplan, um das Pflanzenschutzmittelsortiment der Branche und die Produktionskette im Bereich der Zierpflanzen kritisch zu überprüfen.

Die Kooperationspartner aus Handel und Industrie im Branchendialog Garten streben auch in Zukunft an, durch die kontinuierliche Zusammenarbeit im Rahmen des Dialogs und durch einen regelmäßigen Austausch mit NGOs praktikable Lösungsansätze für den Ausbau und zur Verbesserung des Umwelt- und Pflanzenschutzes zu erarbeiten.

2.2 Förderung von Transparenz und Nachhaltigkeit in der globalen Lieferkette

Die Etablierung von CSR-Anforderungen entlang der Lieferkette eröffnet langfristige Chancen für alle Parteien, da der offene Austausch über die verschiedenen Vorstellungen von CSR, die individuellen Beweggründe, sich der Thematik anzunehmen, die Chancen und Risiken, die durch sie entstehen, sowie über mögliche Wege der Umsetzung zu längerfristigen und gefestigten Handelsbeziehungen führt.

Da Unternehmen unter ständiger Beobachtung seitens der Nichtregierungsorganisationen stehen, die Missstände wie Kinderarbeit und menschenunwürdige Arbeitsbedingungen öffentlichkeitswirksam aufdecken, ist der verantwortungsvolle Umgang mit der Lieferkette von großer Bedeutung, um Reputationsverlust vorzubeugen. Darüber hinaus zeigte sich in den letzten Jahren, dass eine Qualitätsverbesserung der gelieferten Produkte und eine Minimierung des Lieferantenausfallrisikos mit der Behebung schwerwiegender ökologischer und sozialer Missstände einhergehen. Da es schwierig ist, die gesamte Lieferkette zu überblicken und zu kontrollieren, bedarf es geeigneter Instrumente sowie eines Kriterienkatalogs zur Beurteilung und Zulassung von Lieferanten, um somit die Arbeitsbedingungen vor Ort zu verbessern.

Geeignete Anhaltspunkte bieten hier international etablierte und anerkannte Verhaltensstandards[8]. Sie geben Unternehmen eine Orientierungshilfe und unterstützen sie dabei, den Nachweis zu führen, dass Vorlieferanten sowie das betreffende Unternehmen selbst soziale, ethische und ökologische (Mindest-) Anforderungen entlang der Wertschöpfungskette achten und befolgen. Bei der Kommunikation von CSR-Anforderungen sollte darauf geachtet werden, dass es sich um eine überschaubare Anzahl von relevanten und gut definierten Indikatoren handelt. Ausreichend Flexibilität bei der Auslegung der Definition ist dennoch sicherzustellen, um auf die individuellen Charakteristika der jeweiligen Lieferanten einzugehen und die festgelegten CSR-Anforderungen gegebenenfalls an ihre Bedürfnisse und aktuelle Ausgangslage anzupassen.

Um die **Nachhaltigkeit in der Lieferkette** zu verbessern, indem verstärkt auf die Lieferkette **und deren Transparenz** Einfluss genommen wird, haben die BHB-Mitglieder gemeinsam einen Kriterienkatalog erarbeitet, der für alle Unternehmen praktikabel umsetzbar ist: Die BHB-Mitgliedsunternehmen haben sich zum Ziel gesetzt, sich für die Umsetzung der Prinzipien des United Nations Global Compact (UNGC) in ihrer gesamten Geschäftstätigkeit und ihrem Einflussbereich ernsthaft einzusetzen. Hierzu richten die Unternehmen ihr unternehmerisches Handeln und ihre Strategien an zehn universell anerkannten Prinzipien aus den Bereichen Menschenrechte, Arbeitsnormen, Umweltschutz und Korruptionsbekämpfung aus. Diese zehn Prinzipien des UNGC basieren auf global anerkannten Wertvorstellungen guter Unternehmensführung und lauten wie folgt:

Menschenrechte

1. Unternehmen sollen den Schutz der internationalen Menschenrechte innerhalb ihres Einflussbereichs unterstützen und achten und sollen
2. sicherstellen, dass sie sich nicht an Menschenrechtsverletzungen mitschuldig machen.

Arbeitsnormen

3. Unternehmen sollen die Vereinigungsfreiheit und die wirksame Anerkennung des Rechts auf Kollektivverhandlungen wahren.
4. Unternehmen sollen sich für die Beseitigung aller Formen der Zwangsarbeit einsetzen.
5. Unternehmen sollen sich für die Abschaffung von Kinderarbeit einsetzen.
6. Unternehmen sollen sich für die Beseitigung von Diskriminierung bei Anstellung und Erwerbstätigkeit einsetzen.

---

[8] Einen Überblick über internationale CSR Verhaltens- & Transparenzstandards bietet Wehrmann (2015).

Umweltschutz

7. Unternehmen sollen im Umgang mit Umweltproblemen dem Vorsorgeprinzip folgen.
8. Unternehmen sollen Initiativen ergreifen, um größeres Umweltbewusstsein zu fördern.
9. Unternehmen sollen die Entwicklung und Verbreitung umweltfreundlicher Technologien beschleunigen.

Korruptionsbekämpfung

10. Unternehmen sollen gegen alle Arten der Korruption eintreten, einschließlich Erpressung und Bestechung.

Um den Nachhaltigkeitsgedanken innerhalb der Lieferkette zu fördern und sicherzustellen, dass die Geschäftsbeziehungen innerhalb der DIY-Branche unter Beachtung der zehn Prinzipien des UNGC stattfinden, ist es das Ziel, dass diese Branchenerklärung an die Branchenpartner weitergegeben und die zehn Ziele aktiv an die Lieferanten und Vorlieferanten mit dem Hinweis auf Befolgung kommuniziert werden. Damit diese zehn Prinzipien nicht nur in Bezug auf das eigene Unternehmen, sondern entlang der Lieferkette Anwendung finden, wird ferner angestrebt, deren Einhaltung vertraglich zu fordern.

3 Verbandskommunikation – Herausforderungen und Grenzen

Um Grenzen und Herausforderungen der Verbandskommunikation besser zu verstehen, hilft es, Verbände als intermediäre Organisationen zu definieren, als Schnittstelle und Vermittler – quasi als Bindeglied – zwischen den Mitgliedern auf der einen Seite sowie dem staatlich-administrativen System und der Öffentlichkeit auf der anderen Seite.[9] Intermediäre Organisationen wie Wirtschaftsverbände können somit als multireferentielle Systeme begriffen werden, da sich ihre Kommunikation mindestens auf das politische, das wirtschaftliche sowie das mediale System bezieht.[10] Mithilfe von Kommunikation treten Verbände in Verbindung zu Politik und Öffentlichkeit, um ihre Anliegen zu transportieren und gleichsam eine Vermittlungsleistung zwischen den Erwartungen der drei Bezugsgruppen (Mitglieder, Politik, Öffentlichkeit) zu erbringen (Abb. 2).

---

[9] Hiermit soll nicht gesagt sein, dass zwischen den Mitgliedsunternehmen und dem politischen System sowie der Öffentlichkeit kein Austausch stattfindet. Die vorgenommene Vereinfachung dient lediglich dem besseren Verständnis. Vgl. Speth in Schroeder und Weßels (2010, S. 220–235), sowie Teetz (2010).

[10] Vgl. auch im Folgenden: Hoffjann (2014, S. 5 ff.) sowie Schütte (2010, S. 155–176).

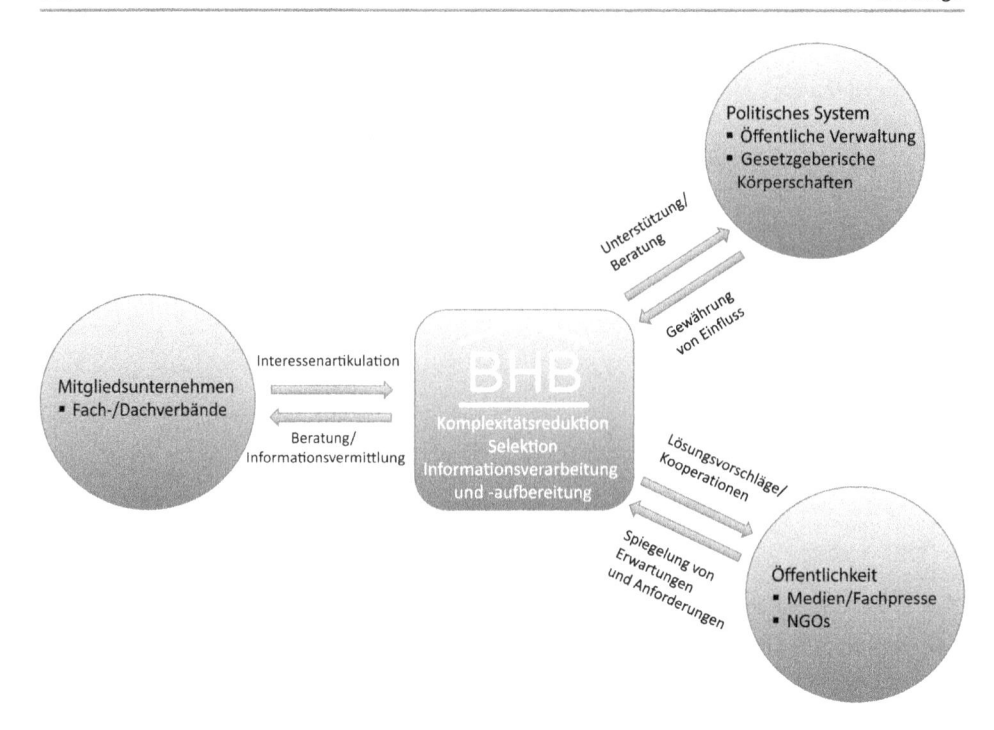

Abb. 2 System der Bezugsgruppen und der gegenseitig erbrachten Leistungen

Beschrieben werden kann diese Vermittlungsleistung in einer internen und einer externen Perspektive.

Intern reduzieren Verbände Komplexität. Sie selektieren aus der Vielzahl der politischen Vorhaben und gesellschaftlichen Trends die branchenrelevanten und vermitteln diese an ihre Mitglieder. Zeitgleich fördern sie die Interessenbildung ihrer Mitgliedsunternehmen bezüglicher dieser Vorhaben und Trends, aggregieren diese Interessen und artikulieren sie gegenüber den gesellschaftlichen und politischen Akteuren. Verbandsintern erfolgt somit ein zweifacher *Komplexitätsreduktions- und Selektionsprozess.* Intern muss *Komplexität* zugelassen werden, da sowohl die Vielzahl politischer Entscheidungen und gesellschaftlicher Trends als auch die Vielfalt der Interessen der Mitglieder abgebildet werden muss. *Selektiert* wird das Branchenrelevante, um es zum einen für die Mitglieder, zum anderen für das politische System und die Öffentlichkeit vermittelbar und bearbeitbar zu machen.

Extern werden Verbände zu Repräsentantenorganisationen des – je nach Fall – wirtschaftlichen, politischen oder medialen Systems. Sie fungieren als Gesprächspartner von Organisationen des politischen Systems wie auch von Unternehmen und Medienvertretern. Während das Wirtschaftssystem seine Erwartungen hinsichtlich politischer Vorhaben und Entscheidungen an die Verbände richtet, erwartet das politisch-administrative System von Verbänden Auskunft über die Interessenslage des wirtschaftlichen Systems. Neben der Vermittlung von politischen Erwartungen, gesellschaftlichen Trends und wirtschaftlichen Interessen erfolgt somit auch ein *Beratungsprozess*. Einerseits werden in Richtung der Mitglieder Empfehlungen ausgesprochen, wie sie sich bezüglich der betreffenden politischen Entscheidungen verhalten und welche Maßnahmen sie in die Wege leiten sollten. Andererseits werden die politischen Akteure bereits während des politischen Entscheidungsfindungsprozesses dahingehend beraten, was praktisch umsetzbar ist.

Verbände vermitteln somit als multireferenzielle Organisationen zwischen den Leistungsbereitschaften und Leistungserwartungen verschiedener Funktionssysteme.[11]

3.1 CSR-Kommunikation als Teil der Verbandskommunikation

Begreift man Verbände als Kommunikationsdienstleister, so ist CSR-Kommunikation ein Teilbereich der Kommunikationsarbeit eines Verbandes. Sie bezeichnet alle Formen von Kommunikation, die nachhaltigkeitsbezogene Inhalte oder Entscheidungen zum Gegenstand haben. Außerdem umfasst sie die Vermittlung von Verbandsinteressen, freiwilligen Brancheninitiativen und -maßnahmen im Bereich CSR gegenüber relevanten Stakeholdern. Um Glaubwürdigkeit und Vertrauen zu erzeugen, muss Kommunikation als iterativ-transaktionaler Prozess zwischen den verschiedenen Stakeholdern verstanden und praktiziert werden.

Charakteristisch für einen Verband ist die Bündelung der Interessen seiner Mitgliedsunternehmen – Unternehmen mit unterschiedlichen Strukturen, unterschiedlicher Größe, unterschiedlichen Interessen – und deren geschlossene und homogene Kommunikation nach außen. Als Branche mit einer Stimme zu sprechen, trotz unternehmensindividueller Eigeninteressen einen Konsens, eine einheitliche Meinung zu bilden und diese glaubwürdig zu kommunizieren, hierin liegt die Herausforderung.

Nicht nur, dass CSR in den einzelnen Unternehmen ein unterschiedlicher Stellenwert beigemessen wird. Auch der Entwicklungsstand ist nicht einheitlich. So haben einige Unternehmen unternehmensspezifisch ausgestaltete CSR-Leitbilder, aus denen konkrete Maßnahmen für die Zukunft abgeleitet und umgesetzt werden. Andere haben bereits eine CSR-Stabsstelle eingerichtet, deren Mitarbeiter für die unternehmensinterne Kommunikation und Umsetzung CSR-bezogener Maßnahmen zuständig sind. In anderen Unternehmen ist CSR dem Bereich Qualitätsmanagement zugeordnet und wird parallel mit einer Vielzahl anderer Themen mitbehandelt. Diesen Unterschieden sowohl in der Behandlung als auch bezüglich des Entwicklungsstandes muss in der CSR-Verbandskommunikation Rechnung getragen werden.

---

[11] Vgl. Hoffjann (2014).

3.2 BHB-CSR-Kommunikation: Inhalte, Instrumente und Adressaten

Wirtschaftsverbandskommunikation ist keine Endverbraucherkommunikation. Kommunikation von CSR auf Verbandsebene findet viel eher auf einer vorgelagerten Ebene in drei Richtungen statt: in Richtung des politischen Systems, des zivilgesellschaftlichen Systems und in Richtung der Mitgliedsunternehmen.

Politische und Öffentlichkeitsarbeit Im Rahmen seiner politischen Arbeit pflegt der BHB enge Beziehungen und einen regelmäßigen Austausch zu bzw. mit branchenrelevanten Stakeholdern; zum einen durch direkte Mitgliedschaften in NGOs und Umweltorganisationen wie FSC, PEFC und Natureplus. Zum anderen werden zu den Arbeitskreissitzungen regelmäßig Vertreter aus Politik, Wirtschaft sowie zivilgesellschaftliche Akteure eingeladen. Im Gegenzug ist der BHB regelmäßiger Gast auf Veranstaltungen aus den genannten Bereichen.

All diese Plattformen dienen der Kommunikation der CSR-Aktivitäten des BHB in Richtung Politik, Wirtschaft und Öffentlichkeit. Diese Plattformen werden genutzt zum Agenda Setting und Agenda Building, zum Aufspüren und Identifizieren neuer gesellschaftlicher Trends, zum Entwickeln gemeinsamer Antworten, Strategien und Lösungsansätze, zum Eruieren von Möglichkeiten zukünftiger Zusammenarbeit und eben damit zur Intensivierung des Dialogs mit branchenrelevanten Stakeholdern.

Mitgliederinformation Anders als bei der politischen Arbeit geht es bei der Mitgliederinformation um Selektion, Bündelung und Weitergabe derjenigen Informationen und Themen, die sich auf der öffentlichen und politischen Agenda befinden. Wie bereits erwähnt, fungiert der BHB als Filter von branchenrelevanten Themen. Durch die aktive Teilnahme an Fachveranstaltungen, Seminaren, Kamingesprächen, Messen und Kongressen werden gegenwärtige und zukünftige gesellschaftliche Trends aufgespürt, die für die Branche relevant sind, und andere als weniger wichtig eingestuft.

Was dort an Themen gemeinsam mit Vertretern aus Politik, Wirtschaft und Zivilgesellschaft besprochen und als relevant eingestuft wird, findet seinen Weg zu den BHB-Mitgliedsunternehmen. Im Rahmen regelmäßig stattfindender Arbeitskreissitzungen werden die Umwelt-, Qualitätsmanager und CSR-Beauftragten der betreffenden Unternehmen darüber informiert, welche branchenrelevanten Themen die politische und öffentliche Agenda dominieren, d. h. welche Erwartungen seitens der verschiedenen Stakeholder an die Branche und somit an jedes einzelne Unternehmen herangetragen werden. Sei es die Schaffung von mehr Transparenz entlang der Lieferkette, die Sicherstellung, dass nur nachhaltig geschlagenes Holz in die Vertriebskanäle gelangt, die Etablierung von CSR-Kriterien den gesamten Wertschöpfungsprozess betreffend, die fachgerechte Sammlung und Entsorgung von Energiesparlampen oder der ressourcenschonende Betrieb und Bau von Gebäuden und technischen Installationen – all diese Themen werden besprochen. Gemeinsam wird darüber diskutiert und entschieden, welche Themen durch den Verband behandelt und vorangebracht und welche unternehmensindividuell ausgestaltet und kommuniziert werden.

Was die unternehmensindividuelle Ausgestaltung und Kommunikation zum Endkunden betrifft, stößt der Verband an seine Grenzen. Denn hier sind es die spezifischen Kanäle, die jedes Unternehmen selbst wählt, die über Erfolg und Misserfolg von CSR-Kommunikation entscheiden.

3.2.1 Praktische Beispiele CSR-bezogener Verbandskommunikation

Neben Pressemitteilungen und Newslettern mit CSR-bezogenen Inhalten kommuniziert der BHB seine Aktivitäten unter anderem wie folgt:

1. Der BHB widmet sich seit 2011 intensiv dem Thema der nachhaltigen Unternehmensführung und bietet seinen Mitgliedern im Arbeitskreis Produktsicherheit, Umwelt & CSR nicht nur eine Plattform für einen gegenseitigen Erfahrungsaustausch. Als vertikalisierter Verband ermöglicht der BHB auch Vertretern der Zulieferindustrie die aktive und regelmäßige Teilnahme im Arbeitskreis. Hier werden branchenübergreifende Maßnahmen beschlossen mit dem Ziel, die Zusammenarbeit zwischen Lieferanten und Handel zu verbessern und somit die Transparenz entlang der Lieferkette zu erhöhen.
2. Darüber hinaus führt der BHB seit 2008 kontinuierlich die BHB-Baumpflanzaktion durch. Diese ist eng mit den stattfindenden Kongressen verbunden. In enger Kooperation mit der Firma Holz.ConZert GmbH verfolgt der BHB konsequent das Ziel, mit dem Pflanzen von Bäumen, den „BHB-Baumpflanzaktionen", ein Zeichen für nachhaltige Unternehmensführung und umweltbewusstes Wirtschaften zu setzen sowie einen Ausgleich für die CO_2-Emissionen der Veranstaltung zu schaffen. Um dies zu erreichen, spendet der BHB alljährlich zwei Bäume für jeden Teilnehmer. Seit dem Start der Umweltinitiative konnten bislang rund 70.000 Bäume neu gepflanzt werden; dies entspricht der Fläche des Vatikanstaats oder von rund 60 Fußballfeldern. Diese stattliche Anzahl kam zusammen, da sich zahlreiche weitere Firmen wie auch Privatpersonen der guten Sache angeschlossen und die Aktion des Verbandes tatkräftig unterstützt haben.
3. Ein weiteres Beispiel für die Kommunikationsarbeit ist der BHB-CSR-Leitfaden, der sich vorrangig an die für die DIY-Branche relevanten Stakeholder richtet. Ziel ist es, den Aktivitäten der Gesamtbranche in den Bereichen Umwelt und CSR mehr Bedeutung zu verleihen und in der Öffentlichkeit zu einer gesteigerten Wahrnehmung zu verhelfen sowie den Unternehmen der breiten Home Improvement Branche und ihren Verantwortlichen für die Bereiche Umwelt- und Nachhaltigkeitsmanagement Wege aufzuzeigen und Empfehlungen anhand zu gegeben, wie nachhaltigkeitsbezogene Strategien im Unternehmen umgesetzt werden können. Zudem können firmenindividuelle Varianten abgeleitet werden, wie diese Strategien intern und extern kommuniziert werden können. Der BHB-CSR-Leitfaden verbindet die wissenschaftliche Literatur und die politischen Konzepte (national und europäisch) mit den aktuellen Aktivitäten

der Branche. Es stellt damit die Arbeitsgrundlage für vertiefende Diskussionen und eine firmenindividuelle Umsetzung des vorgestellten Diskussionsstands.
4. Im Frühjahr 2015 hat der BHB zudem gemeinsam mit weiteren Handels- und Herstellerverbänden der Bau- und Gartenmarktbranche sowie der Grünen Branche und in Kooperation mit dem Bundesministerium für Ernährung und Landwirtschaft (BMEL) und dem Deutschen Imkerbund (DIB) die gemeinsame bundesweite Informationskampagne „Bienen füttern" zum Thema Bienenschutz ins Leben gerufen. Die Initiative verfolgt das Ziel, die Bevölkerung für die Bedeutung der Bienen zu sensibilisieren und mehr bienenfreundliche Pflanzen auf Balkone, Terrassen und Gärten zu bringen. Die Aktion wird im Jahr 2017 bundesweit in über 900 Baumärkten und Gartencentern fortgeführt. Dabei können sich die Verbraucher anhand von Informationsmaterialien des Bundeslandwirtschaftsministeriums und des DIB sowie mithilfe eines Standdisplays über das Thema „Bienen und Bienengesundheit" informieren und werden zugleich motiviert, einen aktiven Beitrag für den Bienenschutz zu leisten.
5. Um Naturschutz in der Alltagspraxis lebbar und erlebbar zu machen, hat der BHB 2016 für seine Mitgliedsunternehmen die Verkäuferempfehlung „Zierpflanzen & Biologische Vielfalt – Tipps für Verkäuferinnen & Verkäufer" herausgegeben. Mit der in Zusammenarbeit mit der Umweltorganisation Global Nature Fund (GNF) erstellten Empfehlung können die BHB-Mitgliedsunternehmen das Thema Natur- und Ressourcenschutz in kompakter, verständlicher Form intern kommunizieren und so auch die Beratungsqualität am Point-of-Sale verbessern. Die Branche hat sich das Thema „natürliches und naturnahes Gärtnern" auf die Tagesordnung gesetzt und informiert die Verbraucher über Alternativen zum chemisch-synthetischen Pflanzenschutz.

4 CSR-Kommunikation als vertrauensbildende Maßnahme

Der Handel übernimmt in der Kommunikation zum Endkunden eine besondere Funktion. Ob er nun selbst die Rolle des Herstellers durch das Angebot von Eigenmarken innehat oder als Händler agiert – durch seine Schnittstellenfunktion wird von ihm erwartet sicherzustellen, dass die von ihm angebotenen Produkte unter der Beachtung von Nachhaltigkeitskriterien produziert wurden, das heißt, dass ökologische, ethische und soziale Mindeststandards entlang der Lieferkette eingehalten werden. Dies dauerhaft gewährleisten zu können, sichert langfristig das Vertrauen der Kunden (vgl. Schommer 2013).

Der Handel ist das letzte Glied in der Wertschöpfungskette und fungiert somit als direkte Schnittstelle und Ansprechpartner des Konsumenten. Glaubwürdig zu kommunizieren ist nirgends entlang der gesamten Wertschöpfungskette wichtiger als hier an der direkten Schnittstelle zum Verbraucher. Wird doch vom Handelsunternehmen erwartet, dass es nicht nur nachhaltig innerhalb der eigenen Systemgrenzen wirtschaftet, sondern darüber hinaus sicherstellt, dass CSR-Kriterien auch auf den vorgelagerten Wertschöpfungsstufen Anwendung finden.

Vertrauensbildung als Basis für eine langfristige Kundenbindung lautet das Schlüsselwort. Vertrauensbildung ist gleichsam das Hauptziel strategischer CSR-Kommunikation im Handel. Und hierin liegt auch die größte Herausforderung. Der Handel muss in den Dialog mit seinen relevanten Stakeholdern treten, mit seinen Kunden, Mitarbeitern, Lieferanten, NGOs und der Politik und er muss es schaffen, dem Kunden am Regal begreiflich zu machen, wofür er verantwortlich ist. Versprechen, die hier an der Schnittstelle zum Konsumenten gemacht werden, müssen eingehalten werden und Verstöße auch zu Konsequenzen führen – überprüfbar, nachvollziehbar und transparent. Das ist der Inbegriff glaubwürdiger Kommunikation.

Unternehmerisches Handeln muss neben wirtschaftlichen Belangen auch an den gesellschaftlichen Anforderungen hinsichtlich der Einhaltung von Sozial- und Umweltstandards ausgerichtet sein, soll nicht ein Vertrauensverlust in die Legitimation unternehmerischer Wertschöpfung die Folge sein.

Sich dem Thema CSR zu widmen, dieses als integralen Bestandteil unternehmerischer Tätigkeit zu begreifen, seine CSR-Maßnahmen mit festgelegten Zielen und entsprechenden Kennziffern überprüfbar zu machen und hierüber verbindlich, glaubwürdig und transparent zu kommunizieren – selbst in Fällen von Rückschlägen oder Nichterreichung der Ziele – das erzeugt Vertrauen. Und damit ist CSR-Kommunikation ein wesentlicher Baustein der Bindung des Kunden an das Handelsunternehmen.

Literatur

Braun S et al (2010) Unternehmerische Verantwortung praktisch umsetzen. Leitfaden zum Nachhaltigkeitsmanagement, 2. Aufl. PricewaterhouseCoopers, Frankfurt am Main

Freeman RE (2010) Strategic management: a stakeholder approach. Cambridge University Press, Cambridge

Hoffhaus M (2012) Die „sieben Todsünden" der CSR- und Nachhaltigkeitskommunikation und wie ein nötiger Paradigmenwechsel im Verständnis von Kommunikation zu mehr Glaubwürdigkeit von Organisationen beitragen kann. UmweltWirtschaftsForum 19(3–4):155–163

Hoffjann O (2014) Verbandskommunikation und Kommunikationsmanagement. Eine systemtheoretische Perspektive. Springer Fachmedien, Wiesbaden

Schommer P (2013) *Vertikalisierung und Nachhaltigkeit im Handel.* Warum das Handelscontrolling neue Wege gehen muss. Deutscher Fachverlag GmbH, Frankfurt am Main

Schütte D (2010) Strukturen der Kommunikationsarbeit von Verbänden: empirische Befunde. In: Hoffjann O, Roland S (Hrsg) Handbuch Verbandskommunikation. VS Verlag für Sozialwissenschaften, Wiesbaden, S 155–176

Speth R (2010) Grenzen der politischen Kommunikation von Unternehmensverbänden. In: Wolfgang S, Bernhard W (Hrsg) Handbuch Arbeitgeber- und Wirtschaftsverbände in Deutschland, S 220–235

Stange J, Wüst PO (2012) CSR in der DIY-Branche. *Neue Treiber für Unternehmenserfolg.* BHB e. V., Köln

Teetz A (2010) Das strukturelle Dilemma der Verbandskommunikation. In: Hoffjann O, Stahl R (Hrsg) Handbuch Verbandskommunikation. VS Verlag für Sozialwissenschaften, Wiesbaden, S 135–154

Wehrmann B (2015) CSR im Kontext von Nachhaltigkeit und Menschenrechten: Internationaler Rahmen durch verbindliches Recht und freiwillige Leitlinien. In: Walden D, Stahl R (Hrsg) CSR und Recht. Springer Verlag, Berlin, Heidelberg, S 57–82

Jana Stange, leitet seit 2011 das Ressort Product Compliance, Umwelt & CSR beim Handelsverband Heimwerken, Bauen und Garten e.V. (BHB). Neben aktueller umweltpolitischer und produktsicherheitsrelevanter Gesetzgebung liegen ihre Tätigkeitsschwerpunkte in den Bereichen Sustainable Supply Chain Management, Nachhaltigkeitskommunikation und Stakeholderdialoge. Im Fokus stehen hierbei die Förderung der verbändeübergreifenden Zusammenarbeit unter der Einbindung von NGOs und die Umsetzung des 2012 verabschiedeten CSR-Leitbildes in der Home Improvement Branche. Jana Stange, Mag. Art., studierte Politik-, Kommunikationswissenschaften und Ökonomie an den Universitäten Greifswald und Siena.

CSR-Kommunikation in der Fußball Bundesliga

Anne-Kathrin Laufmann

1 Einführung

Corporate Social Responsibility beruht auf Dialog. Ohne den Dialog mit den Stakeholdern agieren Unternehmen praktisch blind. Ohne Dialog mit den Medien bleibt die wichtige öffentliche Anerkennung aus. Doch was braucht es, damit der Dialog sowohl in die eine als auch in die andere Richtung funktioniert? Vor dieser Frage stand der SV Werder Bremen (SVW) 2011. „Tue Gutes und rede darüber" – dieses Prinzip fruchtete zu diesem Zeitpunkt kaum. Zwar liefen die rund 20 CSR-Projekte gut, das Interesse von Schulen und Vereinen zur Zusammenarbeit mit Werder Bremen war auch nach einem knappen Jahrzehnt noch groß und kein anderer Verein konnte mit zehn festangestellten Mitarbeitern aufwarten. Doch die regionalen Medien berichteten fast ausschließlich über den Profifußball und die Leistungssport-Abteilungen. Unter den CSR-Partnern gab es nur wenige Unternehmen und wichtige Partnerfirmen hinterfragten ihr Engagement aufgrund der mageren Berichterstattung. Für ein Sportunternehmen, welches schon seit Jahren unter Beweis gestellt hatte, dass das „SV" in seinem Namen für „Soziale Verantwortung" steht, war dies eine bittere Erfahrung. Die Analyse der Situation zeigte ein für viele kleine und mittelständische Unternehmen typisches Problem: Das über Jahre organisch gewachsene Engagement war für Außenstehende und auch die Medien schwer durchschaubar. Es gab wenige attraktive Anknüpfungspunkte mit hohem Neuigkeitswert. Zudem fehlten die Begründung des Engagements und dessen strategische Anbindung an den SVW.

CSR ist kein statisches Konzept, sondern ein sich wandelnder Prozess, der vom Austausch mit der Gesellschaft und der Umwelt lebt. Die Beobachtung des SVW ist, dass der Kommunikationsaspekt noch viel zu häufig unterschätzt wird – und ebenso die Aussa-

A.-K. Laufmann (✉)
Direktorin CSR-Management/Fan- und Mitgliederbetreuung, SV Werder Bremen GmbH & Co KG aA
Bremen, Deutschland
E-Mail: anne-kathrin.laufmann@werder.de

gekraft eines strategisch verankerten Engagements. Denn fehlt die Anbindung an Philosophie und Kernkompetenzen des Unternehmens, ist eine glaubwürdige und transparente Kommunikation kaum möglich. Der SVW hat deshalb zwei Konsequenzen aus seiner Situation gezogen: Zum einen strukturierte der Bundesligist sein Engagement von Grund auf neu. Zum anderen wird der Verein nun in der Öffentlichkeitsarbeit professionell begleitet. Denn Kommunikation von Corporate Social Responsibility im Bereich des Sports, insbesondere des Profifußballs, birgt eine Herausforderung: Noch ist das Engagement in den Augen der Stakeholder nettes „Beiwerk" zum nächsten Heimspiel und weniger zielorientiertes, messbares Handeln von verantwortlichen Unternehmen.

2 CSR im Profifußball

Fußball ist der populärste Sport in Deutschland, er hat die größte Fananhängerschaft und ist medial allgegenwärtig. Jedes Wochenende lockt die Bundesliga Tausende von Besuchern in die Stadien und Millionen Zuschauer vor den Fernseher. Es gibt kaum einen Ort, wo Kinder und Jugendliche nicht täglich im Verein, in der Schule, in der Freizeit Fußball spielen – im organisierten wie unorganisierten Sport. Daraus ergibt sich unmittelbar eine Vorbildfunktion, die der Fußball und insbesondere der Profifußball mit sich bringen. Zudem steht der Profifußball unter ganz besonderer medialer Beobachtung.

Doch Profifußballclubs sind mittlerweile mehr als Sportvereine. Sie sind ökonomisch denkende und handelnde Wirtschaftsunternehmen, die zunehmend kommerzialisiert werden. Als lokale Arbeitgeber haben sie eine große Wirtschaftskraft und regionalen Einfluss.

Daher muss Fußball nicht nur im Bereich des Sports, sondern zunehmend als ökonomischer Akteur Verantwortung übernehmen. In dieser Zwitterrolle steckt aus Sicht des SVW eine große Chance: Der Profifußball hat automatisch die Aufmerksamkeit der Gesellschaft und Wirtschaft. Diese Bühne können wir nutzen, um auf soziale und gesellschaftlich relevante Themen aufmerksam zu machen.

Wie niederschwellig der Zugang zu CSR-Themen für den Profisport ist, zeigt sich an aktuellen Themen wie steigenden Ticketpreisen und Abschaffung von Stehplätzen. Zwar sind im Vergleich die Ticketpreise in England weit über dem Durchschnitt. Setzt sich der Trend aber fort, werden sich deutsche Fans aus sozial schwächeren Schichten keinen Stadionbesuch mehr leisten können. Es gilt, das regionale Gemeinwesen im Blick zu behalten und ökonomisch gesund zu bleiben.

Generell bietet das Kerngeschäft der Fußballclubs viele Ansatzmöglichkeiten für CSR-Aktivitäten. Jeder Verein ist mit den Themen Umweltschutz, Antidiskriminierung und Toleranz, Bewegung und Ernährung (Gesundheitsförderung) und Förderung des Gemeinwesens konfrontiert. Auch internationale Projekte eignen sich, um sich außerhalb Europas zu positionieren und neue Fans zu gewinnen. Daher hat fast jeder Erst-Liga-Club ein Portfolio von CSR-Aktivitäten. Auch in der zweiten Liga gewinnt das Thema an Bedeutung.

Auch das Interesse der Sponsoren und die Einbindung von CSR in Marketingaktivitäten gewinnen aus Sicht des SVW verstärkt an Bedeutung. Die strategische und strukturelle

Ausrichtung und Verankerung ist mittlerweile bei vielen 1. Liga Clubs Bestandteil oder in der Erarbeitung. Dies reicht von eigenen CSR-Abteilungen bis hin zu CSR-Beratern oder eigenen Stiftungen. Zudem gibt es einen Arbeitskreis „CSR", organisiert über die DFL, in dem Vertreter der ersten und zweiten Bundesliga sitzen und sich gemeinschaftlich des Themas annehmen.

2.1 CSR beim SV Werder Bremen

Die Entscheidung des SVW, das soziale Engagement auf den Prüfstand zu stellen, war zugleich die Entscheidung für eine externe Beratung. Die Agentur ging nach einem vierstufigen Modell vor. In einer Analysephase wurden zunächst Studien zu gesellschaftlichem Engagement von Unternehmen, erwarteten Verschiebungen von Werten und Veränderungen an der Oberfläche von Wirtschaft, Gesellschaft und Politik auf Trends hin untersucht. Interne und externe Fokusinterviews zur Wahrnehmung der sozialen Projekte und den Erwartungen an das Sportunternehmen SVW schlossen sich an. Diese „Standortbestimmung" wurde von einer Benchmarkanalyse bei kampagnenorientierten Non-Profit-Organisationen und Unternehmen aus Sport und Wirtschaft abgeschlossen. Als Ergebnis dieser Phase entschied sich der SVW, seinem Engagement künftig ein CSR-Konzept zugrunde zu legen. Das ausgeprägte soziale Engagement war bereits eine Mischform aus Corporate Citizenship und Aktivitäten auf Basis der Kernkompetenzen des Vereins.

Im Bereich Ökologie bestanden ebenfalls verschiedene Projekte und zukunftsweisende Kooperationen mit anderen Unternehmen. Interne Umstrukturierungen wie die Einführung eines betrieblichen Gesundheitsmanagements und der Aufbau eines internen Weiterbildungsangebots wurden etwa zeitgleich beschlossen. Somit waren Anknüpfungspunkte für die drei Säulen von CSR vorhanden.

In Hinblick auf Glaubwürdigkeit und Transparenz in der Kommunikation empfahl die Agentur aus mehreren Gründen, eine eigene CSR-Marke zu entwickeln: Profifußball selbst steht für millionenschwere Spielertransfers, prestigeträchtige Sponsorate und Heimspiele, zu denen mehrere Zehntausend Menschen anreisen. Sowohl die ökonomische Dimension als auch die im Vergleich verursachten Emissionen, die Energieverbräuche und das Müllaufkommen lassen sich nur bis zu einem bestimmten Maß reduzieren. Denn für die Gesellschaft ist Profifußball ein Erlebnis, das mit festen Konsumentenvorstellungen verknüpft ist, die sich nur langsam verändern lassen. Ausgehend von der Auffassung der EU, wonach CSR „die Verantwortung von Unternehmen für ihre Auswirkungen auf die Gesellschaft"[1] ist, müsste der SVW sich mittelfristig gegen diese Konsumentenvorstellungen wenden, um das Konzept von umfassender gesellschaftlicher Verantwortung zu erfüllen – und somit seine Existenz als Sportunternehmen gefährden. Mit einer Marke, die auf den Werten und Auffassungen des SVW aufbaut, aber bewusst soziale, ökologische

---
[1] http://www.csr-in-deutschland.de/fileadmin/user_upload/Downloads/ueber_csr/CSR-Mitteilung/Mitteilung_der_Kommission.pdf.

und ökonomische Belange in den Mittelpunkt stellt, würde ein glaubwürdiges „Gegengewicht" zum Profisport entstehen. Die Aufmerksamkeit für den Bundesliga-Fußball könnte die Marke nutzen, um auf wichtige Themen aufmerksam zu machen und so eine Veränderung der Erwartungen von Fans und Mitgliedern bewirken.

Zudem musste ein Weg gefunden werden, das gesellschaftliche Engagement unabhängig und gleichberechtigt zum Profifußball zu kommunizieren. Ein weiteres Kriterium waren Schnittstellen für Partner und Sponsoren, für die die Bundesliga bisher wenig interessant war – CSR aber umso mehr. Ausgehend von diesen Punkten entstanden sieben Handlungsfelder für die zweite Phase, in der Zielbild und Markenstrategie festgelegt wurden. Aus der Positionierung ergaben sich Markenwerte und entlang der Unternehmenskompetenzen entwickelte Handlungsfelder mit Schlüsselbotschaften. Sie bilden die Grundlage für die Kommunikation des CSR-Engagements. Die Schlüsselbotschaft für das Handlungsfeld „Vereinsleben" lautet beispielsweise: „Der SV Werder Bremen tritt für Generationengerechtigkeit ein und berücksichtigt dies in allen Angeboten."

Im Anschluss folgte die Entwicklung der Wort-Bild-Marke WERDER BEWEGT – LEBENSLANG und der Markenarchitektur mit ihren sechs Themenbereichen „Lebenslang grün-weiß", „Lebenslang gesund", „Lebenslang tolerant", „Lebenslang umweltbewusst", „Lebenslang aktiv" und „Lebenslang hilfsbereit". In diese Themenbereiche wurden alle bestehenden Aktivitäten eingeordnet.

WERDER BEWEGT – LEBENSLANG
Zum Themenbereich „Lebenslang grün-weiß" gehören alle mitgliederbezogenen Aktivitäten. Die „Windel-Liga" z. B. ist ein Angebot für Bremer Familien, die bei einer Anmeldung maximal acht Wochen nach der Geburt ihres Kindes eine einjährige vergünstigte Mitgliedschaft beim SVW erhalten. Wenn Familien aktiv an Veranstaltungen teilnehmen, kann sich die vergünstigte Mitgliedschaft sogar noch um ein zweites Jahr verlängern. Zum Themenbereich gehört zudem das Projekt „60plus" für Mitglieder, die das 60. Lebensjahr vollendet haben und sich trotzdem noch jung genug fühlen, um gemeinsam sportliche, kulturelle oder gesellschaftliche Angebote zu nutzen.

Unter dem Themenbereich „Lebenslang gesund" läuft das betriebliche Gesundheitsmanagement für die Mitarbeiter des SVW. Mit Hilfe von Mitarbeiterbefragungen und individueller Beratung wurden in Zusammenarbeit mit der AOK Bremen/Bremerhaven Angebote entwickelt, die neben der Bewältigung von Stress und der Verbesserung des Bewegungsverhaltens im Alltag und bei der Arbeit auch den verantwortungsbewussten Umgang mit dem eigenen Körper vermitteln sollen. Weitere zu benennende Projekte, die mit Schulen und Kindergärten umgesetzt werden, sind der „aid Ernährungsführerschein" und „Gartenkinder" in Kooperation mit der AOK und LLOYD Germany.

Im Themenbereich „Toleranz" setzt das Sportunternehmen, initiiert durch seinen Sponsor NIKE das Projekt „SPIELRAUM" um, dessen Ziel es ist, in Zusammenarbeit mit öffentlichen Trägern, Einrichtungen und andere lokalen Akteuren in Bremen bislang ungenutzte oder neu entstandene Plätze gemeinsam mit jungen Menschen in lebendige Orte zu verwandeln – für Teamsport, gemeinsamen Spaß und persönliche Entfaltung.

Auf internationaler Ebene besteht The Football Club Social Alliance, eine Kooperation des SVW und der Scort Foundation. Die gemeinnützige und politisch unabhängige Stiftung unterstützt junge Menschen in schwierigen Lebensumständen durch gezielte Fußballinitiativen. Zusätzlich ist Scort bemüht, die Thematik von Sport und Entwicklung voranzutreiben und durch den Aufbau und die Bildung von Partnerschaften Netzwerke zu stärken. Profi-Fußballclubs engagieren sich gemeinsam sozial und realisieren lokale und internationale Ausbildungsprojekte.

Mit Klimaschutzmaßnahmen wie der in die Stadionfassade integrierten Photovoltaikanlage und dem Transport an Spieltagen engagiert sich der SVW im Themenbereich „Lebenslang umweltbewusst". Beispielsweise gelten die Tickets als Fahrkarten für den öffentlichen Nahverkehr und die Anreise zum Stadion kann mit der Fähre oder dem Bus von den Park-&-Ride-Plätzen aus erfolgen. Hier arbeitet der SVW eng mit den städtischen Verkehrsbetrieben zusammen, die Nachhaltigkeit ebenfalls fest in ihre Unternehmensstrategie integriert haben.

„100 % Werder-Partner" im Themenbereich „Lebenslang aktiv" ist aus dem ältesten CSR-Projekt des SVW entstanden. Im Jahr 2002 startete die Aktion „100 Schulen – 100 Vereine", mit der der Bundesligist Lehrer, Trainer und Betreuer dabei unterstützt, Kinder und Jugendliche für Bewegung und einen gesunden Lebensstil zu begeistern. Mittlerweile gehören 220 Schulen und Vereine, 35 Grundschulen und 25 Kindergärten dazu. Darüber hinaus bestehen Kooperationen mit sozialen Einrichtungen und Ausbildungsbetrieben. Insgesamt sind es etwa 350 Projektpartner.

Einen weiteren Schwerpunkt im Themenbereich „Lebenslang Aktiv" bilden die Angebote für Menschen mit Behinderungen. Der SVW bietet Menschen mit Behinderung oder speziellen Bedürfnissen die Teilnahme an einem Fußballtraining sowie Blinden- und Sehbehindertenfußballtraining an. Begleitet wird das Fußballprogramm von sogenannten Young Coaches, Menschen mit Handicap, die eine Trainerausbildung abgeschlossen haben.

Darüber hinaus bieten die Grün-Weißen auch eine integrative Ballschule sowie eine Leichtathletik- und Handballgruppe an. Zusätzlich finden Sportstunden an Schulen statt, in denen Kinder im Rahmen der Inklusion beschult werden.

Um kleinere Projekte finanziell unterstützen zu können, hat der SVW 2009 eine Stiftung gegründet: die SV Werder Bremen Stiftung „Werder tut gut". Sie ist eine eigene Stiftung des Sportvereins „Werder" von 1899 e. V. und der SV Werder Bremen GmbH & Co KG aA und bildet den Schwerpunkt des Bereichs „Lebenslang hilfsbereit". Sie dient der Förderung des Sports, der Bildung und Erziehung, der Völkerverständigung, der Gewaltprävention sowie mildtätiger Zwecke. Aber auch Trikotspenden in Entwicklungsländer, Mitwirkung bei Benefizaktionen oder praktische Unterrichtseinheiten gehören zum Engagement.

Alle Projekte zusammengenommen erreicht der SVW jährlich 200.000 bis 250.000 Menschen mit seinen CSR-Maßnahmen. Acht festangestellte Mitarbeiter koordinieren die Aktionen innerhalb der Themenbereiche. Eine Abteilung vergleichbarer Größe hat bisher kein anderer Bundesligist.

2.1.1 CSR-Kommunikation beim SV Werder Bremen

Darauf aufbauend entstand in einer dritten Phase die Kommunikationsstrategie, die auch ein wertebasiertes Sponsorenleitbild und ein Botschaftermodell enthält. Das Sponsorenleitbild schafft die Voraussetzungen für die glaubwürdige Kommunikation von Projekten, die gemeinsam mit Institutionen oder Unternehmen durchgeführt werden. Der SVW legt darin fest, welche Voraussetzungen Partner erfüllen müssen, um mit dem CSR-Bereich zu kooperieren. Dazu gehört, dass Maßnahmen mittel- und langfristig angelegt sind, einen wahrnehmbaren Beitrag zu sozialer und ökologischer Verantwortungsübernahme leisten und mit konkreten, messbaren Zielen versehen sein sollen. Die Zusammenarbeit soll zudem auf finanzieller, materieller sowie immaterieller Basis möglich sein.

Das Botschaftermodell ist von großer Bedeutung für die CSR-Kommunikation des SVW, weil es den regionalen und nationalen Medien attraktive Anknüpfungspunkte bietet und die Bekanntheit der CSR-Marke und ihrer Aktivitäten bei Stakeholdern fördert. Bei den Botschaftern handelt es sich um prominente Persönlichkeiten aus Sport, Kultur, Politik und Gesellschaft, die bereits eine enge Verbindung zum SVW haben. Dazu zählen unter anderem die Musiker Jan Delay und Johannes Strate, Schauspieler Matthias Brandt, Komiker Wigald Boning und die Food-Journalistin Dagmar Freifrau von Cramm. Sie werden über Statements, Interviews und gemeinsame Aktionen in die Öffentlichkeitsarbeit eingebunden.

Grundsätzlich nutzt der SVW strategisch geplante PR als Transportmittel für die Marke. Pressearbeit und Social Media-Kommunikation sind die Eckpfeiler, die mit aktiver Themenarbeit und kreativen Aktionen für kontinuierliche Medienpräsenz sorgen und das CSR-Engagement emotional besetzen. In Bezug auf die externe Stakeholder-Kommunikation stützt sich der SVW auf vier Kernbotschaften.

- WERDER BEWEGT – LEBENSLANG hat durch die Nähe zur Marke Werder Bremen die Chance, viele Menschen zu erreichen und Impulse zu setzen.
- Verantwortung für Ernährung, Bewegung und Gesundheit zu übernehmen, bedeutet für WERDER BEWEGT – LEBENSLANG, für Chancengleichheit aller Mitglieder der Gesellschaft einzutreten.
- WERDER BEWEGT – LEBENSLANG ist kein Selbstzweck, sondern integraler Bestandteil der Unternehmensphilosophie.
- WERDER BEWEGT – LEBENSLANG ist zukunftsweisend, da unternehmerisches Handeln künftig nicht mehr ohne Verantwortungsübernahme ohne klare Strukturen und Ziele möglich sein wird.

In der vierten Phase folgte die Umsetzung der Kommunikationsstrategie. In einem ersten Schritt erfolgte der Aufbau eines geeigneten Presseverteilers, der neben den Sportredaktionen auch die Ressorts Wirtschaft und Gesellschaft und insbesondere Fachmedien für Kommunikation und CSR enthielt. Anschließend wurde die Marke im März 2012 mithilfe von Pressearbeit, eigenen Kommunikationsmitteln und der Information von Mitarbeitern und Partnern vorgestellt. Im Zentrum standen die emotionale Verknüpfung und die Vermittlung der Markenwerte. Es folgte die Etablierung der Marke mit Pressearbeit in der Fach- und Tagespresse und dem Aufbau einer eigenen Facebook-Präsenz. Begleitend baute die Agentur ein System zur Dokumentation von Presseveröffentlichungen und deren Auswertung auf. Artikel, TV- und Hörfunk-Beiträge sowie Online-Veröffentlichungen werden monatlich erfasst und sowohl quantitativ als auch qualitativ ausgewertet.

Nach etwa einem halben Jahr schlossen sich sichtbare Aktionen an, die die Pressearbeit ergänzten. Beispielsweise startete eine große Plakatkampagne in Zusammenarbeit mit der Universität Bremen und Stroer Medien. Die Studierenden hatten in Gruppen Plakate entwickelt, mit denen die Marke transportiert werden sollte. Entsprechende Werbeflächen stellte Stroer Medien zur Verfügung. Diese Art der Medienkooperation war sehr erfolgreich und erreichte innerhalb der Region große Aufmerksamkeit. Ein weiteres Highlight war die Veröffentlichung der ersten Fußballregeln in sogenannter „leichter Sprache". Das Bremer Büro für leichte Sprache der Lebenshilfe Bremen e. V. hatte das Regelwerk in Zusammenarbeit mit Werder-Mitarbeitern für Menschen mit Leseschwierigkeiten übersetzt. Die erste Auflage war bereits innerhalb der ersten Wochen vergriffen. Eine weitere Aktion führt WERDER BEWEGT – LEBENSLANG mit dem Werder-Sponsor Molkerei Ammerland durch. Werder-Trainer und das Ammerländer Milchmuhbil, ein umgebauter VW T1, veranstalten Aktionswochen an Schulen in Nordwestdeutschland. Schüler können an einem speziellen Balltraining teilnehmen, Milchprodukte probieren und in Seminaren mit Ernährungsberatern selbst einfache Snacks herstellen.

Der Erfolg dieser Maßnahmen schlug sich nicht nur in der erhöhten Anzahl an Veröffentlichungen nieder, sondern auch in einer Steigerung der Anfragen von Partnern und Sponsoren von rund 30 %. Das nationale Interesse von Verbänden und Institutionen an WERDER BEWEGT – LEBENSLANG im Allgemeinen und den Themenbereichen der Marke im Besonderen ist gestiegen, insbesondere die Anfragen anderer (Fußball)-Vereine zum CSR-Konzept und dessen Umsetzung. Auch erste Sponsorenanfragen, die sich explizit auf die Zusammenarbeit mit der CSR-Marke beziehen, sind bereits erfolgt. Unternehmensintern hat sich die Wahrnehmung der verschiedenen Projekte stark verbessert und die Mitarbeiter sind stolz auf das Engagement ihres Arbeitgebers. Auch bei Fans und Mitgliedern haben die Marke und ihre Aktivitäten an Sichtbarkeit gewonnen. Eine Umfrage des Marktforschungsinstituts Konkret während eines Heimspiels ergab ungestützt (ohne Antwortvorgabe) eine Bekanntheit von rund 60 %, gestützt (mit Antwortvorgabe) 80 %. Zudem wurde der SVW für sein Engagement mit dem Bremer Diversity-Preis „Bunter Schlüssel", dem Ehrenpreis des Integrationspreises des Deutschen Fußballbundes, dem Julius-Hirsch-Preis sowie dem German Award for Excellence ausgezeichnet.

Nach über fünf Jahren der Existenz der Marke WERDER BEWEGT – LEBENSLANG steht fest, dass der Bekanntheits- und Reputationsgrad des Bundesligisten Werder Bremen, durch die CSR-Maßnahmen erhöht wurde und unter anderem zur Fanbindung, Imagesteigerung und Markenbildung beigetragen hat. Dennoch hat der SVW noch mit vielen Problemen zu kämpfen, die auch andere Bundesligisten haben. Die Präsenz des Profifußballs ist zum einen eine Stärke, kann aber nach wie vor die Wahrnehmung der CSR-Aktivitäten negativ beeinflussen. Durch die tägliche Berichterstattung über die Clubs,

Spieler, Trainer und Ergebnisse, rückt das gesellschaftliche Engagement meist in den Hintergrund. CSR ist zudem für viele Medien noch kein Thema oder wird zum Teil zu oberflächlich behandelt. Darüber hinaus kann es passieren, dass sportlicher (Miss-)Erfolg und CSR-Engagement thematisch verknüpft werden, wodurch die Glaubwürdigkeit der gesellschaftlichen Aktivitäten negativ beeinflusst werden kann.

Gezielte Pressearbeit, die Medien und Ressorts außerhalb des Sports anspricht, kreative Aktionen und fundierte Themensetzung markieren den Weg, den der SVW mit seiner CSR-Kommunikation eingeschlagen hat. Je nach Anlass und Thema der Pressemeldung werden regionale und nationale Tages- und Fachmedien bespielt. Der Presseverteiler wird zudem aktiv gepflegt und ständig auf Aktualität überprüft.

Themen werden sinnvoll, strategisch und konstant platziert, ohne zu langweilen oder zu überfrachten. Im Turnus von ca. anderthalb Monaten erfolgt der Versand national orientierter Pressemeldungen an das Ressort Wirtschaft. Die Meldungen sind thematisch an die Arbeitsfelder von WERDER BEWEGT angelehnt und zusätzlich an Trends oder Ereignisse (z. B. EM, Zukunftstag usw.) gekoppelt. Sie werden angereichert durch eigene Projekte und externe Experten. Zudem wird darauf geachtet, dass die Themen nicht parallel mit wichtigen Spielen oder aktuellen fußballrelevanten Themen publiziert werden. Außerdem realisiert das Unternehmen projektbezogene Medienkooperationen, die besonders attraktive Projekte ins Bewusstsein der Öffentlichkeit rücken. Vorhandene Medienpartner werden dafür angesprochen und die Zusammenarbeit auf Aktivitäten von WERDER BEWEGT – LEBENSLANG fokussiert.

Als weiteren Kommunikationskanal nutzt der SVW Social Media und insbesondere Facebook. Auf der Fan-Page von WERDER BEWEGT – LEBENSLANG wird fast täglich über aktuelle Ereignisse und relevante Themen informiert. Der Social Media-Bereich stützt sich auf ein umfangreiches Kommunikationskonzept, welches sich an aktuellen Themen orientiert und dialogorientierte Kommunikationsformen nutzt.

Die besondere Herausforderung aber auch Chance des SVW in der CSR-Kommunikation ist die Koexistenz der GmbH & Co KG aA und des eingetragenen Vereins. Daher sind in der Stakeholder-Kommunikation auch die sechs Sportabteilungen und 36.000 Mitglieder zu berücksichtigen. Das Hauptmedium in diesem Bereich ist die Homepage.

Die rund 350 CSR Partner, darunter Schulen, Kindergärten, soziale Einrichtungen, Ausbildungsbetriebe und Sportvereine, werden mit regelmäßigen Mailings und einem monatlich erscheinenden CSR-Newsletter informiert.

Für eine themenorientierte Öffentlichkeitsarbeit beobachtet der SVW aufmerksam gesellschaftliche Entwicklungen und Trends, die das Kerngeschäft Fußball tangieren. Im Bereich der Bundesliga sind und werden die folgenden Themen von Bedeutung sein:

- Arbeitsmilieu/Mitarbeiterförderung/Betriebliches Gesundheitsmanagement
- Bewegung und Ernährung/Aktivität für alle Generationen
- Demografischer Wandel
- Umwelt-/Klimaschutz
- Antidiskriminierung/Inklusion/Toleranz/Integration

- Ehrenamt
- CSR-Potenzial im Bereich Sport

Auf der Grundlage dieser Themen betreibt der SVW bereits Stakeholder-Kommunikation und wird diese künftig weiter ausbauen. Durch Marktforschung, Evaluationen von Projekten mit Kooperationspartnern, die auch Auswertungen von Teilnehmern beinhalten, Online-Befragungen von Mitarbeitern, Umfragen innerhalb bestehender CSR-Projekte und die Fortführung von Fokusinterviews mit Unternehmensvertretern sichert der SVW die Grundlage für das gesellschaftliche Engagement. Hier spielen die Themenfelder „Gesellschaftliche Rolle und Markenverständnis des SVW", „Marketing und Kommunikationsverhalten des CSR-Managements" und „Nutzen und Wahrnehmung des CSR-Managements" eine besondere Rolle. Zudem wird von Sport & Markt eine allgemeine, jährliche Befragung zum Thema soziales Engagement des SVW durchgeführt.

Im Jahr 2015 ist der erste CSR-Report des SV Werder Bremen erschienen, der eine Bilanz des ersten Zeitraums der CSR-Kommunikation bildet. Dieser orientiert sich an internationalen Standards und enthält eine Evaluation der Ziele aus der Markenentwicklung und somit des Kommunikationserfolgs.

Anne-Kathrin Laufmann, Jahrgang 1979, ist gebürtige Bremerin. Seit 2012 leitet sie den Bereich CSR-Management als Direktorin beim SV Werder Bremen. 2013 bildete sie sich zudem zur zertifizierten CSR-Managerin weiter. Gemeinsam mit 8 hauptamtlichen Mitarbeitern setzt Anne-Kathrin Laufmann zahlreiche CSR-Programme auf lokaler, regionaler und internationaler Ebene um. Ihre Kernaufgaben umfassen die Weiterentwicklung des CSR-Managements und dessen strategische Verankerung im Club, sowie das managen der SV Werder Bremen Stiftung. Die gelernte Werbekauffrau studierte an der Universität Bremen Kultur- und Sportwissenschaften. Während eines Praktikums bei den Grün-Weißen sowie im Rahmen ihrer Magisterarbeit begleitete sie ab 2006 zunächst das Projekt „100 Schulen – 100 Vereine". Am Aufbau der Abteilung CSR-Management, mit der der SV Werder Bremen Vorreiter unter den Bundesligisten ist, wirkte sie maßgeblich mit.

CSR-Kommunikation in der Forstwirtschaft

Philipp Bahnmüller, Hermann S. Walter und Joachim Keßler

Im Jahr 2013 jährte sich die Prägung des Begriffs der Nachhaltigkeit durch den sächsischen Oberberghauptmann Hans Carl von Carlowitz (Sylvicultura Oeconomica, 1713) zum dreihundertsten Mal. Auch wenn es bereits ab dem früheren Mittelalter Ansätze nachhaltiger forstlicher Nutzungssysteme in Europa gab, gilt sein Werk als eine der ersten geschlossenen Abhandlungen über eine nachhaltige Waldbewirtschaftung in Deutschland und damit als Ausgangspunkt der Entwicklung einer auf wissenschaftlichen Grundlagen basierenden Forstwirtschaft. Aufgrund dieser Tradition ist die Nachhaltigkeit bzw. das Nachhaltigkeits-Verständnis fest in der Forstwirtschaft verankert.

Dieses tiefe Nachhaltigkeitsverständnis ist aus der Not geboren worden: Zu Beginn der Neuzeit erreichte die Waldzerstörung ihren Höhepunkt. Intensivste und sich gegenseitig überlagernde Nutzungen der Wälder als Waldweide für das Vieh sowie zur Brenn- und Bauholzgewinnung ließen die Waldflächen zusammenschmelzen. Holznot aller Orten war die Folge. Als Antwort auf diese Holznot setzte die Forstwirtschaft bis in die Mitte des 20. Jahrhunderts zum Ausgleich verbreitet auf vergleichsweise schnellwachsende Nadelholzmonokulturen, die in Form sogenannter Altersklassenwälder das Waldbild im 20. Jahrhundert wesentlich prägen. Diese „Massennachhaltigkeit" (nicht mehr ernten als

---

P. Bahnmüller (✉)
Leiter Unternehmenskommunikation, Bayerische Staatsforsten AöR
Regensburg, Deutschland
E-Mail: philipp.bahnmueller@baysf.de

H. S. Walter
Leiter des Staatsforstenbetriebs Ottobeuren, Bayerische Staatsforsten AöR
Regensburg, Deutschland
E-Mail: saul.walter@baysf.de

J. Keßler
Leiter des Staatsforstenbetriebs Heigenbrücken, Bayerische Staatsforsten AöR
Heigenbrücken, Deutschland
E-Mail: joachim.kessler@baysf.de

nachwächst) barg jedoch Risiken und man begann in der Folge ökologische Überlegungen einzubeziehen. Seit mehreren Jahrzehnten werden als Ergebnis daraus reine Nadelwälder sukzessive in strukturierte Mischwälder „umgebaut". Ziel sind leistungsfähige, stabile, gestufte Mischwälder und naturnahe Ökosysteme mit einer hohen Artenvielfalt.

Die Herkunft des Begriffs, die damit verbundene und andauernde ökologische Entwicklung der Forstwirtschaft sowie das, auch im internationalen Vergleich, sehr hohe ökologische Niveau der Waldbewirtschaftung in Bayern und Deutschland ist in großen Teilen der Gesellschaft nicht (mehr) verinnerlicht. In Verbindung mit einer inflationären und überwiegend sinnentstellenden Verwendung des Begriffs der Nachhaltigkeit droht das gesellschaftliche Vertrauen in die deutsche Forstwirtschaft im Umgang mit einer der wichtigsten natürlichen Ressourcen in Deutschland – dem Wald – zu schwinden. Die Nachhaltigkeit ist damit aus Sicht der Försterinnen und Förster Teil und auch Opfer eines Hypes, eines inszenierten Nachhaltigkeits-Begeisterungssturmes.

Kritiker der Forstwirtschaft zeichnen zudem ein teilweise bewusst verzerrtes Bild von angeblich permanenten Waldverlusten (das Gegenteil ist der Fall) oder einer auf „Monokulturen", „Forstautobahnen" und „Industriewäldern" setzenden Forstbranche. „Forst" und „Wald" werden zunehmend dialektisch verwendet: Der Forst als der Wirtschaftswald mit dem scheinbar einzigen Ziel, möglichst viel Holz in möglichst kurzer Zeit zu produzieren und der zu diesem Zweck maschinengerecht ausgeformt wird. Und im Gegensatz dazu der Wald als romantisch verklärte reine Natur, als Lebensraum von Tieren und Ort zum Lustwandeln oder Erholen. Im Kontext des Waldes scheint auch der Begriff „Wirtschaft" generell negativ belegt und wird als solcher als diametraler Gegenentwurf zur „Natur" verstanden.

Interessant ist, dass neben dem Wald auch das Produkt Holz ausnahmslos positiv besetzt ist. Nur das Bindeglied Forstwirtschaft gerät in die Kritik. Eine von der Primärproduktion zunehmend entfremdete Gesellschaft akzeptiert es immer seltener, wenn Natur und Landnutzung aufeinandertreffen. Förster in Deutschland, die für Schutz und Nutzung – also einen nachhaltigen, integrativen Ansatz – stehen, geraten nicht selten in die Kritik. Andere gesellschaftliche Interessensvertreter wie etwa Umweltgruppen versuchen, in dieser Situation die Deutungs- und Meinungshoheit über den Wald zu erlangen. Gekämpft wird dabei mit harten Bandagen.

Dabei vermag die integrative, naturnahe Forstwirtschaft wie kaum eine andere Form der Landnutzung den unterschiedlichen gesellschaftlichen Ansprüchen gerecht zu werden. Mit ausgeklügelten Konzepten lassen sich Schutz und Nutzung vereinbaren: So werden die Bäume einzelstammweise genutzt, auf Kahlschlag wird konsequent verzichtet, Totholz als elementares Strukturmerkmal für mehr Artenvielfalt im Wald angereichert, Biotopbäume dauerhaft geschützt und der Wald in langen Verjüngungszeiträumen vorzugsweise natürlich verjüngt. Dies führt zu ungleichaltrigen, gestuften, gemischten und stabilen Wäldern. Nutzung und Schutz sind so kein Widerspruch: Die Forstwirtschaft lebt vor, wie die heutige Generation aus dem Wald Nutzen ziehen kann, ohne dabei die Natur oder den nächsten Generationen zu schaden. Dies ist der Kern der forstlichen Nachhaltigkeit. Sie diktiert das unternehmerische Handeln. Und damit auch die Unternehmenskommunikation: Nachhaltigkeit und verwandte Themen wie Waldumbau, Klimawandel, Holzverwendung etc. bestimmen die Kommunikationsagenda.

1 Die Bayerischen Staatsforsten AöR

Gemäß dem Staatsforstengesetz übernehmen die Bayerischen Staatsforsten seit dem 1. Juli 2005 die Verantwortung für die Bewirtschaftung von 720.000 ha Wald und rund 85.000 ha sonstiger Flächen des Freistaats Bayern. Das Unternehmen ist mit rund 2800 Mitarbeitern und einem Jahreseinschlag von knapp 5 Mio. Kubikmeter Holz eines der größten Forstunternehmen in Europa.

1.1 Unsere Themen

Waldbau und Waldumbau
Die Bayerischen Staatsforsten verfügen über hochqualifizierte und engagierte Mitarbeiterinnen und Mitarbeiter mit viel Erfahrung in der Waldbewirtschaftung. Dieses Wissen spiegelt sich in verbindlichen waldbaulichen Qualitätsstandards auf hohem forstwissenschaftlichen Niveau wider: Dabei werden selbstverständlich auch die Erkenntnisse rund um den Klimawandel in die mittel- und langfristige waldbauliche Planung (Forsteinrichtung) einbezogen.

Holzgeschäft
Mit einem Nutzungspotenzial von knapp 5 Mio. Festmetern pro Jahr (= nachhaltiger Hiebsatz) sind die Bayerischen Staatsforsten wichtigster Rundholzanbieter Deutschlands. Insbesondere unsere kompetenten Ansprechpartnerinnen und Ansprechpartner vor Ort, unsere Zuverlässigkeit und Liefertreue sowie unsere breite Produktpalette zeichnen die Bayerischen Staatsforsten aus und werden von unseren Kunden geschätzt.

Neben den Hauptprodukten Bau-, Schnitt- und Industrieholz vermarkten die Bayerischen Staatsforsten jährlich ca. 500.000 Festmeter Brennholz. Hierbei stehen Revierleiter und Forstwirte in intensivem Kontakt mit einer großen Anzahl von Selbstwerbern, Brennholzkunden und der Bevölkerung. Die Nachfrage nach dem Rohstoff Holz wird auch in der Zukunft hoch bleiben oder weiter steigen. Diese steigende Nachfrage werden die Bayerischen Staatsforsten nicht befriedigen können: Bereits jetzt limitiert der nachhaltige Hiebsatz den Holzeinschlag.

Jagd
Die Bayerischen Staatsforsten bieten auf großer Fläche attraktive Jagdmöglichkeiten. Rund 80 % der Fläche werden mit eigenem Personal und mit Jagdgästen bewirtschaftet (Regiejagd), ca. 20 % der Fläche ist jagdlich verpachtet. Mit der gesetzlichen Vorgabe „Wald vor Wild" im Bayerischen Jagdgesetz und dem Waldgesetz für Bayern hat der

Gesetzgeber den Stellenwert stabiler, leistungsfähiger, gesunder und standortangepasster Wälder betont. Mehr als 8000 private Jägerinnen und Jäger erlegen zwischenzeitlich rund 75 % des Schalenwildes in der Regiejagd und tragen damit entscheidend dazu bei, die jagdlichen Ziele zu erreichen. Aus Sicht der Unternehmenskommunikation besteht hier die Chance, ein Klientel, das eng am Kerngeschäft des Unternehmens angesiedelt ist, durch entsprechende kommunikative Einbindung für die Unternehmensziele zu gewinnen.

Naturschutz
Mehr als 2/3 der Staatswaldflächen unterliegen einer naturschutzrechtlichen Schutzkategorie (Landschafts- und Naturschutzgebiete, Natura 2000-Gebiete etc.). Das Thema Naturschutz ist bei der praktischen Arbeit vor Ort allgegenwärtig. Durch die breite forstliche Ausbildung haben die Mitarbeiterinnen und Mitarbeiter der Bayerischen Staatsforsten im Themenfeld Waldnaturschutz eine hohe fachliche Kompetenz und große Erfahrung. Anders als praktisch alle Naturschutzbehörden und -verbände können die Bayerische Staatsforsten unmittelbar auf die Flächen zugreifen und ihre fachlichen Konzepte umsetzen. Die guten Kontakte vieler Mitarbeiterinnen und Mitarbeiter sowie ihr hohes Naturschutzengagement ermöglichen viele produktive Allianzen. Vielfach vorhandenes Spezialistenwissen lässt sich gewinnbringend für Wald und Natur einsetzen.

Erholung und Gesellschaft
Die gute und flächendeckende Infrastruktur des Staatswalds steht der Bevölkerung kostenlos für die allgemeine Erholung einschließlich für eine Vielzahl von sportlichen Aktivitäten zur Verfügung. Dies ist ein wichtiger Bestandteil des Leistungskataloges der Bayerischen Staatsforsten. Die erheblichen Kosten für Ausbau und Unterhalt dieser Infrastrukturleistungen werden gleichwohl kaum wahrgenommen. Auch über Aufgaben und Tätigkeit des Unternehmens, das diese Infrastruktur zur Verfügung stellt und pflegt, ist den meisten Waldbesuchern wenig bekannt. Informationsmöglichkeiten vor Ort wie Waldinformationstafeln sind keineswegs flächendeckend vorhanden und könnten erheblich erweitert werden.

Die Bayerischen Staatsforsten und ihr Umfeld
Die Unternehmensgründung erfolgte im Rahmen der Forstreform 2004/2005. Sie wurde begleitet von einer intensiven und sehr emotionalen, öffentlichen Diskussion. Diese mündete im Herbst 2004 im Volksbegehren „Aus Liebe zum Wald", unterstützt von 21 Naturschutz- und sonstigen Interessensverbänden. Insgesamt unterschrieben knapp 900.000 bayerische Bürgerinnen und Bürger gegen die Gründung der Bayerischen Staatsforsten. Das notwendige Quorum wurde damit knapp verfehlt. Viele Vorurteile aus der damals geführten gesellschaftlichen Diskussion blieben jedoch lange in den Köpfen der interessierten Öffentlichkeit hängen. Es ist vor diesem Hintergrund nachvollziehbar, vor welchen Herausforderungen die Unternehmenskommunikation 2005 stand. Im Kontext vielfältiger Befürchtungen, die mit der Unternehmensgründung verbunden wurden, hat-

te die Unternehmenskommunikation die vordringlichste Aufgabe, Wissen zu vermitteln, Befürchtungen abzubauen und vor allem Vertrauen aufzubauen.

Zudem liegen große Gebiete der Bayerischen Staatsforsten im Umkreis von Ballungs- oder in Tourismuszentren. Große Bereiche des Staatswaldes sind zudem aus Gründen des Naturschutzes gesetzlich geschützt. Vor diesem Hintergrund ist die große Herausforderung, diese unterschiedlichen Ansprüche auszugleichen und gleichzeitig den wirtschaftlichen Erfolg zu sichern. Hinzu kommt die enorme flächige Verteilung, die im Vergleich zu anderen Wirtschaftszweigen einzigartig ist. Die Bayerischen Staatsforsten bewirtschaften den gesamten Staatswald in Bayern und damit zehn Prozent der Landesfläche. Aus dieser flächigen Präsenz ergeben sich vielfältige Kontakte und Schnittstellen. Diese sind vor allem Chance aber auch Herausforderung für die Unternehmenskommunikation. Zugute kommt dabei das weiterhin bestehende gute Image der Beschäftigten – vor allem der Förster – in der Gesellschaft. Und diese Förster stehen zu ihrem Wald: Besonders positiv hervorzuheben ist in diesem Kontext die hohe Identifikation der eigenen Beschäftigten mit dem Wald.

1.2 Welche Rolle spielt CSR bei den Bayerischen Staatsforsten?

Corporate Social Responsibility (CSR), also die unternehmerische Verantwortung gegenüber der Gesellschaft, ist den Bayerischen Staatsforsten, zusammen mit anderen Unternehmen der Forstwirtschaft in Deutschland, in Fleisch und Blut übergegangen. Wie bereits beschrieben lässt sich bei einem Wald-Unternehmen, das sich im Staatsbesitz befindet, die Geschäftstätigkeit nicht von der gesellschaftlichen Verantwortung trennen. Alles was aus betrieblichen Gründen erfolgt, erfolgt aus dieser Verantwortung heraus. Oder um es noch deutlicher zu sagen: Kein Baum im bayerischen Staatswald wird aus einem rein partikulären, unternehmerischen Interesse heraus geerntet und vermarktet, sondern weil die Gesellschaft davon profitiert. Sie profitiert von den Werten, die erwirtschaftet und als Dividende an den Freistaat Bayern ausgezahlt werden, sie profitiert vom ökologischen Wertstoff Holz, sie profitiert von zunehmend naturnahen Wäldern, die immer mehr Tier- und Pflanzenarten Lebensraum bieten und sie profitiert von Räumen für Erholung, Sport und Entspannung.

Dies ist ein fundamentaler Unterschied zu anderen Unternehmen, die versuchen, ihrer gesellschaftlichen Verantwortung meist durch bestimmte Maßnahmen im Rahmen ihres unternehmerischen Handelns gerecht zu werden – etwa über ökologisch relevante Aspekte, z. B. im Rahmen des Umweltschutzes. Selbstverständlich gibt es solche Aspekte in großer Zahl auch bei den Bayerischen Staatsforsten: etwa die Verringerung des Treibstoffverbrauchs der großen Holzerntemaschinen oder der Verzicht auf Pestizide bei der Schädlingsbekämpfung. Dies sind jedoch Einzelaspekte, die in der aufgezeigten Nachhaltigkeitsaufgabe der Bayerischen Staatsforsten münden.

Oft fokussiert CSR-Kommunikation als Teil der Unternehmenskommunikation auf diese Einzelaspekte. Wichtige ökologische und soziale Aspekte werden in Nachhaltigkeitsberichten aufgeführt und sollen glaubwürdiges und transparentes Handeln unterstreichen. Da der unternehmerische Zweck der Bayerischen Staatsforsten aber die Nachhaltigkeit ist, lassen sich Unternehmens- und CSR-Kommunikation auch nicht trennen. Die nachhaltige Bewirtschaftung von Wäldern und damit das gesamte unternehmerische Handeln basiert auf dem Nachhaltigkeits- und dem Generationengedanken und ist damit essentiell für die Unternehmenskommunikation. Da es bei den Bayerischen Staatsforsten zudem keine echte Marketing- oder Produktkommunikation gibt, bezieht sich die gesamte Kommunikationsarbeit des Unternehmens auf das nachhaltige Handeln der Bayerischen Staatsforsten. Die Unternehmenskommunikation ist daher ausschließlich CSR-Kommunikation.

Kommunikative Ziele = Ziele der CSR-Kommunikation
Die zentrale Herausforderung für die Bayerischen Staatsforsten liegt darin, den vielfältigen legitimen, teilweise aber konkurrierenden Ansprüchen der Gesellschaft an den Wald gerecht zu werden, um so den gesellschaftlichen Benefit der Staatswaldbewirtschaftung zu optimieren. Die Waldbewirtschaftung der Bayerischen Staatsforsten hat daher zum Ziel, ökonomische, ökologische und soziale Ansprüchen der Gesellschaft an den Wald bestmöglich zu erfüllen. Dieser gesellschaftliche Anspruch lässt sich mit „nachhaltiger Forstwirtschaft" zusammenfassen. Und dies gilt es zu kommunizieren; mit dem klaren Ziel, die Akzeptanz der Gesellschaft zu erhalten bzw. sicherzustellen, Forstwirtschaft im Staatswald zu betreiben („licence to operate").

Zielgruppen
Im subjektiven Erleben der Menschen prägen allenfalls Teilgruppen der Gesellschaft Meinungen (Filterblasen). Dies gilt auch für die Bayerischen Staatsforsten. „Die" Gesellschaft gibt es nicht. Auffallend ist, dass Interessengruppen dazu neigen, ihre partiellen Sichtweisen und Interessen in Bezug auf die Bayerischen Staatsforsten als allgemeingültig darzustellen („[...] die Gesellschaft will es so [...]"). Diese Überhöhung der eigenen Position wird insbesondere dann deutlich, wenn zum selben Thema eine andere Interessengruppe mit dem gleichen Anspruch das exakte Gegenteil einfordert. Die Stakeholder der Bayerischen Staatsforsten, als Vertreter oder Teil solcher gesellschaftlichen Gruppen, sind daher die wichtigste Zielgruppe des Unternehmens. Einer transparenten Kommunikation kommt im Spannungsfeld dieser vielfältigen Ansprüche und Begehrlichkeiten eine besondere Bedeutung zu. Unter Berücksichtigung dieser Rahmenbedingungen ergeben sich folgende Zielgruppen:

Interne Zielgruppe

- Aktive Belegschaft und forstlicher Nachwuchs

Geschäftspartner und Stakeholder

- Geschäftspartner (Kunden, Mitjäger, Selbstwerber, Holzrechtler etc.)
- Behörden (Bayerische Forstverwaltung, Naturschutzbehörden etc.)
- Örtliche Politik (Landrat, Bürgermeister, MdL)
- Nutzverbände (Waldbesitzerverband, Bauernverband etc.)
- Schutzverbände (BN, LBV, DAV etc.)
- Gewerkschaften (IG BAU, BDF)
- Waldbesucher
- Forstliche Hochschulen

Mittler-Zielgruppe

- Medienvertreter

Öffentliche und flächig präsente Unternehmen wie die Bayerischen Staatsforsten sind mit einer Vielzahl von Erwartungen, Wünschen, Hoffnungen und Begehrlichkeiten konfrontiert. Entscheidend für eine effektive Kommunikationsarbeit ist, Zielgruppen zu identifizieren, die organisiert sind und damit kanalisiert angesprochen werden können. Gerade Nutz- und Schutzverbände können hierfür als gute Multiplikatoren wirken.

Dies gilt – gerade bei klassischen Nachhaltigkeitsthemen – auch für die Zielgruppen Brennholzselbstwerber, Mitjäger und Dienstleister. Diese können sehr gut erreicht werden, da ein direkter (meist Face-to-Face) Kontakt besteht und unsere Botschaften anknüpfungsfähig sind. Diese Gruppen sind bereits eng an das Unternehmen und seine Geschäftstätigkeit gebunden. Mit diesen Gruppen adressiert das Unternehmen über 55.000 Multiplikatoren (45.000 Selbstwerber, 7000 Mitjäger, 1000 Forstunternehmer) im ländlichen Raum.

Taktik und Umsetzung

In dem beschriebenen Umfeld mit seinen höchst unterschiedlich gelagerten Interessen und Erwartungen gilt als erste Pflicht für die Kommunikation der Bayerischen Staatsforsten: Ehrlichkeit, Glaubwürdigkeit und Authentizität! Es wäre ein Leichtes in unserer Kommunikation ausschließlich auf leicht vermittelbare Themen wie die vielfältigen Naturschutzleistungen des Unternehmens zu setzen. Aber wäre das glaubwürdig? Nicht zuletzt angesichts unserer „gläsernen Produktionshallen", die tagtäglich von Tausenden von Bürgern besucht werden, wäre dieser Ansatz schnell zum Scheitern verurteilt. „Blümchenblau" zu kommunizieren kann so zumindest langfristig nicht funktionieren. Die Bayerischen Staatsforsten legen daher großen Wert darauf, in ihrer Kommunikation ein ausgewogenes und realistisches Bild der Forstwirtschaft, das die Bereiche Ökologie, Soziales und Ökonomie umfasst, zu vermitteln. Dies gilt gleichermaßen für die zentralen Unternehmenspublikationen wie auch die Kommunikationsarbeit vor Ort. Dabei setzen wir vor allem auf einem Dialog auf Augenhöhe: Face-to-Face mit dem Waldbesucher oder über dialoghafte Kommunikationskanäle im Bereich der Onlinekommunikation.

Gleichzeitig ist dem Unternehmen eine zeitgemäße Gestaltung aller Kommunikationsinstrumente wichtig, deren qualitativ hochwertige Inhalte sich in anspruchsvoller Ausführung und hohem kreativen Anspruch widerspiegeln sollen. Alle eigenen Medien verweisen so allein durch ihre Gestaltung auf das Nachhaltigkeitsverständnis des Unternehmens: zeitgemäß, aber nicht modisch; aktuell und dennoch langfristig. Dieses Verständnis spiegelt sich auch in der Redaktion aller eigenen Medien wider: Informationen werden nicht in Berichtsform vermittelt, sondern in Form bodenständiger Geschichten aus der forstlichen Realität erzählt. Dabei sind die Informationen wichtig, stehen aber nicht im Vordergrund. Vielmehr ist die interessante „Story" entscheidend, da diese bestimmt, ob etwas gelesen wird oder nicht. Mit dieser Art von authentischer Kommunikation wird gleichzeitig eine hohe Eigenständigkeit erreicht und Aufmerksamkeit erzielt. Dieses Storytelling erfolgt in klassischen Printmedien, aber zunehmend auch in den Online-Kanälen, auf der Webseite genauso wie in den Social Networks.

2 Unsere Instrumente

Die Bayerischen Staatsforsten verwenden eine Vielzahl von kommunikativen Instrumenten, verzichten jedoch vor allem aus Gründen der Glaubwürdigkeit auf eine werbliche Ansprache der Zielgruppen. So werden beispielsweise Anzeigen nur in ganz wenigen Ausnahmefällen geschaltet. Die Bayerischen Staatsforsten setzen vor allem in der zentralen Kommunikation auf Corporate Publishing, also auf journalistisch bzw. redaktionell geprägte eigene Medien, sowohl off- als auch online. Nachfolgend werden die wichtigsten dieser Medien kurz vorgestellt:

Magazin
Das Magazin erzählt in monothematischen Ausgaben Geschichten über alle Facetten der nachhaltigen Forstwirtschaft im bayerischen Staatswald. Es vermittelt Wissen in feuilletonistischer Form und spiegelt so das Image der Bayerischen Staatsforsten wider. Es richtet sich an alle Interessierten in der Unternehmensumwelt und bezieht sie mit ein. Zielgruppe des Magazins sind alle an Wald und Unternehmen Interessierten; dazu zählen jedoch auch Kunden, Verbände und Journalisten. Das Magazin richtet sich damit vorwiegend an eine nicht fachliche Zielgruppe und spielt stark mit der emotionalen Seite des Waldes und der Forstwirtschaft. Es will den Leser vor allem faszinieren und erst an zweiter Stelle aufklären (vgl. Abb. 1).

Im Magazin spiegelt sich unsere redaktionelle Marschrichtung am deutlichsten wider: Wir setzen auf feuilletonistische Informationsvermittlung und erzählen gute Geschichten: Vom Förster im Spessart, der in dritter Generation mit dem Wald beruflich verbunden ist. Von der Buche, an die der Waldarbeiter die Axt anlegt. Von „Waldschraten", die über Nachhaltigkeit sprechen oder die romantische Jagd im Hochgebirge.

Abb. 1 Bislang wurden 14 Magazine der Bayerischen Staatsforsten veröffentlicht. Insgesamt 7 Mal wurden die Magazine mit dem Best of Content Marketing Award in Gold ausgezeichnet

Dabei sind die Informationen wichtig, stehen aber nicht im Vordergrund. Die Geschichte in ihrer Bodenständigkeit und Authentizität ist entscheidend: Sie bestimmt, ob etwas gelesen wird – oder eben nicht. Tendenziell von dritter Seite kritisch gesehene Themen wie zum Beispiel der forstliche Waldwegebau oder die hochmechanisierte Holzernte werden direkt angesprochen. Mit dieser Art von authentischer Kommunikation haben wir gleichzeitig hohe Eigenständigkeit und Aufmerksamkeit erzielt.

Regionalmagazin

Vor allem als Reaktion auf die Kampagne einer großen Umweltgruppe wurde das bestehende, äußerst erfolgreiche Magazinkonzept adaptiert und regionalisiert. Das Ergebnis sind die Regionalmagazine „Der Spessart" und „Der Steigerwald" (vgl. Abb. 2). Die wesentlichen Charakterzüge des Unternehmensmagazins wurden beibehalten. Die Regionalmagazine werden lokalen Zeitungen beigelegt und haben zum Ziel, die Leistungen der Forstwirtschaft in der jahrhundertealten Kulturlandschaft der jeweiligen Region darzulegen und zu vermitteln, was der Wald seit jeher zum Wohle der dort lebenden Menschen, für seltene Tier- und Pflanzenarten und hinsichtlich der regionalen Wertschöpfung leistet. Zudem soll es den handelnden Personen, die Tag für Tag Verantwortung für den

Ein Magazin der Bayerischen Staatsforsten für die Region
2016

Der Steigerwald

Erlebnis mit Erkenntnisgewinn
Auf dem Baumwipfelpfad sieht man den Wald aus neuer Perspektive.

Lebensraum für alle
Wie Schützen und Nutzen des Waldes Hand in Hand gehen können.

In ganzer Pracht
Die ältesten Bäume der Region zeigen sich in ihrer Schönheit.

Abb. 2 Das Magazin „Der Steigerwald" hat zum Ziel, das Miteinander von Mensch und Natur im Steigerwald zu dokumentieren. Es thematisiert auf unterhaltsame, aber fachlich fundierte Weise und mit klarem Bezug zum Staatswald die reiche Kulturlandschaft mit all ihren Facetten

Staatswald in der Region übernehmen, „ein Gesicht geben". Es ist damit auch ein unaufgeregtes, argumentatives Gegengewicht zu einer polemischen Kritik einzelner Gruppen an der Staatswaldbewirtschaftung und schafft so Vertrauen in die Arbeit der Bayerischen Staatsforsten.

Jahresbericht
Die ersten Jahresberichte der Bayerischen Staatsforsten waren als umfangreiche Jahreskompendien konzipiert, die zudem den GRI-Richtlinien für Nachhaltigkeitsberichterstattung unterworfen wurden.

Dieser Ansatz führte nach Einführung zu erheblichen Redundanzen in den Folgeberichten. Dadurch, vor allem aber durch die sehr sachlich-nüchterne Berichterstattung, wurde die Lesbarkeit erschwert. Gleichzeitig wurden die relevanten Informationen in einem über 100-seitigen Werk „versteckt". Diese unter dem Strich wenig leserfreundliche Aufbereitung führte bei den Zielgruppen zu einer nicht zufriedenstellenden Wahrnehmung.

Seit 2012 gehen die Bayerischen Staatsforsten einen anderen Weg. Dem Motto folgend „bodenständige und authentische Geschichten erzählen und nicht informieren", erzählt der Jahresbericht seither eine Auswahl besonders interessanter und vor allem echter Ereignisse des jeweiligen Geschäftsjahres, so dass sich überprüfbar Worte und Taten decken. Für diese leserfreundliche Aufarbeitung des Geschäftsjahres nehmen wir in Kauf, dass Vollständigkeit (im Sinne einer kalendarischen Übung) verloren geht. Dafür steigt der Jahresbericht tiefer in das jeweilige Geschäftsjahr ein und setzt dabei bewusst auf unterschiedliche Textformen und eine feuilletonistische Erzählweise. Der Jahresbericht erzählt die Geschichte des Geschäftsjahres. An konkreten Beispielen wird so vermittelt, wie das Prinzip der Nachhaltigkeit im Betriebsalltag umgesetzt wird. Jedes Thema erlaubt also Rückschlüsse auf das gesamte Unternehmen.

Den darüber hinaus notwendigen vollständigen Überblick über die wichtigsten Kennzahlen liefert der Statistikband, der parallel veröffentlicht wird. Ergänzend erscheint der offizielle Jahresabschluss des Unternehmens mit Lagebericht, Bilanz, GUV und Cashflow-Rechnung. Er enthält alle Informationen für den ökonomisch interessierten Leser.

Diese Dreiteilung erhöht nach unserer Auffassung die Leserfreundlichkeit und bietet die Möglichkeit, die individuell gewünschten Informationen schnellstmöglich zu finden.

Online-Kommunikation
Vor allem im Bereich der direkten und der „Alltags"-Kommunikation setzen die Bayerischen Staatsforsten auf digitale Kanäle. Über diese informieren sie ihre Zielgruppen, treten mit ihnen in den Dialog, verbreiten Botschaften, binden und akquirieren Kunden und Interessierte, beugen Krisen vor und reagieren auf diese. Auch in der Online-Kommunikation steht die nachhaltige Forstwirtschaft mit all ihren Facetten und damit die CSR-Kommunikation redaktionell im Fokus. Und wie bei den analogen Medien setzen sich das Prinzip des Corporate Publishing und die Verwendung von Narrativen in der Online-Kommunikation fort. Also alles gleich, nur eben ganz anders.

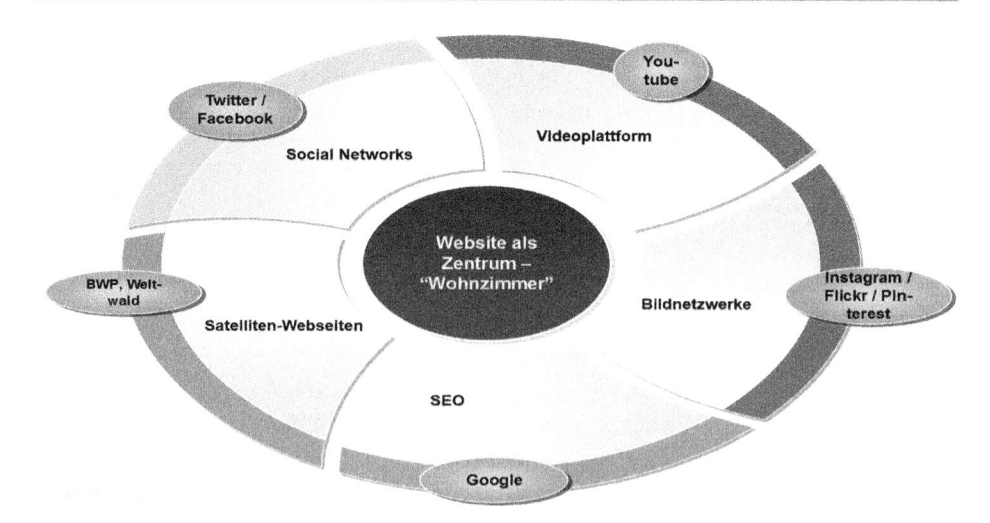

Abb. 3 Im Zentrum der digitalen Kommunikation steht die Website. Die grundsätzlich austauschbaren Kommunikationskanäle übernehmen als Satelliten Trichterfunktionen haben aber auch eigenständige kommunikative Aufgaben

Bei der Online-Kommunikation unserer ganzheitlichen Arbeit steht die Unternehmens-Webseite im Zentrum (www.baysf.de). Sie ist die strategische Mitte, um die sich die Social Media-Kanäle gruppieren. Die sozialen Netzwerke übernehmen dabei die Funktion von sogenannten Satelliten und bereiten die Inhalte je nach Kanal für die jeweiligen Zielgruppen auf. Zudem übernehmen die meisten Kanäle auch abseits der Satellitenfunktion eigenständige kommunikative Aufgaben (vgl. Abb. 3): Sie fungieren bspw. als Trichter, um neue Zielgruppen zu erschließen.

Die **Webseite** ist das „Digitale Wohnzimmer" der Online-Kommunikation und das wichtigste Kommunikationsmedium der Bayerischen Staatsforsten. Sie ist Infothek und Datenbank, bietet vor allem aber ein Füllhorn an Geschichten um den Wald, dessen Bewirtschaftung und die Nachhaltigkeit. Die Bedeutung des Waldes für die Gesellschaft zeigen ferner die umfangreichen Services, die auf der Webseite angeboten werden: von Ausflugtipps über Bastelanleitungen, Walderlebnisse, Wildrezepte, Sportmöglichkeiten bis hin zum Brennholzportal. Ergänzt um Location Based Informationen, etwa über GIS-Karten oder eingebettet in vielfältige Multimedia-Stories (vgl. Abb. 4).

Anhand von zwei Beispielen aus der Online-Kommunikation wird nachfolgend die Kommunikation von CSR-Themen dargestellt:

CSR-Kommunikation in der Forstwirtschaft

Abb. 4 Die drei Säulen der Nachhaltigkeit, neben Ökologie, Soziales und Ökonomie, werden gleichberechtigt und über sich laufend wechselnde Themen auf der Unternehmens-Webseite (www.baysf.de) kommuniziert. Die Verwendung von Holz im modernen und ökologischen Holzbau steht hier beispielhaft für eine bestimmte Zeit im Vordergrund

Facebook

Der neben der Webseite reichweitenstärkste Kanal ist die Facebook-Fanpage der Bayerischen Staatsforsten. Auf ihr gibt es eine bunte Mischung an Fach- und Waldthemen. Fachthemen werden „locker" aufbereitet – hier „menschelt" es. Als Satellit hat die Facebook-Seite mehrere Aufgaben: Sie arbeitet die Inhalte der Webseite für die Fans auf (vgl. Abb. 5). Aus längeren Texten werden kurze Teaser, die zu Aktionen anregen (Likes, Kommentare, Teilen der Beiträge). Hintergrundinformationen können sich User dann über Verlinkungen auf die Webseite holen. Aber nicht immer sind es Inhalte der Webseite, die auf Facebook veröffentlicht werden. Ein Großteil der Beiträge setzt sich aus Bildern und kurzen Geschichten der Mitarbeiter zusammen, die Einblicke in die Arbeit der Bayerischen Staatsforsten mit all ihren Facetten bieten. Dabei spielen neben der Holzernte vor allem Tierthemen, Naturaufnahmen und Ausflugstipps eine Rolle. Die Kommunikation auf Facebook lebt dabei von Emotion und Persönlichkeit.

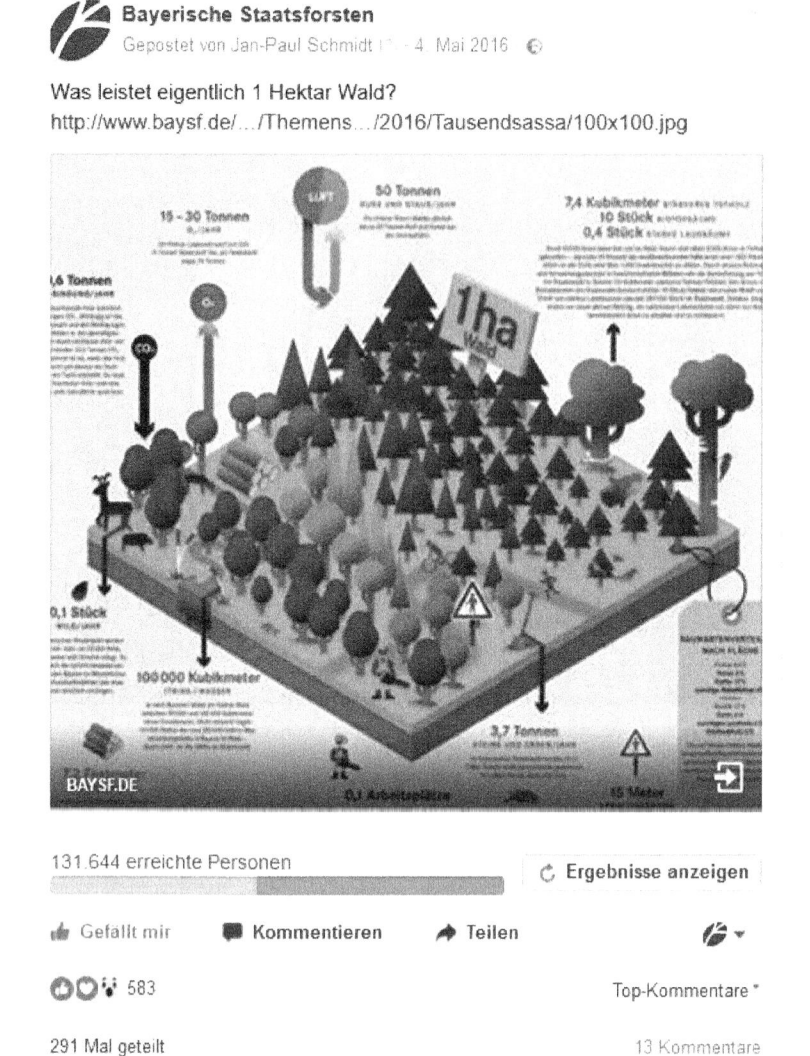

Abb. 5 Infografiken ermöglichen es, auch komplizierte Zusammenhänge verständlich und massentauglich darzustellen – eine Voraussetzung für Social Networks wie Facebook

YouTube

Bewegte Bilder sind aus der Online-Kommunikation nicht mehr wegzudenken und das mit zunehmender Bedeutung. Sie ermöglichen den Bayerischen Staatsforsten in unterschiedlichen Filmformaten und Serien die gesellschaftliche Bedeutung der Bewirtschaftung von Wäldern abzubilden. Die Bayerischen Staatsforsten verzichten dabei bewusst auf klassische Imagefilme, die in abstrakter Form die angeblichen Vorzüge von Unternehmen

CSR-Kommunikation in der Forstwirtschaft 273

Abb. 6 Menschen im Vordergrund: Über sie werden die wichtigsten Themen der nachhaltigen Forstwirtschaft transportiert

vorstellen. In unseren Filmen stehen immer Menschen im Vordergrund, die über sich bzw. von ihrer Arbeit und ihrer Verantwortung erzählen. In unserem Hauptfilm stellen wir beispielsweise unterschiedliche Mitarbeiter vor, die als Förster in verschiedenen Funktionen bei uns arbeiten – ob als Revierleiterin, passionierter Jäger oder Naturschutzspezialist. Es geht dabei um die thematische Bandbreite, die wir abdecken (vgl. Abb. 6). Es geht aber immer auch um die verschiedenen menschlichen Charaktere, die die Bayerischen Staatsforsten ausmachen und die mit ihrer Expertise und ihrer Liebe zum Ökosystem Wald die Basis einer nachhaltigen Forstwirtschaft bilden.

Abb. 7 Über einfache Lehrvideos, in denen eigene Mitarbeiter Profitipps geben, werden neue Zielgruppen erschlossen und unternehmensrelevante Inhalte vermittelt

Ein weiteres wichtiges Format auf YouTube sind unsere Lehrfilme/Tutorials, mit denen verschiedene forstliche Themen detailliert erklärt werden. Als Protagonisten stehen die Lehrmeister aus einem eigenen Bildungszentrum vor der Kamera und zeigen beispielsweise, wie man Motorsägen-Ketten schärft, alte Bäume fällt oder junge Bäume pflanzt. Diese Filme haben zumeist keine eigenständige kommunikative Aufgabe, sondern sollen YouTube-Nutzer auf uns aufmerksam machen, damit diese mit uns und unserer Arbeit in Kontakt kommen (vgl. Abb. 7). Idealerweise folgen sie uns (auf YouTube oder Facebook) bzw. informieren sich über unsere Arbeit auf unserer Webseite.

Folgende Kanäle werden von den Bayerischen Staatsforsten aktuell aktiv genutzt:

Webseite (www.baysf.de)

- Zentrum der Online-Kommunikation oder auch „Digitales Wohnzimmer"
- Keine Fremdbestimmung, Regeln bestimmt allein der Anbieter
- Aufbereiten von Themen, Informationen, Service-Angeboten

Facebook (https://www.facebook.com/BayerischeStaatsforsten/)

- Community-Aufbau und Reichweite als Hauptziele
- Breite Zielgruppe – von Mitarbeitern über Kunden bis zu Waldinteressierten
- Themenmix: Bunte Mischung an Fach- und Waldthemen; Fachthemen werden „locker" aufbereitet, menschelnd

YouTube (www.youtube.com/user/myBaySF)

- Aufbereiten komplexer Themen durch Videos
- Große Bedeutung, da YouTube nach Google die zweigrößte Suchmaschine der Welt ist
- Videos werden in Website eingebunden

Instagram (https://www.instagram.com/bayerische_staatsforsten/)

- Visuelles Storytelling und Emotionalität im Vordergrund
- Aufbau einer vorrangig jüngeren Zielgruppe
- Starke Motive aus allen Themenbereichen

Twitter (www.twitter.com/baysf_de)

- Aktuellster, schnellster Kanal
- Für Kommunikation mit Journalisten und Verbänden bedeutend
- Wichtig, um Trends und kritische Themen zu beobachten

Bildnetzwerk Flickr (www.flickr.com/photos/bayerischestaatsforsten)

- Die Bayerischen Staatsforsten verfügen über sehr gute Bilder/Bildmotive
- Flickr-Inhalte werden in Website integriert
- Dient als „externe Festplatte" für Suchende bzw. konkrete Anfragen

Satelliten-Webseiten (bspw. www.baumwipfelpfadsteigerwald.de; http://www.wald-im-spessart.de)

- Aufwertung von Einzelthemen durch eigenständige Webseite
- Möglichkeit Themen Raum zu geben, die auf der Webseite (www.baysf.de) strategisch keinen oder nur einen geringen Platz hätten
- Suchmaschinenoptimierung durch gegenseitige Verlinkung und Optimierung auf Keywords

Die Entwicklungen im digitalen Bereich vollziehen sich schnell. Was heute „in" und für die Öffentlichkeitsarbeit relevant ist, kann nächstes Jahr schon wieder unbedeutend sein. Es ist wichtig, flexibel auf Trends und Anlässe zu reagieren. Die Bayerischen Staatsforsten prüfen daher permanent, ob sich die definierten Zielgruppen noch in den bestehenden Online-Kanälen aufhalten und passen die Online-Kommunikation an.

Waldinformationssystem
Mit dem Waldinformationssystem geben die Bayerischen Staatsforsten dort Antworten, wo konkreter Wissensbedarf besteht oder Irritationen entstehen. Das ist die Philosophie, die hinter dem Waldinformationssystem steht. Ziel ist es, dem Waldbesucher zum einen zu verdeutlichen, dass er im Staatswald unterwegs ist und zum anderen diesem die wesentlichen Kerngedanken des Wirtschaftens im Wald zu vermitteln. Mit dem Waldinformationssystem (vgl. Abb. 8) haben die Bayerischen Staatsforsten die Chance, ihr Tun direkt vor Ort zu erklären und darüber hinaus Aufklärung zu betreiben – also die Verdeutlichung der eigenen Philosophie am konkreten Objekt oder das Erklären von typischen Spuren der Bewirtschaftung, die auf den ersten Blick negative Assoziationen auslösen können. Beispielhaft seien hier frische Hiebsmaßnahmen genannt, die für den Betrachter zunächst eine ungewohnte Situation darstellen können und möglicherweise Irritationen hervorrufen. Unsere Informationstafel gibt Antworten auf diese Fragen.

Abb. 8 Fragen beantworten, wo sie entstehen – diesem Anspruch soll das Waldinformationssystem gerecht werden

3 Fazit

Als vor 300 Jahren Hans Carl von Carlowitz den Begriff der „Nachhaltigkeit" in der Sylvicultura oeconomica erstmals prägte, hätte er sich sicher nicht träumen lassen, welch omnipräsente Verwendung und Bedeutung diese Wortneuschöpfung als kollektiver Hoffnungsbegriff im 21. Jahrhundert erlangen würde. Wann immer jemand betonen will, dass er „sicher", „langfristig" und „weitsichtig" denkt und handelt, (miss)braucht er den Begriff der Nachhaltigkeit, der so mehr und mehr zu einer Worthülse verkommt. Was auch immer „Nachhaltigkeit" für den Einzelnen bedeuten mag, in einem sind sich alle sicher: Nachhaltigkeit ist was Gutes. Im Grunde genommen stimmt das auch, bedeutet es doch nichts anders als: Verbrauche nicht mehr, als nachwächst.

Die Bayerischen Staatsforsten haben sich der Nachhaltigkeit verschrieben. Das Leitbild „nachhaltig wirtschaften" wird in unserer täglichen Arbeit konsequent umgesetzt, es durchdringt jeden Betrieb und jeden Bereich – auch die Unternehmenskommunikation. Dabei sehen wir uns mit Fug und Recht in bester Carlowitz'scher Tradition. Aus diesem Grund, so könnte man sagen, ist die Kommunikation der Bayerischen Staatsforsten eine ausschließliche CSR-Kommunikation. Dies unterscheidet unsere Kommunikation – oder besser noch die Kommunikation der Forstwirtschaft – grundsätzlich von anderen Wirtschaftsbereichen.

Die Nachhaltigkeits-Erfahrungen der letzten 300 Jahren Forstwirtschaft haben uns geprägt. Hans Carl von Carlowitz hat mit der „Nachhaltigkeit" nicht nur einen kulturellen

Leitbegriff geschaffen, sondern der Forstwirtschaft eine Geisteshaltung vermittelt, die uns in unserem täglichen Tun als Richtschnur dient. CSR-Kommunikation ist für uns daher kein zeitgemäßes Must-have, sondern angesichts unseres Geschäftsbereichs Selbstverständnis und der langen forstlichen Tradition innerste Überzeugung, die wir Tag für Tag leben.

Philipp Bahnmüller (39), Pressesprecher und Leiter der Unternehmenskommunikation der Bayerischen Staatsforsten. Nach dem Studium der Forstwissenschaften an den Universitäten Freiburg und Aberdeen (Schottland) Berufseinstieg bei einer Düsseldorfer Kommunikationsagentur. Von 2007 bis 2010 Aufbau der Öffentlichkeitsarbeit einer internationalen Waldschutzorganisation. Seit 2010 bei den Bayerischen Staatsforsten AöR in Regensburg.

Dr. Hermann S. Walter (41), Leiter des Staatsforstbetriebs Ottobeuren. Der vorliegende Beitrag entstand noch während seiner vorangegangen Tätigkeit als Leiter des Vorstandsbüros. Herr Dr. Walter studierte Forstwissenschaften in München-Weihenstephan und war nach Eintritt in die ehemalige Bayerische Staatsforstverwaltung seit Gründung der Bayerischen Staatsforsten im Jahr 2005 im Vorstandsbüro tätig.

Joachim Keßler (43), Leiter des Staatsforstbetriebs Heigenbrücken im Spessart. Nach Studium der Forstwissenschaften in Freiburg, Zürich und München Eintritt in die Bayerische Staatsforstverwaltung. 2005 bis 2010 Pressesprecher der Bayerischen Staatsforsten.

CSR-Kommunikation in der Modebranche

Transparenz für mehr Verantwortung über die gesamte textile Wertschöpfungskette

Sven Bergmann

1 hessnatur: Pionier für nachhaltige Mode

Nachhaltiges Handeln ist für hessnatur Gründungsimpuls, Unternehmensprinzip und wesentliches Alleinstellungsmerkmal. hessnatur hat das Thema Nachhaltigkeit nicht im Verlauf der Unternehmensentwicklung entdeckt, sondern arbeitet von Beginn an nach diesem Prinzip. Als Heinz und Dorothea Hess 1976 ihr Unternehmen gründeten, hatten sie ein Ziel: Gesunde, schadstofffreie Kleidung für ihr erstes Kind, den Sohn Matthias. Im konventionellen Handel war Kleidung aus Naturfasern ohne chemische Ausrüstungen kaum zu finden. Davon ließen sie sich nicht entmutigen, wurden selbst aktiv und knüpften Kontakte zu Lieferanten, die Kleidung nach ihren Vorstellungen fertigen konnten. Diese Idee sprach sich schnell herum und aus den familiären Anfängen entwickelte sich bald ein erfolgreicher Versandhandel für Kleidung, Wäsche und Accessoires. Seit mehr als 40 Jahren bestimmen die drei Dimensionen nachhaltigen Handelns, Ökologie, Ökonomie und Soziales, die Unternehmensausrichtung. Dabei übernimmt der Naturmodepionier Verantwortung über die gesamte textile Wertschöpfungskette, vom Anbau bis zum Kleiderbügel. Mit Naturmaterialien, bevorzugt aus kontrolliert biologischem Anbau (kbA) oder kontrolliert biologischer Tierhaltung (kbT), Rohstoffen natürlichen Ursprungs oder Recyclinglösungen ist hessnatur in der gesamten Breite und Konsequenz des Sortiments Vorreiter für nachhaltige Mode. Heute steht das Unternehmen mehr denn je für die Verbindung von Ethik und Ästhetik und zeigt, dass Mode und Nachhaltigkeit keinen Widerspruch bedeuten. Mit einer einheitlichen Designhandschrift über die gesamte Kollektion löst hessnatur diesen Anspruch ein, Passform, Stilistik und Verarbeitungsqualität eingeschlossen.

S. Bergmann (✉)
Unternehmenskommunikation, Hess Natur-Textilien GmbH
Butzbach, Deutschland
E-Mail: solar.sven@web.de

1.1 Die Verbreitung der Idee

Mit ihrem Gründungsimpuls setzten sich Heinz und Dorothea Hess ganz bewusst vom konventionellen Markt ab, der in den 70er-Jahren stark von farbigen Synthetikfasern und chemischen Ausrüstungen geprägt wurde. Dieses Vorgehen war immer erklärungsbedürftig: Was unterscheidet Natur- und Synthetikfasern? Woher stammen die Rohstoffe und wie werden diese verarbeitet? Warum sind Farbstoffe oder Beimischungen problematisch? Wie belasten Kunstfasern die Umwelt? Warum ist die Kleidung nicht günstiger, wenn auf einzelne Stoffe verzichtet wird? Deshalb war die transparente Kommunikation mit den Mitarbeitern wie nach außen von Beginn an wesentliches Element des unternehmerischen Handelns. Mit ihrer Überzeugungskraft versuchten die Firmengründer eine interessierte Öffentlichkeit für ihr Thema zu begeistern. Kunden fanden seit 1976 aufklärende Berichte im Versandkatalog und „100 % ehrliche Antworten" zur hessnatur Philosophie sowie über Materialeigenschaften, Verarbeitungsverfahren und Auswirkungen auf Gesundheit und Wohlbefinden. Ein befreundeter Tee-Anbieter ermöglichte die gemeinsame Versendung der Kataloge als Beileger zu Bestellungen. Die hessnatur Kataloge werden heute in Eigenregie an rund 1 Mio. Kunden in Deutschland, Österreich und der Schweiz verschickt. Neben der Produktvorstellung informieren die Kataloge über den nachhaltigen Ansatz von hessnatur, einzelne Anbau- oder Sozialprojekte und stellen Lieferanten im Portrait vor. So sind die Kataloge charakteristische Belege für die CSR-Kommunikation in 40 Jahren.

2 Transparenz als strategische Verpflichtung

Transparenz ist für hessnatur der Schlüssel zu mehr Verantwortung in der Textilindustrie. Die bei hessnatur gelebte Nachhaltigkeitskultur ist maßgeblich für alle Kommunikationskanäle, nach innen und außen, analog wie digital. Das unternehmerische Handeln soll für Kunden, Lieferanten, Partner, Stakeholder sowie die Mitarbeiter transparent, nachvollziehbar und greifbar werden. Die interne und externe Kommunikation stehen spiegelbildlich für die nachhaltige Firmenkultur. Dieser Ansatz wird nicht nur von den Experten der CSR-Fachabteilung, der Geschäftsführung oder den Kommunikationsverantwortlichen getragen: Jeder der 370 Mitarbeiter lebt den Gedanken und fordert diesen jederzeit im Firmenalltag ein. Nachhaltigkeit zieht sich als roter Faden über alle Kontaktpunkte des Unternehmens.

2.1 Interne Kommunikation

hessnatur arbeitet als Multi-Channel-Anbieter: Die eigenen Mitarbeiter betreuen alle Vertriebskanäle zum Kunden, die Stores genauso wie den Onlineshop sowie die Gestaltung sämtlicher Kataloge. Der Kundenservice steht für höchste Beratungskompetenz. Jeder Mitarbeiter erhält eine „textile Fachschulung". Neben der Vorstellung des strategischen

Ansatzes und dem Einblick in die verschiedenen Unternehmensbereiche werden detaillierte Einblicke zu Materialien, Verarbeitungsverfahren sowie Nachhaltigkeitsmanagement vermittelt. Das Konzept besteht aus den vier Säulen „Kennenlernen der Marke hessnatur", „Kennenlernen der Bereiche", „Kennenlernen der textilen Kette" und „Kennenlernen der Kunden". Hierzu gehören Zahlen und Fakten, die Entwicklung von hessnatur seit der Gründung und die Werte, die das Unternehmen auszeichnen, insbesondere die ökologischen und sozialen Standards und deren konkrete Umsetzung. Darüber hinaus wird über die acht Kernarbeitsnormen, die Mitgliedschaft bei der Fair Wear Foundation (FWF), den Global Organic Textile Standard (GOTS) oder die Mitgliedschaft im Internationalen Verband der Naturtextilwirtschaft (IVN) informiert. Jedes Jahr vor Erscheinen einer Frühjahr/Sommer- oder Herbst/Winter-Kollektion werden alle Mitarbeiter in den verschiedenen Stores oder in der Kundenbetreuung neu geschult. Gerade die Kunden schätzen die Konsequenz mit der hessnatur nachhaltig handelt und die Mode, die man in dieser Breite sonst bei keinem anderen Anbieter findet.

2.2 Menschen vermitteln Geschichten

Für viele Unternehmen ist es eine Herausforderung, authentische Geschichten zu finden, um die eigene Botschaft zu vermitteln. hessnatur kann den Einsatz für nachhaltige Mode mit einer Fülle exemplarischer Unternehmungen verdeutlichen und illustrieren. Auf der Suche nach Naturfasern oder nachwachsenden Rohstoffen wurden national wie international Kontakte geknüpft und Projekte initiiert, über die regelmäßig berichtet wird. In der Fachabteilung für Nachhaltigkeitsmanagement arbeiten gefragte Ansprechpartner für Verarbeitungsprozesse, Sozialstandards, Grenzwerte oder Richtlinien. Schon in den ersten Jahrzehnten des Unternehmens war die Kommunikation zu den Kunden und die Beantwortung von Anfragen ein ganz persönliches Anliegen der Firmengründer. Im Vorwort zum Katalog, in Interviews oder Ratgebern erklärten sie ihr Handeln und ihre Maßstäbe für die Leserinnen und Leser. Viele der Inhalte stehen nach wie vor im Mittelpunkt der Kommunikation, heute vor allem über die stark wachsenden digitalen Kanäle.

2.3 Soziale Medien und Newsletter

Die sozialen Medien sind umfassend in die Kommunikation von hessnatur eingebunden. Auf Facebook, Twitter, Google oder YouTube findet ein reger Austausch von Empfehlungen, Anmerkungen und Kommentaren statt. Im hessnatur Blog wird kontinuierlich über Kleidung, Stylingtipps, Insideraktionen oder Initiativen wie den Fashion Revolution Day berichtet. Wöchentlich veröffentlicht hessnatur Neuigkeiten im Newsletter. Dabei ist die Kommunikation nie eine Einbahnstraße. Alle Anregungen der Kunden werden gesammelt, ausgewertet und fließen in die weitere Kollektionsentwicklung ein.

2.4 Ladeneröffnungen und Kundenkommunikation

2014 eröffnete hessnatur mit neuen Konzept-Stores in Frankfurt und Düsseldorf ein neues Kapitel in der Unternehmensgeschichte. Dabei unterscheiden sich die Standorte vor allem im Ladenbau und durch die moderne, transparente Kundenkommunikation von den bisherigen Standorten. Eine Weltkarte führt die sozialen Projekte, für die hessnatur steht, zusammen. Informationslamellen zeigen Etappen der textilen Kette und greifen Materialthemen auf, bei denen sich hessnatur von anderen Anbietern unterscheidet. Kurzfilme geben auf vier Monitoren plastische Eindrücke von Anbauprojekten und zum sozialen Engagement. Die offene Warenpräsentation, das transparente Regalsystem, die ökologischen Materialien in moderner Interpretation und die offene Kommunikation unterstreichen den ganzheitlichen Ansatz von hessnatur.

2.5 Insideraktionen

Um Kunden die Wertigkeit der Kleidung zu demonstrieren, führt hessnatur immer wieder „Insideraktionen" durch. Kunden und interessierte Verbraucher können sich für den Test ausgewählter Kleidungsstücke oder Produkte bewerben. Einzige Verpflichtung für die Teilnehmer ist, dass sie sich während oder im Anschluss an die Testphase zu den Produkten äußern. Entscheidend ist, dass Kunden sich praktisch mit den Produkten auseinandersetzen, Vorteile und Probleme erkennen und sich mit den sozialen und ökologischen Aspekten eines Produktes beschäftigen.

2.6 Nachhaltigkeit ist gefragt

hessnatur verfolgt seit Jahrzehnten eine offene und proaktive Kommunikationspolitik. Gerade in den letzten Jahren ist das Interesse der Medien an Nachhaltigkeitsthemen deutlich gestiegen. In der lokalen und überregionalen Presse lassen sich vermehrt Berichte über Schadstoffe in der Kleidung, unzumutbare Arbeitsbedingungen oder Belastungen für die Umwelt verfolgen. Auch die klassische Modepresse öffnet sich zunehmend für einen Blick hinter die Kulissen von Glanz und Glamour. Stylische Looks und prominente Mode-Ikonen stehen weiter im Mittelpunkt, aber zunehmend berichten die Hochglanzmagazine auch über Herkunft von Materialien und Stoffen sowie über die soziale Dimension der Textilindustrie. Da die Medien über ein sehr genaues Bild ihrer „Kunden" verfügen, liegt es nahe zu vermuten, dass sich das Interesse der Leser, Zuhörer oder Zuschauer verändert hat. Sie wollen zunehmend wissen, wo, wie und von wem ihre Lieblingsteile hergestellt werden. Dabei zeigt sich, dass hessnatur nicht nur auf dem richtigen Weg, sondern seiner Zeit weit voraus ist. Immerhin ist der Naturmodepionier 2008 als erstes deutsches Unternehmen mit dem Deutschen Nachhaltigkeitspreis ausgezeichnet worden.

2.7 Begeisterung steckt an

Viele Menschen begeistern sich für die Mode von hessnatur und identifizieren sich mit der besonderen Unternehmensphilosophie. Es gibt ein großes Interesse, hessnatur kennenzulernen oder noch mehr Hintergründe zu erfahren. Kunden möchten das Unternehmen besichtigen, Journalisten erkundigen sich nach innovativen Konzepten oder dem Fortschritt einzelner Projekte und Studenten möchten hessnatur als Praxisbeispiel in ihre Studienarbeiten einbinden. Deshalb steht die Vermittlung der Erwartungen von außen mit den Anstrengungen der Mitarbeiter in ihrer täglichen Arbeit im Mittelpunkt der externen Kommunikation von hessnatur. Die Erfahrung zeigt, dass zufriedene und überzeugte Kunden die besten Botschafter in die Gesellschaft und damit für den weiteren Unternehmenserfolg sind.

3 Partner in der Kommunikation

Um die sozialen und ökologischen Ansprüche einzulösen, steht hessnatur im Dialog mit vielen wichtigen Stakeholder-Gruppen. Mit der Clean Clothes Campaign entwickelte hessnatur ein Kontrollsystem, das faire Arbeitsbedingungen überwacht und umsetzt. Zur Verbesserung der Arbeitsbedingungen in den Produktionsbetrieben sind dies vor allem die internationale Multistakeholder-Organisation Fair Wear Foundation und bei den ökologischen Standards die GOTS Organisation. 2005 ist hessnatur als erstes deutsches Unternehmen der Fair Wear Foundation beigetreten. Das bedeutet, dass nicht nur die Produktionsstätten regelmäßig überprüft werden, sondern auch hessnatur selbst auditiert wird. Außerdem engagiert sich hessnatur seit dessen Gründung im Internationalen Verband der Naturmodeanbieter (IVN). Auch in dieser Zusammenarbeit steht die Weiterentwicklung von Standards und Kriterien für die nachhaltige Produktion im Mittelpunkt.

3.1 Für langfristige Lösungen

Neben diesen strategischen Partnerschaften arbeitet hessnatur auch mit anderen Unternehmen zusammen, die sich mit Blick auf soziale und ökologische Verbesserungen in diesen Organisationen engagieren. Die Erfahrungen der vergangenen Jahre zeigen, dass sich so Fortschritte noch wirksamer erzielen lassen. Nach den Zahlen des letzten Geschäftsjahres 2015/2016 arbeitet hessnatur mit 70 % seiner Lieferanten fünf Jahre und länger zusammen und mit 40 % seiner Partner zehn Jahre und länger. Diese Bilanz ist für die Textilbranche eher ungewöhnlich. Außerdem ist die überwiegende Zahl der Konfektionsbetriebe in Deutschland und Europa beheimatet. Die Arbeitsbedingungen in den 138 Produktionsbetrieben werden stetig weiterentwickelt. Dabei sind die hessnatur Sozialstandards maßgeblich, die auf den Konventionen der Internationalen Arbeitsorganisation (ILO) sowie der Allgemeinen Erklärung der Menschenrechte der Vereinten Nationen basieren und in allen Produktionsbetrieben umgesetzt werden müssen. Im Rahmen des ganzheitlichen Ansatzes sieht sich hessnatur nicht nur in einer sozialen sondern einer umfassenden gesellschaftlichen Verantwortung.

3.2 Brancheninitiative Textilbündnis

Die Textilindustrie ist eine der am stärksten globalisierten Industriezweige. In vielen Ländern werden Umweltauswirkungen der Produktion und Sozialstandards missachtet. Seit 2014 setzt sich Bundesentwicklungsminister Dr. Gerd Müller für mehr Verantwortung in der Textilindustrie und für eine Reform von einem „freien" zu einem „fairen" Handel ein. Als erstes deutsches Unternehmen hat hessnatur die Initiative zum Bündnis für nachhaltige Textilien unterzeichnet. Anfänglich war die Zurückhaltung der Branche groß. Erst im Herbst 2015 sind bekannte Unternehmen mit einem großen Marktvolumen dem Bündnis beigetreten. Ziel des Ministeriums ist, bis 2017 75 % des deutschen Einzelhandelsmarktes für Textilien und Bekleidung abzudecken. hessnatur ist in den Arbeitsgruppen des Textilbündnisses an der Erarbeitung der sozialen und ökologischen Standards beteiligt. Neben hoher Transparenz und einem Branchenmindeststandard plädiert hessnatur dabei für einen Best Practice Standard, damit eine Dynamik für weitere Verbesserungen ausgelöst wird. Im Juni 2016 verabschiedete das Bündnis eine erste Liste verbotener Chemikalien, die einen Mindeststandard definieren. Im Frühjahr 2017 reichten die beteiligten Unternehmen ihre Anforderungsprofile beim Textilbündnis ein.

3.3 Das ganze Bild: Der erste Nachhaltigkeitsbericht

Beflügelt durch die Auszeichnung mit dem ersten Deutschen Nachhaltigkeitspreis dokumentierte hessnatur sein umfassendes Engagement und den Status quo im Umgang mit Nachhaltigkeit im Sommer 2013 erstmals in einem „Bericht zur Nachhaltigkeit". Die mehr als 100 Seiten umfassende Publikation baut auf dem jährlichen Sozialbericht für die FWF auf und orientiert sich an den international anerkannten Richtlinien der Global Reporting Initiative (GRI). Der „Bericht zur Nachhaltigkeit" bietet allen Interessengruppen einen Einblick in die Geschichte und strategische Ausrichtung des Unternehmens sowie in die Handlungsfelder Ökonomie, Ökologie und Soziales. Ziel ist es, transparent über die Fortschritte in den Bereichen nachhaltiges Wirtschaften, Umweltschutz, Produktverantwortung, Mitarbeiter und Verantwortung in der Lieferkette und auch in der Gesellschaft zu informieren. Dabei werden jeweils die grundsätzlichen Werte des Unternehmens und der aktuelle Status anhand konkreter Kennzahlen sowie Entwicklungsperspektiven dargestellt. Es wird offen beschrieben, wo hessnatur bereits gut aufgestellt ist und wo Verbesserungspotenzial bei der Umsetzung der Unternehmenswerte besteht. Ziel ist es, dass jede Interessengruppe, wie zum Beispiel Mitarbeiter, Lieferanten oder Kunden, im Bericht für sich relevante Informationen finden kann. Darüber hinaus bietet der Bericht eine Arbeitsgrundlage für hessnatur selbst: Die eigene Arbeit wird kritisch hinterfragt und konkrete Ziele zur ganzheitlichen Weiterentwicklung werden formuliert. Der Nachhaltigkeitsbericht wurde zum Vorbild für andere Berichte. Hochschulen für Mode und Gestaltung setzten den Bericht als Unterrichtsgrundlage im Lehrbetrieb ein.

3.4 Unterstützung des „Fashion Revolution Day"

Weltweit erinnert der 24. April als „Fashion Revolution Day" an die Fabrikkatastrophe von Rana Plaza in Bangladesch. Beim Einsturz eines mehrstöckigen Fabrikgebäudes wurden 2013 mehr als 1100 Menschen getötet und 2000 Menschen verletzt. Damit sich ein solches Ereignis nicht wiederholt und um Verbraucher zu ermutigen, zu fragen, wie, wo, und von wem ihre Kleidung produziert wird, riefen Designer, Aktivisten, Händler und Privatpersonen 2014 den Fashion Revolution Day ins Leben. hessnatur unterstützt die internationale Initiative von Beginn an. Die Mitarbeiterinnen und Mitarbeiter in den hessnatur Stores tragen an diesem Tag ihre Kleidung „auf links gedreht" mit dem Etikett nach außen. Außerdem werden Puppen in Schaufenstern und Eingangsbereichen „verkehrt herum" dekoriert. Kunden und Passanten sollen so auf den Fashion Revolution Day aufmerksam und ermuntert werden, Fragen zur Herkunft ihrer Kleidung zu stellen. In den Stores wird das Zentralmotiv der Kampagne, „who made your clothes?" („Wer hat Ihre Kleidung gemacht?"), ausgehängt sowie Postkarten zur Information der Kunden ausgelegt. In allen Kommunikationskanälen wirbt hessnatur um Aufmerksamkeit für den Fashion Revolution Day und für faire Arbeitsbedingungen in der globalen Textilindustrie.

3.5 Ganz nah dran: Der erste hessnatur Kundenrat

Anfang 2013 rief hessnatur alle Kunden zur Wahl des Kundenrates auf. Im direkten Dialog mit der Geschäftsleitung sollten interessierte Verbraucher einen tieferen Einblick in die sozialen und ökologischen Projekte des Unternehmens bekommen und ihre Meinung bei der strategischen Weiterentwicklung einbringen. Unter notarieller Aufsicht wurden rund 200 Kunden aus Deutschland, Österreich und der Schweiz ausgelost, die am 1. Juni zur Wahl des offiziellen Sprechergremiums in Butzbach zusammentrafen. Dabei lernten sie das Unternehmen, die Mitarbeiter sowie die Geschäftsleitung kennen und stellten sich selber im Kreise ihrer Mitbewerberinnen und Mitbewerber vor. Schließlich wählten die Kunden ihre zwölf Sprecherinnen und Sprecher zum Gespräch mit der hessnatur Geschäftsleitung. Jeweils zwei Arbeitstermine pro Jahr waren für diesen Gedankenaustausch reserviert. Dafür wurden vorab thematische Schwerpunkte definiert, etwa das Recht auf Arbeit oder die Herausforderungen bei der Schuhproduktion. Außerdem führte eine Sommerexkursion zu einzelnen Anbauprojekten oder Lieferanten des Unternehmens, um auch den direkten Austausch mit den Partnern von hessnatur zu ermöglichen. Im November 2015 zählten die gewählten Sprecher zu den ersten Personen, die die von Grund auf neu gestaltete Kollektion Frühjahr/Sommer 2016 sehen und beurteilen durften. Alle Kundenräte hatten während der Arbeitsphase die Gelegenheit, über ein digitales Dialogforum in den Austausch mit dem Unternehmen zu treten.

4 Projekte für eine bessere Welt

Viele Rohstoff- und Anbauprojekte sind charakteristisch für Anspruch und Wirklichkeit bei hessnatur. Deshalb kommt diesen Projekten eine tragende Rolle in der Kommunikationsstrategie des Unternehmens zu. Neben internationalen Projekten stehen dabei heimische Kooperationen mit regionaler Ausrichtung. Dabei beschränkt sich hessnatur nicht auf einzelne „Leuchtturmprojekte". Alle Initiativen sind dem ganzheitlichen Ansatz verpflichtet.

4.1 Weltweiter Pionier für Bio-Baumwolle

1991 startete hessnatur als weltweit erster Anbieter mit einem Anbauprojekt für Bio-Baumwolle auf der Sekem-Farm in Ägypten. Es folgten in kurzen Abständen Anbauprojekte im Senegal, in der Türkei und in Burkina Faso und bald entschied hessnatur, alle reinen Baumwollartikel aus Bio-Baumwolle zu fertigen. Immerhin beträgt der Anteil der Bio-Baumwolle an allen verarbeiteten Fasern deutlich mehr als 60 %. Dabei setzt sich hessnatur für einen wassersparenden Baumwollanbau ein, etwa durch traditionellen Regenfeldanbau (Bewässerung nur durch natürliche Niederschläge) oder Tröpfchenbewässerung.

4.2 Vorbild in Bangladesch

Um zu zeigen, dass auch in Bangladesch vorbildlich Textilien produziert werden können, startete hessnatur zum Fashion Revolution Day 2017 das Naturindigo Selvedge Jeans Projekt mit handgewebten und Naturindigo gefärbten, aus Bio-Baumwolle gefertigten Selvedge Jeans. Nach der Fabrikkatastrophe von Rana Plaza 2014 hat sich hessnatur intensiv mit dem Standort Bangladesch beschäftigt und entschieden, mit hochwertigen Produkten eine Alternative zur üblichen Fast Fashion zu entwickeln. Dafür hat hessnatur zusammen mit den Partnern Deutsche Entwicklungsgesellschaft (DEG) und Classical Handmade Products (CHP) in Nilphamari, im Norden von Bangladesch, eine Produktionskette vom Rohstoff bis zum fertigen Denimgewebe aufgebaut. Mit exzellentem Handwerk, dem Einsatz traditioneller Webstühle, dem lokalen Anbau und Färben mit Naturindigo, der Abnahmegarantie für Bio-Baumwolle und fairen Arbeitsbedingungen zeigt die hessnatur Jeans mit klassischer Selvedge Webkante alle Vorzüge des Pionier-Projektes.

4.3 Alpaka Sozialprojekt Peru

Seit vielen Jahren ist Mode aus Alpaka in der Herbst/Winter Saison fester Bestandteil der Kollektionen. Dabei setzt hessnatur ganz auf Naturfasern in traditioneller Hirtenhaltung aus dem Ursprungsland Peru. Die Kamelart der Alpakas ernährt sich vor allem von Gräsern, die an den Hängen der Anden wachsen. Fernab jeder städtischen Zivilisation ziehen die Alpakahirten mit ihren kleinen Herden umher. Die extremen klimatischen Bedingungen sind ideal für die Qualität der Edelhaare, bedeuten aber ein hartes und einsames Leben für die Hirten. Zur Verbesserung der Lage der Alpakahirten startete hessnatur zum 40-jährigen Firmenjubiläum 2016 das Spendenprojekt zum Aufbau nachhaltiger und moderner Hirtenhäuser in Peru.

4.4 Anbau von Flachs in Hessen

Eine besondere Herzensangelegenheit für hessnatur ist das Projekt Hessen-Leinen. In Zusammenarbeit mit dem Institut für biologisch-dynamische Forschung (IBDF) und gefördert vom Land Hessen hat hessnatur 2005 die Produktion von Hessen-Leinen angestoßen und unterstützt. Heute betreibt hessnatur das Projekt eigenständig. 2006 entstand das erste Leinenhemd aus hessischem Bioflachs. Inzwischen hat die Produktlinie „Hessen-Leinen" einen festen Platz in der Kollektion. hessnatur gibt Abnahmegarantien und steuert die Weiterverarbeitung der Fasern. Das Projekt leistet einen großen Beitrag zu Biodiversität in Europa und sichert die Anbauflächen für eine der ältesten heimischen Pflanzenarten in der Textilproduktion.

4.5 Schurwolle aus der Rhön

Seit 1997 bietet hessnatur Jacken und Mäntel aus Schurwolle von Schafen aus dem Biosphärenreservat Rhön an. Bis dahin wurde die Wolle teilweise verbrannt oder vergraben, weil es keinen Verwendungszweck gab. Mit der Nutzung der eher gröberen Wolle kann eine der ältesten Nutztierrassen vor dem Aussterben bewahrt und für den Landschaftsschutz eingesetzt werden. Die Wolle wird einer sinnvollen Verwendung zugeführt. Dafür hat hessnatur eine eigene Verarbeitungskette aufgebaut. Die Artikel sind vor allem in der Herbst/Winter Saison fester Bestandteil der hessnatur Kollektion.

5 Globale Verantwortung ist möglich und nötiger denn je

Bei einer weiter wachsenden Bevölkerung kommt dem Thema Nachhaltigkeit gerade in der Textilindustrie eine größere Bedeutung zu. Das Wachstum von Fast Fashion seit der Jahrtausendwende lässt sich fast vollständig auf den verstärkten Einsatz synthetischer Fasern zurückführen. Diese Fasern verbrauchen endliche Rohstoffe und belasten sowohl bei der Produktion als auch nach dem Gebrauch die Umwelt. Ein bloßes „Weiter so" wird es bei der Begrenzung der natürlichen Ressourcen nicht geben. Deshalb wird es immer dringlicher, Alternativen für eine nachhaltige Entwicklung umzusetzen. hessnatur argumentiert daher in der festen Überzeugung, dass jeder einzelne Griff zu nachhaltiger Kleidung statt zu Fast Fashion eine Verbesserung für Tiere, Menschen und Umwelt bedeutet und nimmt daher nicht nur in der Kommunikation selbstbewusst in Anspruch: „Wir verbessern die Welt mit jedem einzelnen Kleidungsstück."

Sven Bergmann verantwortet seit 2013 die Unternehmenskommunikation der Hess Natur-Textilien GmbH. Der ausgebildete Historiker und Journalist betreut seit rund 20 Jahren die Unternehmenskommunikation nationaler und internationaler Marken.

CSR-Kommunikation in der Kosmetikbranche

Tina Bachstein und Corinna Paulus

1 Die Bedeutung von CSR in der dekorativen Kosmetikbranche

In den letzten Jahren bekennen sich mehr und mehr Kosmetikfirmen öffentlich zu ihrer gesellschaftlichen Verantwortung. Sie publizieren Unternehmensziele zu ökonomischer Nachhaltigkeit, Umweltschutz und sozialer Verantwortung. Auf diese Weise reagieren die Unternehmen auf das zunehmende gesellschaftliche Bewusstsein für nachhaltiges Wirtschaften. Wesentliche Treiber der Nachhaltigkeitstrends in der Kosmetikbranche sind unter anderem die Forderung nach Nachhaltigkeitsberichten, die mediale Präsenz von Nichtregierungsorganisationen und das steigende ethische und ökologische Konsumentenbewusstsein. Beispielsweise fragen Verbraucher heutzutage immer häufiger nach, woher die Inhaltsstoffe stammen und wie die Produkte hergestellt werden. Demnach sind Kosmetikunternehmen nicht nur zur Wahrung von Qualität und Sicherheit ihrer Produkte verpflichtet, sondern auch zur Verantwortung gegenüber deren Herkunft und Produktionsbedingungen.

Die Themen Umweltschutz und soziale Verantwortung sind seit der Firmengründung im Jahr 1865 für die Gruppe Schwan-STABILO von größter Bedeutung. Von Anfang an gehört das Verantwortungsbewusstsein gegenüber Mensch und Umwelt fest zum unternehmerischen Selbstverständnis. Folglich handelt die Unternehmensgruppe, zu der auch

---

T. Bachstein (✉) · C. Paulus
CSR Managerin, Schwan-STABILO Cosmetics GmbH & Co. KG
Heroldsberg, Deutschland
E-Mail: tina.bachstein@schwancosmetics.com

C. Paulus
E-Mail: corinna.paulus@schwancosmetics.com

© Springer-Verlag GmbH Deutschland, ein Teil von Springer Nature 2018
P. Heinrich (Hrsg.), *CSR und Kommunikation*,
Management-Reihe Corporate Social Responsibility,
https://doi.org/10.1007/978-3-662-56481-3_19

Schwan Cosmetics[1] gehört, mehr als 160 Jahre verantwortungsvoll. Als führender Private-Label-Produzent für Kosmetikstifte und -produkte im B2B-Bereich zählt Schwan Cosmetics viele internationale Kosmetikfirmen zu seinem Kundenstamm. Um seiner Verantwortung als Marktführer weiterhin gerecht zu werden und die Transparenz gegenüber den Endverbrauchern zu erhöhen, wird für Schwan Cosmetics neben dem sozialen und ökologischen auch das ökonomische Engagement immer wichtiger. Daher setzt sich das Unternehmen weitere Schwerpunkte auf seine CSR-Agenda: Dies sind unter anderem die nachhaltige Produktentwicklung und die Verantwortung für die Lieferketten – Themen, die in der gesamten Kosmetikbranche immer mehr nachgefragt werden.

Dies nahm Schwan Cosmetics zum Anlass, seinen Beitrag zu CSR öffentlich zu kommunizieren (www.schwancosmetics.com). Als eines der ersten Unternehmen in der Kosmetikindustrie berichtet das Unternehmen nach den Kriterien des Deutschen Nachhaltigkeitskodex (DNK) und orientiert am global anerkannten Standard der „Global Reporting Initiative" (GRI 4). Mit der Unterzeichnung des Kodex legt Schwan Cosmetics seine Nachhaltigkeitsziele und die Maßnahmen zu deren Erreichung offen und verpflichtet sich zur Einhaltung bestimmter Verhaltensrichtlinien.

2   CSR bei Schwan Cosmetics

Corporate Social Responsibility bedeutet für Schwan Cosmetics verantwortungsbewusstes Handeln gegenüber den Mitarbeitern und der Umwelt, am Markt und für das Gemeinwesen. Die Leitsätze zu diesen vier Handlungsfeldern dienen unternehmensweit als Richtschnur für den zukünftigen Weg des unternehmerischen Nachhaltigkeitsengagements und als qualitative Zielvorgaben für CSR im Unternehmen. Die CSR-Leitsätze wurden gemeinsam vom CSR-Manager, der Geschäftsführung und den Führungskräften aus den einzelnen Bereichen entwickelt und verabschiedet.

Nachhaltig agieren bedeutet für den internationalen Arbeitgeber, soziale wie ökologische Aspekte in alle Unternehmensprozesse zu integrieren und die finanzielle Unabhängigkeit zu bewahren. Schwan Cosmetics bekennt sich an allen Produktionsstandorten zur Einhaltung der Grundprinzipien der Sozialcharta, der weltweiten Rahmenvereinbarung zwischen Unternehmen und Gewerkschaften zur Förderung humaner Arbeitsbedingungen. Als Industrieunternehmen, dem die Sicherheit seiner Produkte am Herzen liegt, hat Schwan Cosmetics auch eine gesellschaftliche Verantwortung zu tragen. Die Unternehmenskultur und die verschiedenen Arbeitszeitmodelle geben den Mitarbeitern Raum und

---

[1] Schwan-STABILO Cosmetics GmbH & Co. KG, kurz Schwan Cosmetics, stellte im Geschäftsjahr 2016/17 nahezu 2,5 Mio. Kosmetikstifte pro Tag in seinen elf Produktionsstandorten her. Dieser Erfolg ist darin begründet, dass Schwan Cosmetics das Kerngeschäft nachhaltig betreibt. An allen Produktionsstätten wird unternehmerisch verantwortungsvolles Handeln gefördert – und das aus Tradition. Schwan Cosmetics mit Sitz in Heroldsberg ist ein Teilkonzern der Gruppe Schwan-STABILO. Weitere Informationen zu Schwan Cosmetics finden Sie unter www.schwancosmetics.com.

CSR-Zielgrößen

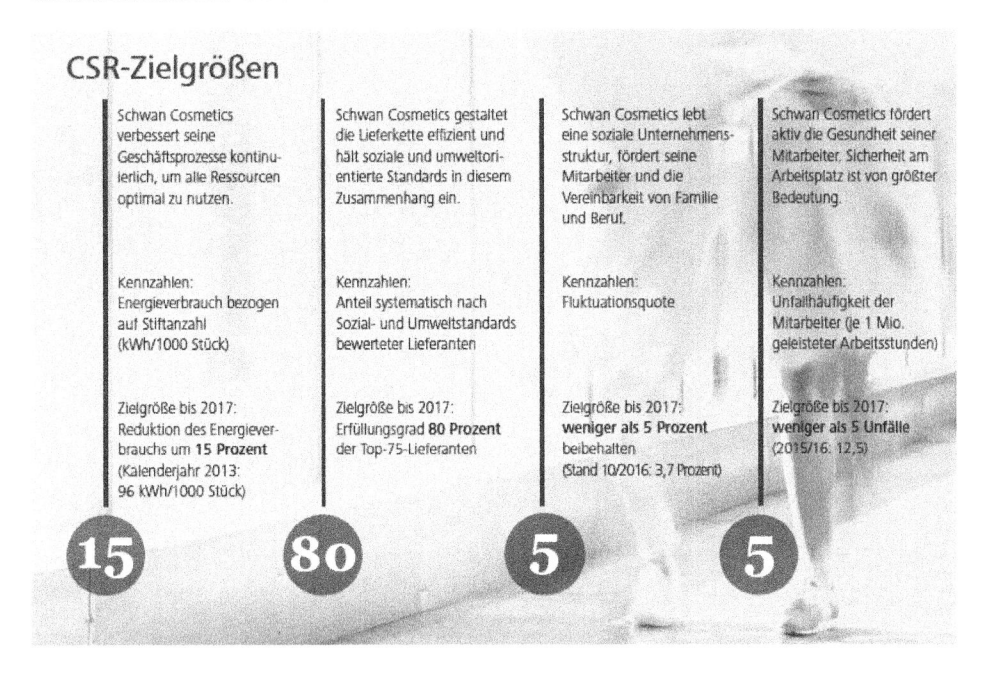

Schwan Cosmetics verbessert seine Geschäftsprozesse kontinuierlich, um alle Ressourcen optimal zu nutzen.	Schwan Cosmetics gestaltet die Lieferkette effizient und hält soziale und umweltorientierte Standards in diesem Zusammenhang ein.	Schwan Cosmetics lebt eine soziale Unternehmensstruktur, fördert seine Mitarbeiter und die Vereinbarkeit von Familie und Beruf.	Schwan Cosmetics fördert aktiv die Gesundheit seiner Mitarbeiter. Sicherheit am Arbeitsplatz ist von größter Bedeutung.
Kennzahlen: Energieverbrauch bezogen auf Stiftanzahl (kWh/1000 Stück)	Kennzahlen: Anteil systematisch nach Sozial- und Umweltstandards bewerteter Lieferanten	Kennzahlen: Fluktuationsquote	Kennzahlen: Unfallhäufigkeit der Mitarbeiter (je 1 Mio. geleisteter Arbeitsstunden)
Zielgröße bis 2017: Reduktion des Energieverbrauchs um **15 Prozent** (Kalenderjahr 2013: 96 kWh/1000 Stück)	Zielgröße bis 2017: Erfüllungsgrad **80 Prozent** der Top-75-Lieferanten	Zielgröße bis 2017: **weniger als 5 Prozent** beibehalten (Stand 10/2016: 3,7 Prozent)	Zielgröße bis 2017: **weniger als 5 Unfälle** (2015/16: 12,5)
15	**80**	**5**	**5**

Abb. 1 CSR-Zielgrößen von Schwan Cosmetics. (CSR-Bericht 2016)

Zeit, um bei ihren beruflichen Aufgaben ihre persönlichen Stärken einzubringen sowie Privat- und Berufsleben optimal aufeinander abzustimmen.

Schwan Cosmetics hat für sich CSR-Zielgrößen definiert (siehe Abb. 1). Ihre Erreichung beziehungsweise Einhaltung wird intern vom jeweils zuständigen Bereich gemessen.

2.1 CSR-Themen bei Schwan Cosmetics

Im Jahr 2016 stufte Schwan Cosmetics aus einer großen Sammlung 37 Themen als wesentlich für sich und seine Stakeholder ein. Diese sind in der nachfolgenden Wesentlichkeitsmatrix erfasst (siehe Abb. 2) und den vier CSR-Handlungsfeldern zugeordnet. Clustert man die wesentlichen CSR-Themen, ergeben sich insgesamt neun Kernthemen für das Unternehmen:

- Nachhaltige Produktverantwortung
- Werte und ethische Standards
- Nachhaltige Beschaffung
- Umweltschutz
- Arbeitnehmer- und Menschenrechte
- Personalstrategie/Soziale Unternehmenskultur

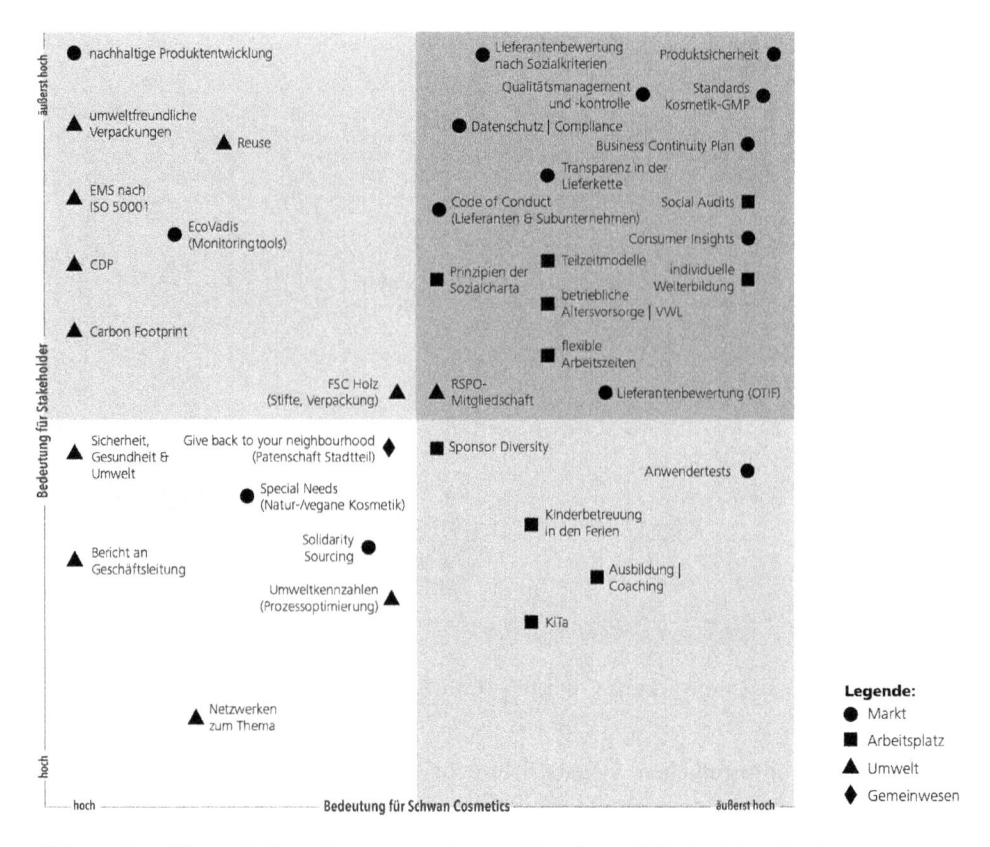

Abb. 2 Detaillierte Informationen entnehmen Sie dem CSR-Bericht 2016 unter www.schwancosmetics.com

- Gesundheitsmanagement
- Arbeitssicherheit
- Gesellschaftliches und regionales Engagement

2.2 Konkrete CSR-Aktivitäten bei Schwan Cosmetics

MARKT: *„Wir gestalten unsere Lieferkette effizient und halten dabei soziale und umweltorientierte Standards ein."*
Nachhaltigkeit geht über das eigene unternehmerische Handeln hinaus. Dem Anspruch, den Schwan Cosmetics im Bereich Corporate Social Responsibility weltweit an sich stellt, sollen auch die Lieferanten gerecht werden. Deshalb hat das Unternehmen einen **Supplier Code of Conduct** formuliert, der Handlungsgrundsätze für die vier Felder Markt, Arbeitsplatz, Umwelt und Gemeinwesen beinhaltet. Diesen Verhaltenskodex soll national und international jeder Lieferant unterzeichnen. Grundlegend ist für alle, dass sie sich

an die in den jeweiligen Ländern geltenden Gesetze halten. Darüber hinaus bestätigen die Lieferanten mit ihrer Unterschrift, dass sie auf Kinderarbeit, Zwangsarbeit, Diskriminierung und den Gebrauch körperlich erniedrigender, disziplinierender Maßnahmen verzichten. Außerdem verpflichten sie sich, Betriebsversammlungen und Tarifverhandlungen zuzulassen. Auf Arbeitsplatzsicherheit und die Gesundheit der Mitarbeiter achten die Lieferanten ebenso wie auf die Einhaltung von maximalen Arbeitszeiten. Auch aktiver Umweltschutz ist wesentlicher Bestandteil der Vereinbarung. Für den Fall, dass Lieferanten auf Leistungen von Subunternehmern zurückgreifen, müssen sie auch diese verpflichten, den Verhaltenskodex einzuhalten. Schwan Cosmetics behält sich das Recht vor, jederzeit unangekündigt Kontrollen durchzuführen beziehungsweise im Bedarfsfall dritte, unabhängige Agenturen einzusetzen, die die Einhaltung überprüfen. Bei Verstößen muss der Lieferant mit Sanktionen und unter Umständen dem Abbruch der Lieferbeziehungen rechnen. So gewährleistet das Unternehmen, dass der Code of Conduct eine ernstgenommene Richtlinie für nachhaltiges unternehmerisches Handeln in der gesamten Lieferkette ist.

Der Verhaltenskodex ist im **Supplier Life Cycle Management**, einem System zur Lieferantenbewertung, integriert. Über das softwaregestützte, abteilungsübergreifende Werkzeug definiert, bewertet und entwickelt das Unternehmen seine Lieferanten. Dadurch erhöht das Unternehmen die Transparenz der Lieferkette. Erhält ein Lieferant oder ein Rohstoff eine schlechte Bewertung, werden Maßnahmen, die das Risiko reduzieren oder vermeiden, abteilungsübergreifend besprochen und entschieden. Über das System zur Lieferantenbewertung und dem Supplier Code of Conduct bezieht Schwan Cosmetics seine Lieferanten in die eigene CSR-Strategie ein, um mit ihnen gemeinsam die Handlungsfelder der Nachhaltigkeit aktiv zu bearbeiten.

UMWELT: *„Wir messen uns an internationalen Umweltstandards."*
Schwan Cosmetics möchte dazu beitragen, unsere Umwelt für nachfolgende Generationen zu erhalten. Das Unternehmen ist davon überzeugt, dass es sowohl einen ökologischen als auch ökonomischen Mehrwert erzielt, wenn es Umweltschutz in alle Unternehmensprozesse integriert. An allen Standorten werden umfangreiche Umweltkennzahlen ermittelt, wie beispielsweise Wasser- und Energieverbrauch, die Prozesswassermenge oder Abfallarten. Seinen CO_2-Fußabdruck (Carbon Footprint) – auf Basis des Greenhouse Gas-Protokolls – ermittelt Schwan Cosmetics bereits seit 2013. Im selben Jahr nahm das Unternehmen auch erstmals am Carbon Disclosure Project (CDP) teil. Die Erstellung des unternehmerischen CO_2-Fußabrucks ist eine Grundvoraussetzung dafür, Optimierungspotenziale zu identifizieren und geeignete Maßnahmen zur weiteren CO_2-Reduktion umzusetzen. In einzelnen Projekten untersucht das Unternehmen, wie es langfristig seine CO_2-Emissionen in verschiedenen Bereichen nachhaltig senken kann. 2017 dokumentierte Schwan Cosmetics erstmals für alle Standorte die Scope 1- und Scope 2-CO_2-Emissionen sowie am Standort Heroldsberg auch Scope 3. Um den Carbon Footprint weiter zu reduzieren, tauscht das Unternehmen beispielsweise kontinuierlich herkömmliche Leuchtmittel durch LED-Technologie aus und rüstet schrittweise Kältetechnik auf

Turbotechnologie um. Des Weiteren erstellt Schwan Cosmetics Studien zum Einsatz regenerativer Energien – an mehreren Standorten werden diese auch bereits genutzt – und zur Realisierung von Energieverbundmaßnahmen. Im Jahr 2015 führte das Unternehmen ein Energiemanagement ein, das ISO 50001 zertifiziert wurde und investierte in ein eigenes Blockheizkraftwerk (BHKW) für ein Produktionsgebäude am Standort Heroldsberg. An einem der beiden Standorte in Mexiko fand 2016 bereits zum dritten Mal eine Baumpflanzaktion statt. Mitarbeiter pflanzten vor Ort 1000 Jungbäume, um den Waldbestand als wichtige Ressourcenquelle, die außerdem den Treibhauseffekt bremst, wiederaufzubauen.

ARBEITSPLATZ: *„Mit gesunden, kompetenten und motivierten Mitarbeitern wollen wir den Herausforderungen einer sich ständig verändernden und schnelllebigen Arbeitswelt begegnen."*

Die Gruppe Schwan-STABILO, zu der Schwan Cosmetics gehört, hat 2005 eine Sozialcharta unterzeichnet. Damit bekennt sich die Unternehmensgruppe öffentlich und klar zu ihrer sozialen und ethischen Verantwortung. Auf diese Weise verpflichtet sie sich in allen Hersteller- und Vertriebsunternehmen weltweit die Grundprinzipien und Kernarbeitsnormen der internationalen Arbeitsorganisation (ILO) einzuhalten. Das Monitoring Committee stellt sicher, dass die Sozialcharta eingehalten wird. Wenn Hersteller- und Vertriebsfirmen diese Grundsätze nicht einhalten, prüft es den Sachverhalt und schlägt geeignete Maßnahmen vor.

Die Vereinbarkeit von Familie und Beruf steht an allen Unternehmensstandorten im Fokus – so zum Beispiel auch in Kolumbien: Dort liegt der Anteil alleinerziehender Frauen bei fast 50 %. Da die Mitarbeiterinnen meist auch noch für den Unterhalt der restlichen Familie aufkommen müssen, stehen sie unter einem besonders großen Druck. Um diesen ein wenig abzufedern, unterstützt sie das Unternehmen finanziell. Am Firmenhauptsitz in Heroldsberg stehen in der firmeneigenen KiTa 23 Krippenplätzen sowie ein integrativer Krippenplatz zur Verfügung. Außerdem haben Eltern die Möglichkeit, ihre drei- bis zehnjährigen Kinder während der Sommerferien sowie am Buß- und Bettag in der Firma betreuen zu lassen.

Auch die Gesundheit der Mitarbeiter sowie deren Sicherheit am Arbeitsplatz hat Schwan Cosmetics in eigenen Leitsätzen verankert. Daraus leiten einzelne Unternehmensteile entsprechende Maßnahmen ab. Beispielsweise finden jährlich Arbeitsschutz-Aktionstage statt, bei denen Experten Tipps und Ratschläge unter anderem zum Thema „Ergonomie am Arbeitsplatz" geben und Arbeitsplatzbegehungen ermöglichen.

Schwan Cosmetics beschäftigt weltweit mindestens so viele Mitarbeiter mit Handicap wie gesetzlich vorgeschrieben. In Mexiko ist das Unternehmen bereits für seinen beispielhaften Umgang mit ihnen von der Regierung ausgezeichnet worden. Auch im globalen Netzwerk arbeiten Menschen mit Behinderung innerhalb der Wertschöpfungskette für Schwan Cosmetics. Zum Beispiel kooperiert das Unternehmen für das manuelle Verpacken der Produkte in Faltschachteln mit Subunternehmen, die überwiegend Menschen mit Handicap beschäftigen. Ziel der Zusammenarbeit sind arbeitstherapeutische Maßnahmen sowie die Schaffung fester Arbeitsplätze.

GEMEINWESEN: *„Als erfolgreiches, globales Unternehmen sind wir uns unserer gesellschaftlichen Verantwortung bewusst."*
Im Unternehmensumfeld aller Standorte möchte Schwan Cosmetics durch Aktivitäten im Gemeinwesen positive Spuren hinterlassen. „Give back to your neighbourhood" ist der Leitgedanke, den es weltweit lebt. In seinen CSR-Leitsätzen hat das Unternehmen verankert, dass es sich insbesondere für benachteiligte Mitmenschen und die Förderung von Kindern und Jugendlichen engagiert. Unterstützt werden soziale Projekte finanziell und ideell, das heißt, dass sich die Mitarbeiter in möglichst vielen Bereichen des gesellschaftlichen Lebens vor Ort einbringen.

Alle Tochterunternehmen spenden an die Kommunen des jeweiligen Standortes Geld. Der Hauptsitz des Unternehmens geht mit gutem Beispiel voran. Seit 2012 ist Schwan Cosmetics Pate für den Nürnberger Stadtteil St. Leonhard/Schweinau. Egal ob beim gemeinsamen Schachspiel oder beim Schulausflug nach Heroldsberg – die Patenschaft fördert den persönlichen Austausch zwischen Mitarbeitern und Bewohnern. Unter dem Motto „Ein Schultag mit dem Stadtteilpaten" durchliefen im April 2017 über 120 Schüler zweier Mittelschulen aus dem Patenstadtteil verschiedene Stationen im Unternehmen. Dabei erhielten sie wertvolle Tipps für eine erfolgreiche Bewerbung. Darüber hinaus stellten die Auszubildenden den Achtklässlern die Berufe Industriemechaniker, Fachkraft für Lagerlogistik und Produktionsfachkraft Chemie vor. Bereits seit 2013 organisiert Schwan Cosmetics diese Schulveranstaltung für die beiden Patenschulen.

3 CSR-Kommunikation bei Schwan Cosmetics

Aus Tradition handelt Schwan Cosmetics nachhaltig im Sinne der Corporate Social Responsibility: Bereits 1998 formulierte und veröffentlichte die Schwan-STABILO Gruppe am Standort Heroldsberg Unternehmensleitlinien zum Umweltschutz. 2005 unterzeichnete sie die Sozialcharta, eine weltweite Rahmenvereinbarung zwischen Unternehmen und Gewerkschaften zur Förderung humaner Arbeitsbedingungen. Jedoch kommunizierte das Unternehmen sein Engagement lange Zeit nur selten an externe Zielgruppen. Aufgrund zunehmender Kundenanfragen bezüglich des unternehmerischen gesellschaftlichen Engagements, nimmt die CSR-Kommunikation, die sich noch in den Anfängen befindet, in den letzten Jahren zu. Nicht zuletzt, weil das Unternehmen Ende 2013 erstmals die Position des CSR-Managers besetzte – drei Jahre später wurde der Fachbereich um eine zusätzliche Stelle erweitert.

3.1 Interne CSR-Kommunikation

Eine der ersten Aufgaben des CSR-Managers war es, Aktivitäten, die CSR zugeordnet werden konnten, für den gesamten Teilkonzern zu erfassen und zu bündeln sowie daraus eine CSR-Strategie zu entwickeln. In einer internen **CSR-Broschüre** wurde 2014 das unternehmerische verantwortungsvolle Handeln zusammengefasst und anschließend an die Führungskräfte verteilt. Ziel war es, den internen Stakeholdern das verantwortliche Handeln des Unternehmens transparent zu machen, den Aufbau der CSR-Strategie aufzuzeigen und ein einheitliches Verständnis von CSR zu schaffen.

Eine wichtige Rolle, um CSR in alle Unternehmensbereiche zu tragen und Themen der Nachhaltigkeit zu identifizieren, spielt der 2016 ins Leben gerufene sogenannte **CSR-Roundtable**. Im Zweimonatsrhythmus besprechen Mitarbeiter aus unterschiedlichen Fachbereichen CSR-Themen und positionieren diese unternehmensweit. Alle setzen sich gemeinsam für unternehmerisch verantwortungsvolles Handeln in ihren Abteilungen ein und erstellen Entscheidungsvorlagen für die Fachgremien.

Um innerhalb von Schwan Cosmetics ein einheitliches Verständnis von CSR zu schaffen und den Mitarbeitern eine Orientierung und Anregung für verantwortliches Handeln gegenüber Mensch und Natur zu geben, werden regelmäßig Berichte über die CSR-Aktivitäten aller Standorte im Intranet veröffentlicht. Dort ist auch der Anfang 2017 erschienene **CSR-Bericht 2016** einsehbar. Darüber hinaus nutzt die interne Kommunikation Aushänge, digitale schwarze Bretter in der Produktion und Beilagen in der Gehaltsabrechnung, um die Mitarbeiter zu erreichen. CSR bekommt auch im Rahmen des jährlich stattfindenden Management Meetings innerhalb der Führungsebene des Unternehmens seinen Platz. Durch die verschiedenen internen Kommunikationskanäle und Medien ist CSR inzwischen im ganzen Unternehmen ein Begriff.

3.2 Externe CSR-Kommunikation

Mit der Veröffentlichung des **CSR-Berichts 2016** stellt Schwan Cosmetics zum ersten Mal auch externen Stakeholdern und der interessierten Öffentlichkeit umfassend seine Aktivitäten und Leistungen im Bereich CSR dar. Auch die CSR-Leitsätze und Kennzahlen aus den CSR-Handlungsfeldern für das Geschäftsjahr 2016/17 werden aufgelistet. Als eines der ersten Unternehmen in der Kosmetikindustrie berichtet Schwan Cosmetics nach den Kriterien des Deutschen Nachhaltigkeitskodex (DNK) und orientiert am global anerkannten Standard der „Global Reporting Initiative" (GRI 4). Der aktuelle Bericht entspricht der ab dem Berichtsjahr 2017 EU-weit geltenden Berichtspflicht. Zwar fällt das Kosmetikunternehmen nicht darunter, berichtet aber aus Eigenverantwortung nach diesem anerkannten Standard. Der CSR-Bericht 2016, den es auch als Printversion in Deutsch und Englisch gibt, ist auch auf der Unternehmenswebseite online abrufbar. In einem eigenen CSR-Bereich, der kontinuierlich weiter ausgebaut wird, werden dort zusätzlich aktuelle CSR-Themen und -Aktivitäten dargestellt.

Bei der Erstellung des CSR-Berichts identifizierten die Teilnehmer des CSR-Roundtables die relevanten **Stakeholder**: Eigentümer und Gesellschafter, Management und Führungskräfte, Mitarbeiter und ihre Angehörigen, Key-Kunden, Betriebsrat, Gewerkschaften, Tochterunternehmen, Lieferanten und Wettbewerber. Der Dialog mit den Anspruchsgruppen ist für Schwan Cosmetics von zentraler Bedeutung. Durch ihn erhält es wesentliche Impulse für die Arbeit und kann so optimale Ergebnisse für seine Kunden generieren. Der Austausch mit vielen Stakeholdern erfolgt derzeit in Netzwerken. Bei nationalen und internationalen Messen und Veranstaltungen tauscht das Unternehmen Know-how aus und spricht mit anwesenden Stakeholdern.

Initiativen, die Schwan Cosmetics mit Unternehmensinformationen versorgt, sind **CDP** und **EcoVadis**. Schwan Cosmetics stellt sich seit 2014 jährlich den 21 Auswertungskriterien der internationalen Bewertungsplattform EcoVadis, dessen CSR-Analysesystem die vier Themenbereiche Umwelt, Soziales, Ethik und Lieferkette abdeckt. Die Methodik basiert auf internationalen CSR-Standards wie der Global Reporting Initiative, dem United Nations Global Compact sowie ISO 26000 und berücksichtigt 150 Einkaufskategorien sowie 140 Länder. Schwan Cosmetics nutzt EcoVadis, um Optimierungspotenzial zu erkennen und entsprechend umzusetzen. Bereits seit 2013 nimmt das Unternehmen am Carbon Disclosure Project (CDP) teil. CDP ist eine internationale, gemeinnützige Organisation, die Klimadaten sammelt und daraus Maßnahmen gegen den Klimawandel und für den Umweltschutz erarbeitet. In die Berichterstattung an CDP fließen die unternehmensweiten Daten zu CO_2-Emissionen und zum Umgang mit der Ressource Wasser ein. Über CDP vernetzt sich Schwan Cosmetics international, erhält wertvolle Anregungen für Maßnahmen zum Umweltschutz und leitet daraus Handlungsempfehlungen ab.

Beide Plattformen (CDP und EcoVadis) stellen für Schwan Cosmetics ein neutrales Bewertungsinstrument der eigenen CSR-Aktivitäten dar. Die Ergebnisse teilt das Unternehmen mit seinen Kunden. Mit diesen steht das Unternehmen ständig in direktem und persönlichem Kontakt. Zudem nehmen Vertreter von Schwan Cosmetics auch an Einladungen zum CSR-Austausch unserer Kunden teil. Die persönliche Kommunikation spielt auch in der Beziehung mit den Lieferanten eine wichtige Rolle. Beim Global Supplier Day, der 2016 erstmals am Standort Heroldsberg stattfand, hatte CSR einen eigenen Informationsstand. Alle geladenen Lieferanten hatten dort die Möglichkeit, sich mit der CSR-Managerin persönlich auszutauschen. Ausgelegte Flyer fassten das CSR-Engagement für die Lieferanten kompakt zusammen.

4 CSR bei Schwan Cosmetics – Erfahrungen und Praxistipps

Um CSR im Unternehmen wirksam einzuführen, bedarf es einer strategischen Bedeutung des Bereichs und der Unterstützung durch das Topmanagement. Gerade bei kleineren und mittelständischen Unternehmen gibt es häufig keine eigene CSR-Strategie. Diese sollte direkt mit dem Topmanagement sowie mit Mitarbeitern aus Unternehmensbereichen, die mit dem CSR-Management Überschneidungen haben, entwickelt und der Unternehmensstrategie untergeordnet sein. Des Weiteren sollte CSR keine „one-man-show" sein, sondern in allen Bereichen des Unternehmens gelebt und verbreitet werden. CSR muss Teil der Unternehmens-„DNA" sein. Dies hat Schwan Cosmetics unter anderem mit der Einführung eines CSR-Roundtables erreicht. Grundsätzlich gilt: Für einheitliche Strukturen und Prozesse im Unternehmen bedarf es Ausdauer und wiederkehrender CSR-Kommunikation.

Vorteilhaft ist es, von Anfang an die Transparenz über aktuelle sowie geplante CSR-Aktivitäten herzustellen und diese zu wahren, um ein einheitliches Verständnis des unternehmerischen Engagements zu schaffen. Hierzu gehört auch die Implementierung von Kennzahlen sowie geeigneten Monitoring-Systemen. Hilfreich für eine erfolgreiche CSR-Implementierung ist die Unterstützung der internen und externen Unternehmenskommunikation. In der Kommunikation zu externen Stakeholdern bewähren sich allgemeine Kommunikationsstandards wie ein eigener CSR-Bericht. Dabei sollten allerdings gerade Firmen mit einer kleinen CSR-Abteilung den zeitlichen Aufwand zur Erstellung des Berichts nicht unterschätzen – ratsam ist die Einbindung aller Unternehmensbereiche. In der internen Kommunikation lohnt es sich, in kleinen „Happen" über die CSR-Aktivitäten zu berichten und die Mitarbeiter zur Teilnahme und zu Feedback zu animieren. Mitarbeiter wollen CSR erleben und merken, dass das Unternehmen in diesem Bereich tatsächlich etwas tut und nicht nur darüber spricht.

Für mehr Transparenz gegenüber den Endverbrauchern hat es sich bewährt, gemeinsam mit Kunden an Schwerpunktthemen zu arbeiten. Um nachhaltiges Wirtschaften nachweisen zu können, müssen die Kosmetikfirmen entsprechende Informationen auch bei ihren Geschäftspartnern einfordern. Immer wichtiger wird es, das unternehmerische Engagement extern durch unabhängige Dritte überprüfen zu lassen und damit Transparenz zu schaffen. Deshalb sind allgemein anerkannte Bewertungstools wie EcoVadis, CDP oder externe Zertifizierungen essentiell für eine erfolgreiche CSR Politik.

Ein aktives CSR-Management in einem Unternehmen schafft Vertrauen und fördert das Engagement aller Stakeholder, sich mit diesem wichtigen und zukunfträchtigen Thema nachhaltig auseinanderzusetzen. Megatrends wie Digitalisierung und Globalisierung, denen viele Unternehmen folgen, erfordern nachhaltiges Engagement, um die Verantwortung gegenüber Menschen und Umwelt zu wahren. Deshalb brauchen Unternehmen ein funktionierendes CSR-Management und die übereinstimmende CSR-Kommunikation.

Tina Bachstein wechselte nach neunjähriger Redakteurstätigkeit bei einem lokalen Fernsehsender in die Unternehmenskommunikation zu Schwan Cosmetics. Sie war Ansprechpartnerin für Public Relations sowie Interne Kommunikation. Seit Ende 2016 ist sie als CSR-Managerin im Unternehmen tätig. Gemeinsam mit Dr. Corinna Paulus ist sie für den Fachbereich Corporate Social Responsibility verantwortlich. Bereits im Rahmen ihres Masterstudiums begann sie bei Schwan Cosmetics im CSR-Bereich und erarbeitete ein Veranstaltungskonzept für die bestehende Stadtteilpatenschaft des Unternehmens. Die gelernte Redakteurin studierte Sozialökonomik (B.A. & M. Sc.) an der Friedrich-Alexander-Universität Erlangen-Nürnberg.

Dr. Corinna Paulus studierte Betriebswirtschaftslehre an der Friedrich-Alexander-Universität in Nürnberg und promovierte am Lehrstuhl für Internationales Management zum Thema CSR. Im Anschluss daran begann sie 2013 bei Schwan Cosmetics als CSR-Managerin zu arbeiten und baute den dortigen CSR-Bereich auf. Hierzu zählten die Etablierung einer einheitlichen CSR-Strategie für Schwan Cosmetics sowie die Betreuung einzelner CSR Projekte, wie die Carbon Footprint Ermittlung, CDP oder die EcoVadis-Teilnahme. Ende 2016 wurde eine zweite Stelle im CSR-Bereich geschaffen und mit Tina Bachstein besetzt.

Wer? Was? Wann? Wo? Wie? Warum? Wozu?

Fragen an die Kommunikation von CSR und Nachhaltigkeit in kleinen und mittleren Unternehmen

Wolfgang Keck

Die Wirtschaftsthemen CSR und Nachhaltigkeit sind in kleinen und mittleren Unternehmen (KMUs) häufig hoch angesiedelt und gleichzeitig mit einem Mangel an strukturierter Aufbereitung, Zielorientierung und Kommunikation verbunden. Berater und Dienstleister aus der Organisationsentwicklung und den Public Relations können KMUs darin unterstützen, individuelle Erfolgspotentiale von CSR und Nachhaltigkeit aufzuzeigen, sofern sie an der spezifischen Unternehmenskultur ihrer Klientel ansetzen und sich auf deren Sprach- und Denkgewohnheiten einlassen. Die andere Seite der Medaille professioneller Kommunikation zeigt: Journalisten behandeln CSR und Nachhaltigkeit, zumindest was den unternehmerischen Mittelstand betrifft, eher zurückhaltend. Mangelt es ihnen an Modellen und Formaten für eine fachlich tiefgreifende und ausgewogene Berichterstattung? Kritisch hinterfragt: Sind CSR und Nachhaltigkeit überhaupt einen journalistischen Beitrag wert?

Nachrichten und Berichte bearbeiten Journalisten mittels der klassischen sieben „W-Fragen" der Kommunikationstheorie. Dieser Struktur folgend, nähert sich der vorliegende Artikel dem Status quo der Kommunikation von CSR und Nachhaltigkeit in KMUs. Er liefert Anregungen zum Weiterdenken und Ergänzen, Hinterfragen und Erfahrungsaustausch für die am Thema beteiligten Akteure.

1 Wer?

Den wirtschaftlichen Erfolg und ihre Zukunftssicherung schreiben vor allem kleine und mittlere Unternehmen der Erfahrung, Leistungsbereitschaft und Treue qualifizierter Mitarbeiter zu. In Studien und Befragungen zu CSR und Nachhaltigkeit im Mittelstand belegen

W. Keck (✉)
Senior Consultant, keck kommuniziert!
Berlin, Deutschland
E-Mail: keck@keck-kommuniziert.de

© Springer-Verlag GmbH Deutschland, ein Teil von Springer Nature 2018
P. Heinrich (Hrsg.), *CSR und Kommunikation*,
Management-Reihe Corporate Social Responsibility,
https://doi.org/10.1007/978-3-662-56481-3_20

Maßnahmen die vordersten Stellen, die eine positive Personalentwicklung und steigende Attraktivität als Arbeitgeber beabsichtigen. Auf der Suche nach dem „Wer" in der Kommunikation von CSR und Nachhaltigkeit halten Presseberichte und Unternehmen allerdings oft gleichermaßen an Stellungnahmen von Führungskräften fest. Zwar sollte glaubwürdige CSR von der Unternehmensspitze mitgetragen werden, mit dem praktischen Verständnis von CSR als permanentem Verbesserungsprozess verbindet sich allerdings eine Vielzahl an Gesichtern. Es sind zahlreiche „Wer's", welche im Unternehmen und entlang seiner Wertschöpfungskette verantwortlich mitwirken und CSR nachvollziehbar und dauerhaft tragfähig machen. Diese „Wer's" reichen bis zu Personen und Organisationen, die dem Unternehmen mit gleichgerichteten oder auch entgegengesetzten Interessen und Ansprüchen begegnen. Die sogenannten „Stakeholder" zu kennen, ist der erste Schritt zur Dialogfähigkeit eines Unternehmens mit seinem gesellschaftlich relevanten Umfeld. Aus ökonomischer Perspektive bildet der Stakeholder-Dialog eine Grundlage für gesellschaftliche, soziale und ökologische Innovationen, genauso wie für damit einhergehende Folgenabschätzung und Risikomanagement.

Einige Unternehmen beginnen bereits damit, ihren wirtschaftlich wichtigsten Stakeholdern, den eigenen Mitarbeitern, eine Stimme zu CSR und Nachhaltigkeit zu geben. So nennen manche Nachhaltigkeitsberichte auch Mitarbeiter, die in einer betrieblichen Arbeitsgruppe an der Entwicklung einer CSR-Strategie und Verbesserung der Nachhaltigkeitsperformance des Unternehmens mitwirken. Solche Mitarbeiter lassen sich als Nachhaltigkeitsbeauftragte einzelner Unternehmensbereiche auch über die Dauer der Erstellung eines Berichts hinaus einsetzen. Damit lassen sich in der internen Kommunikation CSR-Prozesse personalisieren und verstetigen. Wählt ein Unternehmen andere oder weitere Formate als einen Nachhaltigkeitsbericht, um seine CSR-Leistungen aufzubereiten, kann es Mitarbeiter mittels Foto und persönlichen Aussagen über CSR auch auf den Internetseiten und in einem medial passend abgestimmten Kommunikationsmix – bis zum „Nachhaltigkeitsbotschafter" in einer Werbeoffensive – zeigen.

Ein genauer Blick auf Partnerschaften und Beziehungen, die ein Unternehmen mit seinem wirtschaftlichen, sozialen und gesellschaftlichen Umfeld pflegt, macht auf weitere „Gesichter" aufmerksam, die CSR und Nachhaltigkeit als „Botschafter" transportieren können. Aus guten Verbündeten können Fürsprecher werden, die die Nachhaltigkeitsleistungen eines Unternehmens authentisch bestätigen. Nicht nur große Unternehmen, sondern auch KMUs haben die Chance, gezielt nach anerkannten Meinungsbildern Ausschau zu halten und deren Kompetenzen und mediales Gewicht zur eigenen Positionierung zu nutzen. Die Möglichkeiten, auch bedeutsame Stakeholder aus Zivilgesellschaft, Politik und Wissenschaft in CSR- und Nachhaltigkeitsthemen einzubinden, ergeben sich zum Beispiel durch ein Grußwort bei einer Kampagne oder die Schirmherrschaft für ein CSR-Projekt. Stakeholder lassen sich aber auch als Experten in einen extern besetzten Nachhaltigkeitsbeirat des Unternehmens einbinden. Auch kleinere Unternehmen können mit einem solchen Beirat auf der Basis regelmäßiger Arbeitstreffen einen professionellen Stakeholder-Dialog etablieren.

2 Was?

„Was" in der Kommunikation von CSR und Nachhaltigkeit die entscheidende Rolle einnimmt, zeigen international abgestimmte Richtlinien in meist umfangreichem Ausmaß. Die Indikatoren zur Erhebung von CSR- und Nachhaltigkeitsdaten der Global Reporting Initiative (GRI) gelten mittlerweile als Standard bei der Erstellung von Nachhaltigkeitsberichten global ausgerichteter Unternehmen. Bei vielen Mittelständlern empfiehlt es sich, die 20 Kriterien des Deutschen Nachhaltigkeitskodizes (DNK) als schlankere Variante anzuwenden. Auf eine Initiative der Vereinten Nationen hin dienen die zehn Prinzipien des UN Global Compact zum Agenda-Setting von CSR in der globalen Unternehmenspolitik; mittlerweile begleitet von den 17 Sustainable Development Goals (SDGs) als übergeordneter Kompass der Nachhaltigkeitspolitik der Staatengemeinschaft, die bis zum Jahr 2030 erreicht werden soll. Die International Organization of Standardization spricht in der Norm ISO 26000 von sieben Kernthemen und deren Handlungsunterfelder. Noch etwas weiter „heruntergebrochen" beschreibt die Nationale CSR-Strategie der deutschen Bundesregierung CSR als wesentlichen Beitrag, den Unternehmen zu einer nachhaltigen Entwicklung in den Handlungsfeldern Mitarbeiter, Markt, Umwelt und Gemeinwesen leisten. Auf diese vier CSR-Handlungsfelder lässt sich auch das „Drei-Säulen-Modell" der Nachhaltigkeit aufbauen, welches nachhaltige Entwicklung seitens der Wirtschaft unter ökonomischen, sozialen und ökologischen Aspekten erfasst.

Auf einzelwirtschaftlicher Ebene zielt die Frage nach dem „Was" in der Kommunikation von CSR und Nachhaltigkeit unmittelbar auf das jeweilige Kerngeschäft eines Unternehmens. Relevante Antworten finden sich entsprechend in einer individuellen Bestandsaufnahme der CSR-Situation eines Unternehmens. Eine solche Analyse variiert entlang spezifischer Einflussfaktoren, die von Branchen, Märkten, Wettbewerbern und Wertschöpfungskette bis hin zu Größe, Eigentümerstrukturen, Unternehmenskultur und Standorten reichen.

Wer CSR und nachhaltige Entwicklung als Zukunftssicherung versteht und nicht als Modeinstrument zur Image-Korrektur und -Politur, verbindet damit messbar angelegte Ziele und auf Dauer hin ausgerichtete Fortschrittsmeldungen. Auf der quantifizierbaren Ebene von CSR und Nachhaltigkeit ist das Erfassen, Beschreiben und Systematisieren von Kennzahlen ausschlaggebend. Die Indikatoren der Global Reporting Initiative (GRI) dienen der Vergleichbarkeit von Unternehmensangaben bei der Berichterstattung über CSR. Ein maßgeschneidertes Set an Indikatoren und Kennzahlen für den Status quo eines einzelnen Unternehmens können GRI-Indikatoren und weitere Richtlinien jedoch nicht ersetzen. Empfehlenswert sind eine vollständige Berücksichtigung der GRI beziehungsweise des Deutschen Nachhaltigkeitskodex und gleichzeitig die Festlegung eigener Prioritäten. Eine Analyse von Wesentlichkeit und Relevanz hinsichtlich der CSR-Situation des Unternehmens und der Erwartungen seiner Stakeholder kann solche Prioritäten herausstellen.

Kommunikationsinhalte an ihrer Wesentlichkeit für Unternehmen und Gesellschaft (im engeren Sinn für interne und externe Zielgruppen) auszurichten, ist auch ein geeigneter Ansatz für einen qualitativ hochwertigen Austausch über CSR und Nachhaltigkeit. Erst in der Verbindung von Relevanz und Messbarkeit der eigenen CSR-Themen ist ein Unternehmen gewappnet, auch auf die Fragen von kritischen Stakeholdern zu antworten, die Informationen darüber einfordern, wie das Unternehmen seiner gesellschaftlichen, sozialen und ökologischen Verantwortung nachkommt und mit entsprechenden Risiken umgeht.

Indikatoren für CSR und Nachhaltigkeit im Unternehmen systematisch und regelmäßig zu erfassen, verankert konkrete Ziele der Performancesteigerung in allen Unternehmensbereichen. „Gelebt" wird CSR allerdings in der Unternehmenskultur und dort im ethischen Miteinander des geschäftlichen Alltags bestimmt. Das „Was" von CSR und Nachhaltigkeit kommt auf diese Weise auch in geteilten Werten, Visionen und einer erzählbaren Erfolgsgeschichte zum Ausdruck, die Motivation und Haltung beschreibt.

3 Wann?

Ein weitreichender Vertrauensverlust als Folge der jüngeren Finanz- und Wirtschaftskrisen fordert jetzt Antworten. Mangelhafte Sozialstandards bis hin zu katastrophalen Unfällen und Massensterben von Arbeitern in „Zulieferbetrieben des westlichen Wohlstands" erschüttern Unternehmensethik und Konsumentenbewusstsein gleichermaßen. Aber auch bedingt durch die anhaltende Diskussion um die Rolle von Wirtschaft und Konsum beim ökologischen Klimawandel ist das „Wann" in der Kommunikation von CSR und Nachhaltigkeit erkennbar auf der Tagesordnung angekommen.

Eine Reihe bekannter Unternehmen im Blickfeld von Presse und Öffentlichkeit haben in der Vergangenheit aufgrund enthüllter Unternehmensskandale massiven Druck durch Stakeholder erfahren. Daraufhin haben die Unternehmen ein CSR-Management entwickelt und mit entsprechenden Strukturen und Instrumenten ausgerüstet. Einige Beratungsgesellschaften betonen hier immer wieder das „Leiden", das zum „Lernen" führt. Parallel dazu hat sich in den letzten Jahren eine neue Generation von Unternehmen bemerkbar gemacht, die sich als Sozialunternehmer oder auch Social Entrepreneurs bezeichnen. Ihnen liegt der gemeinsame Nenner zugrunde, unternehmerische und innovative Lösungen für drängende soziale Probleme umzusetzen und sich bereits mit der Gründung des Unternehmens dem Konzept von CSR und Nachhaltigkeit zu verschreiben.

Die überwiegende Mehrheit an Wirtschaftsbetrieben bewegt sich nach wie vor jedoch zwischen den Polen der Unternehmen mit hoher Aufmerksamkeit seitens der Medien oder „Watch Dogs" und dem jungen Feld des Social Business. Auf der Suche nach einem „Wann" in der Kommunikation von CSR und Nachhaltigkeit zeigt sich hier die traditionelle Empfehlung aus den Public Relations „PR begins at home" in neuem Gewand: „Interne Kommunikation geht vor externe Kommunikation!". Denn es wirkt befremdlich und aufgesetzt, wenn Mitarbeiter über CSR als erstes aus Hochglanzprospekten erfahren. Auch ein Nachhaltigkeitsbericht verfehlt wesentliche Funktionen in der Organisationsentwicklung, wenn er lediglich als externer Auftrag an eine Agentur vergeben wird oder nichts weiteres darstellt als Datentabellen, die einmal in eine Nachhaltigkeitssoftware eingetippt wurden. Wohlbemerkt können Agenturleistungen hervorragend für eine externe Expertise, den Blick von außen oder zur unabhängigen Prozessbegleitung bei der Erstellung von CSR-Berichten eingesetzt werden. Auch Softwarelösungen vereinfachen das Erfassen und Auswerten relevanter Nachhaltigkeitsdaten mitunter erheblich. Keinesfalls allerdings sollten einzelne Mitarbeiter oder gar ein ganzes Unternehmen eines Tages mit einem CSR-Bericht „aus heiterem Himmel beglückt" werden, denn damit wäre der beste Beweis für die „Un-Nachhaltigkeit" des ganzen Unterfangens angestellt.

Nach einem passenden „Wann" bei der Kommunikation von CSR und Nachhaltigkeit zu suchen, erfordert sicherlich auch einen prüfenden Blick, ob möglicherweise ein unpassender Zeitpunkt im Raum steht. Dies kann betriebliche Ereignisse, Ausnahmesituationen oder andere Zusammenhänge betreffen, in denen eine Einführung von CSR und Nachhaltigkeit von Mitarbeitern oder auch externen Stakeholdern als allzu kritisch betrachtet werden (Stichwort „Greenwashing") oder gegebenenfalls im Zuge anderer entscheidender Themen des Unternehmens „verpuffen" könnte. Denn wie jede Strategie, die langfristig fruchten will, hat auch CSR kaum „eine zweite Chance für einen ersten Eindruck" bei Mitarbeitern und darüber hinausreichenden Anspruchsgruppen im Umfeld des Unternehmens.

Ein einprägsamer und zugleich starker Zeitpunkt, um mit der Kommunikation von CSR und Nachhaltigkeit zu beginnen, können hingegen Meilensteine in der Unternehmensgeschichte sein, mitunter ein Betriebsjubiläum, eine Unternehmensnachfolge oder die Erweiterung von Geschäftsfeldern und Märkten.

„Wann wieder?" über CSR-Themen zu kommunizieren, ist für immer mehr Unternehmen via Nachhaltigkeitsbericht oder in den Geschäftsbericht integrierte CSR-Berichterstattung auf den Zeitraum eines Jahres bis zu einer maximal zweijährigen umfangreichen Berichterstattung festgelegt. Außerhalb der Dokumentation der Gesamtleistung von CSR und Nachhaltigkeit betrifft das „Wann" der Kommunikation die entsprechenden Maßnahmen der Unternehmen im Einzelnen. Hierfür lassen sich Erfahrungswerte aus der jeweiligen Unternehmenskultur heranziehen, um auch bei den Themen CSR und Nachhaltigkeit passende Kommunikationszyklen zu finden.

4 Wo?

An geeigneter Stelle die richtigen Botschaften zu platzieren, gehört zum Handwerkszeug der professionellen Unternehmenskommunikation. Das passende „Wo" in der Kommunikation von CSR und Nachhaltigkeit zeigt sich, wie bei anderen Strategiethemen auch, in einem individuellen Kommunikationskonzept. Dieses sollte interne und externe Kommunikationsbedarfe ermitteln, Maßnahmen und Zeitabläufe bestimmen und Ziele, Zielgruppen und Stakeholder identifizieren sowie die Positionierung der Botschaften herausarbeiten. Denn das „Wo" in der Kommunikation von CSR und Nachhaltigkeit ist eng verbunden mit der Frage, „wohin" ein Unternehmen möchte, also in welchen Meinungs-, Absatz-, Beschaffungs-, Finanz- oder Personalmärkten CSR zur einem Wettbewerbsvorsprung beitragen soll.

Rund um die Themenfelder CSR und Nachhaltigkeit haben sich in den letzten Jahren eine beachtliche Reihe an Netzwerken, Initiativen, Medien und Plattformen entwickelt. Unternehmen können gut daran tun, den gewohnten Fokus auf die Zielgruppen aus ihrem Kerngeschäft um diese wachsende „CSR-Szenerie" zu erweitern. Für kleine und mittlere Unternehmen können mitunter regionale Unternehmensnetzwerke mit Nachhaltigkeitsbezug eine ideale Plattform bieten, um sich gemeinsam für Herausforderungen zu engagieren, die die Attraktivität des Unternehmensstandortes und die Zukunftsfähigkeit der Region stärken. Mit den gebündelten „CSR-Kräften" einiger regionaler Unternehmen lassen sich im Dialog und in Partnerschaft mit Stakeholdern vor Ort auch strukturelle Probleme nachhaltig angehen.

Zudem findet unternehmerisches Engagement in der Region und darüber hinaus auch zu immer mehr Anerkennung durch die Zivilgesellschaft. Das zeigt sich etwa in Auszeichnungen, Preisen oder Ehrungen für eine vorbildliche Umsetzung von CSR in den Handlungsfeldern Mitarbeiter, Markt, Umwelt und Gemeinwesen. Die eigene CSR-Leistung auf diese Weise gewürdigt zu sehen, hat auch Strahlkraft für andere Unternehmen, sich stärker und professioneller mit CSR und Nachhaltigkeit zu beschäftigen.

Manche kleine und mittelständische Unternehmen, die ihrer Geschäftstätigkeit vor allem in einem regional begrenzten Umfeld nachgehen, berichten über regelmäßige Erwähnungen in der lokalen Presse, die das Engagement ihres Unternehmens vor Ort im Gemeinwesen beschreiben.

Die Frage nach dem „Wo" in der Kommunikation von CSR und Nachhaltigkeit stellt sich Unternehmen nicht zuletzt vor dem Hintergrund, wo und mit wem sie darüber kommunizieren. Gegenüber den eigenen Mitarbeitern sind die richtigen Schlüsselbegriffe meistens andere als im Gespräch mit Banken, Investoren oder in einer Gastvorlesung an einer Hochschule: „Wo" spreche ich von CSR und Indikatoren, „wo" von Nachhaltigkeit und Zukunftssicherung, „wo" von sozialer Verantwortung, „wo" von gesellschaftlichem Engagement, „wo" vom Ehrbaren Kaufmann, „wo" von werteorientierter Unternehmensführung und Risikomanagement?

5 Wie?

Gefragt nach einem „Wie" in der Kommunikation von CSR und Nachhaltigkeit eröffnen sich Spannungsfelder zwischen teils entgegenwirkenden inhaltlichen Anforderungen in Bezug auf Vollständigkeit und Wesentlichkeit, Komplexität und Verständlichkeit oder Vergleichbarkeit und Einzigartigkeit.

CSR steht auf „Messers Schneide" hinsichtlich der Glaubwürdigkeit, mit der das Thema transportiert wird. Allerdings lässt sich Glaubwürdigkeit nur „außerhalb" der Unternehmenskommunikation und Agenturen produzieren und entsteht bei den Stakeholdern des Unternehmens selbst, ob diese nun betriebsintern oder extern zu verorten sind. Bei dem „Wie" in der CSR-Kommunikation gewinnt ein Unternehmen an Handlungsspielraum, wenn es sich in der Auseinandersetzung mit seinen Stakeholdern Vertrauen und

Akzeptanz verdient. Im Dialog mit ihren Stakeholdern sollten Unternehmen die Instrumente ihrer Kommunikation an unterschiedliche Informationsbedürfnisse und Ansprüche anpassen und können hier auf die Systematik der vier CSR-Handlungsfelder Mitarbeiter, Markt, Umwelt und Gemeinwesen zurückgreifen.

Im Handlungsfeld Mitarbeiter kann beispielsweise ein Unternehmensleitbild das zentrale Instrument für die Motivation zur Eigen- und Mitverantwortung der Belegschaft in der CSR-Strategie des Unternehmens darstellen. Mitarbeiter in eine Arbeitsgruppe Nachhaltigkeit einzubinden oder das betriebliche Vorschlagswesens um ökosoziale Nachhaltigkeitsaspekte auszuweiten, können sich als weitere Instrumente und Initiativen eignen, um CSR im Tagesgeschäft zu verankern.

„Wie" über CSR im Handlungsfeld Markt kommuniziert werden kann, ist mitunter eine Frage von räumlicher und personeller Nähe und Distanz: Bei einer vom Lieferanten bis zum Kunden regional ausgerichteten Wertschöpfungskette setzten KMUs in der Regel auf den persönlichen Kontakt. Anders zeigt sich dasselbe Handlungsfeld bei einem globalisierten Beschaffungsmarkt, auf welchem beispielsweise ein CSR-Kodex für Lieferanten zu einem der wichtigsten Kommunikationsinstrumente für CSR werden kann.

Im Handlungsfeld Umwelt kann ein Unternehmen in der Kommunikation möglicherweise an Vertrauen und Image zugewinnen, indem es seinen „CO_2-Fußabdruck" transparent macht und durch Kompensationen zum „Klimaneutralen Unternehmen" avanciert.

Die Kommunikation von CSR und Nachhaltigkeit im Handlungsfeld Gemeinwesen kann eng mit den Kompetenzfeldern eines Unternehmens einhergehen und Mitarbeiter aktiv mit einbinden. Zum Beispiel kann ein Vertreter einer örtlichen Bank in einer Sonderstunde im Fach Wirtschaft über den Umgang mit Geld und Schuldenspiralen oder auch über Ausbildungs- und Karrierechancen in seiner Branche berichten.

Letzteres Beispiel aus dem Bereich der Unternehmenskooperation mit Schulen, Universitäten oder speziellen Bildungsinitiativen macht deutlich, wie sehr es auf das „Wie" in der Kommunikation von CSR und Nachhaltigkeit von Unternehmen ankommen kann. Der Vorwurf von Schleichwerbung durch Unternehmen könnte in diesem Zusammenhang allen Kooperationspartnern einen unangenehmen Reputationsverlust einbringen.

Kurzum lassen sich beim „Wie" in der Kommunikation von CSR und Nachhaltigkeit einige allgemeine Erfolgsfaktoren beschreiben. Dazu gehören etwa Ehrlichkeit, Offenheit, eine Kultur mit Fehlern und Konflikten umgehen zu können und ein respektvolles Miteinander auf Augenhöhe.

6 Warum?

„Warum" kommunizieren wir CSR und Nachhaltigkeit? Diese Frage als erstes zu stellen, kann sich als eine lohnende und genauso auch mutige Unternehmung herausstellen. Denn wie lassen sich Sinnhaftigkeit und Motivation vermitteln, ohne ein überzeugendes „Warum" zu kennen und benennen zu können? Dabei bilden die Fragen nach dem „Wer" und „Was" nicht nur im Journalismus die klassische Ausgangsposition, um Zusammenhänge und Ereignisse zu vermitteln. Auch in der Unternehmenskommunikation und bei ihren Dienstleistern scheinen das „Wer" und „Was" oft an sich schon eine solche Aufmerksamkeit einzunehmen, dass ihr vermeintlich wichtiger Triumphzug die schlichte Frage nach dem „Warum" ganz übertönt.

Auf ein „Warum" zu antworten, bringt Beweggründe des Handelns hervor, ob dies nun einen Einzelnen betrifft oder ein Unternehmen in der Gesamtheit seiner Akteure. Nicht selten sind diese Beweggründe die tragende Kraft des Ganzen. Denn gerade bei so umfangreichen Anforderungen, wie sie sich aus den Themenkomplexen CSR und Nachhaltigkeit ergeben, sind zwischenmenschliche Probleme unter Mitarbeitern bis hin zu intersektoralen Dilemmata, Rückschlägen und Durststrecken meist unvermeidlich. Sein eigenes „Warum" in Bezug auf CSR und Nachhaltigkeit zu kennen, kann bei schwierigen Entscheidungssituationen helfen und das Rückgrat für Glaubwürdigkeit vor sich selbst und anderen sein.

Sich mit einem „Warum" in der Kommunikation von CSR und Nachhaltigkeit zu beschäftigen, fordert eine persönliche Haltung ein, macht CSR greifbar und mitunter auch angreifbar. Das Lohnende an diesem Unterfangen kann es sein, sich wertvolle Potentiale einer unverfälschten und authentischen Kommunikation zunutze zu machen und Mitstreiter spürbar zu motivieren.

Nahezu sämtliche Studien zur Motivation zu CSR und Nachhaltigkeit in KMUs nennen die persönliche Haltung und Überzeugung der Befragten an den ersten Stellen. Diese Echtheit in Verantwortungsfragen deutet auf ein besonderes Glaubwürdigkeitspotential im Mittelstand hin. Nicht zuletzt sind für KMUs oft aufgrund kurzer Entscheidungswege hohe Schnelligkeit und Beweglichkeit charakteristisch, geht es um Anpassungen an veränderte (auch ökosoziale) Anforderungen und damit Marktchancen.

In diesem Zusammenspiel von Glaubwürdigkeit und Anpassungsfähigkeit finden sich Anhaltspunkte, „warum" gerade kleine und mittlere Unternehmen aus ihrem derzeitigen Schattendasein in der CSR-Diskussion zu Vorreitern und künftigen Treibern der Nachhaltigkeit werden könnten.

7 Wozu?

Die Frage nach einem „Wozu" in der Kommunikation von CSR und Nachhaltigkeit stellt auf den Prüfstand, wie sehr ein Unternehmen von diesen Themen durchdrungen ist und auch, welcher personelle und finanzielle Aufwand damit in Verbindung steht. Denn „Wozu" heißt „Business Case". Eine nachhaltige Entwicklung in Unternehmen und der Gesellschaft ist gefährdet, wenn eine der tragenden Säulen der Ökonomie, des Sozialen oder der Ökologie aus der Balance geraten. Dadurch dass CSR auch soziale Belange beinhaltet, ist sie allerdings, was sich auch entgegen dazu vorgebrachter ökonomischer Sachzwänge argumentieren lässt, nicht als reines Wohlfühlthema abzutun. Das „Wozu" in CSR und Nachhaltigkeit zu beantworten, ist alleine schon aus wirtschaftlicher Vernunft verpflichtend. Näher betrachtet, verbindet sich hier die CSR-Strategie von Unternehmen mit einer Verbesserung der Wettbewerbsfähigkeit und wirtschaftlichen Zukunftssicherung.

Ein Business Case von CSR liegt vor dem Hintergrund des demographischen Wandels und Fachkräftebedarfs vor allem in kleineren Unternehmen oder benachteiligten Regionen im Handlungsfeld Mitarbeiter. Hier kann CSR dazu beitragen, Kosten zu senken, die durch einen erhöhten Krankheitsstand in der Belegschaft, Fluktuation von Mitarbeitern oder aufwendiger Rekrutierung und Einarbeitung entstehen.

Im Handlungsfeld Markt kann ein „Wozu" in der Kommunikation von CSR und Nachhaltigkeit an großen Auftraggebern und Abnehmern liegen. Diese müssen CSR in der gesamten Wertschöpfungskette vorweisen und schließen damit die Transparenz von KMUs als Lieferanten ein.

Die Kostenentwicklung von Roh- und Hilfsstoffen kann im Handlungsfeld Umwelt ein Umlenken zu Energie- und Ressourceneffizienz befördern, womit sich Investitionen und Nutzen von CSR und Nachhaltigkeit einander aufrechnen lassen.

Erfolgsindikatoren von CSR-Maßnahmen im Handlungsfeld Gemeinwesen können von Image- und Vertrauensgewinnen bis hin zu einer nachhaltigen Zukunftssicherung der wirtschaftlichen Bedingungen und Regionalentwicklung am Unternehmensstandort reichen.

„Wozu" fragt schließlich nach belastbaren Ergebnissen. Zur Messung und Planung von gesellschaftlichem Engagement hat die Bertelsmann Stiftung die „iooi-Methode" ausgearbeitet. Sie steht für „input" (Wie viel Geld und Zeit setze ich ein?), „output" (Was setze ich mit der Investition um?), „outcome" (Welche messbaren Ergebnisse und unmittelbare Wirkung hat das Engagement?) sowie „impact" (Welche mittel- bis langfristige Veränderung wird erzielt?).

Wolfgang Keck, (Jahrgang 1976) ist Public Relations-Fachwirt und Master in Journalism and Mass-Media. Seit 2002 beschäftigt er sich mit Corporate Social Responsibility (CSR) in kleinen und mittleren Unternehmen (KMU). Bei der GILDE-Wirtschaftsförderung der Stadt Detmold ist Keck in der Entwicklung von CSR-Projekten und als Trainer aktiv. Außerdem hat er den Deutschen Industrie- und Handelskammertag bei der Konzeption des Zertifikatlehrgangs „CSR-Manager (IHK)" unterstützt. Auf freiberuflicher Basis berät er zu CSR und Nachhaltigkeitsfragen.

Printed by Printforce, the Netherlands